U0573301

本书出版

　得到京津冀协同发展河北省协同创新中心主任基金资助

　得到河北省人民政府参事室和河北经贸大学支持

光明社科文库

北京冬奥会大事记

武义青　李建英◎主编

光明日报出版社

图书在版编目（CIP）数据

北京冬奥会大事记 / 武义青，李建英主编 . -- 北京：
光明日报出版社，2023.10
ISBN 978 - 7 - 5194 - 7575 - 8

Ⅰ.①北… Ⅱ.①武… ②李… Ⅲ.①冬季奥运会—
大事记—北京 Ⅳ.①G811.212

中国国家版本馆 CIP 数据核字（2023）第 207520 号

北京冬奥会大事记

BEIJING DONGAOHUI DASHIJI

主　　编：武义青　李建英

责任编辑：杜春荣　　　　　　　责任校对：房　蓉　李海慧
封面设计：中联华文　　　　　　责任印制：曹　净

出版发行：光明日报出版社

地　　址：北京市西城区永安路 106 号，100050

电　　话：010-63169890（咨询），010-63131930（邮购）

传　　真：010-63131930

网　　址：http://book. gmw. cn

E - mail：gmrbcbs@ gmw. cn

法律顾问：北京市兰台律师事务所龚柳方律师

印　　刷：三河市华东印刷有限公司

装　　订：三河市华东印刷有限公司

本书如有破损、缺页、装订错误，请与本社联系调换，电话：010-63131930

开　　本：170mm×240mm

字　　数：449 千字　　　　　　印　　张：25

版　　次：2024 年 4 月第 1 版　　印　　次：2024 年 4 月第 1 次印刷

书　　号：ISBN 978 - 7 - 5194 - 7575 - 8

定　　价：99. 00 元

版权所有　　翻印必究

本书编委会

主　任：李国平　　武义青
副主任：李建英　　冷宣荣
成　员：李国平　　武义青　　李建英　　冷宣荣
　　　　王晓洁　　景义新　　王凤飞　　马书刚
　　　　曹华青　　黄芳芳

主　编：武义青　　李建英
副主编：冷宣荣　　曹华青

编写组

成员及撰稿人（排名不分先后）

王丹辰　王青原　王晓佳　刘　烨

杜　洁　李建英　李　涛　杨栋旭

冷宣荣　沈　静　张锦岳　陈础翔

武　岳　赵梦丹　侯建军　聂秋雨

钱志影　钱　琪　高子策　高印宝

曹华青　戚成蹊　韩梦颖　景义新

前　言

　　北京冬奥会和冬残奥会的成功举办，不仅是中国体育事业发展的重要里程碑，更是中国作为一个负责任的大国向世界展示推动构建人类命运共同体的坚定决心和实际行动的标志性事件。它对于增强全国各族人民实现中华民族伟大复兴的信心、提高全民族身体素质和生活质量、提升中国在国际体育事务中的影响力和地位、深入推进京津冀协同发展具有重要的意义。习近平总书记对北京冬奥会、冬残奥会的申办、筹办、举办工作高度重视，五次实地考察冬奥会筹办并作出一系列重要指示批示，强调绿色办奥、共享办奥、开放办奥、廉洁办奥的理念，为办好这一历史性盛会提供了思想和行动指引。在北京冬奥会和冬残奥会的筹办、举办过程中，冬奥会工作领导小组和18个专项工作议事协调机构以及北京冬奥组委、北京市、河北省与中央部门、各省区市、人民解放军和武警部队、企业、高校院所等各方各司其职、紧密合作、全力攻坚，社会各界和人民群众热情参与，同国际奥委会、国际残奥委会等国际体育组织紧密合作，克服新冠疫情等各种困难挑战，共同完成了各阶段任务。在这一过程中，国务院、北京2022年冬奥会和冬残奥会组织委员会、财政部、税务总局、海关总署、教育部、国家体育总局、工业和信息化部、文化和旅游部、国家发展改革委、北京市政府、河北省政府等多部门牵头制定了一系列通知、公告、规定、决定、意见等，为北京冬奥会和冬残奥会的成功举办提供了有力的政策保障和有效的监督管理手段，确保了各项工作的有序开展。

　　北京冬奥会、冬残奥会取得了巨大成就。北京冬奥会共有来自91个国家（地区）的2876名运动员参赛，产生了2项世界纪录、17项奥运纪录，女性运动员参赛比例达到45%。约10万名工作人员和20余万名城市运行保障人员坚守岗位，8000余名驾驶员、4000余辆服务用车保障赛事交通高效顺畅，2300余名医护人员提供医疗服务，约1.8万名赛会志愿者参与保障。北京冬奥会推动了中国冰雪运动跨越式发展，参与人数达到3.46亿，冰雪装备制造、旅游休闲、服务培训等产业快速发展。北京冬奥会留下了丰厚的奥运遗产，包括城市基础设施、体育设施、环境保护措施、冬奥会文化、北京冬奥精神等，必将深刻影响和改变着世界上首座"双奥之城"北京和中国。北京冬奥会作为国际奥林匹克运动和人类体育发展进程中的一部经典，必将永载史册。

为了把北京冬奥会、冬残奥会的申办、筹办、举办进程真实地记录下来，由中国区域科学协会副理事长、河北省政府参事、京津冀协同发展河北省协同创新中心主任、河北经贸大学原副校长武义青牵头组成本书编写组，组织北京河北众多专业技术人员，经过收集、整理、编辑、完善等工作，高质量完成了《北京冬奥会大事记》这部工具书的编纂。

《北京冬奥会大事记》以时间为坐标轴，以北京冬奥会、冬残奥会申办、筹办、举办进程中的重大事件为内容，对长达九年多的时间内（从 2013 年 6 月到 2022 年 7 月）北京冬奥会、冬残奥会相关大事进行了辑录。这部书的主要特点：一是辑录的大事时间跨度长、事件内容繁、涉及层级多。二是所辑录事件具有准确性和权威性。我们主要选取《人民日报》《光明日报》《经济日报》《北京日报》《河北日报》以及人民网、新华网、央视网、国务院官网、北京市政府官网、河北省政府官网、国际奥委会官网、国际残奥委会官网、中国奥委会官网、北京 2022 年冬奥会和冬残奥会组织委员会官网等权威媒体或平台刊登的事件，辑录中尽力做到对事件发生的时间、地点、内容进行清晰描述。三是对 2022 年冬奥会大事记进行综述。旨在使读者对北京冬奥会、冬残奥会所发生事件有一个总体性了解和综合性把握，保证了记事的准确和论事的凝练与提升。

进过一年多的精心编撰，《北京冬奥会大事记》终于付梓问世。该书的宗旨是为各级政府部门提供真实可靠的资料查询服务，为专家、学者和研究人员提供有据可查的参考资料。本着认真负责的态度，各位作者高标准、严要求，反复查验核实、校对修改，甚至几易其稿，力图做到所述大事记翔实准确。囿于条件限制，在收集和整理过程中难免会有疏忽错漏和不足之处，敬请读者批评指正。

本书编委会
2023 年 10 月

目　录
CONTENTS

2013 年大事记

6 月

6 月 6 日　国际奥委会宣布启动第 24 届冬季奥林匹克运动会的申办程序。

10 月

10 月 31 日　中共中央总书记习近平主持召开中央政治局常委会会议，决定北京市联合河北省张家口市申办 2022 年冬奥会。

11 月

11 月 3 日　中国奥委会正式致函国际奥委会，提名北京市为 2022 年冬奥会的申办城市。按照国际规则，这次申办以北京市名义进行，由北京市承办冰上项目的比赛，河北省张家口市崇礼县承办雪上项目的比赛。

11 月 5 日　新华社报道，中国奥委会认为北京市和河北省张家口市具备成功举办冬奥会的自然条件和基础设施。申办 2022 年冬奥会，将进一步促进中国奥林匹克运动的发展，展示我国发展综合实力、提升我国国际影响力，并推动北京、河北两地的经济社会协调发展。

11 月 6 日　北京申办冬奥会对我国全民健身和群众体育事业发展又是一个机遇。国家体育总局群体司主要负责人接受采访时表示，2008 年北京奥运会与北京此次和张家口联合申办冬季奥运会将实现项目内容与形式上的互补，能够形成放大效应，极大促进全民健身。

11 月 14 日　国际奥委会公布正式提出申办 2022 年冬奥会的六个城市名单：中国北京、哈萨克斯坦阿拉木图、瑞典斯德哥尔摩、波兰克拉科夫、乌克兰利沃夫和挪威奥斯陆。

　　11月16日至17日　河北省省长张庆伟率领调研组到张家口就转方式调结构、推进张家口申办2022年冬奥会工作进行调研。张庆伟强调，要按照国际奥委会、中国奥委会的要求，切实做好思想准备、组织准备，围绕申办时间节点，科学制订方案，倒排工作计划，创新办会模式，全力以赴推进申奥各项工作。调研组一行深入崇礼县考察云顶滑雪场、申奥临时指挥部、万龙滑雪场，了解雪场条件、配套设施建设、申奥工作进展等情况并组织召开推进张家口申办2022年冬奥会工作汇报会，强调党中央、国务院决定北京、张家口联合申办2022年冬奥会，是着眼于全面建成小康社会、实现中华民族伟大复兴的中国梦做出的一项重大决策。要深入贯彻落实党中央、国务院对申奥工作的指示精神，迅速行动，集思广益，全力以赴做好冬奥会申办各项工作。一是做好思想与组织准备，抓好各项工作落实。要把思想统一到申奥大局上来，建立健全组织机构，从机构、人员、经费等方面保障申奥工作。要服从中国奥委会、国家体育总局、北京市的组织领导，做到主动汇报、主动沟通、主动协调，一切以申奥大局为重。二是围绕高质量做好申办工作的目标，尽快排出工作计划和工作方案。申办工作是一项系统工程，要按照各阶段的时间节点，拿出顶层设计方案，细化各项目标，统筹推进各项工作，确保达到国际奥委会对申办工作提出的要求。三是在工作模式上着力创新，切实提高各项工程建设管理水平。我国没有申办冬奥的工作经验，也没有条条框框的束缚，更加利于创新。要富于创新精神，能够通过市场运作的项目就要交给企业，在投融资及基础设施建设、管理等方面做出积极探索，充分发挥市场配置资源的决定性作用，高质量完成雪场、道路、配套设施等建设任务。四是以赛场为核心搞好规划。紧紧围绕赛场这一核心制订各项规划，确保新建项目和改造项目均满足国际奥委会关于比赛的各项要求。抓紧做好各个项目的详细概算，增强工作的计划性和科学性，加快各项工作实施进程。

12月

　　12月1日　各国家/地区奥委会与国际奥委会签署《申办城市受理流程》。

　　12月4日至6日　国际奥委会在总部瑞士洛桑举行2022年冬奥会申办城市第一次情况介绍会，国家体育总局、北京市、河北省相关领导和张家口市市长等9人组成的代表团应邀出席会议。

　　12月5日　中国城市规划设计研究院负责人到万龙滑雪场及太子城申奥临

时指挥部进行考察，并参观了崇礼县城建设情况，听取了张家口市城市规划及崇礼县申奥建设规划有关情况介绍，对崇礼县滑雪场及县城建设工作取得的成绩给予了肯定。

12 月 17 日至 18 日　国家体育总局负责人到张家口市就推进申办冬奥会工作进行调研。他们考察了崇礼县云顶滑雪场、太子城冬奥分村项目规划区、万龙滑雪场等，了解了雪场条件、配套设施建设、申奥工作进展相关情况，对张家口市前一阶段的申办工作给予了充分肯定。

2014 年大事记

1 月

1 月 21 日　外交部就中共中央总书记、国家主席、中央军委主席习近平出席索契冬奥会开幕式举行吹风会。国家体育总局负责人在介绍索契冬奥会和中国体育代表团有关情况时表示，中国北京市和张家口市联合申办 2022 年冬奥会，得到了中国政府的支持，这将进一步促进奥林匹克运动发展，推动申办地区经济社会协调发展，提升中国的国际影响力。

1 月 26 日　索契冬奥会中国体育代表团负责人接受专访，阐明北京和张家口申办 2022 年冬奥会优势与不利因素。

> **专栏　北京申办 2022 年冬奥会的优势与不利因素**
>
> 北京申办 2022 年冬奥会的优势：一是北京是中国的首都，竞争力强，拥有深厚的文化底蕴，又有成功举办夏季奥运会的经验。如能申办成功，奥运文化的遗产和场馆遗产都能得到很好的利用。二是北京有优秀的组织人才和团队。近年来，中国在冬季项目协会中的影响力在发生变化，很多人期待中国举办更高水平的赛事。
>
> 北京申办 2022 年冬奥会的不利因素：一是国际奥委会不成文的规定——一大洲不能连续举办两届奥运会。2018 年冬奥会在韩国平昌举行，2022 年冬奥会还能否留在亚洲？更不利的局面是，2020 年夏奥会也在亚洲（东京）举行。二是承办的雪上赛事少，张家口的雪场难以适应奥运标准，然而冬奥会比赛项目中，雪上项目的比例为 69%。

本月　经国务院批准，成立北京 2022 年冬季奥林匹克运动会申办委员会（简称 2022 年冬奥会申办委员会或北京冬奥申委）。北京冬奥申委内设 1 室 8 部及 2 个中心，分别是办公室，总体策划及法律事务部、对外联络部、新闻宣传部、体育部、工程规划技术部、财务及市场开发部、环境保护部、监督审计部，张家口运行中心和延庆运行中心。

2 月

2 月 5 日至 23 日　北京市、河北省派出联合代表团前往俄罗斯索契，了解冬奥会的筹办过程和开展情况，为下一步更好地做好申办工作积累经验。

2 月 7 日　《人民日报》报道，中共中央总书记、国家主席、中央军委主席习近平在俄罗斯索契接受俄罗斯电视台专访时说，中国北京市联合张家口市已经向国际奥委会正式提出申办 2022 年冬奥会，我们也是来向俄罗斯人民学习的，向俄罗斯运动员学习，向俄罗斯的体育强项学习，向俄罗斯举办冬奥会的成功做法学习。

2 月 9 日　新华社报道，外交部主要负责人谈习近平总书记出席第 22 届冬奥会开幕式。外交部主要负责人指出，北京市和张家口市申办 2022 年冬奥会成功将凝聚更强大的民族自信，开启中华民族又一段圆梦征程。习近平总书记这次在索契期间积极为我国申办冬奥会做工作，得到各方积极支持，并向国际奥委会主席巴赫强调，中国将以申办冬奥会为契机，为奥林匹克运动做出中华民族新的贡献，不断由体育大国向体育强国迈进。巴赫表示习近平总书记的到来体现了中国对国际奥林匹克运动的支持，并对中国体育事业取得的成就给予了高度评价。

3 月

3 月 6 日　北京、张家口联合申办 2022 年冬奥会成为两会上的一个热议话题。全国政协委员、原北京市负责人接受采访时表示，体育界别委员对申办冬奥会都表示了积极的支持，指出此次申办冬奥会有着重要意义、申办工作同时面临困难与机遇，提出申办工作的建议。河北省体育局负责人表示，申办冬奥会是北京周边地区整体发展的良好机遇，从京津冀发展战略出发，抓住申办冬奥会的契机，将促进京津冀地区绿色发展。全国人大代表、张家口市主要负责人认为，申办冬奥会能够促进雾霾治理，但还需要加大基础设施建设。

3 月 12 日　北京冬奥申委赴瑞士洛桑向国际奥委会递交申请文件《对国际奥委会调查问卷的答复》。文件中文约 3 万字，并附 6 个表格、7 张地图及 10 份保证书。

3月14日 国际奥委会宣布中国北京、波兰克拉科夫、挪威奥斯陆、哈萨克斯坦阿拉木图和乌克兰利沃夫5个城市正式申办2022年冬奥会。

3月15日 中共中央政治局委员、国务院副总理、北京2022年冬奥会申请申办工作领导小组组长刘延东带领申奥领导小组有关成员和国家有关部委负责同志,到崇礼县视察2022年冬奥会申办工作。

同日 河北省政府副省长、北京冬奥申委副主席许宁到张家口市调度申奥工作。他强调,张家口要珍惜与北京联合申办2022年冬奥会的机遇,认真落实好中共中央、国务院和省委、省政府的各项要求,科学有序推进申办冬奥会各项工作。省政府副秘书长、省冬奥办主任李靖主持调度会,省冬奥办、省委宣传部、省财政厅等省直单位领导出席。

6月

6月20日 河北省政府副省长、北京冬奥申委副主席许宁在张家口听取了张家口市申奥工作汇报,并就下步申奥工作提出要求。他强调:一要加强队伍建设;二要切实做好国际奥委会评估团考察接待和《申办报告》撰写工作;三要加强沟通,主动对接;四要切实担负主体责任,创造性地开展工作。要紧抓机遇,放眼未来,对标国际,充分挖掘,真正形成有利于张家口发展的奥运经济。河北省政府副秘书长、省冬奥办主任李靖,省体育局局长张平出席。

6月21日 由中国奥委会、北京2022年冬奥会申办委员会主办的2014年第28届奥林匹克日长跑张家口分会场开跑。中国奥委会2014年第28届奥林匹克日长跑活动,当日在北京、上海、青岛、沈阳、大连、呼和浩特、太原、海口、惠州、无锡、绍兴、襄阳、宁德、南阳、洛阳、张家口、承德、厦门、海阳等19座城市和世界14个国家联动举行。目前,该活动已发展成为一项与全球同一时间互动,横跨世界七大洲,近200个国家和地区,全球数千万民众投身,各国政要及国际人士积极参与和响应的活动。

7月

7月7日 国际奥委会主席托马斯·巴赫在瑞士洛桑宣布,中国北京与挪威奥斯陆、哈萨克斯坦阿拉木图3座城市正式入围2022年冬奥会申办候选城市。国际奥委会执行委员会基于对提出申办城市涉及奥运场馆、交通、安全等因素的考察报告于当日上午一致同意 3 座城市正式入围 2022 年冬奥会申办候选城市并进入下一步申办阶段。巴赫表示，国际奥委会执委会对 3 座申办城市所提出的方案印象深刻，将在资金、经验共享等方面继续对申办城市给予实际支持。同时表示，北京正在积极寻求 2008 年奥运会后场馆等奥运遗产的延伸，致力于建成中国冬季体育项目的中心并利用冬奥会作为催化剂，进一步促进旅游及冬季体育产业的发展。北京 2022 年冬奥会申办委员会副主席、北京市负责人接受中国媒体采访时表示，北京入选候选城市，标志着北京站在了新的起跑线上，北京想办一届点燃中国冰雪运动的冬奥会。

> **专栏　第 24 届冬季奥林匹克运动会申办城市小插曲**
>
> 从 5 个正式申办城市的 PK 到 3 个入围城市的角逐再到 2 个主办城市的遴选，2014 年 5 月 26 日克拉科夫因公投反对而退出，2014 年 6 月 30 日利沃夫因政局不稳而退出，2014 年 10 月 1 日奥斯陆因政府拒绝提供财政支持而退出，以上 3 个城市的退出为北京申办冬奥会创造了机遇，举办城市最终在北京与阿拉木图之间展开角逐。

7 月 30 日　北京冬奥申委副秘书长、国家体育总局冬季运动管理中心相关人员接受采访指出，如果申办 2022 年冬奥会成功，计划规划建设和改造使用 12 个比赛场馆。

7 月 31 日　北京 2022 年冬奥申委官方网站（http：//www.beijing-2022.cn）正式开通。

8 月

8 月 1 日　北京 2022 年冬季奥林匹克运动会申办委员会（以下简称"北京冬奥申委"）召开第一次全体会议。会议强调，要坚定信心、全力以赴、开拓创新、齐心协力、只争朝夕，奋力完成好申办工作，力争获得 2022 年冬奥会举办权。2022 年冬奥会候选城市正式公布，标志着冬奥会申办工作进入了第二阶段。会上，北京市主要负责人做关于冬奥申委第一阶段工作总结和第二阶段工作安排的报告，国家体育总局主要负责人做关于冬奥会申办工作形势分析的报告。河北省主要负责人表示，河北省将明确重点工作任务，倒排工期、挂牌督战，加快推进赛事举办地改造提升和交通基础设施建设对接，全力配合北京市做好申办各项工作。对于第二阶段工作，中共中央政治局委员、北京市委书记、申办工作领导小组相关负责人指出：一是要提前布局，科学制订各阶段工作计划，把握好完成申办重点任务的各时间节点，尤其要高质量编制《申办报告》、高标准做好评估考察相关工作、高水平做好各项陈述工作。二是要下大力气补上申办中的短板，加快推进北京与河北交通基础设施互联互通，完善防护林建设、水资源保护和清洁能源使用等领域合作机制，共同构建区域生态安全体系。三是要加大宣传工作力度，把握舆论主动权，着力营造良好氛围，使申办工作能够得到社会的广泛赞同和广大人民群众的积极参与。

同日 以中国书法"冬"字为创作主体的北京申办2022年冬奥会标识首次亮相于北京冬奥申委第一次全体会议。

专栏 北京申办2022年冬奥会标识

北京申办冬奥会的标识以中国书法"冬"字为主体，将抽象的滑道、冰雪运动形态与书法巧妙结合，人书一体，天人合一；"冬"字下方两点顺势融为2022，生动自然。标识的下方则是国际奥委会的五环标识。北京申办冬奥会的标识既展现了冬季运动的活力与激情，更传递出中国文化的独特魅力。标识运用奥运五环色彩彰显动感、时尚和现代，将中国文化、体育和奥林匹克精神相融合。

8月7日 新华社报道，张家口制订各种预案以确保届时雪量符合冬奥会要求。张家口双管齐下，以水库调水造雪为主，以泵站供水造雪为辅，保证冬奥会雪上项目比赛顺利进行。

专栏 冬奥会的"雪情"

雪情是冬奥会举办所考量的一个重要因素，缺雪威胁了多届奥运会。1980年之前缺雪曾是冬奥会的一大威胁。1932年美国普莱西德湖第3届冬奥会、1952年挪威奥斯陆第6届冬奥会、1956年意大利科尔蒂纳丹佩佐第7届冬奥会、1964年奥地利因斯布鲁克第9届冬奥会均遭遇"缺雪"，且第9届冬奥会酿成了两名运动员训练中丧生的惨痛事故。1980年，美国普莱西德湖的第13届冬奥会首次采用了人工造雪，从此冬奥会"靠天吃饭"的难题得到了缓解。

8月8日 北京申办2022年冬奥会音乐作品征集活动正式启动。征集作品要围绕"纯洁的冰雪，激情的约会"的申办主题。同时，北京奥林匹克音乐周也在北京通州开幕。

11 月

11 月 2 日　河北省申办 2022 年冬奥会暨迎接考察评估动员大会在崇礼县召开，就做好河北省下一阶段申办冬奥工作进行全面部署，省长张庆伟出席并讲话。他指出，申办 2022 年冬奥会，无论对国家还是对河北和张家口市，都是一件具有重要意义和深远影响的大事。全省各级各部门要切实增强政治意识和大局意识，直面挑战、克服困难、破解难题，背水一战，志在必得，势在必成，全力争取主办权。一是决战决胜，全力以赴做好迎接考察评估工作；二是加大力度，以最高标准搞好基础设施规划建设；三是营造氛围，积极打造开放文明的软环境；四是统筹推进，努力取得申奥和发展"双胜利"。

11 月 5 日至 9 日　国际雪联和国际冬季两项联盟 4 批次 7 名专家到崇礼县认证考察。国际冬季单项体育组织对全部场馆均给予充分肯定，认为各项规划完全符合冬奥会比赛技术要求。

11 月 16 日　《北京日报》报道，11 月初国际滑雪联合会各单项委员会的专家对北京冬奥会雪上项目比赛场地进行了考察。考察时肯定了有关场地规划，并对北京冬奥申委严谨、专业的工作态度给予了很高的赞誉。

11 月 19 日　国际冬季两项联盟秘书长妮可·瑞弛和技术专家博鲁特·努那在崇礼县考察北京 2022 年冬奥会冬季两项中心的场地。

11 月 21 日　崇礼县古杨树北欧中心跳台滑雪中心区域 4 个测风站建成。

11 月 22 日至 24 日　由国家体育总局、国家旅游局、中国奥委会、安徽省人民政府联合主办，国家体育总局体育文化发展中心、中国体育博物馆、中国奥林匹克博物馆、安徽省体育局、安徽省旅游局、安徽省文化厅、芜湖市人民政府联合承办的"2014 中国体育文化、体育旅游博览会"在安徽省芜湖市国际会展中心举办。在"2014 年中国体育、旅游十佳精品景区"评选中，张家口市崇礼县万龙、云顶景区被评为第一；在"2014 年中国体育旅游十佳精品赛事"评选中，中国崇礼国际滑雪节被评为第一。

12 月

12 月 2 日　国际单项体育组织的比赛场馆认证全部通过。

12 月 6 日　第十四届中国·崇礼国际滑雪节在崇礼密苑·云顶滑雪场开幕。国际雪联高山滑雪积分赛及远东杯赛同日开赛。

12月7日　北京申办 2022 年冬奥会的所有场馆全部获得国际体育单项组织的认证。专家们认为本次选址完全具备建设相关场馆和设施、举办冬奥会冬季两项比赛的条件。

12月10日　《河北日报》报道，河北省与北京市举行申办 2022 年冬奥会新闻宣传工作合作座谈会。座谈会就加强河北省与北京市的沟通协作，共同做好申办冬奥会新闻宣传工作进行交流。

12月19日　新华社报道，北京申办冬奥会的各项重要工作已进入冲刺阶段。2015 年工作主要围绕《申办报告》、评估团考察、重要陈述开展。随着北京申办冬奥工作的逐步推进，冬季运动的热潮正在全面升温。

12月31日　北京市区、张家口、延庆三地共同开展迎新年倒计时庆祝活动。张家口作为分会场，在桥西区大境门和崇礼县密苑·云顶滑雪场分别举办主题为"京张心连心·携手盼冬奥"的庆祝活动。

同日　河北省政府副省长、北京冬奥申委副主席许宁，省政府副秘书长、省冬奥办主任李靖到张家口市调度申办冬奥相关工作。许宁指出，下一步各有关部门要继续按照相关要求，超前谋划、细致安排，做好迎接国际奥委会评估团的各项工作，积极营造浓厚的申冬奥氛围；要紧抓此次机遇，加大对外宣传力度，不断提升张家口的美誉度、知名度和影响力；要创新方式，通过通俗、易懂、好记的宣传口号和标语，提高宣传效果；要重视外语人才的培育，提高服务能力，打造一流的外语服务团队；要整体考虑，统筹协调，争取更多的政策支持。

2015 年大事记

1 月

1 月 5 日　北京市政务网络管理中心负责人带领有关专家到市工信局，就搭建一个 TD-LTE 宽带集群通信网的演示试验平台，实现北京城区和张家口两地的宽带集群通信业务展示等事宜召开专题协调会。

1 月 6 日　北京冬奥申委在瑞士洛桑向国际奥委会提交 2022 年冬奥会《申办报告》。该报告提出"以运动员为中心、可持续发展、节俭办赛"三大理念；指出申办和举办冬奥会将使交通更便捷，天空会变蓝，生活更美好；表示若申办成功，拟安排在 2022 年的春节期间举办，开闭幕式将在北京的国家体育场"鸟巢"举行；详述门票相关内容，拟定票价最低 50 元，最高 4882 元。

1 月 7 日　新华社记者专访北京冬奥申委代表团。代表团相关负责人接受专访表示，《申办报告》充分展示申办城市所做的承诺，涉及北京联合张家口申办 2022 年冬奥会的理念、愿景、场馆、赛事组织、安保、媒体运行等冬奥会从筹办到举办的十四个方面内容。

1 月 28 日　公安部网安局在崇礼县召开会议，就京张联合申办冬奥会网上安保工作进行专题部署。

2 月

2 月 2 日　河北省迎接国际奥委会评估团考察工作会议在崇礼县召开，就做好迎评冲刺阶段的各项工作进行再动员、再督导、再部署。河北省政府副省长、北京冬奥申委副主席许宁出席并讲话，河北省政府副秘书长、省冬奥办主任李靖主持。北京冬奥申委及省直部门负责人就做好迎接国际奥委会评估考察工作提出具体要求。

2月10日　北京市政府召开常务会议，研究2022年冬奥会申办等事项。会议指出，申办冬奥会是党中央、国务院交给北京市、河北省的重要政治任务。北京要主动与河北省、张家口市及中央部门密切配合，切实做好各项申办和迎评工作。

2月15日　中共中央政治局委员、国务院副总理刘延东在北京冬奥会申办委员会调研。她强调，中国政府申办冬奥会，要统筹谋划、精益求精、扎实稳妥做好各项申办工作。

3月

3月17日　北京冬奥申委主席、北京市负责人、河北省负责人带领冬奥申委迎评考察团，对张家口赛区各竞赛场馆、非竞赛场馆及沿线服务保障工作进行考察。

3月26日　国际奥委会评估团考察张家口赛区，听取张家口赛区场馆规划的主题陈述，并对场馆设施进行实地考察。至此，国际奥委会评估团在京张两地所有的场馆考察日程结束。

3月28日　国际奥委会评估团结束北京考察并在京召开新闻发布会。评估团主席茹科夫表示，北京"有能力成功举办2022年冬奥会"。

4月

4月11日　冬奥会将给冰球运动在中国的发展带来新机会。国际冰球联合会负责人表示，如果北京能够成功申办2022年冬奥会，对冰球运动在中国的推广也是一个相当有利的机会。

6月

6月1日　国际奥委会公布2022年冬奥会申办城市《评估报告》。《评估报告》充分肯定北京携手张家口联合申办的优势，指出面临的挑战并提出需要改进的问题。

6月3日　北京市主要负责人、北京冬奥申委主要负责人就《评估报告》接受专访。专访回答关于《评估报告》的诸多热点问题，充分肯定北京申办冬奥会的三大理念，并对申办取得成功充满信心。

6 月 3 日至 5 日　民盟张家口市委邀请民盟北京市委专家组一行到张家口市进行"发展生态服务型经济，促进京津冀协同发展"课题调研。专家组考察了申冬奥工程建设项目、申奥临时指挥部和崇礼冰雪博物馆，查看申奥项目整体规划建设情况。专家组初步形成意见，北京应进一步加强与张家口的对接，从政策方面建立长效机制，加大生态建设的统筹和补偿力度，与张家口共同打造良好的生态环境和水源涵养地。利用民盟组织智力人才优势，从科技兴农、开发旅游、设计美丽乡村等方面为张家口发展提供更多的帮助。

6 月 9 日　北京 2022 申冬奥代表团在瑞士洛桑与国际奥委会委员举行陈述交流会。国务院副总理刘延东，中国奥委会主席、国家体育总局主要负责人，北京冬奥申委主席、北京市主要负责人等其他代表团成员分别做了陈述。

6 月 11 日　由北京市残联负责人带队，北京市残联宣文部、文体指导中心、延庆县主要领导组成的考察团，到崇礼县就配合开展申冬奥相关工作进行调研交流。

7 月

7 月 26 日　国务院批复设立张家口可再生能源示范区，属全国唯一国家级可再生能源示范区，为冬奥申办蓄势蓄力。

7 月 31 日　北京携手张家口获得 2022 年冬奥会举办权。国际奥委会第 128 次全会上，北京携手张家口获得 2022 年冬奥会举办权；北京冬奥申委主席、北京市主要负责人，中国奥委会主席、国家体育总局主要负责人，张家口市主要负责人与国际奥委会主席巴赫签订了《主办城市合同》。

同日　中共中央总书记、国家主席、中央军委主席习近平就北京获 2022 年冬奥会举办权致信申办冬奥会代表团表示热烈祝贺。习近平在贺信中说，北京携手张家口获得了 2022 年第二十四届冬季奥林匹克运动会的举办权，我向你们致以热烈的祝贺。你们为申办冬奥会付出了巨大的努力。希望你们再接再厉、扎实工作，在全国各族人民大力支持下，把 2022 年冬奥会办成一届精彩、非凡、卓越的奥运盛会。

同日　2022 年冬奥会举办城市北京晚间在吉隆坡与国际奥委会联合举行新闻发布会。国际奥委会主席巴赫祝贺北京获得 2022 年冬奥会举办权，高度评价北京的申办工作和申办陈述。北京市主要负责人承诺，北京将为世界奉献一届精彩、非凡、卓越的冬奥会。

同日　北京申冬奥代表团举行招待会，热烈庆祝北京获得 2022 年冬奥会举办权。国际奥委会主席巴赫与北京2022申冬奥代表团团长、国务院副总理刘延东分别致辞。国际奥委会主席巴赫、副主席瑞迪、执委希凯、萨马兰奇等40余位委员，马来西亚总理对华事务特使黄家定、总理府部长魏家祥、马各界知名人士，国家体育总局主要负责人、中国奥委会主席，北京市主要负责人、北京冬奥申委主席以及华侨华人、留学生、中资机构代表等600余人出席。

同日 《北京申办2022年冬奥会成功纪念》邮票首发仪式在北京举行。该套邮票全套一枚，面值1.20元。邮票设计突出表现了北京成功申办2022年冬奥会，辅以白雪覆盖的长城衬托，带给人们白雪茫茫的视觉享受。

7月31日至8月1日 北京携手张家口获得2022年冬奥会举办权，对此，国际奥委会主席巴赫、日本长野县知事阿部守一、捷克电视台驻京分社首席记者萨玛洛娃等人士纷纷给张家口市市委书记发来贺信，就京张携手申冬奥成功表示热烈祝贺，希望京张两地再接再厉、扎实工作，把2022年冬奥会办成一届"精彩、非凡、卓越"的奥运盛会。

8 月

8月1日 北京冬奥申委发表声明，强调北京将全面兑现2022年冬奥会承诺。声明表达了赢得2022年冬奥会举办权的喜悦之情，并对国际奥委会、国际单项体育组织、境内外媒体、全国人民、港澳台同胞、海外侨胞以及竞争对手阿拉木图表示了由衷的感谢。北京作为双奥城市将全面兑现承诺，在2022年中国的传统节日春节期间，在万里长城脚下，用"纯洁的冰雪"，邀约全世界的朋友们共赴一场"激情的约会"。

同日 《光明日报》发表文章《因为成熟，所以重逢》。文章指出，北京乃至中国的成熟使得我们与奥运重逢。

同日 《河北日报》记者就举办冬奥的意义、冬奥为河北省经济带来的有利影响、张家口对冬奥比赛项目和场馆的具体规划以及张家口承办冬奥赛事的优势条件对河北省申奥办有关负责人进行了采访。

同日 《河北日报》发表文章《全力书写完美的申冬奥答卷》。文章指出，申冬奥工作启动后，省委、省政府高度重视，以坚强有力的组织领导推进申冬奥工作，上下一心，以实实在在的工作成效书写完美的申冬奥答卷。

8月2日 中共中央政治局委员、国务院副总理刘延东率北京2022申办冬奥会代表团回到北京。

8月3日 国务院新闻办公室召开《无障碍环境建设条例》实施三周年新

闻发布会，北京和张家口成功申办 2022 年冬残奥会成为发布会关注的一个焦点。中国残联发文《举办冬奥会冬残奥会将极大促进我国无障碍环境建设》。

8 月 4 日　新华社报道，一些外国领导人就我国成功申办 2022 年冬奥会致函表示祝贺。俄罗斯总统普京、哈萨克斯坦总统纳扎尔巴耶夫分别向习近平总书记致函，俄罗斯总理梅德韦杰夫向国务院总理李克强发来贺信。

同日　《人民日报》（海外版）发表文章《北京 2022 冬奥会将带来什么?》。文章指出，2022 年冬奥会的举办：一是利于全民健身，带动 3 亿人上冰雪；二是促进经济、交通、就业等各方面的发展；三是加快环境的改善。

8 月 5 日　《人民日报》发表文章《举办冬奥会是民生工程》。奥运专家称举办冬奥会的好处会真正落到老百姓身上：一是冬奥会主要遗产将与地区长期发展规划和目标相一致；二是冬奥会是发展冬季运动、促进全面健身，助推体育强国的历史机遇；三是冬奥会将促进体育文化、体育产业的繁荣。

8 月 6 日　日本长野县协商团到张家口市考察访问。协商团向张家口市负责人递交了长野县知事对张家口市申冬奥成功的贺信，双方就冬季体育运动合作等事宜进行了座谈交流。

8 月 7 日　新华社发表文章《冬奥会将促进京津冀环境协同治理走上"快车道"》。文章指出，冬奥会将促进京津冀环境协同治理走上"快车道"。《河北省张家口市可再生能源示范区发展规划》明确提出在张家口建设国际领先的"低碳奥运专区"。京津冀区域能源结构调整，既是筹办冬奥会带来的利好，也是区域能源转型、提升环境质量的历史机遇。

同日　《人民日报》发表文章《2022 年冬奥会比赛场地不在保护区内》。文章指出，为达到场馆建设要求，小海坨松山国家级自然保护区进行范围调整，调整后，冬奥会的雪橇雪车和高山滑雪比赛场地不在保护区范围内。

8 月 8 日　中共中央政治局委员、国务院副总理刘延东出席"全民健身日"活动。刘延东强调，要认真贯彻落实《全民健身条例》和全民健身计划，弘扬奥林匹克精神和中华体育精神，努力提高公共体育产品供给和服务能力，不断增强群众健身意识、促进体育消费、丰富精神文化生活，开创全民健身工作新局面。

8 月 11 日　《人民日报》发表文章《办好冬奥　雪里淘金》。文章指出，北京联合张家口申办冬奥会有助于拉动产业发展、助推当地经济、促进区域融合。

8 月 21 日　国务院总理李克强在中南海紫光阁会见国际奥委会主席巴赫。李克强强调，中国政府将信守申办 2022 年冬奥会所做承诺，在全国人民支持下，同国际奥委会等密切配合，办出一届节俭、可持续的冬奥会。巴赫表示国际奥委会相信中国政府一定会兑现申奥承诺，举办一届成功、精彩的冬奥会。期待今后 7 年同中方密切协调配合，共同为北京冬奥会的成功举办和国际奥林匹克运动的持续发展做出新贡献。

8 月 22 日　中共中央总书记、国家主席、中央军委主席习近平会见国际奥委会主席巴赫。习近平指出，2022 年冬奥会在北京举办，是中国体育和经济社会发展同世界奥林匹克运动发展开创双赢局面的重要契机，也将进一步激发中国民众对奥林匹克运动的热情，带动更多中国人关心、热爱、参与冰雪运动，为奥林匹克运动发展和奥林匹克精神传播做出积极贡献。我们将全面兑现在申冬奥过程中的每一项承诺，为世界奉献一届精彩、非凡、卓越的冬奥会。巴赫表示，祝贺北京成功获得 2022 年冬奥会举办权，中国申冬奥代表团的表现非常出色。中国政府积极申办冬奥会，是对奥林匹克事业和国际奥委会的宝贵支持。国际奥委会支持中国政府大力推动全民健身，坚信北京将举办一届十分精彩和成功的冬奥会，愿同中方一道为此共同努力。

同日　巴赫首次登临参观奥林匹克公园里北京中轴线上 246.8 米高的标志性建筑并确定该塔永久悬挂奥运五环标志。

同日　习近平总书记会见国际奥协主席、亚奥理事会主席艾哈迈德亲王。习近平指出，北京成功获得 2022 年冬奥会举办权，将有利于中国体育及社会经济发展和世界奥林匹克运动发展相互促进，有利于促进中华文明同世界各国文明交流互鉴，让中国人民有机会再次为奥林匹克运动发展、奥林匹克精神传播做出贡献。艾哈迈德表示亚奥理事会愿同中方一道共同努力，确保 2022 年冬奥会圆满成功。

8 月 23 日　法国城市、青年和体育部长帕特克里·卡内尔率代表团到张家口市参观访问。市长马宇骏与帕特克里·卡内尔一行座谈，双方围绕 2022 年冬奥会相关领域的合作进行沟通交流。

8 月 28 日　河北省委书记赵克志在崇礼县会见到张家口市考察 2022 年冬奥会比赛场地的国际奥委会主席托马斯·巴赫一行。赵克志与巴赫一同在崇礼县考察云顶滑雪场、张家口奥运村规划区域、北欧中心和冬季两项中心区域，了解筹办工作规划、进展及下步打算，共同探讨做好筹办工作需要解决的关键问题、主攻方向和有效路径，听取巴赫对张家口做好筹办工作的意见和建议。

8 月 30 日　北京田径世锦赛成功举办，为 2022 年冬奥会蓄力。具体表现为以下四方面：一是储备了队伍；二是成为冬奥会最有实战价值的检验；三是为冬奥会传播浓郁中国味儿提供了典范；四是高科技手段为冬奥会提供了参考。

9 月

9 月 16 日至 18 日　北京市人大常委会主任杜德印带领全国人大北京团部分代表到张家口市，就京津冀协同发展和冬奥会筹备工作专题调研。全国人大民族委员会副主任委员王万宾，北京市人大常委会副主任梁伟、柳纪纲、李昭玲、唐龙、孙康林等参加调研。

9 月 26 日　温哥华举办冬奥城市论坛为北京冬奥会献计策。加拿大"加中体育基金会"邀请中国代表团赴温哥华参加为期一周的加中体育交流周活动，冬奥论坛将此次活动推向高潮。温哥华 2010 冬奥申委主席亚瑟·格利福斯表示温哥华在体育设施建设、交通管理、市场营销和安全保障等方面的丰富经验可供北京参考借鉴。

10 月

10 月 2 日　香港国庆烟花会演加入 2022 年冬奥会元素。烟花会演第四幕的主题为庆祝北京夺得 2022 年冬季奥运会主办权。

10 月 4 日　全国政协副主席、科技部部长万钢到崇礼县就科技冬奥专题调研。万钢一行先后考察了京藏高速下花园服务区、奥运村场地规划选址及生态绿化、张家口赛区雪上竞技项目场地规划选址等有关情况，并与冬奥项目规划设计单位、建设单位、有关部门负责人交谈，听取相关工作汇报，了解科技创新成果在冬奥会的应用和推广情况。

11 月

11 月 3 日　北京 2022 年冬奥会筹备工作研讨会开幕。国际奥委会及国际残奥委会专家与国家体育总局等国家部门、北京市、河北省代表围绕高水平做好 2022 年冬奥会筹备工作、组委会面临的风险和机遇以及组织与协调原则等重要事项进行交流研讨。国际奥委会主席巴赫通过视频致贺词，国际奥委会奥运会部执行主任克里斯托弗·杜比致开场辞，国家体育总局主要负责人与北京市主要负责人分别致辞。

11 月 24 日　中共中央政治局常委、国务院副总理、第 24 届冬奥会工作领导小组组长张高丽在北京中南海主持召开第 24 届冬奥会工作领导小组第一次全体会议并讲话。张高丽强调，中共中央总书记、国家主席、中央军委主席习近平的重要指示精神与中共中央政治局常委、国务院总理李克强的重要批示为冬奥会筹办工作的方向，并表示筹办北京冬奥会时间紧、任务重，必须全面扎实高效开展工作。

11月29日　新华社发表文章《精彩、非凡、卓越——北京冬奥会筹备启动系列评论之一》。文章指出，作为最有影响力的全球性综合盛会之一，冬奥会筹备周期长、组织工作复杂、涉及领域广、专业要求高，要实现精彩、非凡、卓越的目标，难度和挑战很大。中国政府和人民有愿望、有能力实现这个伟大的目标。

11月30日　新华社发表文章《绿色办冬奥，践行美丽中国建设——北京冬奥会筹备启动系列评论之二》。文章指出，"绿色发展"理念贯穿冬奥筹办工作始终，绿色办奥不仅是北京申冬奥时提出的三大理念之一——"可持续发展"的具体表述，并且与十八届五中全会提出的"坚持绿色发展，推进美丽中国建设"的目标接轨。

12 月

12月1日　新华社发表文章《共享办冬奥，让民众有更多"获得感"——北京冬奥会筹备启动系列评论之三》。文章指出，要继承和发扬北京奥运会经验，坚持发展依靠人民、发展为了人民、发展成果由人民共享的理念，冬奥会筹办工作才能得到人民群众发自内心的认可与支持，筹办工作方能顺利推进。

12月2日　新华社发表文章《2022，全球奥林匹克荣光——北京冬奥会筹备启动系列评论之四》。文章指出，北京携手张家口筹办冬奥会，离不开国际奥委会、国内外有关专家和运动员以及冬季运动强国支持和参与。通过举办冬奥会，中国也将与全世界分享冬季运动在中国蓬勃发展所带来的新机遇。

12月3日　新华社发表文章《廉洁办奥是民众期盼——北京冬奥会筹备启动系列评论之五》。文章指出，北京在筹办2008年北京奥运会时同时成立了第29届奥运会监督委员会。这是奥运会举办史上第一次设立专门监督机构。拿出更深层次的举措，广泛接受社会监督，用更干净透明的方式去做好冬奥会的筹备工作，方能赢得社会大众的良好口碑，方能实现"让冬奥会像冰雪一样纯洁干净"。

12月4日　《人民日报》发表文章《廉洁办奥 阳光全覆盖》。文章指出，举办冬奥会万众瞩目，更是一个大投入的综合工程。2022年冬奥会筹办工作，以廉洁为基石，以节俭为指引，实现绿色办奥、共享办奥、开放办奥、廉洁办奥的目标。筹办过程中需坚持以下三点：一是严格预算管理，二是控制办赛成本，三是强化过程监督。

12 月 8 日　申冬奥成功后首个滑雪节——"国际雪联高山滑雪积分赛及远东杯赛暨第十五届中国·崇礼国际滑雪节"开幕。

12 月 10 日　全面启动 2022 年北京冬奥会备战工作会议在国家体育总局召开。会议对冬奥会备战工作进行了全面的介绍和部署。备战工作的任务目标主要是：力争在该届奥运会上综合实力跻身世界先进行列，实现运动成绩与精神文明双丰收；完善冬季项目管理体制以适应市场经济和社会文化发展需要；示范带动冬季项目群众性健身活动的普及和开展，促进冬季体育产业发展和冬季项目的全面进步。

12 月 15 日　北京 2022 年冬奥会和冬残奥会组委会成立大会在北京召开。中共中央政治局常委、国务院副总理、第 24 届冬奥会工作领导小组组长张高丽出席会议并讲话。他指出：中共中央、国务院高度重视 2022 年冬奥会筹办工作。办好这次冬奥会，是我们对国际奥林匹克大家庭的庄严承诺，也是实施京津冀协同发展战略的重要举措，我们要切实把思想认识行动统一到党中央重要决策部署上来，扎扎实实做好筹办工作。他强调，要坚持规划先行，完善顶层设计，确定好路线图和时间表，使各项筹办任务目标明确、节点准确、责任清晰；要突出工作重点，统筹考虑赛事需求、赛后利用和环境保护，打造场馆建设精品工程；要精心做好赛事组织和服务准备工作，使广大运动员及观众、媒体等享受到优质的服务与体验；要加快冰雪运动发展和普及，带动广大群众关心、热爱、参与冰雪运动，提高冬季运动竞技水平，努力在北京冬奥会上取得优异成绩；要把绿色发展理念贯穿筹办工作全过程，加强联防联建，加快改善京张地区的生态环境；要深化国际交流合作，与国际奥委会等加强沟通联系，以全球视野推动冬奥会筹办工作。他要求，冬奥组委要加强内部建设，抓紧组建机构，强化人才支撑，健全规章制度，认真履职尽责，为冬奥会筹办工作提供强有力的组织保障；有关地方和部门要把筹办冬奥会作为一件大事来抓，积极调动社会力量参与，形成做好筹办工作的强大合力；要按照"三严三实"要求，力戒奢华浪费，做到节俭、廉洁、阳光，高质量、高水平、高效率做好筹办工作，把北京冬奥会办成一届精彩、非凡、卓越的奥运盛会，为实现"两个一百年"奋斗目标、实现中华民族伟大复兴的中国梦做出新的贡献。刘延东、郭金龙、王晨、张庆黎出席会议，会上宣读了国际奥委会主席巴赫的贺词。第 24 届冬奥会工作领导小组成员，国家体育总局、中国残疾人联合会、北京市、河北省有关领导和相关单位负责同志，中央国家机关有关部门负责同志，北京冬奥组委有关领导参加会议。

12 月 18 日　首届"大好河山·激情张家口"大众冰雪季在崇礼县长城岭滑雪场开幕。

12 月 28 日　国务院办公厅发布关于成立北京 2022 年冬奥会和冬残奥会组织委员会的通知，公布有关部门的单位负责同志与相关方面的组成人员。

同日　北京携手张家口获得 2022 年冬奥会举办权后，国家体育总局已全面启动 2022 年冬奥会的筹办和备战工作。在全国体育局长会议上，国家体育总局主要负责人对于筹办与备战工作做了简要介绍与部署。

2016 年大事记

1 月

1 月 8 日　河北省省长张庆伟在河北省第十二届人民代表大会第四次会议上作《政府工作报告》。该报告在"'十三五'时期的主要目标和任务"中明确提出"坚决落实习近平总书记'绿色办奥、共享办奥、开放办奥、廉洁办奥'的重要指示，全力以赴做好 2022 年冬奥会筹办工作，促进冬奥工作与协同发展深度融合，高水平、高质量完成好河北承担的任务，为举办一届精彩、非凡、卓越的奥运盛会贡献力量"，在"2016 年主要工作"中明确提出"全力做好冬奥会筹办工作。科学编制各项规划，扎实推进场馆建设前期工作，力促京张高铁崇礼支线等尽早开工，加快赛区低碳电力供应、医疗卫生等配套服务设施建设。按照奥运标准全面推动张家口城乡面貌改善，建设国家级可再生能源示范区。推广冰雪运动、发展冰雪产业，打造京张体育文化旅游产业带"。

1 月 17 日　"2016 世界雪日暨国际儿童滑雪节"活动在全国 20 家滑雪场同步展开，据估计，参与这项活动的青少年总人数将达 3 万人。本次活动主会场设在崇礼密苑云顶乐园滑雪场。世界雪日的活动由国际雪联主办，在全世界 42 个国家同步展开，目的是在青少年当中普及推广滑雪运动，让更多孩子体验滑雪乐趣。

1 月 18 日　新华社报道，北京、张家口合作探索环卫一体化。张家口市近日启动环卫市场化运行，与北京环卫集团合作，推行政府购买公共服务。双方合作范围主要包括：在张家口主城区及冬奥沿线城镇垃圾处理设施技术改造升级的投资、建设及运营服务，固废收运设施设备更新的投资及收运服务，道路清扫保洁设备更新的投资及主次干道的清扫保洁服务，冬奥会期间等重大活动的应急环卫保障服务等。北京环卫集团有限公司主要负责人表示，将积极打造奥运服务队伍，为 2022 冬奥会储备环卫专业人才，制定区域联动作业机制，实现北京与张家口环卫设施、设备及人才等资源的共享。

1月20日　第十三届全国冬季运动会第二次组委会全体会议暨代表团团长会议在乌鲁木齐召开。国家体育总局局长表示，筹备和举办北京冬奥会，将为我国发展冰雪运动开创前所未有的历史机遇，要通过举办第十三届全国冬季运动会，为我国"十三五"时期冰雪运动大发展打好开局，发现和培养一批高水平竞技人才、培养锻炼一批冬季项目管理人才，为做好北京冬奥会组织工作积累经验。

1月22日　北京市市长王安顺在北京市第十四届人民代表大会第四次会议上作《政府工作报告》。该报告在"'十三五'时期的主要目标和任务"中明确提出"全面做好冬奥会筹备工作"，在"2016年重点任务"中明确提出"全力做好2022年冬奥会筹备工作。坚持绿色办奥、共享办奥、开放办奥、廉洁办奥，制定筹备工作总体规划，确定路线图和时间表。编制场馆和基础设施总体规划，确定新建场馆招标和设计方案，推动基础设施建设，启动冬奥会市场开发。同步做好冬残奥会筹备工作。制定加快冰雪运动发展的意见，科学规划北京冬季竞技体育项目布局，推动冰雪运动普及发展，营造全社会关心、支持和参与冬奥的良好氛围"。

同日　第十三届全国冬运会期间，国家体育总局局长助理做客新华社前方演播室，就北京冬奥会申办和筹办、本届全国冬运会的特点等热点话题进行了解读。他认为，北京2022年冬奥会的筹办和举办，一要实现中国冬季运动的新发展，在竞技体育，尤其是运动成绩上获得好成绩；二是要落实3亿人参与冰雪的目标，大力普及与推广冬季运动项目，让更多的人分享到冰雪运动的快乐。他认为，本届冬运会给北京2022年冬奥会的筹办提供了很多启示，北京冬奥会目前处于初始筹备阶段，要学习和借鉴国内外成功运动会的办赛经验和好的做法。

1月25日　北京2022年冬残奥会筹备工作研讨会在北京国家会议中心举行。北京冬奥组委与国际残奥委会代表团就北京2022年冬残奥会筹备工作进行交流和广泛研讨。

2月

2月3日至4日　国家林业局局长前往河北省张家口市调研造林绿化工作。他强调，要按照习近平总书记提出的"绿色办奥"理念的要求，不断加快国土绿化步伐，建设绿色崇礼、生态崇礼，为2022年第24届冬季奥林匹克运动会的举办创造良好的生态条件。要继续抓好三北防护林、退耕还林、退化林分改造等重点生态工程建设，着力增加绿量，让百姓共享生态建设成果。要在冬奥会场地周边有针对性地实施一批造林绿化精品工程，提升绿化品质，展现良好生态。要继续加大生态保护力度，做好森林防火和森林病虫害防治工作，保护好来之不易的森林资源。

2月5日　为配合北京携手张家口举办2022年冬奥会，大力推动全民运动，展示城市面貌，张家口市拟建市级奥林匹克体育中心，通过张家口市人民政府官网、张家口市城乡规划局官网、张家口新闻网、张家口体育网等四个网站公布五个备选设计方案并进行网上投票，截至19日结束。规划中的张家口市奥林匹克体育中心位于张家口市经开区滨河南路东侧、城市南环路北侧，占地面积50公顷（750亩）。规划总建筑面积约27万平方米，包括5万人体育场、1万人体育馆、3000人游泳馆、6000人速滑馆、2.5万平方米小球训练馆各一座及配套服务设施。

2月18日至19日　交通运输部部长杨传堂到北京市延庆区、河北省张家口市，就2022年冬奥会交通运输保障及项目建设情况开展调研。他强调，要深入贯彻习近平总书记、李克强总理等中央领导同志重要指示批示精神，胸怀全局、敢于担当、主动作为，突出重点、加强统筹、当好先行，加快推进京津冀协同发展，为确保把北京冬奥会办成一届精彩、非凡、卓越的奥运盛会做好交通运输服务保障。在京藏高速公路与兴延高速公路交界处，杨传堂听取了北京市交通委关于兴延高速公路及延崇公路建设项目方案汇报。随后他到张家口市崇礼区，现场调研了京张高铁崇礼支线及崇礼铁路车站规划选址情况，深入了解了延崇公路项目线位和工程方案，实地考察了冬奥会场馆间交通项目等情况。杨传堂强调，办好2022年北京冬奥会，是我国对国际社会、对国际奥林匹克大家庭的庄严承诺，对于充分展示我国改革开放和现代化建设的光辉成就，充分增强全国人民的凝聚力、向心力，充分提升国家软实力和国际影响力，充分展示负责任的大国形象等都具有十分重大的意义。要坚持"绿色办奥、共享办奥、开放办奥、廉洁办奥"，坚决把冬奥会交通运输保障项目打造成展示我国交通运输发展先进理念和技术水平的精品工程、廉洁工程，全面提升冬奥会交通运输服务品质和保障能力。杨传堂指出，2022年冬奥会主要交通项目横跨京冀两地，涉及面广、协调工作复杂，任务重、时间紧。在北京、河北等有关各方的共同努力下，目前各项工作组织有力、进展良好。他强调，要在方案协调、业务协作、资源整合等方面进一步完善工作机制，统筹交通项目实施的各项保障工作，确保各交通项目如期建成；要坚持规划先行，尽快明确项目技术标准，确保项目尽快实施；要坚持绿色办奥，更加注重交通建设项目的生态保护和污染综合治理;要谋划运力组织,借鉴北京奥运会、上海世博会等大型活动的道路运输保障经验,加强分析研判,强化安全监管,确保运输安全和服务质量。

2月23日至24日　全国政协教科文卫体委员会负责人率考察团到张家口市,就"以冬奥会为契机促进冰雪运动发展"进行专题考察。本月以京张联合举办2022年冬奥会为契机,对标北京,引进首都标准,加快推进环卫作业市场化进程,桥东区和桥西区环卫处与北京环卫集团展开合作,成立股份制京环桥东、桥西分公司,引入首都环卫模式。

3 月

3月5日　李克强总理代表国务院在十二届全国人大四次会议上作《政府工作报告》。该报告在"2016年重点工作"中明确提出"做好北京冬奥会和冬残奥会筹办工作,倡导全民健身新时尚"。

3月12日　新华社报道,北京携手张家口申办2022年冬奥会成功是全国政协十二届四次会议体育界别小组讨论的重点议题。委员们针对顶层设计、赛后利用、人才培养、医疗保障、宣传普及等方面提出大量建议。

3月14日　北京2022年冬奥会和冬残奥会组织委员会张家口运行中心办公场所布置完毕。

3月17日　《中华人民共和国国民经济和社会发展第十三个五年规划纲要》发布。该规划纲要明确提出"做好北京2022年冬季奥运会筹办工作"。

3月18日　中共中央总书记、国家主席、中央军委主席习近平在中南海主持召开会议,专题听取北京冬奥会和冬残奥会筹办工作情况汇报并作重要讲话。习近平强调,筹办好北京冬奥会、冬残奥会,意义重大,责任重大。要增强使命感、责任感,认真落实创新、协调、绿色、开放、共享的发展理念,坚持绿色办奥、共享办奥、开放办奥、廉洁办奥,高标准、高质量完成各项筹办任务,把北京冬奥会、冬残奥会办成一届精彩、非凡、卓越的奥运盛会,向祖国人民、向国际社会交上一份满意答卷。会上,中共中央政治局委员、北京市委书记郭金龙汇报了北京冬奥会、冬残奥会筹备工作总体计划和进展情况。国家体育总局局长刘鹏汇报了冰雪运动普及发展、提高冰雪运动竞技水平有关情况。河北省委书记赵克志汇报了河北承担的北京冬奥会、冬残奥会相关工作筹备进展情况。中国残联主席张海迪汇报了发展残疾人冰雪运动、促进残疾人体育事业发展方面的情况。听取汇报后,习近平发表了重要讲话。他指出,在北京举办一场全球瞩目的冬奥盛会,必将极大振奋民族精神,有利于凝聚海内外中华儿女为实现中华民族伟大复兴而团结奋斗，也有利于向世界进一步展示我国改革开放成就、和平发展主张。筹办北京冬奥会、冬残奥会，为推动京津冀协同发展提供了良好机遇，也为推广普及我国冰雪运动提供了良好机遇。北京冬奥会、冬残奥会筹办工作总体计划已经确定，场馆建设、基础设施建设、生态环境保护、赛事服务组织等各方面任务已经明确，关键是抓好落实。习近平强调，场馆和基础设施建设是筹办工作的重中之重，周期长、任务重、要求高，要加快工作进度，充分考虑赛事需求和赛后利用，充分利用现有场馆设施，注重利用先进科技手段，注重实用、保护生态，坚持节约原则，不搞铺张奢华，不搞重复建设。要把推动冰雪运动普及贯穿始终，大力发展群众冰雪运动，提高冰雪运动竞技水平，加快冰雪产业发展，推动冬季群众体育运动开展，增强人民体质。要充分利用我国丰富的文化艺术资源，以体育为主题，以文化为内容，策划组织形式多样、生动活泼的文化宣传活动，广泛吸引社会各界积极参与。要广泛开展对外人文交流，讲好中国故事，传播好中国声音。要主动同国际体育组织合作，听取场馆建设、赛事组织、人才培养等方面的建议，积累办赛经验。习近平指出，要把筹办冬奥会、冬残奥会作为推动京津冀协同发展的重要抓手，下大气力推动体制创新、机制创新、管理创新和政策创新，推动交通、环境、产业等领域协同发展先行先试，重点突破，以点带面，为全面实施京津冀协同发展战略起到引领作用。要发挥北京冬奥会、冬残奥会筹办对城市发展的促进作用，落实首都城市战略定位，进一步发挥北京对京津冀区域发展的辐射带动作用。习近平强调，筹办北京冬奥会、冬残奥会，是一项系统工程，要加强组织领导和统筹协调，集各方之智，聚各界之力，形成做好筹办工作强大合力。领导小组要加强对筹办工作重大问题、重要事项的研究，统筹协调各部门各方面共同做好筹办工作。各有关部门要主动承担任务，把重点任务纳入国家"十三五"规划，给予大力支持，确保落实完成。北京市、河北省要主动担负起主办城市的责任，确保按时优质完成各项任务。北京冬奥组委要做好组织协调，抓好督促落实。要依靠群众、动员群众、组织群众，激发人民群众积极性、主动性、创造性，共同把筹办工作做好。要开拓选人用人视野，遴选优秀人才参与冬奥会筹办，加快培养一支专业化、国际化的人才队伍。习近平指出，要深化改革，推进体制机制创新，完善领导小组成员单位、北京市、河北省、北京冬奥组委的合作机制，加强责任衔接和工作对接，确保各方工作同向、进展协调。要广泛吸引社会资金和社会力量参与筹办工作。要建立各项规章制度，严格预算管理，控制办奥成本，强化过程监督，让北京冬奥会、冬残奥会像冰雪一样纯洁干净。中共中央政治局常委、国务院副总理、第24届冬奥会工作领导小组组长张高丽以及刘延东、栗战书和有关方面负责同志出席会议。

3月23日 第24届冬奥会工作领导小组第二次全体会议在北京召开。会议认真传达学习贯彻习近平总书记3月18日听取筹办工作情况汇报时的重要讲话精神，总结领导小组第一次全体会议以来各项工作的落实情况，进一步明确筹办工作的总体思路和重点任务，研究部署下一步工作。中共中央政治局常委、国务院副总理、第24届冬奥会工作领导小组组长张高丽出席会议并讲话。张高丽肯定了冬奥会筹办所做的工作和取得的进展，强调要按照习近平总书记的重要讲话要求，认真落实创新、协调、绿色、开放、共享的发展理念，坚持绿色办奥、共享办奥、开放办奥、廉洁办奥，高标准、高质量完成各项筹办任务，向党中央和祖国人民、向国际社会交上一份满意答卷。张高丽强调，冬奥会和冬残奥会筹办工作总体计划已经确定，各方面任务已经明确，关键是要抓早抓实抓好，各项工作要到位。要抓紧推进场馆建设，努力打造精品工程；要加快推进相关基础设施建设，保证赛事运行需求；要统筹节约用好资金，决不搞铺张浪费奢华；要大力推动冰雪运动发展和普及，尽快补上冬季运动这个短板；要进一步加强国际交流合作，提高北京冬奥会国际影响力；要传播中华文明，唱响冬奥会筹办的主旋律；要把筹办冬奥会作为重要抓手，着力推动京津冀协同发展。张高丽要求，加强组织领导和统筹协调，坚持"三严三实"，抓铁有痕、踏石留印，按时优质高效完成各项任务。中共中央政治局委员、第24届冬奥会工作领导小组副组长刘延东、郭金龙出席会议并讲话。

3月24日 《北京市国民经济和社会发展第十三个五年规划纲要》正式发布。该纲要的第九篇为"全面做好冬奥会筹备工作"，包括全面推进场馆和配套设施建设（高标准推进场馆建设、高质量建设配套设施、高水平提升赛事保障能力）、做好赛会组织筹备工作、发挥冬奥会带动效应（带动冰雪运动普及提升、推动奥运经济发展、促进京津冀协同发展）等内容。

**专栏 《北京市国民经济和社会发展第十三个五年规划纲要》
之"全面做好冬奥会筹备工作"**

"十三五"时期是筹办2022年冬奥会的关键五年，要在第24届冬季奥林匹克运动会工作领导小组的坚强领导下，坚持绿色办奥、共享办奥、开放办奥、廉洁办奥，认真履行申办承诺，践行《奥林匹克2020议程》，全面推进各项筹办工作，为把2022年冬奥会办成一届精彩、非凡、卓越的奥运盛会奠定坚实的基础。

第一章　全面推进场馆和配套设施建设

制订实施冬奥会场馆建设规划，同步建设相关配套基础设施，创新投融资机制，积极吸引社会资金投入，努力实现各项工程优质安全、绿色节能、节约高效。

一、高标准推进场馆建设

坚持冬奥会赛事国际标准，统筹考虑赛事需求和赛后利用，合理确定建设规模，注重先进技术示范应用，有序推进新场馆规划建设和既有场馆改造提升，努力打造场馆建设精品工程。

推进新场馆建设。强化质量标准，体现以运动员为中心，鼓励社会力量参与场馆建设，重点推进国家速滑馆、北京冬奥村、首体速滑馆等新场馆建设，将国家速滑馆建设成国家冰上运动基地。落实可持续发展理念，统筹考虑延庆赛区周边综合生态环境保护与群众健身休闲需求，建设好国家高山滑雪中心、国家雪车雪橇中心和延庆冬奥村。

完成既有场馆改造。充分利用北京2008年奥运会遗产，按照冬奥会冰上项目比赛和媒体运行要求，完成北京赛区国家游泳中心、国家体育馆、五棵松体育中心、国家体育场、首都体育馆、国家会议中心等改造工作，将奥林匹克公园建成夏季奥运会和冬季奥运会交相辉映、奥运遗产充分利用、奥林匹克精神广为传承和发扬的奥运城市公园。

二、高质量建设配套设施

运用先进规划理念，建设赛区供水、排水、供气、供电、供热、垃圾分类转运、气象监测等配套设施。按照智慧奥运要求，同步建设场馆公共网络和无线网络设施，确保配套设施与场馆同步规划、同步建设、同步完工。

三、高水平提升赛事保障能力

按照国际一流标准，加强住宿、餐饮、医疗、媒体和无障碍等设施建设改造，全面提升赛区综合服务能力，优化赛事保障软环境。

着力提升接待服务水平。对接国际标准，建设延庆赛区星级配套酒店，落实签约酒店和床位，促进服务标准与国际接轨。

着力提升医疗卫生保障水平。改造延庆赛区定点医院，支持市属医院在张家口设立异地分院，加大对延庆赛区、张家口赛区医疗机构和人员的支援培训力度，提升山区医疗服务能力。

着力提升媒体服务水平。针对世界各地媒体采访报道冬奥会的需求，做好北京国际广播中心改造和延庆山地临时媒体中心建设，为新闻媒体工作创造便利条件、提供优良服务。

着力做好冬残奥会保障工作。按照设施无障碍、信息无障碍、服务无障碍的要求，加强无障碍设施建设，提升对残疾运动员和相关群体的服务水平，让更多残疾人参与冰雪运动，更好地传播残奥精神。

第二章　做好赛会组织筹备工作

加强与国际奥委会、国际残奥委会及国际冬季单项体育组织合作，借鉴北京2008年奥运会和其他国家城市筹办冬奥会的成功经验，有序推进各项筹备工作。

制定并落实筹办工作总体规划。做好顶层设计，深入研究《主办城市合同》规定的35个重点领域要求，谋划好各项任务的工作安排，全面梳理申办承诺，制定好总体规划，明确筹办工作路线图和时间表，确定重点任务的责任部门和完成时限，有计划、按步骤推进各项筹办工作。

制定赛事规划。与国际奥委会和国际残奥委会共同研究制定赛事规划，明确赛事安排、项目设置等具体要求，制定赛时工作方案和应急预案，组织好冬奥会测试赛，进行实战演练，不断改进赛事组织工作。

搞好文化活动和新闻宣传。紧紧围绕筹办冬奥会，在国内外策划开展一系列文化和宣传推广活动，提高冬奥会的影响力，增进国际社会的理解和支持，为举办好冬奥会营造良好社会氛围和舆论环境。

做好市场开发。制订冬奥会赞助计划，征集赞助商、合作伙伴、供应商，开展奥运营销和产品推广。制订实施特许经营计划，征集特许经营商品，释放冰雪体育市场潜力。加强奥林匹克品牌保护，依法维护奥林匹克知识产权，完善赛时品牌保护机制。

加强对外合作。认真做好与国际奥委会、国际残奥委会、国际冬季单项体育组织、各国国家奥委会的联络，熟悉国际规则，完善筹办工作。积极学习国外冰雪运动发达城市办赛经验和有效做法，把握冬奥会等冬季综合体育赛事组织运行的特点和最新趋势，加强赛会组织者、管理者、专业技术人员和志愿者等培训。

加强财务管理和监督审计。健全规章制度，严格预算管理，控制办奥成本，强化过程监督，努力做到让冬奥会像冰雪一样纯洁干净，实现"节俭奥运、廉洁奥运、阳光奥运"。

第三章　发挥冬奥会带动效应

抓住举办冬奥会的历史机遇，让更多群众共享筹办冬奥会的成果，为奥林匹克运动发展和奥林匹克精神传播作出积极贡献，为提高城市管理水平、推动京津冀协同发展、建设健康中国作出积极贡献。

一、带动冰雪运动普及提升

以举办冬奥会为契机，促进群众性冰雪运动普及发展，丰富群众冬季体育生活，积极倡导健康生活方式，带动更多中国人关心、热爱、参与冰雪运动。

促进群众性冰雪体育运动蓬勃发展。充分发挥举办冬奥会对改善群众冬季运动条件、丰富群众冬季运动生活的带动作用，促进全国 3 亿人参与冰雪运动。推动冰雪项目进校园、进公园、进商业园，开发设计一批适合群众的冬季群众性体育项目，提高冰雪运动的群众参与度。加强青少年冰雪项目教育培训，改善中小学开展冰雪运动条件，支持开设冰球、速滑等体育项目课程，让青少年有更多机会参与冰雪运动。

提升冰雪项目竞技体育水平。加强冬季项目的人才培养，提高水平，增加项目，扩大规模。巩固提升优势项目，大力加强薄弱项目，着力推广未开展项目。抓住重点潜力项目，培养一批高水平的冰雪体育项目运动员、教练员。搭建冬季体育竞赛平台。推动优秀运动员参加各级各类单项体育组织赛事，积极争取出国参赛交流机会。积极承办冰雪体育顶级赛事，提升冬季项目的影响力和参与度。

二、推动奥运经济发展

促进奥运经济发展，激发潜在市场需求，带动体育产业结构升级。通过举办冬奥会，进一步推动城市全方位对外开放，加强体育领域对外交流合作，提高对外开放水平。

促进冰雪体育产业发展。推动冰雪项目装备制造、赛事服务等相关产业加快发展，促进体育产业优化升级，满足群众日益增长的健身需求和消费需求。积极筹办国际冰雪体育产业博览会，与世界分享冰雪体育产业在中国发展带来的新机遇。

加强中外体育交流。与冬奥会举办城市、冬季体育传统城市加强交流，积极建立友好合作关系，扩大文化体育交流，实施更加紧密的城市间国际合作。

三、促进京津冀协同发展

把筹办冬奥会与推动京津冀协同发展紧密结合起来，积极推动体制、机制、管理和政策创新，着力推进交通、环境、产业等领域协同发展率先突破，在推动京津冀协同发展中起引领、示范作用。

交通设施相连相通。加快推进已规划的交通基础设施建设，进一步便利京张两地间互联互通，大幅提升京西北地区对外联络能力，充分满足三个赛区赛时和赛后交通需求。

生态环境联防联建。综合治理，持续提升京张地区空气质量，加快改善京张地区生态环境，推动延庆建设国际一流生态文明示范区取得重大进展，保护好首都重要的水源地和生态屏障。

产业发展互补互促。立足北京和张家口的城市功能定位，积极推动产业梯度转移与协作。依托冬奥会场馆及配套设施等优质资源，大力发展体育文化、旅游休闲、会议展览等产业，努力打造京张冰雪体育休闲旅游带。积极推动与张家口部分区县在特色农业、林业、旅游会展、绿色能源等领域的合作。

公共服务共建共享。充分发挥首都资源优势，加强医疗、教育等领域合作，推动张家口公共服务能力提升。完善北京综合大型医院与张家口医疗机构合作机制，开展多种形式的医护人员联合培养培训。加强京张两地教育合作，培养冬奥会相关专业人才，为办赛和赛后发展打下良好的人才基础。

3月29日 《人民日报》发表文章《冬奥会，开始改变我们的生活——筹办冬奥把握开局之年（一）》。文章提出，2016年是北京和张家口筹办2022年冬奥会的开局之年，从制订筹备工作的总体规划，到确定路线图和时间表，各项工作将全面有序展开。北京联合张家口成功申办2022年冬奥会，为推动京津冀协同发展提供了良好机遇，能更好地促进北京张家口建设，同时向世界传递中国声音。

3月31日 《人民日报》发表文章《冬奥场馆，瞄准长远——筹办冬奥把握开局之年（二）》。文章提出，北京冬奥会的部分场馆改造计划初步拟订，对场馆赛后利用进行整体规划，且引入环保概念和高科技手段。

4月

4月14日 北京冬奥组委秘书长一行到张家口赛区调研，察看了云顶滑雪场、崇礼区太子城村、古杨树村、张家口赛区颁奖广场等场地，并就场馆规划建设问题召开座谈会。北京冬奥组委相关部（中心）、省冬奥办、张家口市、崇礼区等有关同志一同调研并座谈。

4月16日 "冬奥会志愿者林"植树公益活动在崇礼区举行。中共中央政治局原委员、中国志愿服务联合会会长刘淇等领导同志，同京冀两地"绿化志愿者"代表等300多人参加。

4月18日 《河北日报》发布《河北省国民经济和社会发展第十三个五年规划纲要》。该纲要的第二十五章为"做好冬奥会筹办工作"，包括抓好场馆及基础设施规划建设、建设科技冬奥、推动冬季运动普及和体育产业发展、提升城市功能改变城乡面貌等内容。

专栏 **《河北省国民经济和社会发展第十三个五年规划纲要》**
之"做好冬奥会筹办工作"

按照"绿色办奥、共享办奥、开放办奥、廉洁办奥"要求，坚持"以运动员为中心、可持续发展、节俭办赛"理念，围绕"精彩、非凡、卓越"目标，全力做好筹办工作，放大奥运效应，发展奥运经济，助力河北发展。

一、抓好场馆及基础设施规划建设

围绕满足赛事需要，做好张家口赛区新建改建5个竞赛场馆、3个非竞赛场馆和残奥会设施的规划建设。统筹推进赛区配套服务设施建设，重点实施用水保障、低碳电力供应、天然气普及和集中供热、通信和气象、邮政快递基础设施升级、垃圾和污水无害化处理、医疗卫生服务和食宿保障等工程，构建完备的冬奥会配套基础设施支撑体系。完善综合交通网络建设，形成高效、安全、可靠、环保的冬奥交通保障体系。改革创新投融资方式，积极探索PPP、上市、基金、融资租赁等多种筹融资模式，充分利用社会力量、社会资源办冬奥。

二、建设科技冬奥

围绕冬奥会"零排供能、绿色出行、5G共享、智慧观赛"目标，促进重大科技成果在冬奥会实现转化。推动新能源、智能装备和"互联网+"在冬奥会的广泛应用，构建智慧能源、智慧交通、智慧安防等综合管理体系。对崇礼等重点区域实行最严格的环保限值，努力实现"近零排放"，打造崇礼"低碳奥运专区"，确保赛时空气质量达到世界卫生组织标准。张家口市政交通及赛区

100%采用新能源汽车。加强与冰雪运动强省、强国的交流合作，多渠道培养和引进一批专业人才，为冬奥会提供优质服务和可靠的人才保障。

三、推动冬季运动普及和体育产业发展

实施冬季项目重点突破战略，优先发展适合河北特点的自由式滑雪、单板滑雪和冰壶等项目，组建冰雪项目专业运动队。积极承办国内外重大冰雪赛事，培育河北冰雪运动品牌，打造冰雪运动大省。实施冰雪旅游惠民工程，广泛开展群众性冬季体育活动，推动实现"3亿人参与冰雪运动"的目标。

着力打造滑雪运动及产业发展基地，建设京张体育文化旅游带，以冬奥比赛场馆为核心，打造一批冬奥精品滑雪旅游景区，把崇礼建成国际知名滑雪胜地。设计开发具有燕赵文化特色、体现奥运理念的旅游线路和旅游商品，扩大河北旅游品牌的影响力。力争培育一批源自河北的世界品牌，谋划在张家口建设一批国别（地区）产业园、冰雪产业园。

四、提升城市功能改变城乡面貌

提升赛区景观，重点推进公路、铁路、县城及冬奥会赛场周边区域民居改造、设施配套、环境整治、造林绿化等工程，建设独具特色的美丽乡村。提升城市品位和管理水平，着力打造优美、文明、整洁、有序的城市软硬环境。推进筹办冬奥会与扶贫开发紧密结合，实施精准扶贫、精准脱贫，引导农民发展现代农业、旅游服务业等富民产业，拓宽就业渠道，增加农民收入。

4月21日　京津冀晋蒙青少年增绿减霾共同行动2016首轮示范暨"冬奥共青林"植树活动在崇礼区举行。

4月22日　张家口市政府与北京市建筑设计研究院有限公司举行了张家口市奥体中心签约仪式，这标志着奥体中心项目各项工作进入实质性阶段。2016年年初，张家口曾经公布了最后入围的5个方案，启动网友投票选出最心仪的项目。据不完全统计，最终中标的由北京市建筑设计研究院有限公司报送的"活力冰雪 激情四射"主题获得了超过8万票。

同日　"保护母亲河"行动邮储青年冬奥爱心林项目在宣化区正式启动。

5月

5月10日　《张家口市国民经济和社会发展第十三个五年规划纲要》发布。该纲要的第二章为"坚持借势发展，构筑奥运助推区域发展新优势"，包括加快建设冬奥会竞赛场馆、构建高效的配套设施和服务体系、加快冰雪体育产业发展等内容。

专栏 《张家口市国民经济和社会发展第十三个五年规划纲要》
之"坚持借势发展，构筑奥运助推区域发展新优势"

按照"绿色办奥、共享办奥、开放办奥、廉洁办奥"总要求，围绕"零排供能、绿色出行、5G共享、智慧观赛"，推进竞赛设施和配套设施建设，提升公共服务能力，促进奥运经济发展，建设国际化开放城市，确保举办一届精彩、非凡、卓越的冬奥会。

一、加快建设冬奥会竞赛场馆

遵循"绿色节能、资源循环、可持续利用"的理念，突出抓好顶层设计，做好土地收储，加快工程建设，2020年前建成功能多样、布局合理的冬奥会竞赛设施体系。

（一）打造非凡经典的室外雪上项目场馆设施

高标准、创造性地设计冬奥会室外雪上项目场馆和其他赛会设施。按照"场馆建设与地区发展"联动开发模式，兼顾奥运需求和后续利用，统筹建设比赛场馆、雪场滑道等体育基础设施和配套项目，做好与城市公共设施的配套衔接。努力打造专业经典、体现先进科技的世界顶级冬季室外雪上项目场馆设施群，为后奥运开发和可持续应用奠定基础。

（二）建设独具特色的奥运村

充分体现"以人为本、融入文化"的设计理念，将长城文化、泥河湾文化、三祖文化和以民俗为特色的传统文化等与冬奥元素有机融合，坚持建设风格与造型彰显鲜明的地域个性和独特的创意内容，追求人文、建筑环境和谐统一，高水平规划建设奥运村。

二、构建高效的配套设施和服务体系

按照"城乡统筹、平赛结合、适度超前、内外衔接"的原则，构建与周边互联共享、安全绿色、经济高效的冬奥会配套基础设施和服务保障设施。

（一）加快奥运城市基础设施建设

构建一体化综合交通网络，优化核心区域和周边区域路网体系，打造"主城区—崇礼"半小时通达圈和首都1小时通勤圈，建立风电、太阳能光伏、清洁煤电、生物质能和地热能等多元化清洁能源供应体系，加快云州水库调水工程、崇礼乌拉哈达水库等重点水利工程建设，强化市政公用基础设施和无障碍设

施的配套服务能力，建立最可靠的奥运防灾减灾体系，保障冬奥会成功举办和奥运经济可持续发展。

（二）强化医疗卫生服务和药品安全保障

根据奥运需求和长远发展需要，在主城区、崇礼和奥运直接辐射区，强化医疗卫生服务机构建设。新建适用于冬奥会的专门医院，改造提升为冬奥会服务定点医院的门诊、急诊和住院条件，增加医疗急救设备。适应残奥会的要求，按照无障碍设施标准改造和建设医疗设施；新建急救指挥调度中心，健全急救网络，强化急救衔接，加强医疗救援体系建设；新建、改造疾病预防、生活饮用水等公共卫生基础设施建设，增加专业仪器设备，增强公共卫生服务能力。提升医疗救治水平，加强传染病防控，强化生活饮用水公共卫生监督执法，全面提升医疗、急救、公共卫生、康复等保障能力。实施药品监管基础设施建设工程，加强基层医药监管机构快速检测能力建设，全力建成15分钟奥运医疗服务圈，保障奥运城市的药品供应与药品安全。

（三）建设安全绿色的食品供给基地

创建国家食品安全城市，拓展怀涿盆地葡萄种植基地和葡萄深加工产业基地，建设张察（张北、察北、尚义）、沽塞（沽源、塞北、康保）、洋河两岸（怀来、涿鹿、宣化、怀安、万全）三大乳品基地，加快发展标准化生猪、牛羊及家禽养殖，打造首都圈最大的安全奶源基地、优质肉羊、肉牛加工基地，构建冀北地区最大的绿色粮油和蔬菜种植基地，保障奥运期间绿色安全食品供应。

（四）打造高水平公共安全保障体系

着眼于冬奥会赛事的绝对安全以及冬奥会筹办、举办期间社会治安的绝对平稳，强化赛场、赛区安检设施建设及环崇、环张、环京"护城河"防线建设，健全治安基础防范体系，建设安保训练基地，建立完善的勤务指挥系统，加强国保、刑侦、技术侦查、网络安全、反恐防暴、巡逻防控、信息通信以及人口、交通、消防、邮政管理体系建设，固本强基、优化提升冬奥会赛事安保及公共安全保障能力。

（五）增强冬奥会气象保障能力

针对冬奥会气象保障需求，加强赛区气象监测系统建设，弥补赛区固态降水、能见度等竞赛气象条件监测能力不足，提升气象监测预警能力。加强冬奥会赛场气象保障服务技术研究，建设以气象监测资料应用、气候监测分析评估、精细化气象要素预报、赛事高影响天气监测预警、赛事气象服务保障产品发布等系统为主要内容的冬奥会气象保障服务业务体系。进一步建设和完善张家口区域人工影响天气基础设施，有效提升冬奥会赛时人工增雪保障能力。

三、加快冰雪体育产业发展

借助筹办冬奥会，依托资源优势，以国际化、标准化、市场化为方向，促进体育产业与旅游产业、教育产业、创意产业互动发展，加快发展冰雪体育产业。

（一）推动冰雪体育产业多元发展

积极承办和举办国际性高水平冰雪体育赛事、打造本土冰雪品牌赛事，形成传统冰雪节。积极引进一批国内外知名冬季项目体育用品制造企业。打造全国重要的冬季体育用品研发、生产和交易中心。推动建设一批体育器材、体育服装、体育用品、户外运动装备制造园区。加强对赛事无形资产的开发力度，探索品牌赛事与体育产品发展的联动机制，扩大对冰雪体育产业链的整体开发和延伸开发，全面提升赛事综合效益。

（二）提升冰雪体育公共服务能力

加强体育人才培养，特别是冰雪人才培养，提升冰雪专业竞技体育人才水平，加大赛事组织管理人才、教练员、裁判员等各类冰雪项目人才培训力度。加快公共体育设施建设，以奥体中心为龙头，在市县两级分别建设一批标志性公共体育场馆，形成布局合理、功能明确、覆盖城乡的现代化体育设施体系。提高群众性冰雪体育运动水平和普及率。

5月13日　北京冬奥组委入驻首钢园区。位于新首钢高端产业综合服务区的北京冬奥组委办公地首次向媒体开放。北京冬奥组委第一批工作人员已入驻首钢园区，原首钢厂区内的西十筒仓由工业建筑实现了向冬奥盛会组委会的华丽转型，这一安排既体现了节俭的要求，也符合奥林匹克文化追求。

5月18日　由张家口市政府、《浙商》杂志、世界浙商网共同主办的"奥运经济对接浙商资本暨2016张家口市投资推介会"在宁波召开。

5月31日至6月1日　"首都专家张家口行"活动在张家口市举行，活动以全市经济社会发展需求和冬奥会人才发展为导向，北京市委组织部选派相关区、委办局和高层次人才到张家口市开展对接，搭建区域合作、部门对接和人才服务平台，为区域协同发展提供人才支撑和智力保障。

6 月

6月3日 《张家口市承办2022年冬奥会气象服务保障规划》在北京通过专家论证。

6月10日 墨西哥当地时间6月9日,张家口市成功申办2021年国际雪联自由式滑雪和单板滑雪世界锦标赛。这是中国首次举办雪上项目的世界锦标赛。

6月12日 北京奥林匹克塔命名暨奥运五环标志落成仪式举行。北京奥林匹克公园里,北京中轴线上246.8米高的标志性建筑被正式命名为"北京奥林匹克塔"并永久悬挂奥运五环标志。中共中央政治局委员、北京市委书记、北京冬奥组委主席郭金龙,国际奥委会主席巴赫等出席了当日的北京奥林匹克塔命名暨奥运五环标志落成仪式。北京市委副书记、市长、北京冬奥组委执行主席王安顺表示,北京奥林匹克塔正式命名并永久悬挂奥运五环标志,是北京的荣耀,这必将对有效利用奥运财富、大力弘扬奥运精神起到积极的促进作用。巴赫说,奥林匹克标志将奥林匹克精神重新带回北京市民中间,中国应当为辉煌的北京2008年奥运会,以及它所留下的奥运遗产感到骄傲。巴赫坚信,中国将在2022年举办一届卓越的冬奥会。巴赫表示,奥运五环标志的落成,将激励中国做好2022年冬奥会筹办工作。奥运五环标志能够让中国人民知道,在中国迈向美好未来的过程中,奥林匹克价值对中国人民的重要意义。

6月18日 2022冬奥会·河北冬奥合作高端论坛在唐山市南湖国际会展中心举行。来自加拿大、韩国、日本、斯洛文尼亚、波黑、奥地利等国家和国内、河北省内的嘉宾,就筹办冬奥会的经验和做法、冬季体育运动和冰雪产业发展等问题展开交流。

6月19日 2016年第30届奥林匹克日活动在北京、张家口、承德、天津、海阳、合肥、福州、厦门、广州、西宁10个城市同步启动,全国各地近3万名体育爱好者参加了此项活动。张家口会场还同步开展了以"宣传2022年冬奥会,普及冬奥项目"为主题的群体活动。

6月23日至24日 北京冬奥组委新闻宣传部部长一行到张家口市调研筹办冬奥会新闻宣传相关工作,并视察冬奥会规划场馆。

6月25日 北京市延庆区委书记、冬奥组委延庆运行中心主任和区长率党政代表团就筹办冬奥会、城市建设管理到张家口市学习考察。

6月28日 审计署负责人与北京市副市长座谈部署北京冬奥会跟踪审计前期工作。为编制北京2022年冬奥会跟踪审计总体工作方案,根据审计署北京

2022 年冬奥会和冬残奥会跟踪审计工作领导小组的统一部署，审计署负责人和审计署北京冬奥会跟踪审计调研组，赴北京 2022 年冬奥组委会开展了调研工作。北京 2022 年冬奥组委执行副主席、北京市副市长及冬奥组委各部门负责人与调研组进行了座谈。会上审计署负责人介绍了调研目的、内容及工作要求，强调调研工作要突出重点，系统掌握北京冬奥会组织筹备、资金财务管理、比赛场馆和配套基础设施规划建设及京津冀协同发展战略落实情况。审计署负责人代表北京冬奥组委介绍了北京 2022 年冬奥组委的组织机构、冬奥会筹办情况、预算编制的背景及进展情况，并表示北京冬奥组委将全力配合审计署开展北京冬奥会跟踪审计工作，实现习近平总书记提出的"坚持廉洁办奥，严格预算管理，控制办奥成本，强化过程监督，让冬奥会像冰雪一样纯洁干净"的目标。

6 月 29 日　由中国长城学会、张家口市委宣传部主办的"发扬长城精神 助推京张冬奥——长城文化万里行张家口站"活动在大境门举行启动仪式，全市各界 300 余人参加。

6 月 29 日至 30 日　国际雪联官员到张家口市考察 2021 年自由式滑雪和单板滑雪世锦赛场地，并在崇礼区召开协调会。国际雪联秘书长莎拉·刘易斯出席协调会并发言，国际雪联自由式滑雪委员会和单板滑雪委员会协调员乔·菲茨杰拉尔德和乌维·拜耳分别就世锦赛的赛事组织及规划工作作指导发言。

7 月

7 月 8 日　河北省政府副省长、北京冬奥组委副主席许宁到崇礼区调研北京2022 年冬奥会和冬残奥会筹办工作。他强调，要认真贯彻落实党中央和省委、省政府决策部署，任务再细化、工作再实化、对接再深化、责任再强化，确保筹办工作高效有序推进。河北省政府副秘书长、省冬奥办主任李靖等一同调研。

7 月 27 日至 28 日　北京冬奥组委新闻宣传部长带领北京电视台、北京人民广播电台相关部门负责同志到张家口市对接冬奥会新闻宣传需求工作，并与张家口市委宣传部、市电视台、市电台和崇礼区委宣传部门的负责同志进行座谈交流。

7 月 28 日　国内主要媒体记者到张家口市就冬奥会筹办工作进行集体采访，张家口市市长出席媒体集体专访座谈会，并介绍了张家口市冬奥会筹办情况。

7 月 31 日　北京面向全球征集 2022 年冬奥会和冬残奥会会徽设计方案。在北京成功申办 2022 年冬奥会一周年之际，北京冬奥组委在长城脚下隆重举办了

"从长城发出的邀请"活动，面向全球征集 2022 年冬奥会会徽和冬残奥会会徽设计方案。为创作出民族性、艺术性、创新性完美统一的冬奥会和冬残奥会会徽，本次会徽征集活动从 7 月 31 日开始，到 11 月 30 日结束，面向全球，不对国籍、性别、职业、年龄有任何限制。与以往会徽设计方案征集不同，本次将冬奥会会徽和残奥会会徽同时征集，确保两个奥运会会徽视觉形象的统一，保证"两个奥运同步规划、同步实施、同样精彩"。同时将严格征集评选程序，确保冬奥会和冬残奥会会徽知识产权得到全面保护。

　　同日　北京冬奥组委官网发布上线。在北京申办冬奥会成功一周年之际，北京 2022 年冬奥会和冬残奥会组织委员会官方网站正式发布上线。网友登录 http：//www.beijing2022.cn 即可全面了解 2022 年冬奥会筹办工作的进展情况和相关信息。首页主要包括焦点新闻、官方发布、冬奥项目介绍、精彩图集、申奥历程回顾、有关链接等内容，将提供中英法三种语言版本。官网还是线上线下互动的网络参与平台，将陆续推出人才招聘、冬奥知识问答等板块，同时打造成互联网时代背景下群众冰雪运动普及的平台。

8 月

　　8 月 16 日　来自美国、俄罗斯、日本等国家和地区以及国内 24 所高校、12 所社科研究机构的 100 余名专家学者，齐聚在有着百年历史的张家口火车北站站台上，举行"张家口·冬奥会与一带一路国际学术研讨会"开幕式。本次国际学术研讨会由国务院参事室、中央文史研究馆、中国文联、中国民协、河北省委宣传部、南京大学、河北省文联、河北省政府参事室（文史研究馆）及张家口市委、市政府主办。

　　8 月 23 日至 25 日　国际雪联跳台滑雪建设委员会主席汉斯马丁·雷恩和体育场馆规划发展及基础设施建设顾问、体育竞赛经理尼古拉·佩特罗夫到张家口赛区，对北京 2022 年冬奥会跳台滑雪场地进行首次踏勘，了解跳台滑雪场地区域的气象、地质等情况，并与北京冬奥组委、河北省相关部门及张家口市、崇礼区等方面进行会谈，研讨北欧中心跳台滑雪场地规划设计事宜，就跳台滑雪竞赛组织工作进行业务交流。北京冬奥组委有关部（中心）、河北省冬奥办、河北省规划建设指挥部办公室、张家口市、崇礼区相关负责同志一同调研并参加会议。

9 月

9月2日　中共中央政治局常委、国务院副总理、第24届冬奥会工作领导小组组长张高丽在北京调研京张铁路等冬奥会相关基础设施建设工作。张高丽首先来到京张铁路青龙桥站，察看站台和候车室，了解京张铁路总体规划和环境、文物保护利用情况，接着到京张铁路八达岭长城站施工现场，察看隧道工程进展情况，并主持召开座谈会，听取了京张铁路、延崇公路的规划建设进展情况汇报。张高丽说，党中央、国务院高度重视冬奥会筹办工作。我们要认真贯彻习近平总书记重要指示精神，把场馆和基础设施建设作为筹办工作的重中之重，按照筹办工作总体计划和任务分工方案，以控制性工程为重点，高质量高水平高效率建设好，确保在测试赛前竣工并具备办赛条件。张高丽强调，要切实做好京张铁路及崇礼支线、延崇公路等设施规划和建设工作，形成完备的交通网络，着力提升赛区通行保障能力。建设过程中要高度重视保护文物，尽量避开不可移动文物及历史遗存。要综合考虑赛事和生产生活对水资源的需求，做好相关水利设施建设工作，合理确定建设规模，着力提升赛区水资源保障能力。要统筹考虑赛事需要和赛后利用，建设好比赛场馆和住宿、医疗、安保、水电气热、通信、市政市容等方面的设施，着力提升赛事服务保障能力。要围绕治气、治水、治沙等重点领域，坚持联防联建，着力提升生态环境保障能力。要着力提升工程质量安全保障能力，确保质量安全万无一失。各有关地区和部门要按照"三严三实"要求，认真履行职责，本着对党、对国家、对人民高度负责的精神，切实把冬奥会基础设施建设各项工作抓实抓好，为把北京冬奥会、冬残奥会办成一届精彩、非凡、卓越的奥运盛会做出贡献。中共中央政治局委员、第24届冬奥会工作领导小组副组长刘延东、郭金龙参加调研。

9月5日　由国家体育总局、中国国奥委会主办的2016中国体育文化博览会、中国体育旅游博览会闭幕。

9月22日至23日　农业部副部长在河北省张家口市调研时强调，要贯彻落实五大新发展理念，切实把农业废弃物资源化利用作为深入推进农业供给侧结构性改革的重点工作抓好抓出成效，为办好绿色低碳冬奥会做出贡献。

9月26日　北京冬奥组委有关负责人在中央美术学院举办的"北京2022形象景观设计论坛"上表示，北京2022年冬奥会及冬残奥会会徽将在2017年下半年发布。北京冬奥组委新闻宣传部主要负责人介绍，为保证冬奥会及冬残奥会会徽设计方案的征集和接收工作顺利进行，北京冬奥组委已成立专门的会徽征集办公室，将从 2016 年 11 月 20 日起接收社会各界设计方案投稿，至当月 30 日结束。之后，会徽评审委员将对应征方案进行资格审查，通过初评和复评两个阶段，评选出 10 件入围作品。在广泛征求意见并报北京冬奥组委修改确定之后，1 件最佳设计方案和 2 件备选设计方案将从 10 件入围作品中产生。北京冬奥组委将对入选方案进行全球范围内的查重和知识产权保护工作，并于 2017 年下半年正式发布北京冬奥会会徽和冬残奥会会徽。论坛上，来自国际奥委会、参与历届奥运会视觉设计的设计单位等十多位代表及专家就冬奥形象景观设计进行专题对话，围绕北京冬奥会和冬残奥会形象景观设计的可能性、如何促进全球奥运设计文化交流、推动中国品牌设计等议题进行交流讨论。

10 月

10 月 10 日　中共中央政治局委员、国务院副总理刘延东在京会见了国际奥委会北京 2022 年冬奥会协调委员会主席亚历山大·茹科夫。刘延东欢迎茹科夫来京主持协调委员会第一次会议并感谢其对北京冬奥会的大力支持。她说，中国政府正按照国际奥委会要求，扎实有效推进各项筹办工作，加快推广普及冬季运动。希望在国际奥委会及协调委员会的指导下，共同完成好各项筹办任务，努力为世界奉献一届精彩、非凡、卓越的奥运盛会。茹科夫高度评价北京冬奥会筹办工作取得的进展，希望双方一起努力，共同做好筹办工作。中共中央政治局委员、北京市委书记、北京冬奥组委主席郭金龙参加会见。

同日　国际奥委会北京 2022 年冬奥会协调委员会在北京召开第一次会议。中共中央政治局委员、北京市委书记、北京冬奥组委主席郭金龙和国际奥委会北京 2022 年冬奥会协调委员会主席茹科夫致辞。茹科夫说，协调委员会将与北京冬奥组委一道，向着成功举办一届冬奥会，为中国、为北京和河北省留下伟大的奥运财富这一目标，开始六年的奋斗之旅。举办一届冬奥会必将面临挑战，我们有决心能够克服一切困难。在中国政府的有力支持下，北京具有举办大型赛会的丰富经验和优势，也与国际奥林匹克运动的目标愿景相一致。2008 年北京已经取得了在中国首次举办奥运会的巨大成就，我相信，六年后的 2022 年，北京必将再次创造辉煌历史，成为世界上第一个举办过冬奥会又举办过夏奥会的城市。郭金龙在致辞中首先代表北京冬奥组委，向协调委员会表示热烈欢迎。他说，中国政府高度重视北京冬奥会、冬残奥会筹办工作，将其纳入国家"十三五"发展规划和京津冀协同发展国家战略。国家主席习近平、国务院总理李克强对筹办工作提出明确要求。我们要认真落实创新、协调、绿色、开放、共享的发展理念，坚持绿色办奥、共享办奥、开放办奥、廉洁办奥，把北京冬奥会、冬残奥会办成一届精彩、非凡、卓越的奥运盛会。郭金龙说，我们正按照国际奥委会的要求，认真践行奥林匹克 2020 议程，扎实有序推进各项筹办工作。协调委员会是联系和沟通的桥梁和纽带，在推进做好各项筹办工作中，发挥着十分重要的作用。各位委员都是知名专家，具有丰富的奥运筹办经验。希望大家积极建言，帮助我们进一步拓宽思路、完善方案，使北京冬奥会、冬残奥会筹办工作更加符合奥林匹克价值观和国际奥委会改革主张，更加符合中国国情和场馆设施所在地的实际。我们将充分尊重、积极采纳大家的意见建议，以创新的思维分析情况、解决问题，高标准、高质量完成各项筹办任务，兑现对国际社会的郑重承诺。会议听取了北京冬奥组委关于组织结构、可持续发展与遗产、国际单项体育联合会合作、冬季运动发展、市场开发、宣传和参与、场馆和基础设施等议题的陈述。会议期间，协调委员会还将实地考察北京、张家口和延庆三个赛区的场馆规划和建设情况，与北京冬奥组委进行工作会谈，就筹办中保持愿景理念一致性、增强基础阶段创新和效率、积极推动"3 亿人参与冰雪运动"、践行《奥林匹克 2020 议程》等问题深入交换意见。国家体育总局局长、北京冬奥组委执行主席刘鹏，北京市委副书记、市长、北京冬奥组委执行主席王安顺，河北省委副书记、省长、北京冬奥组委执行主席张庆伟，中国残联主席、北京冬奥组委执行主席张海迪出席。

10 月 11 日　国际奥委会北京 2022 年冬奥会协调委员会代表团到张家口市，对北京 2022 年冬奥会张家口赛区场馆规划场地进行考察。国际奥委会副主席胡安·安东尼奥·萨马兰奇，国际奥委会奥运会部执行主任克里斯托弗·杜比前来考察。代表团一行考察了自由式、单板滑雪和跳台、越野式滑雪竞赛场地，观看展板，听取工作人员的介绍，并就场地建设进行了交流。代表团对北京 2022 年冬奥会的筹备工作给予了充分肯定。

10 月 12 日　国际奥委会北京 2022 年冬奥会协调委员会第一次会议新闻发布会在北京举行。国际奥委会副主席、国际奥委会北京 2022 年冬奥会协调委员会委员胡安·安东尼奥·萨马兰奇出席。

10 月 19 日　2016 年国际冬季运动（北京）博览会开幕式暨国际冬季运动（北京）高峰论坛在国家会议中心举行。张家口市相关部门、县区及企业组团参加了主题特装展、高峰论坛、冰雪项目推介等活动。

10 月 26 日　国家体育总局备战 2022 年北京冬奥会训练管理人才公派出国留学班在国家体育总局干部培训中心开班。这是国家体育总局和国家留学基金委首次合作组织的体育类人才公派出国留学培训班，也是北京携手张家口成功获得 2022 年冬奥会举办权后,体育总局派出的首批冬季项目训练管理人才队伍。本次留学班将历时 3 个月,在国家体育总局人事司的指导下,国家体育总局冬季运动管理中心从全国 10 个省市体育局和 4 个体育院校选拔了 20 名从事冬季项目的专业人才参加本次培训,其中包含 3 个新开展冬季项目的南方省市,充分体现了国家体育总局"冰雪运动南展西扩"战略的指导思想,扩大了参训学员的地域代表性。本次留学班地点是加拿大温哥华菲沙河谷大学,加拿大作为冰雪强国,历史上共举办过 3 次奥运会。特别是在冬季项目运动训练及举办奥运会的各工作领域都具备前沿的理论知识和丰富的办赛经验。因此本次公派留学旨在使冬季项目训练管理人员学习加拿大冬季项目的发展现状、训练理论、培养模式及场馆设施的运营与管理,实地观摩考察加拿大冬季项目训练场馆、科研机构和俱乐部等,从而提升我国冬季项目训练、竞赛、管理等整体水平,为将 2022 年冬奥会办成一届"精彩、非凡、卓越"的奥运盛会奠定坚实的人才基础。

11 月

11 月 2 日　国家体育总局召开新闻发布会,正式发布《冰雪运动发展规划(2016—2025 年)》《全国冰雪场地设施建设规划(2016—2022 年)》。为贯彻《国务院关于加快发展体育产业促进体育消费的若干意见》(国发〔2014〕46 号)的精神,体育总局会同国家发展改革委、教育部、国家旅游局制定了《冰雪运动发展规划(2016—2025 年)》(以下简称《规划》)。《规划》指出,发展冰雪运动有利于满足群众多样化体育文化需求、推动全民健身和全民健康深度融合,对于建设健康中国和体育强国、促进经济社会发展、实现中华民族伟大复兴的中国梦具有重要意义。要坚持"全民普及、优化提升,市场主导、政府引导,因地制宜、重点发展,协调互动、融合发展"的原则,充分发挥市场作用,激发社会参与动力,丰富产品和服务供给,不断满足人民群众日益增长的冰雪运动需求。到 2025 年,实现冰雪运动基础更加坚实,普及程度大幅提升,直接参加冰雪运动的人数超过 5000 万,并"带动 3 亿人参与冰雪运动";冰雪运动竞技水平和国际竞争力全面提升,力争在 2022 年冬奥会上综合实力跻身世界先进行列;产业体系较为完备,2020 年冰雪产业总规模达到 6000 亿元,2025 年冰雪产业总规模达到 10000 亿元的目标。针对冰雪运动发展现状和问题,《规划》提出了五个方面的主要任务:一是大力普及冰雪运动。培养青少年冰雪运动技能,推广冰雪健身项目,指导大众冰雪运动。二是提高冰雪运动竞技水平。优化冰雪运动竞技项目布局，完善冰雪运动后备人才培养体系，积极筹办2022年冬奥会。三是促进冰雪产业发展。加快推动冰雪健身休闲业，积极培育冰雪竞赛表演业，创新发展冰雪装备制造业。四是加大场地设施供给。科学规划布局冰雪运动场地，建设公共冰雪运动场地设施，丰富冰雪运动场地类型。五是深化体制机制改革。大力发展冰雪体育组织，稳步推进部分项目职业化。还以专栏的形式提出了百城千校冰雪计划、冰雪产业促进工程、冰雪场地设施建设工程等任务。为确保《规划》的细化落实，《规划》明确要求完善冰雪运动发展的保障措施，切实做到健全投入机制、落实支持政策、保障用地需求、完善标准及统计、注重人才培养、加大文化宣传和加强组织实施等方面的工作，为我国冰雪运动的发展提供有力保障。冰雪场地设施是发展冰雪运动的基础，为进一步加快冰雪场地设施建设，确保实现"3亿人参与冰雪运动"的目标，体育总局会同国家发展改革委、工业和信息化部、财政部、国土资源部、住房城乡建设部、国家旅游局制定了《全国冰雪场地设施建设规划（2016—2022年）》（以下简称《设施建设规划》）。《设施建设规划》明确提出"到2022年，全国滑冰馆数量不少于650座，其中新建不少于500座；滑雪场数量达到800座、雪道面积达到10000万平方米、雪道长度达到3500千米，其中新建滑雪场不少于240座、雪道面积不少于7000万平方米、雪道长度不少于2500千米"的建设目标，并明确统筹规划建设、加快滑冰场地建设、推动滑雪场地建设、鼓励冰雪乐园建设四项主要任务。《设施建设规划》还围绕建设目标和主要任务，从加强组织领导、健全投入机制、完善土地政策、落实优惠政策、抓好安全监管五方面提出保障措施。

11月3日至5日　工信部无线电管理局负责人带队到张家口市，就北京2022年冬奥会无线电安全保障筹办工作进行考察调研。

11月4日至5日　交通运输部部长李小鹏到北京市延庆区、河北省张家口市，就冬奥会重大交通保障项目推进情况开展调研，并主持召开冬奥会重大交通保障项目协调推进会。他强调，要深入学习贯彻党的十八届六中全会重要精神，认真落实习近平总书记关于筹办好冬奥会的重要指示精神，以高度的历史责任感和使命感，认真履行职责，准确把握冬奥会重大交通保障任务的重点，树立"品质工程"理念，倒排工期、压茬推进，全力把安全生产责任落到实处，以最高标准、最严要求，部省合力共同打赢冬奥会交通保障攻坚战。

11月20日　北京2022年冬奥会会徽和冬残奥会会徽设计征集开始收稿。

11月28日　新华社报道，2017年是冬奥会筹办工作由场馆规划设计转入全面开工建设的关键一年。河北省将全力抓好竞赛场馆开工、配套基础设施建设、冰雪运动普及等工作，为成功举办冬奥会打下坚实的基础。在过去的一年里，张家口一直推动以场馆规划和配套基础设施建设为重点的筹办工作，努力放大奥运效应，发展奥运经济，实现了筹办工作的良好开局。目前河北省已经完成了张家口区域综合交通规划、张家口赛区水电气信及其他配套设施建设规划、借力冬奥促进张家口产业转型升级规划。张家口市级层面则完成了冬奥会总体规划、文化产业整体提升规划等 11 个规划。目前冬季两项中心和北欧中心越野滑雪场、跳台滑雪场等四个新建场馆以及云顶滑雪公园场地 A、场地 B 两个改造场馆规划设计招标等前期工作进展顺利，2017 年将全面开工建设。除了已经全面开工的京张高铁、崇礼铁路控制性工程外，延崇高速控制性工程正在开展招标前期工作，将于 12 月 25 日开工。张家口宁远机场改扩建工程总体规划已完成修编，计划 2017 年下半年开工。雪场输水二期、天然气、垃圾和污水处理等配套基础设施建设前期工作全面启动。此外，张家口市 2016 年完成植树造林 240 万亩，对 300 多座露天矿山进行了深度整治，五年内矿山全部关闭退出，同时脱贫攻坚和美丽乡村建设也在抓紧实施。2016 年 1 至 10 月，张家口接待游客达 4535.9 万人次，实现旅游综合收入 451.7 亿元，同比分别增长 32% 和 42%。入境游客已经突破 10 万人次。预计 2017 年全区接待游客将突破 5800 万人次，张家口作为国际知名冰雪旅游目的地的品牌效应逐步显现。

12 月

12 月 1 日　崇礼铁路开工建设。

12 月 7 日至 9 日　国际残奥委会高山滑雪及单板项目主席马库斯·瓦尔圣、国际残奥委会雪上项目主管迪米特里耶·拉扎罗夫斯基到张家口赛区，考察冬季两项中心场地、云顶滑雪公园场地，听取冬残奥会雪上项目场地和工作进展情况介绍，并就冬残奥会场地和设施要求进行了说明。北京冬奥组委有关部（中心）负责同志，中国残奥委会、河北省冬奥办、河北省残联、张家口市相关负责同志一同考察并参加座谈。

12 月 10 日　中共中央政治局委员、北京市委书记郭金龙，北京市委副书记、代市长蔡奇率北京市党政代表团到张家口市考察，共商协同发展大计，推动对口帮扶和冬奥会筹备工作。

12 月 8 日　北京冬奥组委召开主席办公会，研究北京冬奥会和冬残奥会可持续性政策等事项。中共中央政治局委员、北京市委书记、北京冬奥组委主席郭金龙主持会议。会议研究了《北京 2022 年冬奥会和冬残奥会可持续性政策》

编制情况、2016/2017赛季冬季项目重要国际赛事实战培训工作、北京2022年冬奥会和冬残奥会愿景编制工作等事项。会议指出，北京冬奥组委成立一年来，紧张有序开展各项筹办工作，为今后五年工作打下了坚实基础。下一阶段，要深入贯彻落实习近平总书记系列重要讲话精神，特别是要深入学习贯彻六中全会精神和习近平总书记关于冬奥会筹办工作的重要指示精神，把思想和行动统一到习近平总书记重要指示精神上来，把智慧和力量凝聚到筹办工作任务目标上来，增强工作的责任感、使命感、紧迫感，把总书记的要求和冬奥会工作领导小组的部署落实到筹办工作的各个方面、各个环节。会议要求，深入研究国际规则和筹办规律，加紧深化竞赛场馆规划设计，把握会徽评审发布等筹办工作重要事件和时间节点，精心策划相关文化宣传活动，营造全社会关心、支持、参与冬奥会的良好氛围。与国际体育组织建立密切联系机制，积极推动科技冬奥行动计划，扎实高效推进市场开发、财务管理、法务、可持续等各项筹办工作。同时要把推动冰雪运动普及贯穿筹办工作始终，努力实现"3亿人参与冰雪运动"宏伟目标。加强冬奥组委自身建设，切实推进廉洁办奥，加强机关党的建设，以冬奥筹办优异成绩迎接党的十九大胜利召开。会议还研究了其他事项。

12月14日　北京冬奥组委在张家口市召开专题工作会议，听取有关工作汇报，对各项筹办工作进行调度部署。

12月19日至24日　由中国残联主办，中国残疾人体育运动管理中心支持，河北省残联承办，张家口市残联协办的2016年首届中国残疾人冬季体育项目健身指导员训练营在张家口市成功举办。训练营以"助力冬残奥会，共享健康生活"为主题，来自27个省、自治区、直辖市的学员、志愿者、媒体及工作人员等160余人参加。

12月22日　从延庆两会上获悉，2016年以来，延庆生态环境治理力度空前，截至目前共压减燃煤8万吨，清理、整治违法违规排污及生产经营企业789家。延庆区环保局负责人介绍，根据北京市环保局提供的最新数据，截至12月18日，2016年延庆$PM_{2.5}$平均浓度为59微克每立方米，与昌平、密云和怀柔三区并列全市16区空气质量第一。延庆区主要负责人表示，2016年延庆共压减燃煤8万吨，优质煤替代7万吨，燃煤总量下降至47万吨；完成"煤改清洁能源"5247户、燃煤锅炉改造160台221蒸吨。此外，还开展大货车农用车、露天烧烤、盗采砂石、秸秆和垃圾焚烧等专项整治。与此同时，延庆还对7个乡镇的17个村庄开展了"煤改气"民生工程，累计铺设燃气管道约7万米，每村每户通过安装壁挂炉和燃气灶具实现了供暖、炊事气化。农村"煤改气"建设工程完工，17个村庄全部实现通气。预计至2016年年底，农村地区将实现削减燃煤8400吨。该主要负责人表示，2017年延庆将继续打好清空攻坚战，计划实施54个村19 944户煤改清洁能源，改造燃煤锅炉308台775蒸吨，同时将严厉打击污染物排放违法行为，建立"黑名单"管理制度，构建环境质量监测网，并实施系列综合措施，为2019年北京世界园艺博览会及2022年北京冬奥会召开营造优良的空气环境。

12月27日 主题为"冰雪延庆、邀约冬奥"的"冬奥进校园冰雪体验活动"在北京市延庆第二小学启动，从2016年12月27日至2017年1月6日，延庆将在首批7所中小学开展冰雪课程等体验活动。延庆计划将在30所中小学陆续开展这项活动，通过开展"寓教于乐"的专业冰雪课程普及冰雪运动知识，让学生感受冰雪运动的魅力，为冰雪运动营造良好的校园氛围，并通过"小手拉大手"让更多人熟悉和热爱冰雪运动项目。活动开展期间，校内专业指导员将针对不同年龄层的学生，有针对性地进行冬奥会知识、观赛礼仪等相关内容的宣讲服务，加强学生对冬奥会比赛项目的了解，增强小东道主对于冬奥会的参与热情。此次活动引入了生态仿真冰构成的可拆装式移动仿真冰场，以解决学校开展冰雪运动场地受限的问题，规避了学生外出练习的安全风险。在课程设计上，将现场体验、宣讲教育、奥运理念等融入课程当中，内容富有延展力，文体结合，寓教于乐；同时结合科技手段，加强影像、视觉冲击，激发青少年对冰雪运动的热情，使青少年全方位体验冰雪运动的乐趣。这项活动由北京市延庆区政府、延庆区教育委员会、延庆区体育局联合主办。

12月29日 交通运输部部长李小鹏与北京市代市长蔡奇、河北省省长张庆伟到北京市延庆区、河北省张家口市共同调研冬奥会重大交通保障项目延崇高速公路建设情况，看望慰问一线施工人员。李小鹏强调，要认真落实习近平总书记关于筹办好冬奥会的重要指示精神，以高度的历史责任感和使命感，认真履行职责，保证安全、保证质量、保证工期，打造"品质工程"，加快推进重大项目各项工作，部省合力共同打赢冬奥会交通保障攻坚战。截至12月23日，延崇高速公路关键控制性工程已完成各项前期工作，陆续进场施工，实现了预定推进目标。调研中，李小鹏充分肯定了京冀两地冬奥会重大交通保障项目的工作进展。他指出，做好冬奥会交通保障工作，是党中央、国务院交给我们的一项重要政治任务，是推进京津冀交通一体化的重要抓手，对满足人民交通为人民服务、全面建成小康社会具有重要意义。要切实把思想和行动统一到习近平总书记重要指示精神上来，加强统筹协调，确保延崇高速公路等冬奥会重大交通保障项目顺利推进，如期为冬奥会测试赛提供服务。李小鹏强调，各有关单位要加快推进冬奥会重大交通保障项目前期工作，加强与有关部门的沟通协调，充分发挥冬奥会重大交通保障项目推进协调小组的重要作用，确保任务细化落实。要加快建设进度，在项目全线开工后，按照预定时间节点，有序推进项目建设。要高度重视工程安全质量，积极践行绿色公路理念，加强安全监管，健全质量安全信用评价档案，确保施工安全。交通运输部将进一步强化指导和技术支持，研究落实相关资金、政策措施，与北京市、河北省共同做好冬奥会交通保障工作。

2017 年大事记

1 月

1 月 4 日　2022 年冬奥会气象保障服务领导小组第一次会议召开。气象部门将聚焦需求，全力做好冬奥会气象保障服务筹备工作，全面提升气象业务和科技能力。中国气象局负责人强调，冬奥会气象服务涉及观测、预报、服务等各个业务环节，要进一步加强组织领导与协调，将冬奥会气象服务作为提升气象现代化水平与能力的重要机遇。要进一步摸清精细化服务需求，积极将气象服务筹备工作融入北京市和河北省的冬奥会筹备工作中。要重点提升气象服务的业务和科技能力，充分考虑未来五年的技术发展与变革、考虑服务模式与业务模式的变革，以前瞻性思维引领筹备工作。

同日　河北省政府副省长许宁到崇礼区就冬奥会筹办相关工作进行调研。省政府机关党组成员、省冬奥办常务副主任李璞，省冬奥办副主任张锐一同调研。

1 月 8 日　河北省省长张庆伟在河北省第十二届人民代表大会第五次会议上作《政府工作报告》。该报告在"2016 年工作回顾"中提到"冬奥会筹办扎实推进，高质量编制赛区规划，完成赛事核心区征地搬迁，基础设施加快建设"，在"2017 年目标任务和重点工作"中明确提出"全力做好冬奥会筹办工作。以习近平总书记'绿色办奥、共享办奥、开放办奥、廉洁办奥'的要求为指针，加快竞赛场馆和奥运村规划设计，推进京张高铁、延崇高速、宁远机场等基础设施建设，继续抓好张家口绿化工程，确保 5 个竞赛场馆和 47 个配套项目如期开工。推广冰雪运动，发展冰雪产业，培养冰雪人才，开展国际交流合作，创建冰雪运动品牌"。

1 月 12 日　国家体育总局公布 2016 年国家体育产业示范基地。张家口市崇礼区被命名为"崇礼国家体育产业示范基地"。

1 月 14 日　北京市代市长蔡奇在北京市第十四届人民代表大会第五次会议上作《政府工作报告》。该报告在"2016 年工作回顾"中提到"冬奥会、冬残奥会筹办工作扎实开展。组建筹办工作机构,编制完成总体计划及任务分工方案,启动场馆规划设计工作,国家速滑馆设计方案征集进展顺利。广泛开展系列冬奥文化体育活动,群众参与冰雪运动的热情持续升温",在"2017 年主要任务"中明确提出"扎实推进冬奥会、冬残奥会和世园会筹办工作。编制完成赛事基础规划和赛事交付计划,建立可持续管理、无障碍服务等工作体系。新建竞赛场馆和相关基础设施全面开工,积极推进现有竞赛场馆改造工作。启动市场开发,发布冬奥会和冬残奥会会徽。加强赛事组织管理人才培养,实施科技冬奥行动计划,推动冰雪运动进校园、进社区,普及冰雪运动和冬奥知识"。

1 月 18 日　国家主席习近平在瑞士洛桑国际奥林匹克博物馆会见国际奥林匹克委员会主席巴赫。习近平和夫人彭丽媛抵达国际奥林匹克博物馆时,巴赫夫妇在停车处迎接,并向习近平夫妇介绍了国际奥委会重要官员。随后,习近平夫妇在巴赫夫妇陪同下拾级而上,在现代奥林匹克运动发起人顾拜旦雕像前合影。习近平指出,长期以来,国际奥委会和巴赫主席、罗格名誉主席为国际奥林匹克运动健康发展做出了重要贡献,也为中国体育事业提供了巨大帮助,并对此表示赞赏。中国坚定支持并积极参与奥林匹克运动。北京是世界上第一个既举办过夏季奥运会、又将举办冬季奥运会的城市。这是中国的贡献。筹办北京冬季奥运会是中国今后几年一项重大工作。我们将坚持绿色办奥运、共享办奥运、开放办奥运、廉洁办奥运。中国愿同国际奥委会一道,把北京冬季奥运会办成一届精彩、非凡、卓越的奥运盛会。习近平强调,中国奥林匹克运动蓬勃发展,我们将以北京冬季奥运会为契机,把竞技体育搞得更好、更快、更高、更强,同时大力发展群众体育,通过全民健身实现全民健康,进而实现全面小康目标。成功举办北京冬奥会,也将有助于推动中国和"一带一路"沿线经济增长,有利于地区和平与稳定。期待国际奥委会继续支持中国体育事业发展。巴赫表示,热烈欢迎习近平主席和夫人到访国际奥林匹克委员会总部,这将是一次历史性的访问。国际奥委会同国际社会一样,高度关注中国改革发展事业,相信中国在政治、经济、文化、体育等各领域将取得更大发展。国际社会期待着 2022 年北京冬奥会,国际奥委会愿继续同北京冬奥会组委会共同努力,扎实推进筹备工作,确保举办一届精彩的北京冬奥会,并助力中国人民实现中国梦。会见后,习近平和彭丽媛在巴赫主席夫妇陪同下,参观国际奥林匹克博物馆。他们一同参观了奥运发展史展览、往届奥运会奖牌展、北京奥运会展品、2012 年伦敦奥运会休战墙、中外运动员比赛用具,观看了往届奥运会视频集锦、历届奥运会比赛项目电子显示屏。巴赫全程为习近平讲解。王沪宁、栗战书、杨洁篪，国际奥委会名誉主席罗格等参加上述活动。

1月23日 中共中央总书记、国家主席、中央军委主席习近平在河北省张家口市考察北京冬奥会筹办工作。他强调，筹办2022年北京冬奥会，是国家的一件大事。各有关地方有关部门要着眼于办成一届精彩、非凡、卓越的奥运盛会，科学合理制订规划，节约集约利用资源，按进度高质量完成筹办工作各项任务。上午，习近平从北京乘专机到达张家口市宁远机场。一下飞机，就在河北省委书记赵克志、省长张庆伟陪同下，冒着严寒驱车来到冬奥会张家口赛区临时展馆考察。位于崇礼区的张家口赛区被誉为"华北地区最理想的天然滑雪区域"，北京冬奥会雪上项目主要比赛场地设在这里。习近平听取崇礼区地理地貌、自然气候、历史文化和经济社会发展等情况介绍，结合沙盘了解赛区主要功能分布，观看赛区规划视频短片，到展馆外平台远眺冬奥会相关场地规划用地。他对赛区各项筹办工作按计划有序推进表示肯定，强调北京冬奥会筹办千头万绪，首先要按照科学和先进的理念搞好规划。这个规划既有总体规划，又有专项规划、分区规划，既有工作规划，又有场馆和设施建设规划，涉及时间和空间的摆布、资源和要素的配置、目标和责任的分解，需要系统思维和专业素养。习近平指出，张家口赛区规划要同北京冬奥会筹办总体规划、北京市筹办规划紧密对接，全面落实北京冬奥会赛事和配套服务各项功能需求。要周密思考，对已有工作进行分析盘点，该完善的完善，发挥规划的导向作用。各项规划都要体现节约集约利用资源、最大限度发挥资金使用效益的原则，不要贪大求全、乱铺摊子。习近平强调，北京冬奥会所有建设工程都要按照绿色办奥、共享办奥、开放办奥、廉洁办奥的要求，坚持百年大计，精心设计、精心施工，按规划和计划推进，做到从从容容、保质保量，确保成为优质、生态、人文、廉洁的精品工程。比赛设施建设一定要专业化，配套建设要有自己的特色，体现中国元素、当地特点，严格落实节能环保标准，保护生态环境和文物古迹，让现代建筑与自然山水、历史文化交相辉映，成为值得传承、造福人民的优质资产，成为城市新名片。习近平指出，河北省、张家口市要抓住历史机遇，紧密结合实施"十三五"规划，紧密结合推进京津冀协同发展，通过筹办北京冬奥会带动各方面建设，努力交出冬奥会筹办和本地发展两份优异答卷。离开临时展馆，习近平乘车来到云顶滑雪场考察。他首先到雪具大厅，了解头盔、雪帽、雪镜、雪服、雪鞋、雪板等各式雪具的不同功用。大厅里的游客和滑雪爱好者们热情地向总书记问好、向总书记拜年，习近平频频向他们问候致意，祝他们新春快乐、玩得开心。之后，习近平来到滑雪场练习区考察，听取比赛场地规划和改建情况介绍，了解滑雪运动的项目设置、场地要求、技术要领和比赛规则。得知该滑雪场主要由马来西亚云顶集团投资建设，已经有一定赛事运行经验，为成功申办北京冬奥会做出过贡献，习近平对外商表示感谢。他指出，不管投资主体是谁，场馆建设标准都是一样的，管理考核也是一样的。习近平希望云顶集团认真落实规划，确保雪道建设和相关配套设施建设高质量。一些正在练习的滑雪爱好者看到总书记来了，激动地围了过来。习近平同他们亲切交流，询问他们的滑雪体验。在一群正在这里参加滑雪冬令营的少年儿童中间，习近平俯下身子，问他们多大了、从哪里来、练滑雪难不难，鼓励他们好好学习、健康成长，在滑雪练习中既勇于挑战，又注意安全。习近平看望了正在云顶滑雪场集训的国家滑雪队运动员。大家向总书记汇报了训练和参赛情况，表示要勇攀高峰，争取最好的成绩。习近平强调，冰雪运动难度大、要求高、观赏性强，很能点燃人的激情。随着筹办北京冬奥会各项建设和工作深入推进，相信会有越来越多的人关注冰雪运动、关注冰雪运动员，国家会全力为运动员训练和比赛提供各方面保障条件。希望国家队勇于担当责任，坚持刻苦训练，不断提高技战术水平，努力为国争光。习近平指出，人生幸福快乐，强身健体十分重要。中国是一个 13 亿多人口的大国，体育是重要的社会事业，也是前景十分广阔的朝阳产业。我们申办北京冬奥会，一个重要目的就是推动我国冰雪运动快速进步，推动全民健身广泛开展。我们提出，要努力带动更多人参与冰雪运动，北京冬奥会是一个重要推动，对冰雪运动产业也是一个重要导向。希望更多投资者关注中国冰雪运动产业发展，在经营中壮大实力，在支持中做出贡献。总书记的殷切希望和热情勉励，使在场所有人都倍感温暖，大家报以热烈的掌声。王沪宁、栗战书和中央有关部门负责同志陪同考察。

1 月 24 日　中共中央总书记、国家主席、中央军委主席习近平到张家口市，看望慰问基层干部群众，考察脱贫攻坚工作和北京冬奥会筹办工作。习近平在河北省委书记赵克志、省长张庆伟陪同下，到张北县农村考察调研，同基层干部群众算扶贫账、谋脱贫计，给困难群众送去党中央的关怀。下午，习近平召开座谈会，听取了河北省和张家口市工作汇报。他对河北省和张家口市在国内外经济形势复杂多变、自身发展面临多重困难和挑战的情况下取得的各方面成绩表示肯定。习近平指出，筹办 2022 年北京冬奥会，是国家的一件大事。要坚持绿色办奥、共享办奥、开放办奥、廉洁办奥，全面落实我们的承诺，确保把本届冬奥会办成一届精彩、非凡、卓越的奥运盛会。王沪宁、栗战书和中央有关部门负责同志陪同考察。

2 月

2月9日至10日　国家文物局负责人到张家口市调研文物保护工作，并召开助力冬奥文物保护工作座谈会，听取相关部门和县区情况汇报。

2月14日　河北—瑞士冬奥合作对接交流会暨崇礼区与瑞士瓦莱州巴涅区友好合作关系备忘录签约仪式在密苑云顶酒店举行，旨在推进瑞士与河北省在冬奥领域的合作，共同把握北京携手张家口筹办2022年冬奥会的历史机遇，寻求合作、共谋发展。

2月23日至24日　中共中央总书记、国家主席、中央军委主席习近平在中共中央政治局常委、国务院副总理张高丽，北京市委书记郭金龙、市长蔡奇陪同下，到北京市考察城市规划建设和北京冬奥会筹办工作。习近平在考察时强调，北京城市规划建设和北京冬奥会筹办工作是当前和今后一个时期北京市的两项重要任务，要认真贯彻党中央决策部署，坚持首善标准，解放思想、开阔思路，求真务实、攻坚克难，统筹生产、生活、生态，立足提高治理能力抓好城市规划建设，着眼精彩非凡卓越筹办好北京冬奥会，努力开创首都发展更加美好的明天。

24日上午，习近平总书记先后考察了五棵松体育中心、首都体育馆等。五棵松体育中心是北京冬奥会冰球比赛场地。习近平在门厅结合沙盘和多媒体，听取北京、张家口和延庆3个赛区场馆总体规划介绍，随后到廊道平台察看冰球比赛场地，观看青少年冰球训练，之后又进入内场观看青少年队列滑表演。习近平指出，场馆规划、设计、施工要注意借鉴国外先进经验，同时要加强我们自身技术积累和技术创新，一些场馆要反复利用、综合利用、持久利用。我国冰雪运动总体上是"冰"强于"雪"，既要强项更强，更要抓紧补短板。习近平对围过来的青少年冰球和队列滑爱好者们给予热情勉励，称赞他们训练和表演很专业，希望他们勤学苦练，出人才，出成果，为提高我国冬季运动竞技水平做贡献。首都体育馆承担北京冬奥会短道速滑和花样滑冰比赛项目。习近平了解冰雪运动项目设置、体育馆改造规划、视察比赛场地、观看国家短道速滑队和花样滑冰队训练，到训练场边同教练员和运动员交流。国家花样滑冰队双人滑主教练赵宏博向总书记介绍刚参加完日本札幌第八届亚冬会比赛回国的运动员，习近平同他们一一握手，听他们讲述参赛感受。在同亚冬会500米短道速滑金牌获得者武大靖握手时，习近平说你的比赛我在电视上看了，很精彩。习近平强调，少年强中国强，体育强中国强，推动我国体育事业不断发展是中华民族伟大复兴事业的重要组成部分。他希望运动员们刻苦训练，不断提高技战术水平，多为祖国争荣誉、为人生添光彩。

24 日下午，习近平在人民大会堂北京厅主持召开北京城市规划建设和北京冬奥会筹办工作座谈会。北京市委书记郭金龙、国家体育总局局长苟仲文汇报了有关工作，习近平发表重要讲话。针对北京冬奥会筹办工作，习近平强调，北京冬奥会是我国重要历史节点的重大标志性活动，是展现国家形象、促进国家发展、振奋民族精神的重要契机，对京津冀协同发展有着强有力的牵引作用。要全力做好每项筹办工作。习近平指出，绿色、共享、开放、廉洁的办奥理念，是新发展理念在北京冬奥会筹办工作中的体现，要贯穿筹办工作全过程。绿色办奥，就要坚持生态优先、资源节约、环境友好，为冬奥会打下美丽中国底色。共享办奥，就要坚持共同参与、共同尽力、共同享有，使冬奥会产生良好社会效应。开放办奥，就要坚持面向世界、面向未来、面向现代化，使冬奥会成为对外开放的助推器。廉洁办奥，就要勤俭节约、杜绝腐败、提高效率，坚持对兴奋剂问题零容忍，把冬奥会办得像冰雪一样纯洁无瑕。要用好社会主义制度可以集中力量办大事的政治优势，也要充分发挥市场机制和社会力量的作用。北京冬奥会各赛区要对照筹办工作总体计划，深化细化场馆和基础设施建设规划，尊重规律、讲求科学。各项建设和改造工程都要努力成为精品工程，同时要充分考虑后续利用，不要贪大贪多。习近平强调，对提高我国冬季运动竞技水平，要及早谋划、持续推进。在时间上要长短结合，既立足长远，扩大冬季运动覆盖面，夯实冬季运动群众基础，又着眼参赛，集中兵力提高技战术水平。在项目上要扬长补短，既优先保证、重点发展优势项目和潜优势项目，又积极发展一般项目和新开展项目，抓紧开展缺项运动项目，推动我国冰雪运动全面发展。在人才队伍上要坚持运动员、教练员一起抓，既抓急需急用又抓备用梯队，既引进来又走出去，既抓技战术水平提升又抓思想意志磨炼。习近平指出，赛事组织、后勤保障、对外联络、宣传推广、市场开发、社会动员等赛会运行保障和服务工作，要系统设计、扎实推进。要积极运用现代科技特别是信息化、大数据等技术，提高赛会运行保障和服务效率。北京冬奥会工作领导小组、北京冬奥会组委会要切实履行职责、搞好组织协调。中央各有关部门要给予支持。北京市、河北省要分级负责、主动担当、加强衔接、协同作战。

2 月 27 日　北京 2022 年冬奥会和冬残奥会市场开发计划启动发布会在北京举行。中共中央政治局委员、北京市委书记、北京冬奥组委主席郭金龙与国际奥委会副主席于再清、国际奥委会北京 2022 年冬奥会协调委员会主席亚历山大·茹科夫在发布会上共同启动市场开发计划。郭金龙在致辞中表示，中国是拥有 13 亿人口的发展中大国，届时将成为世界上第一个夏奥会、冬奥会、青奥会都举办过的国家，发展前景长期向好。成功的市场开发是办好冬奥会的重要保障，也是奥林匹克运动健康发展的动力和源泉。北京是世界上第一个举办过夏季奥运会，又将举办冬季奥运会的城市，市场开发特色鲜明、潜力巨大。北京冬奥会和冬残奥会市场开发，将坚持共同参与、共同尽力、共同享有，积极创新机制，广泛吸收社会资金和社会力量参与，为筹办工作提供充足的资金和服务保障，为中国企业增强实力、走向世界创造机遇，使国内外企业充分享受奥运会品牌带来的广泛效益和回报，努力实现经济效益和社会效益双丰收。国际奥委会负责人表示，北京 2022 市场开发计划允许商业合作伙伴将自身与冬奥会的独特魅力和吸引力联系在一起，将有助于把冬奥会的影响进一步扩散到全世界，将奥林匹克价值观传播到全中国。北京冬奥组委相关部门负责人介绍，北京 2022 年冬奥会和冬残奥会市场开发计划由赞助计划、特许经营计划和票务计划三部分组成，是北京冬奥会和冬残奥会市场开发的主要收入来源。自 2017 年起至赛事结束，北京冬奥组委将统一组织实施北京 2022 年冬奥会和冬残奥会市场开发计划，为北京 2022 年冬奥会和冬残奥会提供充足资金和物资、技术和服务保障，为市场开发计划参与企业提供权益保护和优质服务。

3 月

3 月 1 日　第 24 届冬奥会工作领导小组第三次全体会议在北京召开。会议认真学习贯彻习近平总书记 2 月 24 日主持召开北京城市规划建设和北京冬奥会筹办工作座谈会时的重要讲话精神，总结领导小组第二次全体会议以来各项工作落实情况，进一步明确筹办工作要求，研究部署下一步重点工作。中共中央政治局常委、国务院副总理、第 24 届冬奥会工作领导小组组长张高丽出席会议并讲话。张高丽表示，党中央、国务院高度重视北京冬奥会筹办工作。习近平总书记指出，北京冬奥会是我国重要历史节点的重大标志性活动，是展现国家形象、促进国家发展、振奋民族精神的重要契机，对京津冀协同发展有着强有力的牵引作用。绿色、共享、开放、廉洁的办奥理念，是新发展理念在北京冬奥会筹办工作中的体现，要贯穿筹办工作全过程，落实到方方面面。我们要按照习近平总书记的重要讲话要求，全力以赴做好每项筹办工作，确保把北京冬奥会办成一届精彩、非凡、卓越的奥运盛会。张高丽强调，要科学制订各项赛区规划、专项规划，加强与总体计划衔接，切实发挥规划导向作用，保证各项工作按进度高质量推进；要统筹考虑赛事需求、赛后利用、环境保护、文化特色、文物保护、无障碍等因素，全面科学规划设计场馆和基础设施功能，不贪大求全、不乱铺摊子，坚持勤俭节约廉洁办奥；要认真做好宣传推广和市场开发工作，吸收社会资金和社会力量参与筹办，努力赢得最广泛的社会支持和实现良好经济社会效益；要强化人才支撑和科技支撑，提高赛会运行保障和服务效率；要大力发展群众冰雪运动，加快提升冰雪运动竞技水平，推动冰雪产业发展；要通过筹办北京冬奥会带动各方面建设，实现冬奥会筹办与京津冀协同发展的双赢。张高丽要求，有关地区和部门要按照"三严三实"要求，主动担当、协同作战，扎实推进各项筹办工作。领导小组各成员单位要大力支持配合，地方政府要切实履行主办城市责任，冬奥组委要积极发挥组织协调作用，切实把各项筹办工作抓实抓好抓到位。中共中央政治局委员、第24届冬奥会工作领导小组副组长刘延东、郭金龙出席会议并讲话。第24届冬奥会工作领导小组成员和中央有关部门负责同志参加会议。

3月5日　李克强总理代表国务院在第十二届全国人民代表大会第五次会议上作《政府工作报告》。该报告"2017年重点工作任务"中明确提出"做好冬奥会、冬残奥会筹办工作，统筹群众体育、竞技体育、体育产业发展，广泛开展全民健身，使更多人享受运动快乐、拥有健康体魄。人民身心健康、乐观向上，国家必将充满生机活力"。

3月8日　在全国两会期间河北代表团全体会议上，河北省政府有关负责人介绍，河北的冬奥会筹办工作正进入加速推进期，崇礼赛区场馆和赛事的技术要求已初步对接完毕。目前整个崇礼赛区的规划体系初步建立，核心区完成了7项主要规划，23个保障性规划也已经建立。河北的冬奥会筹办工作正进入加速推进期：京张高铁推进顺利，延庆到张家口的高速已经开建，其他基础设施建设都在有序推进，2016年张家口完成植树造林320万亩，各项保障工作正在有序推进。2017年河北还将推进38个项目的开工实施，其中包括建设周期长、要求高的一些项目场馆。

3月9日　河北省冬奥办负责人在"全国重点媒体河北（崇礼）冰雪行"记者见面会上透露，冬季两项中心、北欧中心跳台滑雪场和越野滑雪场3个2022年冬奥会竞赛场馆，计划于2017年5月开工建设。

同日　全国冬季项目备战2022年冬奥会跨项跨界选材动员和座谈会在京召开。会上，国家体育总局副局长、党组成员、冬运中心主任高志丹作动员讲话。他指出党的十八大以来，党中央高度重视体育工作，习近平总书记对体育工作亲切关怀，多次作出重要指示批示，为我们做好体育工作指明了方向，也激励着我们不断进取，取得新的发展成就。申冬奥成功以来，在全国体育界的共同努力下，我国冬季运动呈现了快速发展的势头。与此同时，我们也清楚地意识到，我国冬季项目底子薄、基础差、人才少的状况仍未得到根本改变，要加快补齐短板。要从讲政治的高度，充分重视冬奥会备战工作；要打破藩篱界限，充分发挥举国体制优势；要加大科技备战力度，以跨项跨界选材深化对项目规律的认识和把握；要强化工作责任，细化工作措施，确保跨项跨界选材取得实效，并于3月底完成此轮跨项跨界选材工作。他最后强调，我们要紧密团结在以习近平同志为核心的党中央周围，坚决贯彻中央决策部署和总局要求，珍惜机遇，勇于担当，把使命扛在肩上，把责任牢记心里，用我们的行动担负起以一届出色的冬奥会，助力实现中华民族伟大复兴中国梦的历史重任！

3月10日　河北省政府副省长王晓东在崇礼区主持召开2022年冬奥会河北省筹办工作联合办公第一次会议，听取省直有关部门、张家口市和崇礼区冬奥会筹办工作进展情况汇报，分析当前工作中存在的困难和问题，并与省直有关部门、张家口市和崇礼区负责同志共同研究解决办法，安排部署了北京2022年冬奥会河北省相关筹办工作。

4 月

4月1日　冬奥会张家口赛区精细化预报预测系统建设、气象服务系统建设、人工影响天气能力建设项目开工建设。

4月7日　五个冬奥安保基础项目完成审批立项工作，分别是安保指挥中心及指挥调度系统建设项目、警务室建设项目、天网工程建设项目、安保检查站建设项目、崇礼区及核心区域周界防护围栏建设项目。

4月22日　京津冀晋蒙青少年增绿减霾共同行动2017年统一行动日活动在张家口市举行。

4月25日　北京2022年冬奥会新建竞赛场馆——国家速滑馆设计方案亮相，昵称"冰丝带"。国家速滑馆作为北京赛区新建竞赛场馆，在赛时将承担速滑项目的比赛和训练，也将成为奥林匹克公园中的新地标。相关负责人介绍，由于2008年奥运会两座临时场馆——曲棍球场和射箭场已到建筑使用寿命，按照节俭办奥运的理念，为充分利用现有的场地资源，将利用上述两座临时场馆的建设用地（土地面积约17公顷）建设国家速滑馆。国家速滑馆除了地下停车场，建筑面积还有约8万平方米，场馆座席1.2万个。场馆南北长约220米，东西宽约160米，地上4层，地下2层。"冰丝带"的控制高度为55米，它将和69米高的国家体育场"鸟巢"、30米高的国家游泳中心"水立方"遥相呼应，亮相于奥林匹克公园西侧。今后沿外墙曲面设置的透明管将内置彩色光带，可变幻出不同颜色的动感光带，和鸟巢的红、水立方的蓝相映生辉，体现速度滑冰的动感和绚丽。相关负责人表示，国家速滑馆的造型与赛道要求有关。冬奥会速滑比赛必须在国际滑联规定的标准 400 米速滑赛道、人工制冰的冰面上进行，标准速滑赛道两端各需要有 180° 的弧。因此，现在的"冰丝带"就呈现出椭圆形平面、"马鞍形"造型。参与评选的专家称，这个造型富有动感，外观时代感强，尤其是场心与看台将形成完整"包裹"，提供适宜的比赛场地和舒适的观赛空间。设计方案来自博普勒斯设计有限公司，通过全球竞标产生。专家们认为，"冰丝带"的建筑立面线条流畅、造型富有动感，体现了冰上运动的速度和激情。相关负责人表示，冬奥会后，国家速滑馆将成为能够举办滑冰、冰球和冰壶等国际赛事，而且也能让大众进行冰上活动的多功能场馆。

4 月 25 日至 26 日　中国气象局副局长一行到崇礼区气象局和赛事核心区，就冬奥会筹办气象服务保障工作进行专题调研。

4 月 27 日　公安部消防局政治委员到崇礼区调研指导冬奥消防安保筹备工作。

5 月

5 月 4 日　国务院批复同意开展张家口赛区冬奥会建设项目投资审批改革试点。试点期为 3 年，自批复之日起算。根据《河北省张家口赛区冬奥会建设项目投资审批改革试点方案》，此次试点范围为 2022 年冬奥会张家口赛区场馆及相关基础设施建设项目。河北省将坚持改革创新、大胆探索，坚持依法行政、稳妥推进，坚持简政放权、放管结合、优化服务，加快张家口赛区冬奥会项目建设，为深化投资审批制度改革探索和积累经验。试点方案提出的主要措施如下：一是实行集体审议，提高决策效率和水平。在做好相关基础工作前提下，由省政府召开会议，对具备条件的项目集中审议。在充分听取各部门意见后，形成投资项目建设计划，明确建设时序安排。各有关部门根据省政府会议纪要分别办理项目审批手续。二是优化审批流程，简化审批手续和环节。明确简化建设项目前期工作启动手续、建设项目立项手续、规划许可手续、施工招标投标手续、施工审批手续。三是精简审批事项及中介服务事项，加强事中事后监管。建设项目节水设施方案改由项目单位按权限向张家口市水务局或崇礼区水务局备案。人民防空工程施工图实行事后告知性备案。严格按照《中华人民共和国水法》《中华人民共和国防洪法》《中华人民共和国水土保持法》等法律法规限定的范围开展相关建设项目的取水许可、洪水影响评价、水土保持方案编制等工作，该范围外的项目不再开展。除国家法律法规设定的中介服务事项外，结合河北省实际，对投资领域中介服务事项进行清理，并对保留的中介服务事项的服务范围、内容、程序等进行优化和规范。针对重大项目（高风险项目）的环境影响评价和社会稳定风险评估，同步开展入户调查、发放调查问卷等工作。对适宜由市、区政府部门审批的事项，按照方便项目单位就近办理和基层政府贴近服务的原则，尽量交由市、区政府部门办理。四是创新审批方式，探索实行告知承诺制。探索实行审批部门一次性告知项目单位应具备的条件和需提交的材料，以及项目建设具体标准和要求；项目单位书面承诺按照标准和要求执行后，审批部门即以一定方式认可项目单位的申请事项，项目单位据此即可开展所申请事项的实施工作。同时，审批部门要对项目单位承诺事项的落实情况加强监管，对于确按标准和要求实施的，予以发放证照。国务院有关部门会按照职能分工，加强指导和服务，积极支持河北省开展改革试点。国务院审改办会加强统筹协调、跟踪分析和督促检查，协调推进改革试点措施落实到位，适时对试点工作进行评估，总结可复制可推广的改革经验。

5月9日至10日　河北省政府省长许勤到崇礼区考察冬奥会筹办工作。他到崇礼考察了张家口赛区规划临时展厅、冬奥会北欧中心和冬季两项中心场地、云顶滑雪场，了解场馆及配套设施规划建设情况。省政府秘书长朱浩文，省政府副秘书长、省冬奥办主任李璞，省发改委主任陈永久等一同调研。

5月10日　北京2022年冬奥会和冬残奥会核心小区重点项目万龙至转枝莲公路开工建设。项目路线全长6.99公里，按二级公路标准建设。

5月18日　2022冬奥会·第二届河北冬奥合作高端论坛在廊坊国际会展中心举行。来自瑞士、法国、加拿大、奥地利、芬兰、瑞典、斯洛文尼亚、马来西亚、意大利等国家和国内、河北省内的嘉宾，就2022年冬奥会带来的机遇、筹办冬奥会的经验和做法、冬季体育运动和冰雪产业发展等进行交流。

5月19日　北京冬奥组委、教育部、国家语委在京共同启动《北京冬奥会语言服务行动计划》。该计划以"统筹协调、扎实推进，共建共享、开放合作，项目带动、科技支撑，有序推进、不断完善"为原则，充分发挥国家语委语言资源优势，组织协调有关部门、高校、科研机构、企业和社会力量，积极为冬奥会的举办创造良好的语言环境，提供优质语言服务。根据冬奥会筹办需求，先期将围绕基础资源建设、规范标准建设、优化城市语言环境等推进相关项目。

5月23日　2022冬奥会·河北冬奥合作专题展览在廊坊会展中心开展。

6 月

6 月 13 日　国际奥委会北京 2022 年冬奥会协调委员会第二次会议在北京举行。北京市委书记、北京冬奥组委主席蔡奇和国际奥委会北京 2022 年冬奥会协调委员会主席亚历山大·茹科夫致辞。中国残联主席、北京冬奥组委执行主席张海迪出席。蔡奇在致辞中代表北京冬奥组委,向协调委员会的各位委员、专家表示热烈欢迎。他说,中国政府高度重视北京冬奥会筹办工作,习近平主席分别视察了张家口赛区和北京赛区,对规划建设好竞赛场馆和基础设施、抓好冬季运动人才培养、推动冰雪运动普及发展、有序做好赛会运行保障和服务等提出了明确要求,使我们进一步增强了办好北京冬奥会和冬残奥会的信心和决心。协调委员会第一次会议以来,我们按照国际奥委会要求,扎实有序推进筹办工作,又取得了新的进展。组委会成立了新部门,面向全球开展人员招聘;编制基础阶段规划,梳理确定了 3081 项重点任务;加快推动场馆规划建设,确定了国家速滑馆建筑概念方案,雪上项目新建场馆正在规划设计,重要基础设施建设如期进行;启动市场开发计划,制定北京冬奥会和冬残奥会愿景,完成会徽国际征集,大众参与支持冬奥会的热情进一步高涨。蔡奇指出,从 2017 年年底开始,北京冬奥会筹办工作将从基础规划阶段向专项计划阶段转变。我们将继续全面落实办奥理念,加强与国际奥委会、国际残奥委会的沟通合作,认真践行《奥林匹克 2020 议程》,科学实施筹办工作总体规划,创新工作机制,强化人才支撑和科技支撑,加强国际交流合作,在 2019 年年底前建成主要竞赛场馆和基础设施,有步骤、有计划地推进赛会运行保障和服务工作;同时整体改善京张地区生态环境,提升城市管理水平,促进京津冀协同发展。衷心希望茹科夫主席和各位委员、专家一如既往地关心支持北京冬奥会筹办工作,帮助我们进一步拓展思路,创新方法,完善措施,不断提高筹办工作的质量和效率。让我们紧密携手,通力合作,一步一个脚印地完成好每一项筹办任务,向着成功举办一届精彩、非凡、卓越奥运盛会的目标稳步前进。茹科夫致辞说,2008年无与伦比的北京奥运会给世界留下了难忘的印象。我们协调委员会的工作就是确保 2022 年北京冬奥会同样取得圆满成功。习近平主席高度重视北京冬奥会筹办工作,并于 2017 年年初对国际奥委会进行访问,为北京冬奥会成功提供了最有力的保障。我们在北京看到,冬奥组委首钢办公区,提供了可持续利用的典范,我们与冬奥组委共同确认的冬奥场馆建设规划,同样体现了场馆赛后可持续利用的理念。我们也看到,北京冬奥组委在市场开发、人才培训、知识产权管理等方面做了大量工作，正在为实现 3 亿人参与冰雪运动，举办一届精彩纷呈的冬奥会的美好愿景而不懈努力。会议听取了北京冬奥组委关于组织结构与管理、场馆与基础设施、冬残奥会、体育、市场开发、宣传、参与等内容的主题陈述。会议期间，协调委员会实地考察了北京赛区的场馆规划和建设情况，与北京冬奥组委进行工作会谈。

7 月

7 月 3 日　北京 2022 年冬奥会和冬残奥会气象中心正式成立。该中心是负责北京冬奥会和冬残奥会气象保障服务工作的权威、唯一机构。在冬奥会和冬残奥会筹备期间和比赛期间，该中心负责收集分析相关气象服务需求，编制和实施气象服务方案，承担各项气象保障服务工作；组织实施所需的气象观测、气象信息网络、预报系统及智慧服务系统等能力建设，以及相关气象科技攻关和科技项目的集成应用；配合北京冬奥组委及相关单位开展气象保障服务宣传；综合协调北京市、河北省及火炬接力城市的气象局、中国气象局直属单位做好气象保障服务；负责与北京冬奥组委联络沟通，并承担中国气象局和冬奥组委交办的其他工作。

7 月 12 日至 13 日　由国家旅游局组织召开的全国冰雪旅游研讨会在崇礼区举行。会议围绕"如何将迎接 2022 年冬奥会和旅游宣传促销紧密结合，充分发挥旅游业的优势，更好地服务冬奥会、充分展现美丽中国的旅游形象""如何借助冬奥会机遇，推进全国冰雪旅游产品、设施设备、人才培养、经营开发、旅游目的地建设等，培育和打造冰雪旅游新业态""如何将冬奥会场馆设施的建设与赛后发展旅游紧密结合，促进场馆设施等可持续利用发展"等议题展开。

7 月 13 日　北京冬奥组委与中国银行举行签约仪式，中国银行成为 2022 年北京冬奥会和冬残奥会官方银行合作伙伴。中国银行是北京冬奥组委签约的第一家官方合作伙伴，也是北京冬奥组委市场开发计划最高级别赞助企业，这标志着北京冬奥组委市场开发计划取得重要进展。

7 月 16 日至 17 日　国际奥委会新闻运行负责人安东尼·埃德加到张家口赛区考察。其间参观了张家口赛区规划临时展厅，考察了古杨树区域北欧中心和冬季两项中心场地、颁奖广场以及山地媒体中心场地。

7 月 18 日至 19 日　中共中央政治局常委、中央纪律检查委员会书记王岐山到崇礼区调研，考察了冬奥会张家口赛区场地建设情况。

7 月 28 日　在北京冬奥会成功申办近两年之际，由中国体育科学学会、河北省体育局、张家口市崇礼区政府主办的 2017 科技冬奥论坛暨体育科技产品展示会在崇礼召开，旨在为科技冬奥提供智力支撑。

7 月 30 日　为庆祝申冬奥成功两周年和河北奥林匹克体育中心建成启用，河北省体育局在河北奥林匹克体育中心举办"欢乐冰雪　共享冬奥"河北四季冰雪推广暨河北奥林匹克体育中心开馆活动。国家体育总局副局长高志丹和河北省政府副省长王晓东共同为"河北奥林匹克体育中心"揭牌。会上，发布了《河北省人民政府关于支持冰雪运动和冰雪产业发展的实施意见（2017—2022年）》《河北省冰雪活动蓝皮书（2016—2017）》。

8 月

8 月 2 日　河北省政府副省长王晓东就加快推进冬奥项目建设到崇礼区调研，并主持召开省政府专题会议，听取市冬奥办、崇礼区政府相关工作汇报，对当年需开工的 38 个项目逐项了解工作进展情况，研究解决存在的问题。省政府副秘书长、省冬奥办主任李璞，省发改委副主任、省规划建设指挥部办公室副主任张少华，省冬奥办副主任张锐及省直有关部门负责同志一同调研。

8 月 27 日　国家主席习近平在天津会见来华出席中国第十三届全国运动会开幕式的亚洲奥林匹克理事会主席艾哈迈德亲王。习近平感谢亚洲奥林匹克理事会长期以来为促进中国体育事业和亚洲体育发展所做积极贡献，强调中国将继续支持亚奥理事会工作。亚洲各国不仅要共同发展繁荣，体育方面也要共同进步。习近平指出，2022 年冬奥会将在北京举办，这是中国体育同世界奥林匹克运动开创双赢局面的良好契机，将激发中国民众对奥林匹克运动的热情。建设体育强国是中国国家整体发展的重要组成部分。北京冬奥会也让中国民众有机会再次为奥林匹克运动发展和奥林匹克精神传播做出贡献。2022 年，中国杭州还将举办第十九届亚运会。我们将全力支持杭州亚运会筹办工作，相信杭州市有能力举办一届成功的亚运会。艾哈迈德表示，亚奥理事会和我本人珍视同中国的合作和友谊，钦佩习近平主席对推进中国体育发展和国际奥林匹克事业的远见，感谢中国政府长期以来对亚奥理事会工作的支持。亚奥理事会将继续同中国密切合作，全力发展亚洲的体育事业，支持中国办好 2022 年北京冬奥会和杭州亚运会。国务院副总理刘延东等参加会见。

8 月 28 日至 29 日　中国残联副理事长、河北省残联理事长到张家口市调研精准扶贫、筹办冬奥会和冬残奥会工作。

9 月

9月7日至8日　北京市政协副主席率部分提案委员到张家口市交流提案工作，并考察冬奥会筹办有关情况。

9月19日至22日　第十五届冀台（张家口）经济合作洽谈会在张家口举行。

10 月

10月1日　河北省政府省长许勤就冬奥场馆和基础设施建设到崇礼区调研，先后考察了古杨树场馆群、中铁四局崇礼铁路项目、云顶滑雪公园、万龙至转枝莲公路SDB标项目段，了解工程规划、建设进度、施工安全、工程质量等情况。他指出，筹办好冬奥会是我们担负的重大历史使命，也是河北省的重大历史机遇。冬奥场馆和基础设施是留给子孙后代的重要冬奥遗产。要坚决按照习近平总书记"绿色办奥、共享办奥、开放办奥、廉洁办奥"的指示，以强烈的"四个意识"，认真贯彻党中央和省的决策部署，加强与国际奥委会、北京冬奥组委和国家有关部委的沟通协调，从从容容、扎扎实实地推进冬奥场馆和基础设施建设，保质保量按时完成各项工程任务，不辜负党中央的厚望和重托。

10月10日　第24届冬奥会工作领导小组第四次全体会议在北京召开。会议总结筹办工作进展情况，研究部署下阶段重点任务，审议通过北京延庆赛区核心区规划和河北张家口赛区规划。中共中央政治局常委、国务院副总理、第24届冬奥会工作领导小组组长张高丽出席会议并讲话。张高丽表示，党中央、国务院高度重视北京冬奥会筹办工作。习近平总书记强调，要高质量筹办2022年北京冬奥会，努力举办一届精彩、非凡、卓越的奥运盛会。各有关地方、部门和单位紧密配合，科学制订实施筹办工作总体计划，新建竞赛场馆如期开工，基础设施项目进展顺利，冰雪运动快速发展，筹办工作取得积极进展。张高丽强调，要全面落实绿色办奥、共享办奥、开放办奥、廉洁办奥理念，高质量、高效率完成北京冬奥会各项筹办任务。要加快推进场馆建设和基础设施建设，确保主要竞赛场馆和基础设施在2019年年底前建成。要精心做好会徽发布和"北京交接"工作，加强国际合作，营造良好社会氛围。要扎实推进赛事组织和服务保障准备，提高赛会运行保障质量和服务效率。要加强教练员、运动员的选拔和训练，深入实施群众冬季运动推广普及计划，积极做好冬奥会赛事备战工作。要与京津冀协同发展紧密结合起来，推进交通、生态、产业等重点领域冬奥会项目加快建设。张高丽要求，北京、河北和有关部门要牢固树立"四个意识"，按照"三严三实"要求，发扬钉钉子精神，落实主体责任，完善工作机制，加强督促检查，确保冬奥会各项筹办工作抓实抓好抓到位。中共中央政治局委员、国务院副总理、第24届冬奥会工作领导小组副组长刘延东出席会议并讲话。

10月24日 2017京张冬奥发展论坛在崇礼云顶滑雪场召开。论坛由京张冬奥研究中心主办，北京改革和发展研究会、密苑云顶乐园、张家口滑雪协会共同承办。主要议题为冬奥筹办、冰雪产业和区域发展。

11 月

11月16日 第二届"中国数坝"暨中国互联网大会"支撑冬奥张家口赛区"峰会在张家口市举行。

11月21日 北京冬奥组委运动员委员会召开第一次全体会议。经中国奥委会、中国残奥委会推荐，北京冬奥组委研究决定，杨扬、赵宏博、叶乔波、陈露、周洋、李妮娜、王海涛、王皓等19名运动员任北京冬奥组委运动员委员会委员，杨扬任主席。为体现更广泛的代表性，委员包括现役运动员和退役运动员代表、冬季运动项目运动员和夏季运动项目运动员代表以及残疾人运动员代表。会议宣布了北京冬奥组委运动员委员会委员名单，为委员颁发了聘书，审议通过了运动员委员会章程。运动员委员会将不定期组织召开全体会、座谈会，围绕北京冬奥筹办开展调查研究，参加组委会有关会议及场馆考察，加强同国际奥委会、国际残奥委会等国际体育组织运动员委员会交流合作，参加冰雪运动推广、奥林匹克教育、奥林匹克文化及有关公益活动，充分发挥专业优势和经验优势，积极主动建言献策，深入参与筹办工作。

12 月

12月1日 国务院总理李克强与俄罗斯总理梅德韦杰夫共同参观了索契冬奥会场馆。梅德韦杰夫表示，2008年北京奥运会非常成功，令人印象深刻。2022年北京冬奥会同样让人充满期待。李克强表示，获得2022年冬奥会举办权后，北京成为世界上首座既举办过夏季奥运会、又将举办冬季奥运会的城市。现在，中国正在全力筹办2022年北京冬奥会，我们愿学习索契冬奥会的成功经验，加强交流，力争办一届精彩的冬奥会，带动更多群众参与体育健身，共享美好生活。李克强指出，中俄两国在体育和文化交流等方面的合作大有潜力，在其他领域的合作也是如此。我们要以"更快、更高、更强"的奥运精神，让中俄关系与合作不断进步，让双方的友好情谊生生不息。

12月8日　第十七届中国·崇礼国际滑雪节开幕式暨张家口市第三届冰雪季启动仪式在崇礼太舞滑雪场举行。本届滑雪节以"到崇礼玩雪，过红火大年"为主题，开启了"以特色文化为引领、冰雪活动为主线、论坛推介为点缀"的全新"节庆模式"。

同日　中美·张家口通航项目在张家口桥东区空港经济开发区签约。宇翔盛泰航空产业发展有限公司和美国飞士得航空集团公司将在飞行培训、飞机托管、FBO培训、国际客货包机、冬奥会航空保障服务等方面展开深层次交流与合作。美国驻华使领馆商务处高级商务专家出席。

12月10日　冬奥主题音乐作品《冬奥有我》获评河北省第十二届精神文明建设"五个一工程"奖。

12月14日至23日　由国际滑雪联合会主办，国家体育总局冬季运动管理中心（中国滑雪协会）、河北省体育局、张家口市人民政府承办的国际雪联自由式滑雪空中技巧、自由式滑雪雪上技巧、自由式滑雪及单板滑雪U型场地世界杯在云顶和太舞滑雪场举行。这是2017/2018赛季，国际雪联在崇礼区举办的三场世界杯赛事。其中，自由式滑雪空中技巧世界杯赛共有来自12个国家的70名运动员参赛，中国队派出6名男子运动员、6名女子运动员，摘得3枚金牌、3枚银牌；自由式滑雪及单板滑雪U型场地世界杯赛共有来自20个国家的98名运动员参赛，中国共有9名男子运动员、11名女子运动员参加了单板滑雪U型场地的角逐，取得1枚金牌、1枚铜牌，3名男子运动员、5名女子运动员参加了自由式滑雪U型场地的角逐，取得1枚金牌；自由式滑雪雪上技巧世界杯赛共有来自20个国家的113名运动员参赛，中国队派出5名男子运动员、5名女子运动员，未取得奖牌。

12月15日　北京2022年冬奥会会徽和冬残奥会会徽发布仪式在北京国家游泳中心隆重举行。国务院副总理、第24届冬奥会工作领导小组组长张高丽和国际奥委会副主席于再清以及运动员代表张虹一起为2022年北京冬奥会会徽揭幕。北京2022年冬奥会和冬残奥会组织委员会（以下简称"北京冬奥组委"）同时就会徽的知识产权保护事宜发布两个公告。根据公告，会徽已经申请了国内外商标注册和国内的特殊标志登记。会徽是北京2022年冬奥会和冬残奥会最重要的知识产权之一。据介绍，北京冬奥组委在确保会徽独创性的前提下，在会徽正式发布前 48 小时，国内启动涵盖全部 45 个类别的商标注册申请，国际奥委会和国际残奥委会也相应启动会徽在其他国家和地区的商标注册。同时，北京冬奥组委还按照《特殊标志管理条例》的规定，就会徽申请特殊标志登记，使会徽在获得注册商标保护之前，先行作为特殊标志获得保护。《北京 2022 年冬奥会和冬残奥会组织委员会关于北京 2022 年冬奥会会徽和冬残奥会会徽的公告》指出，北京冬奥组委为会徽的权利人，会徽已经进行了著作权登记。会徽已经申请了国内外商标注册和国内的特殊标志登记。除法律法规另有规定外，未经北京冬奥组委许可，任何单位或者个人均不得擅自使用会徽。任何单位或者个人均不得将会徽进行拆分、歪曲、篡改等变形使用，也不得将会徽作为其他图案的组成部分使用。若发现任何侵犯会徽知识产权的行为，北京冬奥组委将依法追究侵权人的法律责任。该公告还指出，北京 2022 年冬奥会和冬残奥会、冬奥会、冬奥、北京冬奥组委等 12 项名称已经国家工商总局核准登记并获得特殊标志登记证书，受《特殊标志管理条例》的保护。未经北京冬奥组委许可，任何单位或者个人均不得擅自使用。

12 月 16 日　北京冬奥组委启动了 2022 年北京冬奥会和冬残奥会（以下简称"北京冬奥会"）特许经营试运行计划。推出了徽章、钥匙扣等非贵金属产品，贵金属纪念章及相关制品，服装服饰及配饰、文具、陶瓷产品以及邮票和邮品等 6 大类特许商品。北京冬奥会特许经营计划是北京冬奥会市场开发计划的重要组成部分，它是北京冬奥组委通过许可特许经营企业生产和销售带有北京冬奥会会徽、吉祥物、运动图标、口号、火炬形象等标志及相关知识产权的产品并向特许经营企业收取特许权费的一种市场开发行为。特许经营企业通过生产和销售特许产品获得利润，按一定比例向北京冬奥组委缴纳特许权费，以此对北京冬奥会的举办予以支持。与各级赞助企业不同，特许经营企业不享有与北京冬奥会相关联的市场营销权益。特许经营试运行计划将从北京冬奥会会徽发布后开始启动，至 2018 年 6 月 30 日截止，试运行期大约半年。在试运行结束后，北京冬奥组委将在 2018 年 7 月份正式启动特许经营计划，推出更多品类的北京冬奥会特许商品在更大的市场范围内进行销售。北京冬奥组委采取线上线下相结合的方式销售北京冬奥会特许商品。

12 月 19 日　《河北日报》发表文章《我省完成冬奥会绿化 76.98 万亩，该绿化项目预计明年将全部完成》。文章指出，河北省冬奥会绿化总规模为 87 万亩，重点包括崇礼奥运场地绿化、迎宾廊道绿化和京张赛场连接线绿化等工程。2017 年共完成造林 26 万亩，至此，河北省冬奥会绿化已完成造林 76.98 万亩，占规划任务的 88.48%。预计 2018 年该绿化项目将全部完成。为提升绿化水平，冬奥会绿化重点项目由国家林业局规划设计院、河北省林业调查规划设计院编制作业设计，采取公开招投标方式，吸引了亿利集团、北京艺苑等多家知名园林绿化公司参与投标施工。冬奥会绿化选用了油松、樟子松、云杉等常绿树种，还有杨树、金叶榆、榆叶梅、丁香等北方乡土树种或彩色树种。按照点、线、面相结合的建设布局，采取规模新造与改造提升相结合的方式，通过乔、灌及地被植物结合的立体配置模式，不断扩绿、增彩、增香，确保实现绿化区域景观化、园林化。为广开融资渠道，冬奥会绿化采取向上争、银行贷、机制引等多种办法。除在国家重点林业项目安排上对冬奥会绿化项目给予重点倾斜外，河北省以河北林业生态建设投资公司为平台，通过财政注资、开展国有林场资本化改革等措施，广泛吸引政策性贷款、社会资本投资绿化。张家口市还联合中国绿色碳汇基金会启动了网络植树活动，在国家林业局网站平台上设立了捐款栏，在中国绿化基金会设立了绿色张家口专项基金，成立了中国绿色碳汇研究院张家口分院，最大限度争取社会各界为冬奥会绿化捐款。冬奥会绿化通过延长管护期来保证绿化效果。2017年，冬奥会绿化的管护期从三年延长到五至六年。施工结束后由施工单位负责管护，并由第三方对造林绿化项目逐小班、逐地块进行验收，每年依据苗木存活情况及管护质量兑付资金。

12月20日　北京2022年冬奥会和冬残奥会无障碍工作会议在北京冬奥组委会议楼召开，北京冬奥会将建高水平无障碍设施。

12月21日至22日　北京冬奥组委执行副主席、北京市副市长与北京冬奥组委副主席、河北省副省长一行到北京冬奥会张家口赛区调研，查看了云顶滑雪公园、古杨树场馆群、太舞滑雪场、崇礼铁路项目部智能中心和太子城隧道，现场观摩了2017/2018国际雪联单板滑雪U型场地世界杯和自由式滑雪雪上技巧世界杯决赛，并在张家口召开了北京冬奥组委相关工作会议，听取了张家口赛区筹办北京2022年冬奥会整体工作情况汇报。

12月22日至28日　全国残疾人越野滑雪锦标赛在哈尔滨市亚布力滑雪场举办，共有来自全国18支代表队的98名运动员参赛。

12月26日　中国联通正式成为2022年北京冬奥会和冬残奥会官方通信服务合作伙伴，签约仪式在中国联通大厦举行。

12月25日至26日　国务院副总理、第24届冬奥会工作领导小组组长张高丽在河北调研冬奥会筹办工作情况。张高丽来到张家口市职教中心，了解冬奥会职业学校建设和专业人才、志愿者培养有关工作；到云顶滑雪公园，检查比赛场馆施工建设进度，看望正在训练的运动员；到崇礼铁路太子城隧道建设现场，实地检查工程安全质量和监理工作；到张家口赛区规划临时展厅，了解比赛场馆设计、建设进度和赛后利用情况。

12 月 26 日　张高丽主持召开第 24 届冬奥会筹办工作现场会，研究解决存在的问题和困难。张高丽表示，党中央、国务院高度重视冬奥会筹办工作。习近平总书记在党的十九大报告中明确要求，广泛开展全民健身活动，加快推进体育强国建设，筹办好北京冬奥会、冬残奥会。要深入学习贯彻党的十九大精神，以习近平新时代中国特色社会主义思想为指导，全面落实绿色、共享、开放、廉洁的办奥理念，全力以赴做好各项筹办工作。张高丽强调，要统筹推进、突出重点，高标准建设好冬奥会场馆及相关基础设施。要综合考虑赛时需求、环境保护和赛后利用，加快推进场馆建设。大力推进交通基础设施建设，重点抓好高速铁路、高速公路建设，促进赛区交通网络协调发展。充分考虑人工造雪与生产生活等需求，精心做好输水、节约用水、水资源保护等工作。加快竞赛日程编制、场馆运行、人才引进培养等赛事准备工作，提高赛会运行保障和服务效率。落实绿色办奥理念，狠抓治气、治水、治沙，加快改善京张地区生态环境。要按照"参赛也要出彩"的要求，以拼搏精神加强训练，提高运动员竞技水平。精心做好"北京交接"、人才培养、赛事备战、宣传推广等工作。同时通过筹办冬奥会，推动京津冀协同发展。张高丽强调，北京、河北和有关部门单位要切实增强"四个意识"，积极履职尽责，密切协作配合，确保高质量、高效率完成冬奥会筹办任务。国务院副总理、第 24 届冬奥会工作领导小组副组长刘延东参加调研，并强调要按照习近平总书记关于群众体育、竞技体育、体育产业协调发展和建设体育强国的要求，统筹平昌冬奥会参赛和北京冬奥会筹办。要深化体育改革，创新训练，科学选才，全面提升竞技水平，建设过硬运动员教练员队伍；大力发展群众性冰雪运动，调动社会力量参与，积极有序实现"3 亿人参与冰雪运动"；抓住冰雪产业发展机遇，深化供给侧结构性改革，培育新动能，增强人民群众获得感、幸福感，实现高质量发展。加强国际交流合作，坚持走出去与请进来相结合，打造一支专业化、国际化的人才队伍。要提升张家口教育、医疗水平，满足赛时赛事保障和公共服务需求。

12 月 27 日　新华社报道，延庆赛区筹备工作正加速展开，其中主要场馆设计基本确定，37 项建设任务中的 13 项已经开工。北京冬奥会延庆赛区筹办领导小组相关部门人员介绍，目前延庆赛区核心区规划已通过审议，征拆工作全面启动，国家高山滑雪中心赛道表面清理工作已完成，外部配套综合管廊、佛峪口河水生态廊道、水库水源保护、应急水源保障工程等均已开工，4.94 公里的施工进场路也已贯通。此外，延庆计划在张山营镇建设一座冬奥森林公园，目前公园的规划方案已基本编制完成，张山营镇将来要打造成为冬奥小镇，这座公园在建设中将与各项冬奥工程建设结合起来，落实生态保护要求，成为绿色办奥运理念的展示窗口。据介绍，按计划，在 2018 年，延庆赛区的国家高山滑雪中心建设工程进度将完成 60%，冬奥村和山地媒体中心结构施工进度将完成 50%，雪车雪橇中心完成赛道 U 型槽结构施工，北京市冰上项目训练基地也将加快建设。此外，延庆冰雪产业和冰雪运动近年来发展迅猛。延庆区体育局介绍，到 2017—2018 年度雪季结束，全区组织培训并掌握基本滑雪技能的学生将达万人，2018 年还将举办十余项冰雪赛事活动。

12 月 31 日　北京冬奥组委与中国邮政集团公司联合举办了"2022 年北京冬奥会和冬残奥会纪念邮票（邮品）特许经营协议签约暨《2022 年北京冬奥会会徽和冬残奥会会徽》纪念邮票首发仪式"。会徽纪念邮票一套 2 枚，一枚为冬奥会会徽，一枚为冬残奥会会徽。邮票画面以冬奥会会徽"冬梦"和冬残奥会会徽"飞跃"标志为核心元素，背景采用简洁的冬雪白，既给人以画面纯净集中的视觉感受，又突出冬季运动会的整体特征。据中国邮政有关负责人介绍，邮票应用特殊印制材料，采用艺术和防伪功能于一体的镂空工艺，在邮票版张的上下边饰制作镂空的"BEIJING 2022"字样。邮票中呈现的 22 个"BEIJING 2022"字样，在不同光照角度下隐约可见。每版邮票上印制了二维码，通过扫描二维码可以直接观看北京冬奥会会徽和北京冬残奥会会徽视频。根据北京冬奥组委与中国邮政集团公司的特许经营协议安排，北京冬奥组委将联合中国邮政集团公司，从 2017 年至 2022 年陆续发行冬奥会会徽、吉祥物、场馆、冰雪运动等表现冬奥会从筹备到召开的盛况，以邮票形式讲好中国故事，向世界展示健康中国、活力中国、文化中国的美好形象。

2018 年大事记

1 月

1 月 9 日　由中国残疾人联合会、中国残奥委员会、中国聋人体育协会主办，河北省残疾人联合会、河北省体育局、张家口市政府承办的 2017—2018 年度全国残疾人高山滑雪和单板滑雪锦标赛在崇礼区富龙滑雪场开赛。

1 月 16 日　知识产权局网站发表题为《国家知识产权局多措并举，严格保护涉冬奥会知识产权》的相关报道。报道指出，党中央、国务院对北京冬奥会筹备工作包括知识产权相应工作高度重视。在涉冬奥会知识产权保护方面国家知识产权局将重点做好以下工作：一是积极配合北京冬奥会组委会，加强相应协作，做好 2022 年北京冬奥会火炬、吉祥物等的专利申请、审查工作。二是提前研究起草工作预案，指导各地方知识产权局加强日常监管，在北京、河北等重点区域组织开展专项行动，加大对涉冬奥会知识产权侵权假冒行为打击力度。三是充分发挥 12330 知识产权维权援助热线平台作用，积极对接北京冬奥会组委会，指导北京、河北等地知识产权维权援助中心，建立健全相关举报投诉机制，提升涉冬奥会知识产权执法维权效率与水平。

1 月 23 日　由北京冬奥组委与中国银行联合举行的北京 2022 年冬奥会和冬残奥会贵金属特许商品发行仪式在张家口举行。

1 月 28 日　由河北省教育厅主办、张家口市教育局承办的"河北省学校冰雪师资培训班暨首届冬令营活动"在崇礼区云顶滑雪场启动。

同日　北京 2022 年冬奥会餐饮市场能力调查启动仪式暨培训会召开。

1 月 29 日　新华社报道，作为北京冬奥会三大赛区之一的北京市延庆区目前已进入"冬奥倒计时"，赛区筹办工作正加速展开。预计到 2019 年年底，延庆将基本完成冬奥会有关建设任务，保障冬奥会测试赛顺利进行。延庆赛区包括国家高山滑雪中心、国家雪车雪橇中心 2 个竞赛场馆，以及延庆冬奥村、山地媒体中心和颁奖广场 3 个非竞赛场馆。2018 年，当地将扎实推进冬奥会各项筹办工作，国家高山滑雪中心工程将完成 60%，国家雪车雪橇中心完成赛道 U 型槽结构施工，冬奥村和山地媒体中心结构施工将完成 50%。

　　1 月 30 日　教育部、国家体育总局、北京冬奥组委联合印发《北京 2022 年冬奥会和冬残奥会中小学生奥林匹克教育计划》，将奥林匹克教育纳入学校常规教育教学工作，鼓励各地方开设冰雪运动特色学校。其制定目的是贯彻中央关于冬奥会筹办工作精神，落实《中共中央　国务院关于加强青少年体育增强青少年体质的意见》（中发〔2007〕7 号）和《国家中长期教育改革和发展规划纲要（2010—2020 年）》，坚持绿色办奥、共享办奥、开放办奥、廉洁办奥理念，弘扬奥林匹克精神，推动冰雪运动普及，推动学校体育科学发展，全面实施素质教育，促进学生全面发展，建设健康中国、人力资源强国、体育强国，实现中华民族伟大复兴的中国梦。该计划包括指导思想、工作目标、实施范围、主要任务、组织保障等内容。

　　1 月 31 日　北京冬奥会张家口赛区专家咨询委员会聘任仪式在北京举行。

2 月

　　2 月 8 日　新华社发表报道《"奥运史上最省钱"新规，北京冬奥会成先锋》。报道指出，国际奥委会主席巴赫 2018 年公布了称作"奥运史上最省钱"的新规，2022 年北京冬奥会将在未来四年的筹办过程中率先执行这一新规。新规的总共 118 项改革措施包括缩小场馆规模、重新规划交通、优化现有基础设施和媒体服务、优化人力配置、多个体育项目共用场馆，还涉及开闭幕式和文教活动、接待和门票以及残奥会等多方面。巴赫在 7 日的发布会上表示奥运新规已经开始在 2022 年北京冬奥会的筹办过程中生效，巴赫对于北京冬奥会当前的市场营销计划也感到非常满意。国际奥委会北京冬奥会协调委员会在已经结束的两次会议期间，也非常关注北京冬奥会可持续发展的探索和成果，认为中国政府在冬奥会筹办期间坚持践行《奥林匹克 2022 议程》，北京冬奥组委不仅充分利用了 2008 年奥运会的场馆遗产，而且也把长期的、可持续性的方案纳入了不同的项目中，这些成就将使北京、天津和河北，甚至中国更多地区长期受益。

　　同日　北京冬奥组委在平昌冬奥会主新闻中心的媒体工作间正式启用，他们将在此推广北京冬奥，协调受理媒体采访，建立、增进媒体关系，学习媒体运行经验。

2月11日　中国残联党组书记、理事长鲁勇一行到崇礼区调研北京冬奥会张家口赛区筹办情况并到残疾人家中走访慰问。

2月25日　平昌冬奥会闭幕，伴随着《北京八分钟》的落幕，北京顺利接过平昌的接力棒，冬奥会正式进入北京时间。

专栏　"北京时间"

伴随着《北京八分钟》的落幕，熊熊燃烧了17天后，奥运圣火在韩国平昌熄灭。伴随奥林匹克会旗的交接，冬奥会正式进入"北京时间"。

相约北京，我们将为奥林匹克运动注入澎湃动力。为世界奉献一届精彩、非凡、卓越的冬奥会，是中国的庄严承诺。北京成为全球首个夏季、冬季奥运会举办城市，彰显了中国推广奥林匹克运动的大国担当。以习近平同志为核心的党中央提出一系列体育改革发展战略，为中国冰雪运动指明了一条具有中国特色的发展之路，大力推动冬奥会申办和筹办工作。

相约北京，我们向着体育强国的目标再次出发。在平昌，人们记住了中国代表团摘金夺银的高光时刻，也见证了冰雪少年的巨大潜力，展现了新生代抓住机遇、奋勇争先的决心与豪情。竞技场外，遍及大江南北的冰场雪场、走进校园的冰雪运动，不断兑现着"3亿人参与"的承诺，为中国冰雪运动的蓬勃发展厚植根基，为方兴未艾的中国体育产业燃起一把"白色火焰"。

相约北京，我们迎来振奋民族精神、向世界敞开胸怀的重要契机。筹办冬奥会，融入京津冀协同发展的国家战略，回应着亿万人民对美好生活的向往，将在新时代的新征程上，激励中华儿女为实现国家富强、民族复兴、人民幸福砥砺奋进。4年后，在中国人最重要的传统节日——春节里迎接来自五湖四海的宾朋，不同肤色、不同文化的人们将在"家"的氛围中感知古老的东方文明，领略开放包容、交流互鉴的大国气象。化干戈为玉帛的奥林匹克理想，构建人类命运共同体的中国智慧，将在冬奥会的"北京时间"交相辉映，为世界留下弥足珍贵的记忆，向未来传递合作共赢的火炬。

同日　《光明日报》发表文章《北京冬奥会：基建全部开工 比赛不受天气影响》。文章指出，北京冬奥组委新闻宣传部部长表示，虽然北京城区在这个冬季降雪量不大，但城区主要以室内场馆为主，冬奥比赛不会受到影响。北京冬奥会场馆和基础设施建设已经全部开工。此外北京新机场，以及连接北京、延庆和张家口，并通往北方很多省份的高速铁路，都预计在2020年奥运测试赛前具备通行条件。届时从北京乘坐高铁只需要20分钟就能抵达延庆，50分钟可以

抵达张家口。同时，2022 北京冬奥会将大量使用 2008 北京夏奥会的遗产，北京冬奥会很多场馆，特别是冰上场馆，是在北京夏奥会篮球、排球、跳水、游泳等场馆设施基础上改建，并尝试了很多新技术。

同日 新华社报道，崇礼区旅游局统计数据显示，2018 年春节假期，崇礼区共接待游客 29.8 万人次，同比增长 15%，实现旅游收入 2.15 亿元，同比增长 16%。河北省环保部门近日发布的数据显示，2017 年崇礼区是河北省空气质量最好的县区。张家口市 2017 年财政专门拿出 350 万元重点支持开展群众性冰雪活动，支持建设大众化、娱乐性运动设施。2017 年崇礼实行 16 周岁以下青少年免费滑雪政策，实现 7000 多人次上雪场。有关专家表示，在举办完冬奥会后，崇礼凭借丰富的体育休闲旅游资源、便捷的交通优势，将通过北京成功联通世界。未来四年，崇礼将实现基础设施、城乡面貌、生态环境、产业发展、社会事业、市民素质"六个脱胎换骨"，交出冬奥会筹办和本地发展两份优异答卷。

2 月 27 日 国务院副总理、第 24 届冬季奥林匹克运动会工作领导小组组长张高丽会见载誉归来的平昌冬奥会中国体育代表团。张高丽向全体运动员、教练员和冬奥组委工作人员转达了党中央、国务院的亲切问候，强调体育战线要认真学习贯彻习近平新时代中国特色社会主义思想和党的十九大精神，牢固树立"四个意识"，坚定"四个自信"，弘扬中华体育精神和奥林匹克精神，实现习近平总书记提出的"办赛精彩，参赛也要出彩"目标。要抓住北京冬奥会难得机遇，推广普及冰雪运动，开创全民健身新局面。

2 月 28 日 主题为"全民共迎五环旗、京张同唱冬奥歌"的奥林匹克会旗之旅张家口站活动启动仪式在大境门广场举行。

3 月

3 月 3 日 全国政协委员、北京 2022 冬奥会和冬残奥会运动委员会主席杨扬下午在"委员通道"接受采访，表示中国将争取参加 2022 年北京冬奥会所有参赛项目。大型赛事要坚持以运动员为中心。北京成立了北京 2022 冬奥会和冬残奥会运动委员会，从伙食、住宿、交通、赛事管理等方面为运动员争取更多权益，尽可能保证每个运动员的家人都有赛事门票，能在赛场为自己的亲友加油助威。同时，杨扬表示，中国将以"3 亿人上冰雪"为目标，推广冰雪运动。

3 月 5 日 全国两会期间，全国政协委员、北京冬奥组委体育部副部长王艳霞表示，北京冬奥会应力争留下可惠及普通民众，并可长期持续利用的遗产。为满足赛事举办需求，应大力加强冬季运动专业人才，尤其是本土管理、技术人才的培养，通过举办赛事活动锻炼人才队伍，并不断加强科技研发。

3 月 6 日　全国两会期间，全国人大代表、北京市副市长、北京 2022 年冬奥会和冬残奥会组委会执行副主席张建东表示，下阶段要做好北京冬奥会、冬残奥会场馆和基础设施建设，大力推进冰雪运动普及和竞技冰雪运动的发展，加速各类人才的培养，还要进一步加强国际交流与合作，发挥体育赛事平台作用。北京冬奥会场馆和基础设施建设已经全部开工。北京新机场以及连接北京、延庆和张家口三大赛区的高速铁路，都预计在 2019 年年底奥运测试赛前具备通行条件。

3 月 8 日　全国两会期间，全国人大代表、张家口市市长武卫东表示，2022 年北京冬奥会张家口赛区各项工作按照时间节点全面展开、有序推进，"三场一村"（"三场"指跳台滑雪、越野滑雪和冬季两项场地，"一村"指张家口奥运村）正在着手工程设计，预计将于 5 月正式开工。要运用先进环保、节能、智能技术，推进场馆和基础设施及配套项目建设。场馆和基础设施配套项目共 76 个，目前已经开工 43 个，2018 年将再开工 22 个。项目资金全程严格监管，全面推进各项服务保障工作，现正在编制餐饮、住宿、医疗、安保、志愿者服务等方面保障工作规划。同时，河北正在编制《冰雪运动发展规划》和《冰雪产业发展规划》，决定 3 年左右把张家口建成国家冰雪装备生产基地。

3 月 10 日　在全国政协十三届一次会议上，政协委员建议将我国冰雪体育做大做强，为 2020 年北京冬奥会培养更多优秀人才。全国政协委员、黑龙江省政协副主席张显友建议增加科研投入，提升冰雪运动科研水平。全国政协委员、哈尔滨市副市长陈远飞表示，哈尔滨群众冰雪运动氛围浓厚，每年全民冰雪"百日系列活动"时间长达四个半月，赛事活动 160 余项，直接带动 400 余万人次参与冰雪运动。"赏冰乐雪"冬季群众体育活动基地，每天吸引参与冰雪活动群众达 10 万人次。2022 年北京冬奥会的成功申办，为冰雪体育发展带来了千载难逢的历史机遇。傅道彬委员建议从国家层面制订覆盖整个冬奥会项目的后备人才培养规划，将冰球、冰壶、速滑、U 型池、雪上空中技巧等项目的国家青少年队布局在哈尔滨，使其成为冰雪运动发展集聚区，为 2022 年北京冬奥会培养优秀人才。

3 月 12 日　全国政协十三届一次会议体育界别针对冬奥会的话题进行了专题讨论，对于筹备、备战、文化传承等话题，委员们和相关部委的负责人从不同角度进行了探讨和交流。全国政协委员、中国奥委会副主席冯建中认为冬奥会的筹办是整体的、系统性的工作，筹备大赛的过程中需要有一定的思想性和深度。对于具体措施，冯建中提出五点：一是把办赛人员的吸纳、培养、提高当成重点事情来抓，把各领域的高手找到，放到关键的位置上；二是在规范化方面下功夫，建议做好标准化工作，写操作性强的文案；三是做好突发事件的应对预案；四是加强有关办赛人员的操练，做到烂熟于胸；五是要加强协同能力和协作能力。国家体育总局副局长高志丹介绍，申冬奥成功至今，国家体育总局已经尽可能实现了所有项目的开展，但冬季项目的发展依然存在着很多短板。比如人才短板，尤其是新开展的项目，基本上在靠外教；场地器材短板，冰上、雪上的训练场地依然需要改善等。全国政协委员、北京体育大学副校长胡扬认为，为进一步提升冬季项目竞争力，国家体育总局应该尽快制定一个名单，确定各个项目的优势程度，以此为参考对其投入有所区分。当下推进冰雪运动普及，可以着力将冰雪运动引入学校体育。全国政协委员、北京体育大学校长池建也认为，备战应该实现"长短结合"，也就是长期规划与短期提高相结合。"不同项目的优势程度不同，针对性措施可以抓好关键少数、实现短期突破。"全国政协委员、中国篮协主席姚明建议，可以找到一些在2008年担任志愿者的年轻人，去拍摄一下他们的生活，表现参与奥运会给他们理念和精神上带来的改变，以此来激励新一代志愿者。

3月16日　国家体育总局局长苟仲文做客新华网《部长之声》。苟仲文表示，在党中央、国务院的坚强领导下，在全国人民的大力支持下，北京冬奥会一定会办成一届"精彩、非凡、卓越"的奥运盛会，也一定能实现带动3亿人参与冰雪运动的宏伟目标。

3月23日　北京市、河北省分别召开全面推进2022年冬奥会和冬残奥会筹办工作动员部署大会。北京市委书记、北京冬奥组委主席蔡奇指出，北京携手张家口申办2022年冬奥会，是以习近平同志为核心的党中央着眼于我国改革开放和现代化建设全局做出的重大决策。习近平总书记对冬奥筹办的系列重要指示为我们做好筹办工作提供了根本遵循，要切实贯彻到筹办工作的各个方面。北京市上下要迅速行动起来，形成强大工作合力，高质量、高效率完成好各项筹办任务。要加强与河北省及张家口市的沟通联络，坚持三赛区协同作战，确保工作同向、进展协调。河北省委、省政府在石家庄召开河北省全面推进冬奥会和冬残奥会筹办工作动员部署大会。省委书记、省人大常委会主任王东峰强调，要坚持"四个办奥"理念，扎扎实实推动各项工作落地落实，确保按照时间节点和目标要求高标准完成筹办任务。

专栏　北京冬奥会筹办之交通城市保障篇

京张高铁、延崇高速、兴延高速等重点交通设施建设如火如荼，水务、电力、气象、通信等设施也在同步推进，确保与场馆同步建设、同步完工，全面提高赛事服务和城市运行保障能力。有关部门统筹推进城市和赛区无障碍环境建设，确保场馆、服务、城市无障碍无缝衔接。注重环境保护和赛后利用。制订实施冬奥会低碳交通、水资源和能源保障计划，实现冬奥会水资源可持续利用和碳排放目标。有关部门正组织力量开展科研攻关，推动人工智能、虚拟现实、低碳、智能交通等领域科技成果应用，运用新一代信息技术，有力支持智慧场馆、智慧奥运村建设，体现智慧冬奥特色。随着交通基建工作的推进，冬奥会的筹办工作进入纵深阶段，以奥运为中轴和切入点，各个相关地域和行业的想象空间更加接近实现。

4 月

4 月 10 日　崇礼区城市品牌发布会在北京新闻大厦举行，发布了崇礼城市标识、吉祥物和中英文广告语。

4 月 17 日至 18 日　2018 年全国冰雪产业发展大会在崇礼区万龙滑雪场举行。

4 月 18 日　工业和信息化部无线电管理局负责人带队赴河北省张家口市崇礼区开展实地调研，并组织召开座谈会。对下一步工作提出了明确要求：一是提高政治站位，以高度的政治责任感做好北京冬奥会无线电安全保障及前期各项筹备工作。二是充分研究论证，尽快拟订无线电安全保障具体工作方案，搭建组织架构、明确工作机制，细化工作任务，责任分解到岗到人，并做好风险评估，编制好应急处置预案。三是统筹谋划，研究提出无线电安全保障指挥中心建设的细化方案，并与冬奥组委相关部门做好沟通衔接。四是加大执法力度，开展电磁环境清理整治工作，集中开展打击治理"黑广播""伪基站"及非法设置使用无线电台站专项治理行动。五是整合资源，做好人员调配和培训演练工作，培养一支专业化、国际化的无线电安全保障队伍。

同日　国际奥委会—北京冬奥组委第四次项目审议会在京召开。会议期间，冬奥组委相关负责人围绕场馆建设、体育、市场开发等 7 个主题进行了陈述，并就教育、文化、人员管理等领域召开了 6 个专题会议，与国际奥委会专家进行了深入研讨交流。北京市副市长、北京冬奥组委执行副主席表示，下一步将认真践行《奥林匹克2020议程》改革精神和"奥运会新规范"，高质量、高标准完成好各项筹办任务。国际奥委会副主席、北京2022年冬奥会协调委员会临时主席胡安·安东尼奥·萨马兰奇出席会议。

4月24日　北京2022年冬奥会（张家口赛区）核心赛区首个高山固定监测站并网成功并正式启用。该站的并网启用，填补了张家口赛区无线电监测的空白，标志着无线电安全保障技术设施建设进入了攻坚阶段。

4月26日　河北省政府省长许勤主持召开省第24届冬奥会工作领导小组第四次全体会议，听取冬奥项目、资金筹措、赛会服务等工作进展情况汇报，审议通过了冰雪小镇等系列建筑设计方案、太子城高铁站综合交通枢纽建设方案、《2022年冬奥会张家口区域综合交通规划》等。会议要求张家口市委、市政府要全面落实主体责任，认真履行申办承诺，扎扎实实推进筹办工作。

5月

5月19日　在第21届中国北京国际科技产业博览会"首都文化科技融合发展成果展"展区，地屏投影和冰屏视效技术为观众揭开了平昌冬奥会"北京8分钟"视觉特效的神秘面纱。

5月29日　北京冬奥组委会同国家体育总局、中国残联、北京市政府、河北省政府联合发布《北京2022年冬奥会和冬残奥会人才行动计划》（简称《人才行动计划》），提出加快建设专业化、国际化人才队伍的总体目标，明确了开发培养11支人才队伍的路线图和时间表。《人才行动计划》有两个方面、十一个专项计划的内容。第一方面是面向直接参与筹办工作的人才队伍，组织实施七个专项计划，包括国际优秀人才集聚、工作人员队伍建设、竞赛管理人才开发、专业技术人才培养、竞技体育人才发展、志愿服务行动和合同商人才联络培养。第二方面是面向社会层面的其他相关人才队伍，组织实施城市运行人才队伍开发、青少年奥林匹克教育、群众体育骨干人才培养、创新创业人才发展的四个专项计划。在冬奥会工作领导小组的领导下，北京冬奥组委将与国家体育总局、中国残联、北京市、河北省等单位密切配合，细化实施十一个人才专项计划，统筹推进各类人才开发培养工作，建设一支规模合理、结构优化、素质优良的人才队伍，为举办一届精彩、非凡、卓越的奥运盛会提供人才智力支撑，为中国体育事业和体育产业发展、京津冀地区协同发展注入人才动力。《人才行动计划》的出台，是冬奥会和冬残奥会进入"北京周期"后，北京冬奥组委推出的重要举措。

6 月

6 月 9 日　2022 年冬奥会重大交通保障项目延崇高速河北段头炮隧道日前贯通。这是延崇高速河北段第一条贯通的隧道。隧道左幅长 372 米，右幅长 386 米，最大埋深约 79 米。头炮隧道在头炮一号大桥和二号大桥中间，它的贯通为路基土石方运输和后期架梁工作提供了便利的运输路径，将为后续施工节省大量时间。

6 月 13 日　本日为国际低碳日，主题是"提升气候变化意识，强化低碳行动力度"。北京冬奥组委秘书长表示，目前正在积极制订冬奥会低碳管理工作方案，将通过采取碳减排等措施，实现冬奥会低碳排放目标，全面兑现申办时的庄严承诺。主要从促进低碳能源利用、推进低碳场馆建设、构建低碳交通体系、加强废弃物回收利用四方面实现冬奥会低碳目标。

6 月 18 日至 20 日　国际雪联跳台滑雪竞赛主任沃特·霍夫、北欧两项竞赛主任拉塞尔·奥特森、越野滑雪竞赛主任皮埃尔·米格内里、跳台滑雪竞赛组织专家尼克莱·佩特罗夫、跳台滑雪赛道设计专家汉斯·马丁、越野滑雪赛道设计专家约翰·阿尔伯格等国际雪联官员和外方专家一行，到北京冬奥会张家口赛区进行考察，并于 20 日下午召开了场地情况反馈会议。

6 月 21 日　北京冬奥组委新闻宣传部负责人一行到张家口，就做好北京冬奥会筹办期间张家口赛区新闻宣传工作与张家口市委宣传部等单位进行座谈交流。

6 月 26 日　北京冬奥会张家口赛区空气质量保障院士工作站揭牌仪式在崇礼区举行。

7 月

7 月 20 日　2022 年北京冬奥会重点配套工程、全国第一条智能化高铁——北京至张家口高铁东花园隧道顺利贯通。京张高铁正线全长约 174 公里，全线共设 10 个车站。高铁开通后，北京至张家口之间的旅途时间将从现在的 3.5 小时缩短至 1 小时之内，同步还将与大张（大同—张家口）、呼张（呼和浩特—张家口）两条高铁接轨，届时张家口将成为京津冀区域西北方向轨道交通新枢纽。

7 月 25 日　中共中央政治局常委、国务院副总理、第 24 届冬奥会工作领导小组组长韩正在北京冬奥组委调研。韩正到冬奥组委首钢办公区，实地察看园区情况；到料仓办公楼，观看赛区沙盘模型，了解场馆和基础设施规划建设情况；结合展板听取冬奥组委办公园区总体情况汇报，并与冬奥组委工作人员互动交流。韩正主持召开第24届冬奥会工作领导小组全体会议，进一步明确目标要求，研究部署下一阶段筹办重点任务。韩正表示，北京冬奥会是我国重要历史节点的重大标志性活动，是展现国家形象、促进国家发展、振奋民族精神的重要契机，是助推对外开放、推动构建人类命运共同体的重要舞台，是向世界传播中华优秀文化、推动东西文明交融的重要载体，是推动京津冀协同发展的有力抓手。要紧紧围绕精彩、非凡、卓越的办赛目标，全面落实"绿色办奥、共享办奥、开放办奥、廉洁办奥"理念，高质量、高效率完成好各项筹办任务。韩正强调，要严格按照规划推进场馆和基础设施建设，加强施工安全监管，使工程质量经得起历史检验。要统筹做好示范场馆建设和测试赛准备工作，确保实现测试预期目标。要高水平推进赛会服务保障工作，打造智慧冬奥，提高赛事组织与赛会服务效率。要加强新闻宣传和文化推广，持续提升北京冬奥会影响力。要狠抓冬奥备战，着力提升竞技水平，围绕"带动三亿人参与冰雪运动"目标，加快推动群众性冰雪运动发展。要深化国际交流合作，广泛推进经济、文化、人文等交流。韩正要求，有关地区和部门要进一步增强"四个意识"，坚定"四个自信"，加强组织领导，落实工作责任，确保按期完成各项筹办任务。要坚持节俭办赛，严格预算管理，严控办奥成本，加强监督执纪，做好廉洁办奥工作。中共中央政治局委员、第24届冬奥会工作领导小组副组长孙春兰、蔡奇出席会议并讲话。第24届冬奥会工作领导小组成员和中央有关部门负责同志参加会议。

8 月

8月8日　本日是2008年北京奥运会成功举办十周年纪念日，也是我国第十个"全民健身日"。北京市委书记、北京冬奥组委主席蔡奇宣布2022年北京冬奥会和冬残奥会吉祥物全球征集发布启动。

8月15日至16日　国家电网有限公司负责人一行到张家口市调研冬奥电网规划建设和可再生能源项目建设等情况。负责人表示，国家电网公司将扎实推进冬奥会电网建设，大力促进污染防治，积极服务清洁能源发展，强化科技创新能力，全力服务脱贫攻坚，持续提升能源资源配置能力，推动电网高质量发展，为国家重大工程提供坚强的电力保障。

8月18日　北京2012年冬奥会和冬残奥会核心区重点项目崇礼城区至万龙公路开工建设。

同日　北京2022年冬奥会和冬残奥会核心区重点项目崇礼城区至长城岭公路开工建设。

8月24日　北京2022年冬奥会和冬残奥会外围重点支撑项目张家口南综合客运枢纽北广场开工建设。

8月29日　北京2022年冬奥会和冬残奥会外围重点支撑项目崇礼客运枢纽开工建设。

8月29日至30日　国家文物局相关负责人一行赴张家口崇礼区现场调研并召开专题会议，部署推进北京2022冬奥会张家口赛区考古和文物保护工作。调研组检查了太子城遗址考古工作进展情况和岔沟梁长城试验段保护项目效果，相关负责人表示太子城遗址应以建设考古遗址公园为方向，让太子城考古遗址公园成为冬奥会最具中华文化魅力的活动场所。相关专家、主要部门负责同志等参加调研。

8月30日　国家文物局负责人、国家文物局文物保护与考古司负责人及有关专家到崇礼区就冬奥会文物保护工作进行考察，并召开《太子城遗址保护和利用概念性设计规划》和《崇礼区明长城岔沟梁牧场段二期实验段研究性保护修缮方案》评审会议。

9 月

9月1日　水利部负责人到张家口调研冬奥会项目区生态工程建设及调水工作，听取了市水利工作情况和市水土保持生态建设工作汇报，了解北京2022年冬奥会水源保障项目建设等情况。

9月5日　国家体育总局正式公布《2022年北京冬奥会参赛实施纲要》《2022年北京冬奥会参赛服务保障工作计划》《2022年北京冬奥会参赛科技保障工作计划》《2022年北京冬奥会参赛反兴奋剂工作计划》《"带动三亿人参与冰雪运动"实施纲要（2018—2022年）》。这两个纲要和三个计划，对北京冬奥会的参赛工作做出全面规划，统称为"两纲三划"。在《2022年北京冬奥会参赛实施纲要》中，明确提出"全面参赛、全面突破、全面带动"目标。国家体育总局冬季运动管理中心相关负责人提出了"2018扩面、2019固点、2020精兵、2021冲刺"的北京冬奥会参赛工作方略，提出要在北京冬奥会上实现运动成绩和精神文明双丰收。

9月6日　全省国家重点工程暨冬奥会劳动和技能竞赛推进会在延崇高速公路施工现场召开。

9月7日　北京冬奥组委、中国残联、北京市政府、河北省政府联合印发了《北京2022年冬奥会和冬残奥会无障碍指南》（简称《指南》）。《指南》全面落实绿色、共享、开放、廉洁的办奥理念，遵循"公平、尊严和适用"的基本原则，以安全性为首要出发点，体现通用性设计理念，完善无障碍细节要求，同时适应本国特点，加强了信息无障碍、服务无障碍等薄弱环节，特别是突出无障碍环境的系统性、连贯性，促进形成闭合的无障碍环境。

9月15日至16日　国际奥委会奥运会部执行主任克里斯托弗·杜比、奥运会部副主任皮埃尔·杜克雷一行到北京冬奥会张家口赛区考察。到云顶滑雪公园、张家口冬奥村、张家口颁奖广场、张家口奥林匹克体育公园了解各场馆规划设计、建设进度、交通组织、建筑物分布、功能区设置等情况，针对场地规划、赛道设计、缆车系统、观众席和媒体席设置等具体问题进行了现场交流，提出了意见和建议。

9月20日　芬兰拉赫蒂市商务发展部主任伊斯托·凡赫玛蒂一行访问张家口市。

10 月

10月4日　2022年北京冬奥会延庆赛区综合管廊项目全面开工建设。这是我国首次采用TBM（硬岩掘进机）施工的地下综合管廊工程，也是TBM在北京的首次应用。位于北京市延庆区海坨山下的冬奥会综合管廊项目全长7.5公里，除了将佛峪口水库的水源引入延庆赛区，满足冬奥会赛场的用水需求外，也是赛区电力保障、通信和赛事直播的综合输送管廊，因而被称为"赛区生命线"。

10月11日至13日　河北省委书记、省人大常委会主任王东峰，省委副书记、省政府省长许勤到崇礼区冬奥村和太子城冰雪小镇、中铁奥运工程指挥部、古杨树场馆群绿化平台，就冬奥会筹办进行调研检查。他们强调，要深入贯彻落实习近平总书记重要指示精神，全力推进冬奥会筹办工作，加快建设首都水源涵养功能区和生态环境支撑区，深入推进扶贫脱贫工作，积极开展"空心村"治理，切实保障群众冬季清洁取暖，扎实推动各项工作向纵深发展，不断取得新的更大成效，努力交出冬奥会筹办和本地发展两份优异答卷。省委副书记赵一德参加。其间，王东峰主持召开座谈会，听取张家口市、省冬奥办、清华大建筑设计研究院有关工作汇报，研究解决实际问题，安排部署下一阶段重点工作。

10 月 15 日　北京冬奥组委面向全球公开征集北京冬奥会开幕式创意文案。本次开幕式创意文案征集的总体要求是：充分体现北京冬奥会愿景和奥林匹克精神，充分表现中华民族灿烂文化的传承发展，充分展示新时代党和国家事业取得的历史性成就、发生的历史性变革，树立中国在国际舞台上的良好大国形象。在总体风格上营造庄重、热烈、欢乐、友好的冬奥庆典氛围，展现冰雪运动特色。在艺术表现形式上注重创新，注重运用高新技术手段，使北京冬奥会开幕式既展现当代中国形象又富有冬奥特色，给世界留下美好的奥运记忆。2018 年 12 月 31 日征集截止后，北京冬奥组委将于 2019 年 1 月至 3 月组织评审委员会对应征文案进行评审，通过初评、复评，评选出 10 件优秀创意文案。

10 月 20 日　北京 2022 年冬奥会和冬残奥会吉祥物全球征集设计方案开始进入为期 10 天的交稿阶段。北京冬奥组委文化活动部工作人员介绍，征集工作结束后，将经过专家评审、修改深化、社会评议、法律查重和审批等程序，最终确定设计方案。设计方案计划于 2019 年下半年发布。

10 月 21 日　由北京市政府和工信部主办的世界智能网联汽车大会正式闭幕，市经信委在会上正式发布《北京市智能网联汽车产业白皮书（2018 年）》。白皮书提出，2022 年，以冬奥会实现智能网联汽车全面应用为目标，北京将形成满足高级自动驾驶（L4 级别）要求的智能网联汽车完整技术体系，示范运行区域面积达到 500 平方公里，全市智能网联汽车及关联产业规模达到 1000 亿元；全市自动驾驶开放测试道路里程达到 2000 公里。北京将围绕"车、路、云、网、图"五大关键要素，加快量产 L3、L4 级别新车；开展智能路网改造，建成一批互联网道路；建成满足超大城市出行需求的交通云；2020 年在重点区域完成 5G 车联网建设；大力发展高精度地图产业。

11 月

11 月 14 日　白俄罗斯代表团冬季两项滑雪运动联合会主席及白俄罗斯驻华大使到崇礼考察。

11 月 28 日　国际人才交流驿站暨京张冰雪项目场馆人才联盟交流活动在崇礼区举行。

12 月

12 月 15 日至 16 日　2018—2019 太舞国际雪联自由式滑雪雪上技巧世界杯在崇礼区太舞滑雪小镇举办。

12 月 16 日　以"创新引领未来"为主题的 2018 崇礼论坛在崇礼区开幕。

12 月 17 日　北京冬奥组委召开第二次执行委员会会议，学习贯彻习近平总书记关于冬奥会筹办系列重要指示精神，研究冬奥会、冬残奥会示范场馆建设等事项，部署下一阶段重点工作。

同日　北京大学第三医院崇礼院区揭牌仪式举行，崇礼区人民医院正式更名为北京大学第三医院崇礼院区。

12 月 19 日　北京冬奥会张家口赛区 76 个项目正在按照既定时间节点稳步推进，目前开工 65 个，2019 年计划开工 11 个，部分项目进度获得国际官员专家的高度评价。

12 月 19 日至 21 日　河北省 2022 年冬奥筹办合作交流研讨会在张家口市举行。本次研讨会由省外事办、省冬奥办、日本长野县县民文化部、韩国工原道全球化国际投资通商局联合主办，张家口市政府协办，日本长野县、韩国江原道、安美地公司、可口可乐公司代表以及省市相关部门负责人参加，就冰雪产业发展、冬奥会场馆建设、滑雪项目运营、冬奥会举办城市运营、冬奥会交通运输等内容进行交流研讨。

12 月 21 日　2018/2019 雪季张家口冰雪运动全覆盖惠民补贴启动仪式在崇礼区密苑云顶滑雪场举行，深入贯彻落实习近平总书记关于"让冰雪运动和冰雪产业在张家口落地生根""带动 3 亿人参加冰雪运动"的重要指示精神，推出一系列冬奥惠民补贴政策，推动冰雪运动普及推广，进一步营造冬奥浓厚氛围、提高群众主动参与意识、扩大冰雪运动项目人口、促进体育消费和冰雪产业融合发展。

12 月 25 日　北京 2022 年冬奥会张家口赛区训练参赛现场协调会在张家口市举行。

12 月 26 日　"联通 5G 赋能智慧冬奥"中国联通智慧冬奥战略发布会在北京和张家口市同步举行。

12 月 27 日　北京冬奥会官方特许商品高铁列车首发仪式在北京南站始发的 G119 次列车上举行，这标志着北京 2022 年冬奥会官方特许商品正式"登上"高铁列车，向乘客销售。后续高铁列车将根据北京冬奥会特许商品新品上市的进度，持续同步更新列车销售商品目录。下一步中国铁路北京局将根据北京冬奥会的筹办进展，经北京冬奥组委批准后，将北京冬奥会特许商品销售逐步推广至北京局其他列车。

12 月 28 日　2022 年北京冬奥会延庆赛区综合管廊即将贯通。位于北京市延庆区海坨山下的冬奥会综合管廊项目全长 7.5 公里，除了将佛峪口水库的水源引入延庆赛区，满足冬奥会赛场的用水需求外，也是赛区电力保障、通信和赛事直播的综合输送管廊。

专栏　2018 年北京冬奥会场馆和配套基础设施工程建设情况

北京赛区和延庆赛区包含 8 个新建竞赛场馆、5 个改造竞赛场馆在内的共计 42 个冬奥工程项目实现开工建设。根据《北京 2022 年冬奥会场馆及配套基础设施总体建设计划》，北京 2022 年冬奥会场馆及配套基础设施共列入 52 个建设项目。截至 2018 年年底，总体开工率达到 81%。为了加快冬奥工程建设，冬奥建设积极进行行政审批创新和工作方式创新。由北京市 17 个委办局组成的工作专班，监察、审计常驻建设一线，加强事中服务和过程监督，在 2018 年全年累计梳理解决了涉及 31 个冬奥建设项目的 92 项任务，成为冬奥建设快速开展的助推器。奥运遗产再利用方面，北京冬奥会计划改造 8 个 2008 年奥运场馆，其中国家游泳中心、国家体育馆、首都体育馆、首都滑冰馆、首体综合馆 5 个场馆已全面开始改造。改造后的场馆将实现体育场馆冬奥赛事和赛后冰雪运动普及的"双目标"，实现冬季和夏季运动可快速转换的"双轮驱动"运营模式，实现绿色标准和场馆功能"双提升"。在配套设施方面，纳入北京 2022 年冬奥会配套基础设施建设计划的 31 个项目中，截至 2018 年年底，已开工建设 25 项。其中，兴延高速、松闫路（改线段）、昌平 500 千伏主变增容工程三项已于 2018 年率先实现完工。2019 年计划新开工建设 3 项配套基础设施项目；计划建设完工 19 项，其中配套基础设施项目 18 项、其他配套项目 1 项。

2019 年大事记

1 月

1月5日　北京市纪委市监委向北京冬奥组委派出监察专员，并成立监察专员办公室，与北京市冬奥会监督工作领导小组办公室合署办公，专门负责冬奥监督检查工作，实现纪律监督、监察监督、派驻监督、巡视监督在冬奥监督工作中的全覆盖。北京市纪委市监委还对2018年追加支出预算中5个重点项目进行监督检查，并加强对冬奥会工程建设项目的监督检查，对未能如期按计划开工的7个项目进行专项督办，督促冬奥建设项目审批部门加快解决冬奥工程建设中遇到的困难等。

1月6日　2022年冬奥会重点配套保障工程——崇礼铁路铺轨工程在河北省张家口市下花园区戴家营3号大桥开始展开。整个铺轨工程预计5月底完工，7月底完成轨道精调，年底前完成联调联试。崇礼铁路是京张高铁的重要组成部分，全长53公里，线路自京张高铁下花园北站引出，途经宣化区、赤城县，终点至崇礼区太子城站，设计时速每小时250公里。崇礼铁路建成后，将与京张高铁正线一起形成北京至张家口崇礼冬奥赛区的便捷客运通道，届时从北京乘高铁到崇礼仅需约1小时。

1月7日　2022年北京冬奥会延庆赛区综合管廊隧道全线贯通，将为延庆赛区造雪用水、生活用水、再生水、电力、电信及有线电视等硬件接入提供通道。据北京市重大项目办介绍，纳入北京冬奥会配套基础设施建设计划的共计31个项目，其中，综合管廊1项，交通设施11项，电力设施12项，水利设施4项，通信设施3项。截至2018年年底，已开工建设25项，其中，兴延高速、松闫路（改线段）、昌平500千伏主变增容工程三项已于2018年率先完工。

1月9日至10日　由北京冬奥组委新闻宣传部和北京市委网信办联合主办，张家口市冬奥办、市委宣传部、市委网信办承办的"2018/2019年冰雪季网络媒体走进冬奥"活动，邀请 34 家来自中央、北京市、河北省的网络媒体到北京冬奥会张家口赛区，参观了解冬奥会筹办工作进展。

1 月 9 日至 12 日 北京冬奥组委组织专家赴延庆赛区和张家口赛区开展可持续性工作考察。专家们通过在两地多处现场的实地走访，全面了解了北京 2022 年冬奥会赛区场馆规划建设、场馆及周围环境问题、环保措施实施情况以及新能源和可再生能源利用、氢能交通等方面情况。专家们还与张家口市、延庆区政府主要负责人及相关部门、场馆业主单位负责人等进行了座谈，研究主办城市政府在冬奥会筹办过程中绿色办奥和可持续性理念的落实，场馆建设过程中生态环境保护、水资源保护利用、清洁能源利用、场馆赛后利用与冬奥会遗产思路等方面的工作做法，共同探讨提升地区发展的主要思路。

1 月 18 日 财政部、税务总局发布《关于冬奥会和冬残奥会企业赞助有关增值税政策的通知》。根据文件，对赞助企业及参与赞助的下属机构根据赞助协议及补充赞助协议向北京冬奥组委免费提供的，与北京 2022 年冬奥会、冬残奥会、测试赛有关的服务，免征增值税；适用免征增值税政策的服务，仅限于赞助企业及下属机构与北京冬奥组委签订的赞助协议及补充赞助协议中列明的服务；赞助企业及下属机构应对上述服务单独核算，未单独核算的，不得适用免税政策。

1 月 21 日 由北京市文联和张家口市委宣传部主办的"牢记嘱托、携手冬奥"第二届京张文化交流暨张家口市 2019 军民春节联欢晚会在张家口国际会展中心举行。

1 月 24 日 北京冬奥组委分别举行了北京 2022 年冬奥会首批官方接待饭店签约仪式和《北京 2022 年冬奥会和冬残奥会医疗卫生保障工作责任书》《北京 2022 年冬奥会和冬残奥会主办城市公共主管机构医疗/健康相关保障工作责任书》签署及定点医院授牌仪式。101 家饭店成为北京冬奥会首批官方接待饭店。

1 月 25 日 新华社发表文章《张家口市以筹办冬奥会为引领打造冰雪产业集群》。文章指出，张家口市在筹办冬奥会的"东风"下，加快发展冰雪产业，加强与国内外优势企业合作，大力发展冰雪运动装备研发制造销售、运动旅游、教育培训、赛事服务等冰雪全产业链，打造国家冰雪运动装备生产基地。张家口市 2019 年将落实支持冰雪运动装备产业发展若干措施，高新区和宣化区冰雪产业园新注册的 18 个项目开工建设，实现投产 6 家以上。加大精准招商力度，年内再签约新项目 30 个，落地 20 家，初步形成产业集群。张家口市规划，到 2025 年打造以崇礼为中心、辐射周边地区的滑雪大区，建成 30 个滑雪场、20 个以上冰雪特色小镇，届时每年可满足 2000 万人次的冰雪运动需求。

　　1月29日　国际奥委会主席巴赫率国际奥委会考察团在北京冬奥会张家口赛区和延庆赛区实地考察冬奥会筹办进展。巴赫考察了跳台滑雪、越野滑雪、冬季两项以及高山滑雪等比赛场地建设情况。谈及考察感受，巴赫表示，各个项目都在按预期顺利推进，令人印象深刻。

　　1月30日　国际奥委会—国际残奥委会北京2022年冬奥会和冬残奥会项目审议会在北京冬奥组委首钢办公区召开。国际奥委会主席巴赫在新华社接受专访时称赞北京2022年冬奥会筹备工作到目前为止可打"满分"。巴赫说，同样令人印象深刻的是，他在张家口的雪场看到许多孩子在学习滑雪，这表明中国在申办时提出的"让3亿人参与冰雪运动"有了显著成效。

　　同日　北京冬奥组委和国家电网公司举行北京2022冬奥会和冬残奥会场馆绿色电力供应签约仪式。仪式上，北京市副市长、北京冬奥组委执行副主席表示，北京冬奥会场馆将全部采用"绿电"，未来会推动北京、张家口等城市广泛使用绿色能源，服务城市和区域的高质量发展，创造更多冬奥遗产，惠及广大民众。国际奥委会副主席、国际奥委会北京2022年冬奥会协调委员会主席胡安·安东尼奥·萨马兰奇在签约仪式上说，北京冬奥会的绿色办奥理念与《奥林匹克2020议程》的宗旨高度契合，有助于实现奥林匹克愿景，是一项非常重要的任务。

　　1月31日　国家主席习近平会见国际奥委会主席巴赫。习近平强调，中方高度重视筹办北京冬奥会，目前各项工作正在扎实有序推进，并表示一定会积极努力，为世界呈现一届绿色、共享、开放、廉洁的冬奥会。

2月

　　2月1日　中共中央总书记、国家主席、中央军委主席习近平来到位于北京石景山首钢园区的北京冬奥会展示中心和办公区、国家冬季运动训练中心，考察北京冬奥会和冬残奥会筹办工作，看望慰问北京冬奥组委工作人员、运动员、教练员。在国家冬季运动训练中心，习近平先后走进速滑馆和冰壶馆，看望慰问备战的运动员、教练员。他勉励大家说，举办北京冬奥会、冬残奥会，中国冰雪运动将会上一个大台阶。这是百年不遇的历史机遇，会应运而生一批高水平优秀运动员。习近平强调，体育强则国家强，国家强则体育强。通过北京冬奥会把我国冬季冰雪运动发展起来，这就是我们的希望。

　　同日　《人民日报》发表文章《用奋斗铸就盛会华彩乐章——写在北京冬奥会开幕倒计时三周年之际》。文章汇报了近日巴赫率国际奥委会考察团赴2022

年北京冬奥会张家口赛区和延庆赛区实地考察情况并对北京冬奥会成功申办三年以来的筹备工作进行了回顾。文中提到,1 月 31 日,国家主席习近平在会见国际奥委会主席巴赫时强调,中方高度重视筹办北京冬奥会,目前各项工作正在扎实有序推进。我们一定会积极努力,为世界呈现一届绿色、共享、开放、廉洁的冬奥会。此前,巴赫率国际奥委会考察团赴 2022 年北京冬奥会张家口赛区和延庆赛区实地考察后,给筹办工作打出"满分"。他说:"我完全相信中国将举办一届精彩的冬奥会。"北京冬奥会开幕倒计时三周年之际,从建设者到运动健儿,从组织管理者到参与冰雪运动的大众,无数奋斗者的身影,正在为一届"精彩、非凡、卓越"的奥运盛会写下坚实的注脚,将梦想蓝图一点一滴融进人们的美好生活。

2 月 2 日　北京冬奥会和冬残奥会展示中心亮相。该中心位于北京冬奥组委首钢办公区,共 3 层,设 4 个展厅,总面积 3300 平方米。其中包括按照北京、张家口和延庆 3 个赛区约 1∶9000 比例的沙盘模型,配合视频和声光电技术,全方位、立体式展现北京冬奥会的筹办工作。

2 月 3 日至 6 日　应亚洲残奥委会邀请,北京冬奥组委代表团赴阿联酋迪拜,参加亚洲残奥委会全会并就北京 2022 年冬残奥会筹办工作进展情况进行主题陈述。北京冬奥组委代表团在分组讨论会议上进行的阐述全面介绍了北京 2022 年冬残奥会筹办工作进展最新情况、工作机制和未来展望,重点就全会关注的治理结构、国际交流合作、场馆建设、残奥整合和无障碍、体育、运动会服务、市场开发、宣传及文化、遗产等 9 个方面,分享了经验做法,表达了北京 2022 年冬奥会和冬残奥会"同步规划、同步实施"的总体工作情况,确保两个奥运同样精彩、纯洁干净。

2 月 4 日　新华社发表文章《张家口书写冬奥筹办和本地发展两份优异答卷——写在北京冬奥会开幕倒计时三周年之际》。文章指出,绿色、共享、开放、廉洁的办奥理念正在张家口落地生根。以冬奥为媒,张家口崇礼各类设施日臻完善,京张合作推向纵深。京张高铁崇礼支线正在施工,崇礼滑雪场的数量已到 7 个,雪道条数实现翻番,10 条雪道通过国际认证,森林覆盖率达到67%,已经接待 11 个国家的外宾 28 批次近 500 人次,承办国际国内体育赛事 70 项,举办群众性冰雪运动 100 项,建立冰雪运动特色学校 62 所,274 万人次参与冰雪运动。

2 月 8 日至 10 日　在加拿大卡尔加里举办的自由式滑雪北美洲杯赛中,由河北省宣化二中选送国家队的王文卓在女子坡面障碍技巧项目中获得了 52.5 分的国际雪联积分,为中国拿到了第一个世界杯参赛资格,取得历史性突破。

2月12日　由国际雪联主办，国家体育总局冬季运动管理中心、中国滑雪协会、河北省体育局承办，张家口市体育局、太舞滑雪小镇协办的2019国际雪联单板滑雪平行项目亚洲杯在崇礼区太舞滑雪小镇落幕。来自亚洲的37名精英运动员在太舞4B波尔卡雪道上进行了男/女平行大回转和男/女平行回转两个项目的争夺。

2月17日至18日　中共中央政治局委员、国务院副总理孙春兰到崇礼区考察北京冬奥会备战工作，考察了赛区场馆及配套设施建设情况，听取了备战情况汇报，观看了雪上项目国家集训队训练，并与队员交流。向所有备战的运动员、教练员和工作人员表示诚挚的问候和新春的祝福。勉励大家深入学习贯彻习近平总书记视察北京冬奥会筹办工作时的重要讲话精神，扎实训练备战，争取新的突破，为高标准、高质量完成北京冬奥会各项筹办任务奠定基础。

2月19日　北京冬奥组委在首钢办公区举行了《2022年北京冬奥会和冬残奥会遗产战略计划》（中文版和国际版）的发布会。北京冬奥组委秘书长韩子荣介绍了该计划的编制情况和主要内容。北京冬奥会将努力创造体育、经济、社会、文化、环境、城市发展和区域发展7个方面的丰厚遗产。北京冬奥组委相关部门负责人详细介绍了奥运遗产方面取得的进展。国际奥委会副主席和国际奥委会北京冬奥会协调委员会主席胡安·安东尼奥·萨马兰奇通过视频发来祝贺。

2月22日　由北京冬奥组委和中国银行共同举办的冬奥合作与金融支持冰雪产业研讨会在崇礼举行。

2月22日至28日　由中国残联、国家体育总局主办，河北省残联、张家口市人民政府承办的全国第十届残疾人运动会暨第七届奥林匹克运动会高山滑雪和单板滑雪比赛分别在崇礼区万龙滑雪场、银河滑雪场举办，共有来自23个省、自治区、直辖市的168名残疾人运动员参赛。

2月23日至24日　2018/2019国际雪联滑雪世界杯比赛在崇礼区密苑云顶滑雪公园举办。

2月26日　北京冬奥会和冬残奥会世界转播商情况介绍会在北京举行。来自国际奥委会、奥林匹克转播服务公司（OBS）及世界各地转播商等机构的101人参会。北京冬奥组委第一次向世界转播商代表全面介绍各项筹办工作进展，北京冬奥组委10个部门对关于体育、场馆和基础设施、媒体运行、宣传、转播服务、安保、交通、住宿等15个业务领域进行了详细介绍。奥林匹克转播服务公司针对北京冬奥会电视转播有关制作、技术、服务、运行的初步计划进行了介绍，其首席执行官伊阿尼斯·埃克萨科斯表示，OBS将采用最先进技术，确保北京冬奥会成为最具科技含量的奥运会。

2月27日 北京冬奥会张家口赛区气象工程大部分建设内容完成，包括实施地气象综合观测系统、精细化预报预测系统、气象服务系统和人工影响天气能力等四个建设项目。张家口赛区气象工程预计 2019 年全部完成。

2月28日至3月1日 美国驻华大使特里·布兰斯塔德一行到张家口市访问。

3月

3月6日 新华社报道，北京冬奥会张家口赛区 76 个场馆和基础设施项目将于 2020 年 8 月底之前全部完工。据介绍，张家口今年将保质保量推进场馆和相关配套基础设施建设，严格把握开工、竣工验收、测试三个关键节点，确保云顶滑雪公园、跳台滑雪场、越野滑雪场、冬季两项中心达到测试赛条件。76个项目中已经开工了 67 个，完成了 4 个。此外，京张高铁、延崇高速主线年内将建成通车。北京冬奥会张家口赛区将举办单板滑雪、自由式滑雪、越野滑雪、跳台滑雪、北欧两项、冬季两项等项目的比赛。

3月8日 国家体育总局负责人在人民大会堂"部长通道"上表示，中国力争在 2022 年北京冬奥会上全项目参赛，全项目参赛就是中国运动员要通过努力获得北京冬奥会全部 109 个比赛项目的资格，这是运动员拼搏精神的象征。

3月9日 北京冬奥组委体育部负责人在全国政协十三届二次会议第二场"委员通道"上表示，北京冬奥会场馆和基础设施全面开工，下半年还将发布北京冬奥会吉祥物。

3月18日 中国气象局负责人在崇礼区调研北京冬奥会张家口赛区气象服务保障工作。

3月19日 中共中央政治局常委、国务院副总理、第 24 届冬奥会工作领导小组组长韩正主持召开第 24 届冬奥会工作领导小组全体会议，学习贯彻习近平总书记视察北京冬奥会、冬残奥会筹办工作时的重要指示精神，研究部署下一阶段重点任务。他强调，举办北京冬奥会、冬残奥会是一件国家大事，要把习近平总书记重要指示精神贯穿到筹办工作始终，瞄准精彩非凡卓越办赛目标，全面扎实推进各项筹办任务。他表示，要抓紧推进场馆和配套基础设施建设，确保按时优质完成建设任务并投入使用；深入推进场馆运行工作，在试运行过程中发现问题、解决问题，探索建立一整套场馆运行体系；以测试竞赛组织和场馆硬件设施为重点，组织开展系列测试赛，办好"相约北京"系列冬季体育赛事；要按照系统规划设计、稳扎稳打推进的要求，深化住宿、餐饮、交通、安保、医疗等赛会服务保障工作；加强宣传推广，组织开展冬奥会开幕倒计时1000天、歌曲和口号征集等活动，做好吉祥物评选和开幕式创意文案评审等工作；要围绕"全项目参赛"和"带动3亿人参与冰雪运动"的目标，狠抓冬奥备战，推广普及冰雪运动；把筹办工作与京津冀协同发展有机结合起来，深入推进京张地区在交通、生态、产业、公共服务等领域合作；要坚持廉洁办奥，一切从严管理，完善全方位监督体系，确保冬奥会筹办工作纯洁无瑕。中共中央政治局委员、第24届冬奥会工作领导小组副组长孙春兰，蔡奇出席会议并讲话。第24届冬奥会工作领导小组成员和中央有关部门负责同志参加会议。

3月21日　北京冬奥会配套工程大张高铁线下工程完工。大（同）张（家口）高铁控制性工程大梁山隧道贯通，标志着2022年北京冬奥会重要配套工程大张高铁线下工程完工，为年底开通奠定了坚实基础。通车后，从大同乘高铁到张家口需40分钟左右，大同至北京的列车运行时间将从6个小时压缩至100分钟左右。

3月29日　中国侨联负责人一行，就协调华侨华人参与冬奥会场馆捐赠建设项目的事宜到张家口市调研并召开座谈会。

同日　商务部欧洲司负责人一行到张家口市调研冰雪产业发展情况，商讨引进欧洲先进冰雪产业项目策略和合作机制。

3月31日　中共中央办公厅、国务院办公厅印发了《关于以2022年北京冬奥会为契机大力发展冰雪运动的意见》（简称《意见》），并发出通知，要求各地区各部门结合实际认真贯彻落实。《意见》包括六个部分：总体要求，全力推进北京冬奥会、冬残奥会备战工作，大力普及群众性冰雪运动，广泛开展青少年冰雪运动，加快发展冰雪产业，加强组织实施。主要目标是：力争到2022年，我国冰雪运动总体发展更加均衡，普及程度明显提升，参与人数大幅增加，冰雪运动影响力更加广泛；冰雪运动竞技水平明显提高，在2022年北京冬奥会上实现全项目参赛，冰上项目上台阶、雪上项目有突破，取得我国冬奥会参赛史上最好成绩；冰雪产业蓬勃发展，产业规模明显扩大，结构不断优化，产业链日益完备。

4月

4月1日　国家体育总局政策法规司负责人接受新华社采访，解读《关于以2022年北京冬奥会为契机大力发展冰雪运动的意见》。该负责人从发布背景、目标要求、整体部署以及如何贯彻落实等方面进行了解读，新华社就此发表文章《全面提高我国冰雪运动水平，为筹办好北京冬奥会作出新贡献》。

同日　国家体育总局冬运中心召开会议，就贯彻落实《关于以 2022 年北京冬奥会为契机大力发展冰雪运动的意见》（简称《意见》）做出部署。各地冰雪体育工作者纷纷表示，《意见》提振了冰雪运动发展信心，也为体育工作者提出了新任务。

4 月 2 日　在北京召开的京津冀人才一体化发展部际协调小组第四次会议上决定，京津冀三地今年将重点引进一批竞赛组织、场馆运行等领域高端人才，服务保障冬奥会、冬残奥会筹办。协调小组有关负责人表示，今年协调小组将在配合北京冬奥组委继续实施《北京 2022 年冬奥会和冬残奥会人才行动计划》的同时，持续深化与延庆、张家口地区冬奥人才的需求对接，加大海外引才倾斜力度。此外，协调小组各成员单位还将重点引进一批竞赛组织、场馆运行、训练管理、技术保障等领域的高端人才，依托京津冀三地高校遴选培养赛会志愿者，为服务保障冬奥会、冬残奥会筹办和区域经济发展提供支持。北京市京津冀协同办负责人表示，今年北京市将京津冀人才一体化发展工作作为重要内容，共安排了 6 大类 90 项具体任务。其中，围绕冬奥会筹办加强专业人才培养，打造专业化、国际化筹办人才队伍是重要内容之一。

4 月 3 日　中国残联负责人、北京冬奥组委残奥会部负责人一行到北京冬奥会张家口赛区考察场馆无障碍建设工作。

4 月 4 日　由中共中央办公厅、国务院办公厅印发的《关于以 2022 年北京冬奥会为契机大力发展冰雪运动的意见》单行本，由人民出版社出版，即日起在全国新华书店发行。

4 月 10 日　交通运输部负责人到张家口市就冬奥会交通保障等工作开展调研。他到延崇高速怀来北互通项目以及崇礼铁路项目施工现场了解工程进展情况，并主持召开座谈会，听取北京冬奥会交通保障体系建设等情况汇报。

4 月 11 日　北京冬奥会世界新闻机构会议在北京冬奥组委首钢办公区召开，来自北京冬奥组委、国际奥委会及 9 家新闻机构的代表等约 90 人参会。本次会议是北京冬奥组委第一次正式面向世界各大新闻机构全面介绍北京冬奥会媒体运行筹办工作的相关进展。作为会议的主办方，北京冬奥组委联合国际奥委会媒体运行团队，对北京冬奥会媒体运行、赛事和竞赛日程安排、场馆和基础设施、抵离、媒体交通、媒体住宿、注册与签证、安保、技术等 9 个业务领域的筹办进程进行了详细介绍，并通过现场问答和讨论的形式就与会新闻机构关切的问题做出了解答。受邀出席会议的 9 家新闻机构包括美联社、路透社、法新社、新华社等4家由国际奥委会认可的国际通讯社，以及盖蒂图片社、欧洲新闻图片社、日本共同社、今日美国、纽约时报等世界著名新闻机构。作为奥运会的重要利益相关方，它们的需求和意见将成为北京冬奥会媒体运行服务标准和水平的重要标尺和最终界定。

4月27日　中国烹饪协会六届理事会第八次会议在重庆召开，张家口市全票赢得2020年第30届"中国厨师节"主办权。张家口市以此为契机，对标冬奥保障标准，承担北京2022年冬奥会住宿、餐饮、医疗、安保、交通、志愿者六大保障任务的团队，精心筹办厨师节的各项保障任务，为高起点高标准推进冬奥餐饮保障工作积累经验、奠定基础。

5月

5月7日　北京冬奥组委召开新闻发布会，推出冬奥会竞赛项目知识介绍片。介绍片由15部短片组成，每部短片介绍1个竞赛分项，包括速度滑冰、花样滑冰、高山滑雪、自由式滑雪、雪车、雪橇等，每部短片时长均为4分钟左右，简要阐释了不同竞赛项目的历史沿革、场地情况、器材装备、竞赛规则、观赛赏析点等。北京冬奥组委将以发布这部介绍片为契机，进一步强化知识推广，深化人才培养，推动冰雪运动普及发展。

5月8日　北京冬奥会首次赞助企业大会在北京冬奥组委首钢办公区召开。北京冬奥组委未来几年将按计划逐年举办赞助企业大会。北京冬奥会首次赞助企业大会为期两天，会议期间，北京冬奥组委安排了市场开发、筹办工作进展、宣传推广、品牌形象、体育、场馆建设、交通服务、住宿、北京2022冬奥村、残奥整合等方面的工作情况陈述，安排了文化体验、冬奥场馆考察、赞助企业会谈交流等活动。按照国际奥委会建议，北京冬奥组委从赛前适时开始每年举办一场赞助企业大会，随着赛会临近，每年可以安排两场赞助企业大会。

5月9日至10日　中共中央政治局委员、全国人大常委会副委员长率全国人大常委会水污染防治法执法检查组到北京冬奥会张家口赛区冬奥规划临时展厅、怀来县永定河八号桥水质自动监测站、官厅水库国家湿地公园等地进行实地检查，对张家口市水污染防治工作给予充分肯定。

5月10日　北京冬奥组委在北京奥林匹克公园举办北京冬奥会开幕式倒计时1000天活动。晚20时，随着玲珑塔上的大屏幕出现"1000天"字样，2022年北京冬奥会倒计时装置正式启动。活动中，北京市副市长、北京冬奥组委执行副主席张建东发布了《北京2022年冬奥会和冬残奥会志愿服务行动计划》。

北京冬奥会和冬残奥会共设立前期志愿者、测试赛志愿者、赛会志愿者、城市志愿者、志愿服务遗产转化等 5 个志愿服务项目。同时将实施宣传动员计划、招募选拔计划、公益实践计划、教育培训计划、激励保留计划、岗位运行计划等 6 个运行计划。备受瞩目的赛会志愿者项目将于 2019 年 12 月正式启动。为充分调动社会力量参与办奥，京冀两地共青团视频发布了京冀"迎冬奥"志愿服务十大示范项目，京冀两地将在 5 月 11 日组织志愿服务示范项目统一行动。志愿者代表发出《奉献冬奥·圆梦未来》倡议书，号召全球志愿者积极参与和投身北京冬奥会志愿服务。国际奥委会副主席、北京冬奥组委副主席于再清代国际奥委会主席巴赫致辞。据报道，场馆基础设施建设、测试赛筹办进展顺利。北京赛区场馆项目共计 17 项，目前已开工 14 项，2019 年计划完工 2 项。延庆赛区项目共计 4 个新建场馆，均已开工建设。张家口赛区共形成 76 个建设项目，已经开工 67 个，剩余 9 个项目将按照计划陆续开工建设。其中，国家速滑馆场馆屋面索网结构张拉工程全部完成，标志着国家速滑馆索网-环桁架结构体系正式形成。国家游泳中心进入冬奥会冰壶场馆全面改造阶段。北京冬奥村人才公租房正在进行地下结构施工。张家口赛区的云顶滑雪公园 U 型槽、坡面障碍技巧、平行大回转 3 条赛道已建成，另外 3 条赛道将在 2019 年年底前建成，达到测试赛要求。古杨树场馆群的国家跳台滑雪中心、国家越野滑雪中心、国家冬季两项中心及张家口奥运村也将于年底全部完成主体工程。

　　同日　经签约，国家电网有限公司正式成为北京 2022 年冬奥会和冬残奥会官方合作伙伴。河北省负责人表示，希望国家电网与北京冬奥组委紧密配合，充分借鉴 2008 年北京奥运会的经验，继续秉持努力超越、追求卓越的企业精神，充分发挥专业优势，为举办一届"精彩、非凡、卓越"的冬奥盛会做出贡献。按照协议，北京冬奥组委将全力为国家电网提供优质服务，保障企业充分享有奥运品牌带来的广泛收益，助力企业更好发展，实现经济效益和社会效益双丰收。

　　5 月 11 日　北京 2022 年冬奥会倒计时 1000 天"冬奥就在我身边"相约冬奥河北省主题系列活动在河北奥体中心启动，现场"北京冬奥会倒计时 1000 天"的倒计时牌正式揭牌。河北省体育局主要负责人表示，河北作为北京冬奥会雪上项目的主承办地，凝聚着党中央的信任和重托，承载着全国人民的期待和梦想，这让河北体育人感到了无上荣光和使命崇高，也极大地激发了河北体育人抢抓冬奥机遇、建设体育强省和冰雪运动强省的决心和斗志。现场主办方发布了倒计时 1000 天"美丽河北、相约冬奥"宣传片，展示河北在冬奥筹办过程中不断成长与进步，也展现出 7500 万燕赵儿女的欣喜与期盼。

　　同日　新华社发表文章《生态第一 保护遗址 中国元素——访北京冬奥会张家口赛区设计总负责人张利》。清华大学建筑学院副院长、张家口赛区设计总负责人张利接受新华社专访谈到，在相关规划设计工作中，保持崇礼吸引人的生态环境是他们进行设计和建设的原则；为保护金代遗址他们更改了奥运村的规划；将国家跳台滑雪中心跳台剖面的 S 形曲线融入中国传统吉祥物件"如意"的造型，同时"如意"上面的一部分集展览、观景、餐饮、休闲等于一体，可以给未来提供很多的服务可能性。

　　5 月 13 日　新华社发表文章《场馆建设有序 后勤保障得力——北京 2022 年冬奥会张家口赛区走访记》，记录张家口赛区情况。赛区奥运场馆正在有序建设，后勤保障工作也在有条不紊地进行，整个城市都燃放着对冰雪的激情。筹划的 76 个冬奥项目，已经开工 69 个，其中赛区绿化等 5 个项目已经完成，剩余 7 个项目将按照计划陆续开工建设。为切实落实建设任务，当地制定了细化到月的项目建设台账，成立了赛区核心区工程建设指挥部和工程质量监管专班，及时协调工程建设中存在的问题。

　　5 月 15 日　新华社发表文章《"想呈现人与自然互动后的完美结果"——访北京冬奥会延庆赛区总设计师李兴钢》。李兴钢曾主持国家体育场"鸟巢"的设计工作。在北京冬奥会迎来倒计时 1000 天之际，作为冬奥会延庆赛区总设计师，李兴钢正致力于将美好蓝图上的国家高山滑雪中心、国家雪车雪橇中心、延庆冬奥村和山地新闻中心加速转变为现实。他想呈现出的北京冬奥会延庆赛区，将是人与自然互动之后的完美结果。"山林场馆、生态冬奥"是 2022 年北京冬奥会延庆赛区的核心设计理念，也是中国山水文化和冬奥文化的有机结合。李兴钢说，北京冬奥会延庆赛区的赛道值得世界期待，虽然建设难度很大，但赛道特殊的地理条件和创新设计，会让选手和观众收获全新的体验。

　　同日　新华社记者采访与冬奥相关的一些配套基础设施设计负责人，从交通、市政等层面介绍筹办进展。交通方面，修建京礼高速采用"长隧低桥"的原则，提高隧道比例降低架桥规模。市政方面，在张家口赛区古杨树场馆群的设计中以自循环生态系统叠加的方式植入水资源综合利用系统，并尝试建立新的适生生态体系，通过改善区域环境涵养水土，修复、完善当地生态系统。

　　5 月 20 日　工业和信息化部、教育部、科学技术部、文化和旅游部、国家市场监管总局、国家广播电视总局、国家体育总局、国家知识产权局、北京 2022 年冬奥会和冬残奥会组织委员会发布《关于印发〈冰雪装备器材产业发展行动计划（2019—2022 年）〉的通知》。《冰雪装备器材产业发展行动计划（2019—2022 年）》编制目的是加快培育发展冰雪装备器材产业，保障 2022 年北京冬奥会成功举办，满足人民群众多样化体育消费需求，助力制造强国和体育强国建设。计划从总体要求、重点任务、保障措施等方面做了具体规定。

5月28日　新华社报道，由中铁建工承建的冬奥会张家口赛区"三场一村"核心工程建设进展顺利，到2019年年底三大场馆将具备举办测试赛条件，2020年将全面竣工。"三场一村"包括国家冬季两项中心、国家跳台滑雪中心、国家越野滑雪中心三大重要赛事场馆和奥运村，均建在张家口市崇礼区太子城。国家冬季两项中心主体结构已完成，越野滑雪中心滑雪赛道也已完成中期验收。

5月28日至29日　应急管理部消防救援局负责人率领应急管理部火灾防治管理司、科技和信息化司、消防救援局、森林消防局等司局有关负责同志，到张家口市检查调研北京2022年冬奥会安保筹备工作。

5月30日至31日　中国侨联调研组到张家口市，就北京2022年冬奥会筹办情况、脱贫攻坚工作、张家口市侨联事业发展和基层组织建设情况等进行调研，并协同部分华商和侨资企业，围绕全市发展规划和冰雪产业，洽谈对接经贸项目。

6 月

6月5日　由中铁十四局和中铁十八局建设的2022年北京冬奥会综合管廊项目引水及集中供水管道安装全面铺开。综合管廊管线安装将于7月底完成，全力保障冬奥会综合管廊10月份具备通水、通电条件目标，为北京冬奥会延庆赛区的国家高山滑雪中心、国家雪车雪橇中心两个竞赛场馆和延庆冬奥村、山地新闻中心等场馆供水和电力通信设施提供保障。

6月12日　民航运输保障筹备工作启动会在京召开，与北京冬奥组委深入对接，全面部署、加快推进北京2022年冬奥会和冬残奥会民航运输保障各项筹备工作。会上，民航华北地区管理局、首都机场集团、中国国际航空公司相关负责人就北京2022年冬奥会和冬残奥会运输保障筹备工作进行了汇报。

6月20日　交通运输部负责人到张家口市调研冬奥会交通保障项目推进情况。

6月23日　北京冬奥组委举办"奔向2022绿色起跑全民开动"2019国际奥林匹克日冬奥主题活动暨阿里巴巴北京世园会公益跑活动，并在活动现场正式发布《北京2022年冬奥会和冬残奥会低碳管理工作方案》，积极倡导全社会低碳生活方式，创造奥运会碳普惠制的"北京案例"。

同日　北京冬奥会延庆赛区举办系列活动，为冬奥会加油助力。截至目前，北京冬奥会赛区延庆民众参与冰雪运动累计达 4.7 万人次。预计到 2022 年，全区将有超过 11 万人次参与冰雪运动。

7 月

7 月 2 日　在国际大体联会议上，2021 年成都大运会筹委会做了筹备工作陈述。成都市体育局主要负责人在接受采访时表示，将借助筹备工作推广全面健身，为北京冬奥会和杭州亚运会举办积累更多经验、营造良好氛围。

7 月 17 日　国际奥委会北京 2022 年冬奥会协调委员会主席胡安·安东尼奥·萨马兰奇带领委员会成员前往张家口和延庆赛区，对冬奥会场馆和基础设施建设进行考察。

7 月 17 日至 19 日　为期三天的国际奥委会北京 2022 年冬奥会协调委员会第四次会议 19 日落幕。国际奥委会官网撰文称，在《奥林匹克 2020 议程》和《奥林匹克 2022 议程：奥运会新规范》指引下，北京冬奥会多策并举简化办赛流程，同时带动三亿人参与冰雪运动的愿景也正在变成现实。

7 月 21 日至 25 日　由澳门特别行政区行政长官任团长的"新时代同心行"澳门青少年学习参访团在河北承德、张家口进行了为期四天的参访交流，近距离感受了当地经济发展及冬奥筹备工作。参访团主要由来自 30 多个澳门青年社团和学校的 100 名青年和学生代表组成。

7 月 24 日　美国全国广播公司（NBC）赛事管理经理罗茜·里根、赛事管理主管特洛伊·维内查诺到北京冬奥会张家口赛区考察拟签约饭店。

8 月

8 月 4 日　北京冬奥会张家口赛区重点基础配套设施——宁远机场改扩建工程完成主体结构，整个工程将于 2019 年年底投入运营。扩建后的张家口宁远机场，登机口由原先 3 个扩展为 14 个，并开通夜间通航功能，同时增开多条新航线，旅客吞吐量由原来年 30 万人次提升为 100 万人次，远期计划达到 260 万人次。

8 月 6 日　北京冬奥会延庆赛区配套电力工程西白庙 220 千伏变电站正式投入使用。该项目将为北京冬奥会延庆赛区、京张高铁、北京市西北部电网提供电力支撑。北京冬奥会共规划建设配套基础设施 31 项，包括电力设施 12 项、交通设施 11 项、通信设施 3 项、水利设施 4 项、综合管廊 1 项。

8 月 8 日　由北京冬奥组委、中国文联和河北省政府联合主办的 2019 年度北京冬奥会和冬残奥会音乐作品征集活动启动仪式暨河北省2019年全民健身日活动在河北省张家口市大境门广场举行。北京冬奥组委负责人介绍了北京冬奥会和冬残奥会音乐作品征集活动方案。

8月20日　根据北京2022年冬奥会和冬残奥会里程碑任务餐饮业务领域工作安排,按照河北省政府主要领导"应利用好我省基地,要做出品牌来"的指示要求,参照河北省商务厅印发的《2022年冬奥会和冬残奥会河北省区域餐饮食材备选地、供应商首批推荐现场考察参考内控标准》,在企业自愿申报的基础上,历经三批次推荐评审,张家口市共有116家基地(企业)入围河北省重要赛会活动餐饮原材料备选供应基地(企业),占河北省1012家的11.46%,其中重点企业15家,一般企业40家,重点培育企业61家,为冬奥会餐饮原材料采购渠道奠定基础。

9 月

9月3日　由国家电网北京市电力公司组织建设的国家高山滑雪中心配网工程首座配电室成功投运,提前满足测试赛造雪引水泵站的用电需求,这是所有新建冬奥场馆投运的首座配电室。国家高山滑雪中心配电网工程预计于2019年11月前全部投产。

9月5日　全国人大常委会副委员长艾力更·依明巴海率全国人大教科文卫委员会调研组一行到崇礼区调研,先后考察了北京冬奥会张家口赛区规划临时展厅、冬奥村(冬残奥村)、古杨树场馆群抗震设防情况。

9月12日　国际奥委会遗产管理负责人塔尼亚·布拉加、国际奥委会遗产经理奥莱利·勒莫兹到崇礼区考察冬奥场馆赛后利用工作,了解各场馆建设进展、赛后利用规划等情况。

9月17日　北京2022年冬奥会和冬残奥会吉祥物发布仪式在北京首钢园区国家冬季运动训练中心冰球馆隆重举行。中共中央政治局常委、国务院副总理、第24届冬奥会工作领导小组组长韩正出席,并发布了北京冬奥会吉祥物"冰墩墩"。之后,北京市委书记、北京冬奥组委主席蔡奇和河北省省长、北京冬奥组委执行主席许勤,中国残联主席、北京冬奥组委执行主席张海迪以及残疾人运动员和学生代表,一起揭开了北京冬残奥会吉祥物"雪容融"的面纱。

同日　新华社发表文章《脱颖而出的"冰墩墩""雪容融"——北京冬奥会、冬残奥会吉祥物设计的传承与突破》。文章指出,2022年北京冬奥会吉祥物"冰墩墩"和冬残奥会吉祥物"雪容融"17日甫一亮相,好评不断:这是一次中国文化与奥林匹克的精彩融合，是一次现代设计理念的传承与突破。北京冬奥会吉祥物"冰墩墩"，以熊猫为原型进行设计创作。北京冬残奥会吉祥物"雪容融"则以中国标志性符号的灯笼为创意进行设计创作。两件标志性的中国符号在创新和传承中焕发着光彩。

同日　新华社发表文章《中国文化和奥林匹克精神又一次完美结合——中外专家点评北京冬奥会、冬残奥会吉祥物》。文章指出，中外专家点评认为，这两个吉祥物连接了传统和未来，融合了体育与文化，体现了继承与创新，是中国文化和奥林匹克精神的又一次完美结合。

同日　新华社发表文章《从冰糖葫芦到宇航熊猫——北京冬奥会吉祥物"冰墩墩"的创作故事》，讲述了广州美术学院设计团队创作"冰墩墩"的过程。

9月20日　北京冬奥会延庆赛区综合管廊正式投入使用。延庆赛区所需的造雪用水、生活用水、再生水、电力、电信及电视转播信号等将如"血液"般注入赛区。随着延庆赛区综合管廊投用，赛区造雪、造冰系统将进入运行阶段，赛区内生活、生产、环保保障系统将开始正常运转，为赛区服务的索道系统将很快开始试运行。

9月22日　北京冬奥会重要交通保障工程——延崇高速温泉特大桥最后一个合龙段浇筑完成，标志着通往2022年北京冬奥会延庆赛区的直达快车道全线贯通。延崇高速公路（延庆—崇礼）全长约116公里，设计行车时速80公里，双向四车道，是冬奥会延庆赛场与张家口崇礼赛场的直达高速通道。建成后，从北京出发到达延庆赛区仅50分钟车程，到达崇礼赛区约1.5小时。

9月24日　北京市面向社会公开征集冬奥会技术创新产品的活动正式启动。此活动由北京市科学技术委员会、北京市经济和信息化局、中关村科技园区管理委员会等单位共同主办，征集活动分为两个项目，分别是"科技冬奥、智慧北京"技术产品与创意设计方案征集，以及"智慧奥运·智享未来——迈进智能机器人新时代"2019年北京冬奥服务型机器人创新产品测评比选大赛。

9月29日　为做好2021年国际雪联自由式滑雪和单板滑雪世界锦标赛赛事组织工作，2021年国际雪联自由式滑雪和单板滑雪世界锦标赛组委会成立。

9月30日　北京冬奥会张家口冬奥村主体结构正式封顶。

10月

10月1日　北京2022年冬奥会和冬残奥会外围其他辅助项目S231张榆线张家口至南山窑改造提升工程正式开工建设，总长34.116公里，按二级公路标准建设。

10月5日　首批北京冬奥会和冬残奥会吉祥物特许商品开售，本次上新的吉祥物特许商品涵盖文具、服装、徽章、钥匙扣、工艺品、贵金属等品类的几十款商品。

10月11日　北京冬奥会张家口赛区建成河北首部多普勒激光测风雷达。该测风雷达安装在崇礼区气象局观测场内，监测区域呈扇形向东延伸，覆盖整个张家口冬奥赛事区域。今后该激光测风雷达将和已建观测设备一起在北京冬奥会张家口赛区形成更加完善的立体化冬奥气象监测网，为冬奥会精细化气象预报预测研究、智慧气象服务保障及场馆建设气候条件评估等提供支撑，并直接服务于冬奥赛事。

10月14日　北京2022年冬残奥会对外接待展示窗口单位授牌仪式在张家口市桥西区"阳光家园"庇护工场举办。

10月17日　2019国际冬季运动（北京）博览会在北京国家会议中心开幕。本届冬博会以"冰雪力量"为主题，设置了3万余平方米的展示区域，其间将举办20余场平行论坛及配套活动，通过展览展示、主题论坛、产业交流、配套活动四个板块全面涵盖冰雪产业链。

10月18日　作为2019国际冬季运动（北京）博览会活动之一，张家口冰雪产业推介会在北京国家会议中心举行。

10月22日　"相约北京"系列冬季体育赛事组委会全体会议暨动员部署大会在北京举行。中共中央政治局委员、北京市委书记、"相约北京"组委会主席蔡奇出席会议并讲话。"相约北京"组委会分别汇报了冬奥项目和冬残奥项目竞赛组织有关情况。

10月23日　全国政协副主席、交通运输部党组书记到北京2022年冬奥会和冬残奥会外围重点支撑项目"延庆至崇礼高速公路（河北段）"松山隧道施工现场视察调研。

10月31日　北京冬奥会跳台滑雪比赛项目场馆——首钢滑雪大跳台已建设完成，并基本具备比赛条件。首钢滑雪大跳台2018年12月开工建设，2019年10月31日建成。建设者在300多天建设周期内攻坚克难，使首钢滑雪大跳台成为北京冬奥会北京赛区首个建成的新建比赛场馆。首钢滑雪大跳台将启动制雪工作，迎接12月中旬举行的2019沸雪北京国际雪联单板及自由式滑雪大跳台世界杯比赛。

同日　审计署负责人到崇礼区调研北京2022年冬奥会场馆建设情况。

11 月

11 月 2 日　北京 2022 年冬奥会吉祥物和冬残奥会吉祥物玩具类特许商品首发仪式在北京动物园熊猫馆举行。

11 月 5 日　2019—2020 大好河山·激情张家口冰雪季暨第二届零度以下经济发展大会启动仪式在北京举行，发布 2019—2020 冰雪季系列冰雪赛事和红红火火中国年系列冰雪旅游活动及冬季冰雪旅游线路，向世界宾朋发出邀请相约张家口，共享"激情冰雪季、红火中国年"，进一步推动冰雪运动和冰雪产业在张家口落地生根，加快零度以下经济发展。

11 月 7 日　北京冬奥会延庆赛区保障测试赛各项工程全面进入调试阶段。国家高山滑雪中心保障测试赛使用的高山滑雪竞速赛道、训练道及相关技术道路工程全部完成，延庆小海陀山山顶平台即将投用。同时，延庆赛区造雪引水系统全面试运行，延庆赛区内外部道路、索道、电力、通信系统实现联通。2020 年 2 月中旬，北京冬奥会延庆赛区将举办首场测试赛"相约北京 2019/2020 国际雪联高山滑雪世界杯延庆站"比赛。

11 月 8 日　由国家文化和旅游部中国建筑文化研究会、北京冬奥组委文化活动部发起主办，张家口市委、市政府主办，全国工商联房地产商会联合主办的"冰雪艺术城·张家口百村艺术创建国际设计大赛"在北京鸟巢文化中心启动。

11 月 11 日　财政部、税务总局、海关总署联合发布《关于北京 2022 年冬奥会和冬残奥会税收优惠政策的公告》。公告共 11 条，包括对国际奥委会相关实体中的非居民企业取得的与北京冬奥会有关的收入，免征企业所得税；对奥林匹克转播服务公司、奥林匹克频道服务公司、国际奥委会电视与市场开发服务公司、奥林匹克文化与遗产基金、官方计时公司取得的与北京冬奥会有关的收入，免征增值税；等等。

11 月 13 日　新华社发表文章《北京冬奥会助力打造中国时尚运动"新地标"》。文章指出，河北崇礼、北京延庆，两座曾经远离城市中心的北方小城，摘下了"偏远""落后"的旧标签，穿上"炫酷""流行"的新外衣；北京石景山脚下、北京奥林匹克公园中心区已注入新一轮发展动能，彰显双奥之城的独特魅力——借助北京冬奥会筹办东风，这些中国时尚运动"新地标"正冉冉升起。

11 月 22 日　吉林印发《关于以 2022 年北京冬奥会为契机大力发展冰雪运动和冰雪经济的实施意见》，包含完善冰雪运动设施、普及群众冰雪运动、丰富冰雪旅游业态、培育冰雪装备产业体系、提升冰雪科技研发能力等重点内容。

11月27日至28日　冬奥气象中心执行副主任、北京市气象局负责人，冬奥气象中心综合探测部部长、河北省气象局负责人一行到张家口调研指导冬奥会气象服务保障工作。

11月29日　中国银行"一起上冰雪"系列活动启动仪式在崇礼区云顶滑雪场举行。

12 月

12月4日　由国际雪联主办，中国滑雪协会、河北省体育局、张家口市人民政府承办的2019—2020中国银行"一带一路"国际滑雪系列赛事——国际雪联高山滑雪远东杯在万龙滑雪场开赛。

12月5日　北京2022年冬奥会和冬残奥会赛会志愿者全球招募启动仪式在北京举办。北京冬奥组委计划招募2.7万名冬奥会赛会志愿者，1.2万名冬残奥会赛会志愿者。赛会志愿者将分布于北京、张家口和延庆三个赛区及其他场所、设施等地，参与国际联络、竞赛组织、场馆运行等12类志愿服务。启动仪式上还推出北京冬奥会和冬残奥会志愿者标志。这个由国际通用手势"我爱你"演化来的标志，通过飘逸、动感的飘带形式，表达"心动"的感觉，体现"纯洁的冰雪，激情的约会"的愿景。

12月10日　冬奥题材文艺作品，歌曲《冬之约》、中国画《草原有约》获评第二届河北文艺贡献奖。

同日　由国际雪联主办，中国滑雪协会、河北省体育局、张家口人民政府承办的2019—2020中国银行"一带一路"国际滑雪系列赛事——国际雪联高山滑雪远东杯（太舞站）顺利开赛。

12月11日　中国侨联组织部分涉侨基金会（代表处）相关负责人到张家口市崇礼区考察冬奥会筹办情况。

12月12日　周边国家驻京记者代表团一行访问张家口市，就北京2022年冬奥会筹办工作及张家口市特色产业发展情况进行参观考察。

12月21日　第十九届中国·崇礼国际滑雪节在崇礼区富龙滑雪场开幕。

12月22日　2019—2020赛季全国自由式滑雪雪上技巧锦标赛暨"十四冬"资格赛在崇礼太舞滑雪场圆满收官。

12月24日至27日　2019—2020赛季全国单板滑雪和自由式滑雪U型场地技巧锦标赛暨"十四冬"资格赛在崇礼云顶滑雪场圆满完赛。

12月25日　新华社报道，北京2022年冬奥会延庆赛区各项工程建设项目正加速推进，预计至 2020 年年底，延庆赛区将基本完成冬奥场馆及配套工程建设。延庆赛区 28 项冬奥场馆及外围配套基础设施建设工程已按计划开复工 25 项，进展顺利。其中，国家高山滑雪中心部分竞速赛道及相关设施已交付使用，国家雪车雪橇中心主体结构完工，延庆冬奥村及山地新闻中心有序施工，综合管廊投入使用。同时，海陀山天气雷达和延庆赛区自动气象站建设也全部完成，冬奥会延庆气象服务分中心建成并投入使用。

12 月 26 日　新华社报道，延庆大力推进冰雪培训进校园，目前累计上冰上雪学生已达 2 万余人。自 2014 年起，延庆区教委每年冬季组织 3000 名学生到本地雪场进行滑雪培训，到现在共有 1.6 万多名学生接受了基本滑雪技能培训。自 2017 年起，延庆区教委每年支持 10 所左右有条件的学校自建简易冰场，向学生普及滑冰，并开展速滑和冰球等特色项目。目前，延庆 11 所中小学已被认定为全国奥林匹克教育示范学校，6 所中小学被认定为全国冰雪运动特色学校。计划到 2025 年，全区将构建起"奥林匹克教育+冰雪运动普及+特色学校建设+后备人才培养"协同推进的校园冰雪运动特色发展格局。

12 月 28 日　河北省首届冰雪运动会在河北奥体中心开幕。河北省连续三年组织开展"健康河北，欢乐冰雪"活动，冰雪竞技队伍规模快速壮大，2018—2019 雪季，全省参与冰雪运动人次首次突破 1000 万，2019—2020 雪季，全省参与冰雪运动人数预计将超过 1700 万，全省已建成滑雪场 53 家，张家口市跻身"中国十佳冰雪旅游城市"，2019 年新签约冰雪产业项目 42 项，其中注册和落地 31 项，冰雪场馆设施加快建设，冰雪产业取得了快速发展。

同日　2022 年北京冬奥会公路主通道延庆—崇礼高速公路（以下简称"延崇高速"）河北段主线顺利通过交工验收，标志着延崇高速河北段主线建成。

12 月 30 日　北京至张家口高速铁路（以下简称"京张高铁"）开通运营。京张高铁从北京枢纽北京北站引出，经北京市昌平区、延庆区，至河北省张家口市怀来县、下花园区、宣化区、桥东区，线路全长 174 公里，最高设计时速 350 公里，全线设北京北、清河、沙河（不办理客运）、昌平、八达岭长城、东花园北、怀来、下花园北、宣化北、张家口 10 座车站。崇礼铁路自京张高铁下花园北站引出，至崇礼区太子城奥运村，设太子城站，线路全长 53 公里，设计时速 250 公里。北京至张家口高速铁路开通运营，为 2022 年北京冬奥会提供交通运营服务保障。

同日　延崇高速怀来北互通至太子城互通段 67.5 公里通车试运营。延崇高速河北段全长 113.684 公里，采用双向四车道高速公路标准建设。延崇高速是连接 2022 年北京冬奥会延庆和崇礼两大赛区的公路主通道，也是交通运输部第一批绿色公路建设典型示范工程。全线通车后，北京到崇礼的车程将由现有的 3 小时缩短为 1.5 小时。

专栏　延庆—崇礼高速公路

　　延崇高速河北段全长 113.684 公里，采用双向四车道高速公路标准建设。其中主线长 81.552 公里，起自张家口市怀来县京冀交界处，与延崇高速北京段顺接，止于张家口市崇礼区，与延伸工程顺接。沿线共设有互通立交 5 处、服务区 3 处、收费站 4 处。

　　延崇高速的建设充分结合了沿线地形、地貌及场站布局特点，实现了功能和形式的完美结合，是河北省内第一条最富桥梁景观特点和奥运元素的高速公路。其中，杏林堡大桥以"联手办奥"为设计要点，大桥钢索塔轮廓形成门的造型，寓意"奥运之门"，塔身红白相间，红色代表北京，白色代表塞北，寓意北京与张家口携手办冬奥。太子城互通主线桥以"冰雪五环"为设计要点，将五环作为桥的主体造型，是延崇高速上最具奥运特色的景观。太子城收费站收费棚顶部为舒展的滑雪板形态，中部顶棚由雪花形态的网架结合光伏玻璃构成，体现了滑雪运动的艺术性。延崇高速是连接 2022 年北京冬奥会延庆和崇礼两大赛区的公路主通道，也是交通运输部第一批绿色公路建设典型示范工程。全线通车后，北京到崇礼的车程将由现有的 3 小时缩短为 1.5 小时。

---

　　12 月 30 日　北京冬奥组委运动员委员会负责人一行到张家口市，就张家口赛区场馆建设和赛会服务工作进行考察。

　　12 月 31 日　北京 2022 年冬奥会和冬残奥会核心区重点项目"崇礼区至长城岭公路"完工通车。

2020 年大事记

1 月

1月6日　北京市委书记、北京冬奥组委主席蔡奇乘坐京张高铁列车调研运营情况，强调要认真贯彻落实习近平总书记对京张高铁开通运营的重要指示精神，并以此为契机，进一步压实责任，高标准高质量推进北京冬奥会各项筹备工作，确保办成一届"精彩、非凡、卓越"的奥运盛会。

同日　全国人大常委会委员、华侨委负责人率全国人大"侨助冬奥"调研组到张家口市就冬奥会筹备情况进行调研指导。欧洲侨领和华侨委调研组参观张家口市宣化第二中学，举行侨助冬奥志兴基金成立仪式并进行现场捐赠。随后，调研组一行到崇礼区冰雪博物馆、奥运规划展馆、密苑云顶滑雪场参观考察，观看冬奥学校运动员专业训练，并召开"侨助冬奥"主题座谈会，听取冬奥会筹备等相关情况汇报。

1月9日　国家文物局负责人到崇礼区调研，考察了崇礼区太子城遗址和古杨树明长城文物保护、修复、利用等情况。

1月10日　由中国残疾人联合会、中国残奥委员会主办，河北省残疾人联合会、张家口市人民政府承办的2020年残奥单板滑雪亚洲杯比赛在崇礼区翠云山银河滑雪场完美收官。

1月12日　新华社报道，北京市北京冬奥会和冬残奥会所有竞赛场馆2020年将全部完工，冬奥村等非竞赛场馆加快建设。目前，北京冬奥会筹办已转入"测试就绪阶段"，场馆建设取得重大进展。竞赛场馆方面，首钢滑雪大跳台中心、国家游泳中心冰壶场地已率先完工；国家高山滑雪中心即将举办高山滑雪世界杯；国家速滑馆开始机电设备安装，计划2020年6月完工；国家雪车雪橇中心、国家体育馆等正按照场馆建设计划加快建设。非竞赛场馆方面，北京冬奥村已实现主体结构封顶，国家会议中心二期、延庆冬奥村等正在进行结构施工，预计将于 2020 年年底完工。北京市竞赛场馆的测试赛时间，集中安排在 2021 年 2 月和 3 月。

1 月 14 日　河北省委书记、省人大常委会主任王东峰到崇礼区调研检查，先后到张家口赛区规划临时展厅、云顶滑雪公园、古杨树场馆群、太舞滑雪小镇、冬奥会服务保障工程现场等地，逐项检查重点工程进展，协调解决重点难点问题，并主持召开座谈会，听取省冬奥办、省发改委、省体育局、张家口市和省直有关部门、重点国有企业主要负责同志工作汇报，研究部署 2020 年工作。省领导高志立、徐建培参加调研检查。

1 月 15 日　国家知识产权局根据《奥林匹克标志保护条例》有关规定，依法对北京 2022 年冬奥会和冬残奥会组织委员会提交的北京 2022 年冬奥会和冬残奥会吉祥物、志愿者标志等 7 件奥林匹克标志予以公告。北京 2022 年冬奥会和冬残奥会组织委员会自公告之日起享有对上述标志的专有权，有效期 10 年。

1 月 16 日　北京冬奥组委与中国邮政集团有限公司联合举办《北京 2022 年冬奥会吉祥物和冬残奥会吉祥物》纪念邮票首发仪式。北京冬奥组委、国家邮政局和中国邮政集团有限公司相关负责人共同为《北京 2022 年冬奥会吉祥物和冬残奥会吉祥物》纪念邮票揭幕。此次仪式还揭幕了《北京 2022 年冬奥会吉祥物和冬残奥会吉祥物》普通邮资信封、普通邮资明信片。

专栏　《北京 2022 年冬奥会吉祥物和冬残奥会吉祥物》纪念邮票

《北京 2022 年冬奥会吉祥物和冬残奥会吉祥物》纪念邮票一套 2 枚，邮票图案名称分别为：北京 2022 年冬奥会吉祥物、北京 2022 年冬残奥会吉祥物。邮票设计整体简洁大气，背景的白色与吉祥物的黑色、红色形成强烈对比，视觉效果清新明快。两枚邮票的白底色中共出现 22 个"BEIJING 2022"字样，在设计上与 2017 年发行的纪念邮票一脉相承。

整版邮票设计更是别具匠心。第一是在整版邮票边饰中增加了"冰墩墩"和"雪容融"的可爱表情，丰富了邮票画面，增加了整版邮票的观赏性。第二是在整版邮票边饰上首次同时使用全镂空和半镂空打孔工艺，共镂刻出 22 朵雪花造型，使雪花造型若隐若现，进一步营造出冰雪运动的浪漫动感氛围，也突出了该套邮票的防伪性。第三是整版边饰延续冬奥系列邮票特色，印制了二维码，扫描二维码可以欣赏该套邮票的精彩视频。同时使用"中国集邮邮票百科"小程序扫描邮票图案，还可以了解更多邮票背后的故事。

同日　新华社报道，北京冬奥会张家口赛区核心区交通基础设施项目 2020

年将全部按计划建成投用。2020年，河北省一方面将加快推进延崇高速赤城支线和延伸工程建设进度，完成延崇高速主线智慧公路试点建设任务。另一方面，将围绕基础设施建设全面收官和冬奥会赛事准备就绪两个关键，加强与北京冬奥组委对接协调，全力做好"相约北京"系列测试赛的交通保障工作。同时，完成赛时交通政策制定、交通风险评估与评价、道路与运输应急预案和测试赛（世锦赛）交通运输方案编制工作，扎实推进冬奥会区域交通服务保障工作。

1月23日　北京冬奥会重大交通保障项目延崇高速公路建成通车，打通了北京至张家口崇礼太子城赛区便捷通道，从北京六环到崇礼90分钟可达，缩短了一个半小时。

3月

3月12日　新华社报道，在做好疫情防控工作的基础上，北京冬奥会张家口赛区76个项目将于2020年全部完工。目前，张家口赛区场馆和配套基础设施76个项目已完成36个。云顶滑雪公园6条赛道建设已达到举办比赛条件，在建的国家跳台滑雪中心、国家越野滑雪中心、国家冬季两项中心、张家口奥运村等40个项目除个别调整项目外，均完成了主体工程。各冬奥项目有序分批复工建设。其中实施消防应急通信保障等3个项目持续推进，张家口市第二医院创伤诊疗中心及停机坪、张家口奥运村（含奥运村综合诊所）、国家跳台滑雪中心5个项目已复工，其余项目预计4月底前全部陆续复工建设。

3月25日　中国人民银行与北京冬奥组委正式签署第24届冬季奥林匹克运动会纪念币发行协议。根据发行协议安排，中国人民银行从2020年起将陆续发行普通纪念币2枚、纪念钞2张、金银纪念币19枚。

4月

4月16日　赛时作为北京冬奥会主新闻中心（MPC）和国际广播中心（IBC）场地使用的国家会议中心二期工程，完成国内最大规模钢结构桁架卸载工作，向11月主体结构封顶目标迈出坚实一步。"国会二期"是北京冬奥组委媒体运行部特别关注的项目。北京冬奥会时，这里将接待1万多名媒体记者，预计向全世界至少42亿人次的观众展现北京新貌。

4月21日　国际雪联举行远程会议，听取2021年国际雪联自由式滑雪和单板滑雪世界锦标赛筹备工作进展情况，共同研究推进赛事筹备工作。

4 月 29 日　设在崇礼区的北京 2022 官方特许商品零售店崇礼冰雪博物馆店正式开业。

4 月 30 日　新华社报道，截至本月底，2022 年北京冬奥会张家口赛区 40 个在建项目全部复工。这 40 个项目包含应急消防通信保障、新一代广播电视无线网络示范区建设、安保工程警务室建设等 3 个持续推进项目，以及张家口市第二医院创伤诊疗中心及停机坪、张家口奥运村、国家跳台滑雪中心等。为切实保障建设者身体健康，张家口市、崇礼区还专门就冬奥项目复工疫情防控制定了相关方案。

5 月

5 月 6 日　国务院正式发布关于河北省继续开展张家口赛区冬奥会建设项目投资审批改革试点的批复。批复的具体内容包括以下四点：一是同意河北省继续开展张家口赛区冬奥会建设项目投资审批改革试点。试点期限为 2 年，自国务院批复之日起算。试点范围和主要措施按照国务院批复同意的《河北省张家口赛区冬奥会建设项目投资审批改革试点方案》（见国函〔2017〕56 号，以下简称《试点方案》）执行，因机构改革涉及部门职能调整的事项由相关承接部门负责。二是试点工作要以习近平新时代中国特色社会主义思想为指导，全面贯彻党的十九大和十九届二中、三中、四中全会精神，认真落实党中央、国务院决策部署，紧紧围绕精彩、非凡、卓越的办赛目标和"绿色办奥、共享办奥、开放办奥、廉洁办奥"理念，持续深化"放管服"改革，加快政府职能深刻转变，更好推动张家口赛区冬奥会项目建设。三是河北省人民政府要认真组织实施《试点方案》，强化细化责任落实，完善项目法定手续，审批监管服务并重，防止未批先建，在建设项目投资审批改革方面取得可复制可推广的经验。试点中的重大问题和情况及时报告国务院。四是国务院有关部门要按照职能分工，主动加强指导，积极支持河北省开展改革试点。国务院推进政府职能转变和"放管服"改革协调小组办公室要加强统筹协调，跟踪督促试点工作进展，确保改革试点各项举措落实到位，及时总结推广成熟经验做法。

5 月 8 日　北京冬奥组委负责人到崇礼区调研冬奥会场馆建设进展情况，并主持召开北京冬奥会张家口赛区工作协调会，听取冬奥会场馆建设及世锦赛和 6 项世界杯筹备工作进展情况汇报，协调解决当前工作中存在的困难问题，确保各项工作扎实有序推进。

5 月 15 日　国际奥委会、国际残奥委会和北京冬奥组委同步发布了《北京

2022 年冬奥会和冬残奥会可持续性计划》(简称《计划》)。《计划》是在国际奥委会、国际残奥委会指导下,北京冬奥组委会同北京市政府、河北省政府联合研究制定的,是指导北京冬奥会可持续性工作的纲领性文件,将贯穿于北京冬奥会和冬残奥会赛事筹办全过程。《计划》提出了"可持续·向未来"的冬奥愿景,确定了"创造奥运会和地区可持续发展的新典范"总体目标,明确了环境正影响、区域新发展、生活更美好三个重要领域,提出了 12 项行动、37 项任务和 119 条措施,体现了"绿色、共享、开放、廉洁"的办奥理念,也彰显了《奥林匹克 2020 议程》的改革精神。国际奥委会副主席胡安·安东尼奥·萨马兰奇通过视频对《计划》的发布表示祝贺。他表示,《计划》是奥运会历史上最完善的可持续性计划之一,该计划为北京冬奥会的总体可持续性愿景提供了全面的框架,彰显了北京冬奥组委与中国各级政府为实现可持续性目标而付出的辛勤努力。

5 月 30 日 北京 2022 年冬奥会和冬残奥会核心区重点项目万龙至转枝莲公路完工通车。路线全长 6.99 公里,按二级公路标准建设。

6 月

6 月 4 日 白俄罗斯共和国驻华大使馆特命全权大使斯诺普科夫·尼古拉一行到张家口市访问,双方就进一步加强交流合作进行座谈。

6 月 5 日 应急管理部负责人一行到张家口市,就北京冬奥会张家口赛区安全保障工作进行调研,先后到河北省地震局张家口中心台、崇礼区特勤消防站、森林防火指挥中心、马丈子森林灭火队驻地、太子城消防站施工现场、奥运规划馆等地,了解冬奥会地震安全保障服务、消防安全、森林防火等工作。

6 月 8 日至 9 日 国际奥委会北京 2022 年冬奥会协调委员会以视频形式召开第五次会议。本次会议分为高层会议和全体会议。在 8 日的高层会议中,北京冬奥组委相关部门或业务领域就《主办城市合同—运行要求》(2018 版)审核工作进展、运动员自带食品饮料进入奥运村等相关政策、测试赛和新冠疫情的影响、票务和接待工作进展等近期重点工作进行了陈述。在 9 日的全体会议中,北京冬奥组委负责人介绍了自 2019 年 7 月协调委员会第四次会议以来,北京冬奥会筹办工作进展情况。国际奥委会副主席、北京 2022 年冬奥会协调委员会主席胡安·安东尼奥·萨马兰奇表示,中国的疫情防控取得了显著进展,北京冬奥组委基本恢复到正常工作状态,尽管遭遇了鲜有的困境,北京冬奥会依旧持续完成关键里程碑任务。

6 月 11 日　新华社报道，北京冬奥会延庆赛区重点工程将于年底完工。延庆赛区共有 13 项在建工程，按计划，位于核心区的国家高山滑雪中心、国家雪车雪橇中心、延庆冬奥村和山地新闻中心以及外围的延庆综合交通服务中心、冬奥森林公园等重点工程都将于 2020 年年底前完工。目前，国家高山滑雪中心已累计完成总工程量的 90%，国家雪车雪橇中心完成总工程量的 88%；延庆冬奥村和山地新闻中心总体任务进度已经过半，其他各项工程也在稳步推进中。今年年底，国家高山滑雪中心、国家雪车雪橇中心及相关配套设施项目将全面竣工。

6 月 12 日　学习贯彻落实第 24 届冬奥会工作领导小组全体会议精神会议在国家体育总局冬运中心召开。此次会议主要传达学习领导小组全体会议精神和中央领导同志重要讲话精神，听取关于冬奥会训练备战、冬奥场馆工程建设、群众性冰雪运动发展、反兴奋剂工作、冰雪产业发展等情况汇报，就贯彻落实会议精神，进一步做好北京冬奥会筹办备战工作进行研究部署。国家体育总局领导与相关司局负责人，冬运中心班子全体成员、相关部门负责人，中国滑冰协会、中国花样滑冰协会、中国冰球协会负责人等参加会议。

6 月 24 日　国内首家冰雪和冬奥主题博物馆——崇礼华侨冰雪博物馆正式开工建设。

6 月 29 日　北京 2022 年冬奥会重点配套工程——±500 千伏张北可再生能源柔性直流电网试验示范工程竣工投产，成为世界首个柔性直流电网工程，助力北京冬奥场馆实现奥运史上首次 100% 清洁能源供电。

7 月

7 月 6 日　新华社报道，北京冬奥组委已完成了第十批特聘专家的选聘工作，共选聘了 58 人次的中外顶级专家，服务于北京冬奥组委的 10 多个部门。其中，外籍专家有 36 人，分别来自 18 个国家和地区。

7 月 9 日　北京冬奥会延庆赛区场馆和配套基础设施建设"决胜 2020"动员大会在京举行。北京市冬奥会工程建设指挥部执行指挥、市重大项目办负责人强调，要深入贯彻中央关于北京 2022 年冬奥会冬残奥会筹办工作指示精神，坚决落实市委市政府工作要求，全力做好延庆赛区基础设施建设工作。对后续工作提出四点要求：要提高站位、坚定信念，坚决打赢打好收官战；要聚焦目标、攻坚克难，全力推进工程建设进程；要凝聚力量、团结一心，齐心协力应对困难挑战；要增强意识、履职尽责，严防死守固牢安全底线。

7月10日 北京冬奥组委开闭幕式工作部和开闭幕式编创团队一行到张家口赛区调研，踏勘了张家口赛区冬奥核心区临时指挥部、云顶滑雪公园、张家口冬奥村、张家口颁奖广场、太子城遗址公园和国家跳台滑雪中心，并组织召开了开闭幕式创意工作座谈会。

7月13日 北京2022年冬奥会倒计时装置亮相北京冬奥组委首钢办公区。该装置是继2019年5月10日北京冬奥会倒计时装置在北京奥林匹克公园点亮后，北京冬奥组委设置的又一组倒计时装置。北京冬奥组委专职副主席、秘书长韩子荣，冰壶世界冠军、运动员代表王冰玉为北京冬奥会倒计时装置揭幕。

同日 北京2022年冬奥会冬奥艺术系列展首展《飞翔的梦·情系冬奥》——章华雕塑作品展在北京冬奥组委首钢办公区亮相。作为冬奥艺术系列展的首展，《飞翔的梦·情系冬奥》在冬奥组委办公园区展出了40件以讴歌奥运精神、展现冰雪运动为主题的雕塑作品，这些作品是雕塑家章华礼赞冬奥会的最新成果，以雕塑的艺术形式诠释奥林匹克精神，为北京冬奥会增添文化底色，也是为疫情后的冬奥会筹办工作的稳步推进加油助力。

7月30日 新华社报道，在申冬奥成功五周年之际，处于冲刺阶段的冬奥场馆和设施建设，继续把环境保护与可持续利用放在重要位置。为减少对生态环境的不利影响，北京冬奥会在场馆规划、建设、运行和赛后利用全过程中，落实生态保护优先原则，最大程度利用现有场馆和设施，按照绿色建筑标准建设或改造场馆和设施，高标准保护赛区生态环境，促进人与自然和谐。

同日 北京2022年冬奥会和冬残奥会（张家口赛区）餐饮菜单研讨交流活动暨冬奥餐饮业从业人员培训班举行开班仪式。

同日 中央纪委国家监委驻财政部纪检监察组负责人一行到崇礼区调研财政部支持北京2022年冬奥会（张家口赛区）资金使用及监管情况、财政扶贫资金使用管理情况和统筹推进疫情防控复工复产财税政策落实情况。

8 月

8月3日 2022年北京冬奥会重点交通项目——张家口宁远机场改扩建工程建成通航，总建筑面积1.4万平方米的T2航站楼按期投入运营。改扩建后，该机场不仅可以满足冬奥会期间的交通需求，同时兼顾了赛后发挥场馆运营效益，特别是适应京津冀区域经济发展的需要。

8月4日 国家市场监管总局负责人一行到崇礼区调研冬奥会筹办工作，先后到古杨树场馆群、张家口赛区规划临时展厅、云顶滑雪公园进行实地考察并召开冬奥会特种设备等服务保障工作座谈会。

8月8日　新华社发表文章《扎实推进筹办,不负青春韶华——北京冬奥会筹办备战克服疫情影响平稳推进》。文章指出,过去5年中,特别是进入2020年后,尽管面对进入庚子年后疫情带来的多方面不利影响,但北京冬奥会筹办、备战工作始终坚持以习近平总书记重要指示精神为根本遵循,按照精彩、非凡、卓越的办赛目标,扎实推进各项筹办、备战工作。文章还对北京冬奥会重要场馆设施的建设情况和重点筹备工作进程进行了相关回顾。

8月21日　北京冬奥会延庆冬奥村样板段亮相。延庆冬奥村按照计划将在2020年年底实现完工,于2021年8月达到赛事接待条件。延庆冬奥村是按照中国北方山村文化特色设计的一个运动员村,突出中国文化特色、突出生态特色,也突出“以运动员为中心”的设计理念。延庆冬奥村赛后将作为休闲度假酒店向社会开放。

8月26日　北京大学第三医院负责人到崇礼区调研北医三院崇礼院区国家区域医疗中心（创伤诊疗中心）建设进展,观摩创伤诊疗中心停机坪试飞和北医三院崇礼院区与北京市红十字会急诊抢救中心联合举办的航空医疗救援演练,并主持召开北医三院崇礼院区发展工作研讨会,听取崇礼院区发展思路、存在困难、重点工作等情况汇报,对下一步发展进行深入谋划。

8月31日　作为北京冬奥会延庆赛区造雪引水系统重要组成部分的延庆赛区900米塘坝主体工程全面完工。该900米塘坝在保护当地生态环境的前提下,在引入系统中主要承担造雪用水调蓄以及融雪水、雨水收集工作。

同日　国家越野滑雪中心竣工,国家冬季两项中心正式竣工。

同日　北京2022年冬奥会和冬残奥会核心区重点项目崇礼城区至太子城公路完工通车。

9 月

9月3日　2022年北京冬奥会重点赛事场馆建设取得重要进展——国家跳台滑雪中心“雪如意”外玻璃幕墙安装完成,为场馆按期完工打下坚实基础。

9月4日　2020年中国国际服务贸易交易会在北京拉开帷幕。此次会议以“全球服务,互惠共享”为主题,综合展区设在国家会议中心,分为中国服务贸易成果专区、公共卫生防疫专区、国别和省区市专区以及服务贸易12大领域企业专区,集中展示了全球服务贸易发展新趋势和我国服务贸易发展成就与贡献。

9月5日　2020国际冬季运动（北京）博览会（下称“冬博会”）开幕,

国际奥委会主席、国际冬季单项体育联合会主席等与会嘉宾，通过视频方式发表演讲，认为在北京这座奥运之城举办冬博会，向疫情下的世界注入了强心剂，而北京冬奥会的筹办工作也一如既往地给国际社会留下深刻印象。其中，国际奥委会主席巴赫在开幕式视频致辞："由于前所未有的全球新冠肺炎疫情，我们都生活在很多不确定的因素中。我们每天都还在认识这场全球危机对我们生活各方面带来的影响。因此，今年的冬博会正值重要时刻。在北京这座奥运之城举办冬博会，向全世界注入了强心剂。体育界已准备好为从危机中复苏，为重建一个更加以人为中心、更加包容的社会做出贡献！"国际滑雪联合会秘书长莎拉·刘易斯也说，2020年冬博会的成功举办，对即将到来的2020—2021年精彩的冬季运动赛季具有促进作用。

9月8日　应急管理部森林消防局负责人率领工作组到崇礼区和赤城县，调研张家口赛区周边重点林区森林防灭火工作情况，并就安排重点林区消防驻防力量与河北省现场对接。

9月9日　主题为"大美非遗，京彩冬奥"的北京冬奥会特许商品"冬奥五环珐琅尊"在京发布。"冬奥五环珐琅尊"采用景泰蓝、琉璃和錾刻三大非遗技艺制作而成，由中国工艺美术大师组成的设计团队精心策划推出，可以很好地展示具有中国风格的北京冬奥会，宣传承办城市文化，展示承办城市的人文特征和城市特质。

专栏　冬奥五环珐琅尊

"冬奥五环珐琅尊"总高43厘米，采用景泰蓝、琉璃和錾刻三大非遗技艺制作而成。其造型设计灵感源于奥运五环标志，五种底色分别取自奥运五环的五种颜色；器形似竹，有"节节高"之意，预祝在北京冬奥会上，中国奥运军团再创佳绩，为国争光；盖钮取自中国传统如意造型，祝福北京冬奥会圆满成功；盖子一周呈现的"冬奥图卷"，采用20克纯银镀金而成，以北京冬奥会开闭幕式场馆"鸟巢"、竞赛场馆"冰立方"、北京的天坛，以及张家口的大境门作为创意元素设计；尊身饰以五种中国传统吉祥纹"忍冬纹"，象征着冬奥会运动员坚韧不拔的意志；底足以商代虎形为尊足，象征北京冬奥会在2022年中国农历虎年举办，祝愿参加北京冬奥会的奥运健儿虎虎生威，旗开得胜。

同日　2020年中国国际服务贸易交易会落幕。疫情下举办的这场盛会，吸引了全球冰雪运动强国和冰雪产业巨头的关注和参展，展现了北京冬奥会筹办几年间，带动中国冰雪产业快速发展所展示的巨大吸引力。

9 月 10 日　新华社报道，洛桑当地时间 9 日，国际奥委会执行委员会召开线上会议，分别听取了 2020 年东京奥运会协调委员会和 2022 年北京冬奥会协调委员会关于筹备工作最新进展的陈述报告。其中，国际奥委会北京冬奥会协调委员会主席胡安·安东尼奥·萨马兰奇对北京冬奥会的筹办工作进行了陈述。他指出，国际奥委会、北京冬奥组委、重要利益相关方在北京冬奥会筹办工作中保持紧密合作；在场馆建设以及赞助商、供应商方面，北京冬奥会都有新的进展；北京冬奥组委与北京、河北政府层面的合作非常密切，努力减轻新冠病毒对筹备工作带来的负面影响。他还表示，北京冬奥组委会与相关国际单项体育联合会进行了直接联系，根据疫情最新进展讨论了测试赛的不同方案。

9 月 12 日　在第 21 个"世界急救日"来临之际，北京、天津、河北三地红十字会在河北崇礼开展以服务冬奥为主题的应急救护救援演练活动。活动现场，针对运动员雪道受伤和外国观众意外受伤等突发情况，救护救援志愿服务队模拟演练了创伤救护、应急救援和直升机转运伤员等项目。学生志愿者演示了心肺复苏、创伤包扎等应急救护技能。

9 月 17 日　国家体育总局公布了 40 个国家体育消费试点城市名单，河北省秦皇岛、张家口两市入选。

9 月 20 日　新华社发表文章《因冰雪而沸腾——冬奥会倒计时 500 天来临之际访小城崇礼》。文章指出，2015 年 7 月 31 日北京携手张家口成功申办冬奥会以来，作为雪上项目举办地之一的崇礼，以"东道主"姿态一步一个脚印，着力改变城乡面貌，奋力做好脱贫攻坚，打响"雪国崇礼 户外天堂"品牌，五年时间，小城崇礼已旧貌换新颜。

同日　北京冬奥组委在北京市延庆区八达岭长城举办北京冬奥会倒计时 500 天长城文化活动。该活动是"冬奥新航程 一起 500 天"系列活动之一，旨在向全国人民大力宣传北京冬奥会、推广冰雪运动，展示北京、张家口和延庆冬奥赛区群众对北京冬奥会的热切期盼，动员海内外各界朋友广泛参与冬奥文化活动。当天，冬奥艺术大赛之全国优秀剪纸艺术作品征集活动启动，该活动以"激情冬奥、剪彩冰雪"为主题，自 2020 年 9 月至 2021 年 3 月面向全国的剪纸艺术家与爱好者，从长城文化、春节文化和冰雪文化三个方向，涉及冬奥会竞技项目系列、场馆系列、冬季冰雪风景系列等 11 大类，征集优秀剪纸艺术作品。

9 月 21 日　北京冬奥组委、中央文明办、中国社科院、中国志愿服务联合会在北京冬奥会开幕倒计时 500 天之际共同举办"双奥之城 志愿有我"北京冬奥会和冬残奥会志愿服务可持续发展论坛。众多专家学者在论坛上进行了发言探讨，会议共识指出，北京作为世界上首座"双奥之城"，有责任、有能力给举办城市和全国留下可以传承的志愿服务遗产，从而推动中国志愿服务事业的可持续发展。论坛上还发布了由北京冬奥组委、中央文明办、共青团中央、教育部、国家体育总局、中国残联和中国志愿者联合会七家单位共同发起的《广泛开展迎冬奥志愿服务活动倡议书》。

同日　新华社发表文章《北京冬奥会将是历史性的盛会——访国际奥委会主席巴赫》。文章指出，在 2022 年冬奥会迎来开幕倒计时 500 天之际，国际奥委会主席巴赫表示，他期待着见证北京举办一次历史性盛会，成为全球首座"双奥"之城。出色的冬奥筹办工作背后，巴赫感受到中国人民的活力与高效。而面对疫情给奥运会带来的不确定性，他表示，最新的快速检测方式和疫苗研发让人们对战胜困难更有信心。

同日　新华社发表文章《北京初展"双奥"之城英姿——写在北京冬奥会开幕倒计时 500 天之际》。文章指出，北京 2022 年冬奥会开幕倒计时 500 天之际，北京冬奥会进入筹办冲刺阶段。到年底，"冰丝带""雪如意"等所有竞赛场馆将全部完工，测试赛将陆续展开。作为全球首座既举办过夏奥会又将举办冬奥会的"双奥"之城，北京这座千年古都正初展"双奥"英姿。

9 月 22 日　新华社发表题为《迎接冰雪之约 共创美好未来——写在北京冬奥会开幕倒计时 500 天之际》的文章。文章指出，回首 5 年来走过的筹办之路，"绿色、共享、开放、廉洁"的办奥理念，始终引领着各项筹办工作扎实推进，也为区域协同发展和产业更新升级搭载了新的引擎；场馆和相关基础设施建设高效有序；"带动 3 亿人参与冰雪运动"的愿景，不断壮大着参与冰雪运动的人群，为中国和世界冰雪运动发展注入新的活力；筹办工作积极呼应《奥林匹克 2020 议程》，为奥运会的改革与发展积累起宝贵经验，传递着中国智慧、中国信心。

同日　外交部发言人汪文斌在例行记者会上表示，北京冬奥组委同国际奥委会、国际残奥委会、国际冬季单项体育联合会等保持紧密合作，努力克服疫情带来的不利影响，各项筹办工作顺利、有序推进。中方将和各方一道，共同把北京冬奥会办成一届精彩、非凡、卓越的奥运盛会。

9 月 23 日　北京冬奥组委召开主席办公会，研究冬奥会筹办工作，部署下一阶段工作任务。会议充分肯定了 2020 年以来北京冬奥会场馆和基础设施建设、赛事组织和测试赛筹备、赛会服务、宣传推广、疫情防控等各项筹办工作取得的成绩，指出，现在北京冬奥会进入 500 天倒计时，各项筹办工作时间紧、任务重。要深入学习贯彻习近平总书记关于北京冬奥会和冬残奥会筹办工作的重要指示精神，增强"四个意识"、坚定"四个自信"、做到"两个维护"，准确把握形势，树立风险意识，统筹抓好冬奥会筹办和疫情防控工作，完成好各项筹办任务。会议强调，"相约北京"测试赛是做好当前各项筹办工作的重要抓手。要加强疫情形势研判，与国际奥委会、国际残奥委会等国际组织保持密切沟通，合理调整办赛策略，确保在满足疫情防控条件下办好测试赛。加快推进场馆和基础设施建设，抓好施工安全和施工质量，确保年底前所有竞赛场馆全部完工。精心做好竞赛组织，尽早确定测试赛的具体时间、形式和参赛运动员规模，抓紧组建各单项赛事竞赛组织团队。同步做好场馆运行和外围保障工作，建立场馆运行体系，加快组建运行团队，统筹做好交通组织、综合整治和市政保障等工作。细化住宿、餐饮、医疗、交通、志愿服务等工作方案，全面推进赛会服务保障，为参赛人员提供周到、细致的服务保障。会议强调，要始终绷紧疫情防控这根弦，从严从实抓好测试赛疫情防控工作。发挥首都严格进京管理联防联控协调机制作用，将赛事防疫纳入京冀两地防控工作体系。做好参赛运动员、媒体记者、赛事组织和服务保障人员闭环管理，做好场馆内和周边地区防护，落实场馆消杀、体温监测、核酸检测等防控措施。每项赛事后及时总结经验，完善疫情防控工作方案和应急预案，为后续工作做好准备。会议强调，要统筹调动各方力量，做实各专项工作协调小组，安全有序推进各项筹办工作。围绕重要节点做好宣传引导，普及推广冰雪运动、全民健身活动。加强冬奥组委自身建设，巩固深化"不忘初心、牢记使命"主题教育成果，从严开展干部选拔、人员招聘，确保机构全部组建完成并高效运转。认真落实廉洁办奥主体责任，确保筹办工作纯洁干净。

9月27日　为推进体教融合、体医融合，服务北京冬奥会和京津冀协同发展，北京大学第三医院崇礼院区、河北省张家口市崇礼区人民政府、天津健康产业国际合作示范区管理委员会、天津体育学院在天津签订合作框架协议。协议的主要内容包括：在天津团泊设立北京大学第三医院团泊院区，争取在北京冬奥会前投入使用；建立天津体育学院崇礼研究生院，开展体育教育训练专业（冰雪方向）、运动康复专业领域硕士、博士研究生人才培养工作；充分利用京津冀协同发展重大项目政策，四方联合申报相关国家及京津冀协同发展的各级各类科研项目；共同打造崇礼、环团泊湖体育品牌赛事，推进两地体育场馆运营、体育营销、体育会展、体育健身休闲活动协调发展。

10 月

10 月 22 日　国家发改委、国家卫健委在厦门举行国家区域医疗中心授牌仪式，北京大学第三医院崇礼院区作为首批试点单位接受授牌。

10 月 31 日　河北省委书记、省人大常委会主任王东峰在崇礼区调研检查，并主持召开座谈会，听取省冬奥办和张家口市工作汇报，研究部署下一阶段工作，强调要深入学习贯彻习近平总书记重要指示精神和党中央决策部署，全面落实"四个办奥"理念，高标准高质量精心组织实施冬奥会筹办各项工作，确保如期完成建设任务，以实际工作成效推动党的十九届五中全会精神落地落实。省领导高志立、徐建培参加调研检查。

11 月

11 月 2 日　2020 年冰雪运动"六进"系列活动越野滑轮推广普及活动在张家口市经开区冰之梦滑冰场拉开帷幕。

11 月 5 日　《北京冬奥会和冬残奥会特许商品的消费者权益保护问题研究》专题调研报告在北京发布。为推进北京冬奥会特许商品消费者权益保护工作，北京冬奥组委委托北京市第三中级人民法院进行此次课题调研，并形成相关报告。本课题对涉及北京冬奥会特许计划的各环节进行分析研判，就实践中可能出现的问题提示法律风险，为北京冬奥会特许商品运营提供前置性规范指导。

11 月 7 日　北京冬奥组委、中国邮政集团有限公司在国家冬季运动训练中心冰球馆（首钢冰球馆）举行了《北京 2022 年冬奥会——冰上运动》纪念邮票首发暨"中国邮政冬奥文化校园行"启动仪式。此次发行的纪念邮票为 1 套 5 枚，图案分别表现了短道速滑、花样滑冰、速度滑冰、冰壶和冰球项目，由相应项目知名运动员杨扬、庞清、佟健、张虹、周妍和姚乃峰一一揭幕。纪念邮票首发仪式结束后，三届冬奥会中国代表团旗手赵伟昌、杨扬、佟健向三位北京邮政冬奥文化服务队代表授旗，共同启动了"中国邮政冬奥文化校园行"活动。

11 月 19 日　北京市教委负责人一行到张家口市调研奥林匹克教育及冬奥人才培养、东西部扶贫协作项目实施情况等工作。

11 月 20 日　北京 2022 年冬奥会和冬残奥会机场服务保障工作协调小组第一次全体会议在京召开。此次会议深入贯彻落实习近平总书记关于冬奥会筹办和疫情防控系列重要指示批示精神，按照第 24 届冬奥会工作领导小组要求全面启动北京冬奥会机场协调小组工作机制，谋划和部署下一阶段冬奥会机场服务保障筹备工作。会议还审议通过了《北京冬奥会机场服务保障工作协调小组工作规则（送审稿）》《北京冬奥会机场服务保障工作协调小组重点筹办任务清单（送审稿）》《北京冬奥会抵离信息系统工作方案（送审稿）》《北京冬奥会值机柜台前移工作方案（送审稿）》《北京冬奥会专用通道工作方案（送审稿）》等 5 份文件。机场协调小组各成员单位负责同志就筹办工作情况进行了发言。

11 月 25 日　水利部负责人一行到崇礼区调研冬奥供水保障等工作，河北省负责人一同参加调研活动。

11 月 27 日　国家游泳中心（"水立方"）改造工程正式完工，成为北京冬奥会首个完工的改造场馆。

同日　中国银行"燃情冰雪·相约中行"系列活动启动仪式在崇礼区云顶滑雪场举行。

11 月　国家跳台滑雪中心一次性顺利通过国际奥委会和国际雪联等国际单项体育组织认证，施工偏差小于 2 厘米，受到高度评价。国家跳台滑雪中心主体建筑设计灵感来自中国传统饰物"如意"，被形象地称为"雪如意"，这是我国首座符合国际标准的跳台滑雪场地。

12 月

12 月 1 日　英国驻华大使馆公使衔参赞戴丹霓一行访问张家口市，对接建立友好城市以及新能源发展、绿色冬奥合作等相关事宜。

12 月 5 日　第二届北京大学·崇礼冰雪运动医学峰会暨北京大学第三医院崇礼院区国家区域医疗中心揭牌及中国冰雪运动医疗基地授牌仪式在崇礼区举行。

12 月 6 日　2022 年北京冬奥会配套工程——太锡铁路太崇段（太子城至崇礼北）全线控制性工程和平隧道首个正洞贯通，标志着该项目建设取得重大进展。

12 月 9 日　新华社报道，2022 年北京冬奥会的气象服务已基本形成"三维""秒级""多要素"的监测网络和"分钟级""百米级"的预报服务系统。

12 月 10 日　第二十届中国·崇礼国际滑雪季在崇礼区银河滑雪场开幕。

12 月 12 日　国家体育馆北京冬奥会改造工程完工，是继国家游泳中心后第二个宣布改造完工的场馆。国家体育馆改造工程包括在主馆增加冬奥会冰球比赛和服务功能，将副馆改造为赛时更衣区，并在场馆北侧扩建冰球训练馆。改造后的场馆总面积约9.8万平方米，配有两块标准冰球冰面。

12月15日　随着国家速滑馆"冰丝带"主体结构及室内装修工程基本完工、场馆正式送电，场馆启动外立面泛光照明和场地照明调试。

12月18日　新华社报道，目前冬奥会张家口赛区场馆主体已完工。

12月21日　中国国家航天局与北京2022年冬奥会和冬残奥会组织委员会嫦娥五号搭载北京冬奥会展示品交接仪式在北京冬奥组委首钢办公区举行。

同日　随着首体110千伏输变电工程正式投运，北京市规划建设的12项冬奥会配套电网工程圆满收官并全面投运。工程全面投运后，北京冬奥赛区将建成"500千伏多路通道、220千伏双向电源、110千伏双向链式、10千伏专路直供或双环网配置"网架结构，供电方式更加安全、灵活，可为冬奥会运动员训练、举办测试赛和正式比赛等服务保障工作提供强大电力支撑。

12月24日　2022年北京冬奥会延庆赛区综合管廊工程通过验收。该综合管廊将为赛区造雪用水、生活用水、再生水、电力、电信及电视转播信号等接入提供通道。

12月29日　北京2022年冬奥会北京赛区、延庆赛区8个竞赛场馆已全面完工。8个完工的竞赛场馆是：北京赛区的国家速滑馆、国家游泳中心、国家体育馆、首都体育馆、五棵松体育馆和首钢滑雪大跳台，延庆赛区的国家高山滑雪中心和国家雪车雪橇中心。北京赛区、延庆赛区所有非竞赛场馆建设改造将于2021年7月前完工。

12月30日　新华社报道，随着国家体育馆和五棵松体育中心的两支场馆运行团队日前召开工作动员会，北京冬奥会所有竞赛场馆（群）运行团队全部实现一线办公。这是冬奥会筹办工作向赛时体制转变的重要标志。

2021 年大事记

1 月

1月1日　北京市延庆区医院冬奥医疗保障中心正式投入使用，中心共有7层，设有急诊科、冬奥专区病房、手术室等多个学科门诊和专科病房，并成立由58名延庆区医院医护骨干和43名北京大学第三医院专家组成的冬奥专区救治队，将在赛时为运动员、教练等提供医疗保障。

同日　北京2022年冬奥会和冬残奥会体育图标正式发布，包括24个北京冬奥会体育图标和6个北京冬残奥会体育图标。图标以中国汉字为设计灵感来源，采用霞光红为底色，寓意着日出东方，凝聚了中国传统文化的厚重与精深。国际奥委会、国际残奥委会、各国际冬季单项体育联合会均对本组体育图标给予高度评价。

1月6日　公安部负责人到北京延庆检查指导北京冬奥会安保筹备工作。强调，要深入贯彻党的十九届五中全会和习近平总书记关于北京冬奥会、冬残奥会筹办工作的重要指示精神，扎实推进冬奥会安保筹备工作，确保出色完成各项安保筹备工作任务，努力为举办一届精彩、非凡、卓越的冬奥盛会提供有力安全保障。

1月7日　通过开展动植物资源现状和潜在影响的调查评估，延庆区委、区政府明确了总面积214万平方米的175处生态修复地块，采用"一场一策"的修复决策，目前已完成202万平方米的生态修复工作，完成总计划的94%，高质量完成冬奥赛区生态修复工程。

同日　北京冬奥会延庆赛区已基本建成，冬奥会配套基础设施项目已完工23项，完工率超过95%，国家高山滑雪中心、国家雪车雪橇中心、延庆冬奥村及山地新闻中心四大场馆全部完工，其他相关配套设施建设也已进入收尾阶段，将保障赛区在赛时正常高效运转。

1月18日 习近平总书记在北京考察冬奥会、冬残奥会筹办工作，先后来到首都体育馆、国家高山滑雪中心、国家雪车雪橇中心考察调研，了解运动场馆建设和运动员参赛备战等情况。习近平说，党中央很关心北京冬奥会、冬残奥会筹办和训练备战工作，要把我国冰雪运动特别是雪上运动搞上去，看到大家尽心尽力，筹办工作进展顺利，训练备战效果明显，我对办好这一届盛会充满信心。

1月19日 习近平总书记在国家冬季两项中心同冬季两项、跳台滑雪队运动员、教练员和张家口赛区运行保障团队、建设者代表等亲切交流。习近平指出，现在离北京冬奥会还有一年多时间，各项筹办工作进展顺利，所有竞赛场馆已全部完工，京张高铁、京礼高速全线通车，许多冰雪项目从无到有，有些达到世界先进水平，这些都充分体现了党的领导和我国社会主义制度的显著优势。

1月20日 中共中央总书记、国家主席、中央军委主席习近平在北京、河北考察，主持召开北京2022年冬奥会和冬残奥会筹办工作汇报会并发表重要讲话。他强调，办好北京冬奥会、冬残奥会是党和国家的一件大事，是我们对国际社会的庄严承诺，要坚定信心、奋发有为、精益求精、战胜困难，认真贯彻新发展理念，把绿色办奥、共享办奥、开放办奥、廉洁办奥贯穿筹办工作全过程，全力做好各项筹办工作，努力为世界奉献一届精彩、非凡、卓越的奥运盛会。

1月22日 北京、张家口和延庆三大赛区共计12个北京冬奥会竞赛场馆全面完工。从选址规划到周密设计，从紧张建设到转入运行测试，两千多个日夜风雨兼程。场馆建设是办好北京冬奥会、冬残奥会的基础，如期交付是中国对举办2022年冬奥会、冬残奥会的坚定承诺，是中国不断提升的科技创新能力，也是对美好生活的不懈追求。

同日 《河北日报》发表文章《时刻牢记总书记殷切嘱托 全力做好冬奥会筹办工作》。文章指出，习近平总书记在张家口赛区考察期间作出一系列重要指示，在筹办工作汇报会上发表重要讲话。河北全省上下坚持深入学习贯彻习近平总书记重要讲话精神，坚持举全省之力做好筹办工作，推动张家口赛区各项工作取得了阶段性成效，全面落实"四个办奥"理念和"简约、安全、精彩"办赛要求，党中央和全省人民交出一份满意答卷。

1月25日 《北京日报》发表文章《交出服务保障冬奥会的优异答卷》。文章指出，延庆区分秒必争推进工程建设，把疫情防控摆在第一位，按照保安全、保进度、保质量的要求，倒排工期推进场馆和基础设施建设，完成赛区生态修复，全面建成延庆赛区并达到办赛要求。

1 月 26 日 2022 年北京冬奥会配套工程——新建太锡铁路太崇段全线贯通，太（子城）锡（林浩特）铁路太崇段线路全长约 15.86 公里，是连接冬奥会核心赛区和崇礼城区的重要轨道交通配套线路，将为 2022 年北京冬奥会提供交通保障。

1 月 30 日 河北省召开第 24 届冬奥会工作领导小组办公视频会议，深入学习贯彻习近平总书记在北京市、河北省考察并主持召开北京 2022 年冬奥会和冬残奥会筹办工作汇报会时的重要讲话精神，全面落实省委常委会扩大会议、省政府党组会议安排，听取有关地方和部门工作汇报，研究部署下一阶段冬奥筹办重点任务。

1 月 31 日 新华社发表文章《点燃冰雪运动的火炬——以习近平同志为核心的党中央关心北京 2022 年冬奥会、冬残奥会筹办纪实》。文章指出，北京 2022 年冬奥会、冬残奥会坐标独特，世界瞩目，站在"两个一百年"奋斗目标交汇的历史节点、历史使命，这将是中国首次举办冬奥会、冬残奥会，北京也将成为全球首个举办夏季、冬季奥运会的双奥之城。统筹中华民族伟大复兴战略全局和世界百年未有之大变局，习近平总书记指出："北京冬奥会是我国重要历史节点的重大标志性活动，是展现国家形象、促进国家发展、振奋民族精神的重要契机。"从 2015 年冬奥申办成功以来，习近平总书记始终惦记着冬奥会筹办进展。1 月 18 日、19 日，习近平总书记冒着严寒连续两天考察北京、延庆和张家口三大赛区，并在 20 日主持召开冬奥会和冬残奥会筹办工作汇报会。总书记强调，办好北京冬奥会、冬残奥会是党和国家的一件大事，是我们对国际社会的庄严承诺，做好北京冬奥会、冬残奥会筹办工作使命光荣、意义重大。习近平总书记指出，北京冬奥会、冬残奥会场馆改造建设融入了很多中国元素，体现了我们的文化自信。我们不仅要办好一届冬奥盛会，而且要办出特色、办出精彩、办出独一无二来。2018 年平昌冬奥会闭幕式上，在令人惊艳的"北京八分钟"里，习近平主席通过视频发出邀请："我和亿万中国人民，欢迎全世界的朋友，2022 年相约北京！欢迎你们，欢迎朋友们！"

2 月

2 月 1 日 北京 2022 年冬奥会代表团团长会以视频形式召开。北京市委书记、北京冬奥组委主席蔡奇，国际奥委会主席巴赫以视频形式在开幕式上致辞。

蔡奇致辞，中国政府高度重视北京冬奥会筹办工作，国家主席习近平专程视察了北京冬奥会三个赛区，召开专门会议、听取工作汇报，提出了"简约、安全、精彩"的办赛要求，并做出了全面部署。习近平主席又与巴赫主席通电话，共同表达了对北京冬奥会的坚定支持，这些都进一步增强了中国如期举办冬奥会的信心和决心。蔡奇说，北京冬奥组委与国际奥委会、各国家（地区）奥委会等方面紧密合作，全面落实绿色、共享、开放、廉洁的办奥理念，全力推进各项筹办工作，当前所有竞赛场馆已经全部完工，赛事组织和服务保障工作稳步推进，可持续和遗产工作取得积极成效。各国家（地区）奥委会和代表团是成功办奥的重要力量。现在距离北京冬奥会开幕还有一年，中国将与包括各代表团在内的各利益相关方密切合作，共同研究制定疫情防控政策与运行方案，坚持以运动员为中心，努力为广大运动员提供一流的竞赛场地和赛事服务，创造良好的参赛体验和参赛环境，更加细致周到地做好各项服务保障工作。希望大家与中国携手并进，共同做好冬奥筹办和疫情防控工作，确保冬奥会安全顺利举办。

巴赫在致辞中说，中国在应对新冠疫情方面表现出色，国际奥委会对北京冬奥会的成功举办充满信心。我们认为中国已做好了准备，迎接全世界顶尖运动员们参加这一历史性的体育盛会。现在距北京冬奥会还有一年时间，希望北京冬奥组委与国际奥委会和国际单项体育联合会密切合作，确保赛事安全顺利举办。希望各国家（地区）奥委会与北京冬奥组委、国际奥委会共同携手应对疫情挑战，为实现全世界运动健儿的冬奥梦想贡献力量。

2月3日　新华社发表文章《备战2022冬奥会 北京海关全力做好各项通关监管服务》。文章指出，海关总署近日对外发布《北京2022年冬奥会和冬残奥会海关通关须知》（简称《通关须知》），要求海关全力做好相关的通关监管工作。相关数据显示：截至2021年1月底，北京海关已完成对造雪机、铲冰机等10余批冬奥进口物资的查验通关工作，货值2100万余元；验放北京冬奥会物流中心出入区货物1.97万余件，货值近3600万元。根据《通关须知》，北京冬奥会和冬残奥会期间，海关将派员入驻比赛场馆、奥运村等现场，提供通关、监管、咨询等"一站式"服务。北京海关行邮处负责人介绍，届时，海关将在北京等主要口岸设置冬奥会贵宾礼遇通道、进出境物资报关专用窗口和查验专用通道，优先办理申报、查验、抽样、检测等海关手续，实行"即查即放"等。

同日　北京冬奥会延庆赛区开展冬奥测试活动综合演练。赛区将于2月16日至26日举办"相约北京"系列冬季体育赛事高山滑雪和雪车雪橇项目比赛。此次演练为实地实景的全要素、全流程演练。国家高山滑雪中心重点演练疫情防控和场馆内外协调工作，检验场馆与场馆群通信联络与请示报告、场馆指挥通信系统和业务领域请示报告等重点业务领域的应急处置流程；国家雪车雪橇中心重点演练餐饮服务、车辆故障应急、医疗救援应急、疫情防控应急、媒体运行和颁奖仪式等 12 个领域的 27 条计划内容。北京延庆区政府相关负责人表示，此次演练不仅是对延庆赛区冬奥筹办工作的一次重要检验，也是对核心区保障和外围服务有效衔接、优化流程的一次系统性梳理，通过提升各环节工作水平，延庆将确保顺利举办此次测试活动。

同日　新华社发表文章《北京冬奥会北京市竞赛场馆全部具备测试比赛条件》。文章指出，在迎接北京 2022 年冬奥会开幕倒计时 1 周年之际，北京冬奥会北京市竞赛场馆全部具备测试比赛条件，首次全面完成制冰、造雪工作。北京冬奥会北京赛区共有 6 个竞赛场馆。目前，国家速滑馆、国家游泳中心、国家体育馆、首都体育馆、五棵松体育馆 5 个冰上项目竞赛场馆完成制冰工作，首钢滑雪大跳台作为唯一雪上项目竞赛场馆完成造雪工作。

同日　新华社发表文章《飞扬"冰丝带"舞动"雪如意"——写在北京冬奥会开幕倒计时一周年之际》。文章指出，在 2022 年北京冬奥会迎来倒计时一周年之际，新华社将开设"走近冬奥"栏目，通过融合报道形式讲述北京冬奥会、冬残奥会筹办备战故事，集中反映北京冬奥会、冬残奥会筹办备战的丰硕成果，持续报道北京冬奥会、冬残奥会筹办备战最新进展，报道冰雪运动在中华大地的蓬勃开展和世界各地冰雪运动员对北京冬奥会、冬残奥会的渴望，揭示北京冬奥会、冬残奥会筹办备战的宝贵经验，激发干部群众建设体育强国、健康中国的激情。

2 月 4 日　北京冬奥会迎来开幕式倒计时一周年。

同日　北京冬奥会、冬残奥会火炬"飞扬"正式问世。

专栏　有火炬 就有光——北京冬奥会、冬残奥会火炬发布

一片落叶燃灵感：这把被寄望于点燃激情、驱散阴霾的冬奥火炬，灵感始于一片灵动优美的落叶，经过 40 余版团队内部修改方案、11 版正式提报方案，2020 年 9 月 22 日，经过北京冬奥组委多轮评审，从 182 个全社会有效征集方案中，确定了现在的火炬设计方案。"飞扬"火炬整体外观与北京 2008 年奥运会开幕式主火炬塔形态相呼应，体现了双奥之城的传承与发扬。自下而上从寓示吉祥的祥云纹样逐渐过渡到剪纸风格的雪花图案，旋转上升，如丝带飘舞，最后呈现为飞扬的火焰。祥云传达吉祥的寓意，是北京 2008 年奥运会的延续；雪花表现冬奥会的特征，是北京 2022 年冬奥会的创新。火炬交接时，两只火炬

的顶部可以紧密相扣，如两只手相握，代表不同文明交流互鉴、世界更加相知相融的冬奥会愿景。

环环相扣"黑科技"："飞扬"火炬科技亮点之一是北京冬奥会火炬将采用氢作为燃料。而"飞扬"的第二个技术亮点就是火炬外壳采用了重量轻的耐高温碳纤维材料，火炬燃烧罐也以碳纤维材质为主。国际奥委会执委会对此次火炬设计给予了高度肯定，认为这次火炬的设计再次证明了奥运会是体育和文化、艺术和科技的巧妙结合。既有文化传承又有科技创新，中国文化艺术得到完美展现。不仅体现了双奥之城的特点，而且展现了奥林匹克的精神。

天人合一法自然：北京冬奥会和冬残奥会火炬设计与整体形象景观设计一脉相承，都取自八个字：道法自然，天人合一。北京将成为全球首个举办夏季、冬季奥运会的双奥之城。因此与 2008 年火炬相比，这次的火炬既是传承，又是创新。创新的力量，就源于崇尚"道法自然"的中国传统文化：

——"飞扬"整体造型源于叶子，自然界的流线力量充满生机；

——氢取自水，燃烧后又会变成水，暗合中国传统虚实相生概念；

——火炬的拆装就像中国传统的孔明锁，需要特定角度方能开合。

同日 新华社发表文章《北京冬奥会倒计时一周年 气象服务准备就绪等待检验》。文章指出，北京冬奥会从成功申办到顺利筹办，中国给出的承诺一一兑现，成为国际奥委会主席巴赫口中的"奇迹"。这份奇迹，离不开千万人夜以继日的努力奋斗，而与冰雪运动息息相关的气象力量，无疑是其中不可或缺的一环。1 月 29 日，北京 2022 年冬奥会和冬残奥会气象中心宣布，冬奥会气象服务保障各项工作已经准备就绪，将在 2021 年"相约北京"系列冬季体育赛事中接受检验。

2 月 5 日 新华社发表文章《北京永定河"靓装"迎接北京冬奥会》。文章指出，为保障 2022 年北京冬奥会良好生态环境，永定河综合治理与生态修复工程的多个重点项目正在谋划或实施。这些项目有：永定河流域投资有限公司在张家口市崇礼冬奥核心区开展清水河综合整治，改善水流条件、提高防洪标准，保证赛区防洪安全；官厅水库是北京冬奥会延庆赛区水资源、水环境的重要保障。永定河生态补水将统筹安排上游补水量及官厅水库下泄量，重点考虑冬奥会期间官厅水库库区用水需求。同时，在官厅水库周边积极推进生态治理工程，实现清水下山、净水入库；永定河流域投资有限公司在北京冬奥会首钢赛区规划建设"冬奥运动、永定河文化"主题公园，实现奥运资产和生态资源良性运营；北京大兴国际机场将为冬奥会提供客运保障，永定河大兴机场段生态治理工程正在加快推进。

2月13日　应外交部和北京冬奥组委邀请，俄罗斯、法国、德国、意大利、挪威、瑞士、荷兰、奥地利、日本、韩国、印度尼西亚、马来西亚等30余国驻华使节或高级外交官赴张家口，考察体验北京2022年冬奥会张家口赛区。国务委员兼外长王毅同使节们座谈并举行招待会。王毅表示，中国政府高度重视北京冬奥会筹办工作，习近平主席亲自关心指导，国际奥委会主席巴赫多次表达信心和支持。目前北京冬奥会已进入一周年倒计时，各项筹办工作有序推进。中方将同各方一道，秉持绿色、共享、开放、廉洁的理念，把北京冬奥会办成一届简约、安全、精彩的奥运盛会。中国人民诚挚邀请全世界朋友明年齐聚北京，共享这场冰雪盛事。热烈欢迎各国代表团参与北京冬奥会，中国一定会让各国运动健儿不虚此行。使节们饶有兴致地参访国家跳台滑雪中心"雪如意"等有关设施。他们表示，期待中国再次举办一届成功的奥运盛会，相信北京冬奥会将成为人类战胜疫情的里程碑。

2月15日　北京冬奥会延庆赛区以疫情防控常态化下冬奥会赛时交通运行为背景，在赛区核心区和外围保障区开展交通专项演练测试，以保障近期在当地举行的高山滑雪、钢架雪车等系列赛事活动顺利举行。

2月17日　北京冬奥会测试活动首场比赛——全国自由式滑雪空中技巧邀请赛混合团体比赛在张家口赛区云顶滑雪公园举行。

2月19日　国家雪上项目训练基地在河北省张家口市崇礼区揭牌。

同日　"相约北京"冬季体育系列测试活动张家口赛区开展最大日交通专项测试，对北京2022年冬奥会（张家口赛区）的相关线路及各上落客点位进行专项测试。

2月21日　新华社发表文章《北京冬奥会和冬残奥会举行测试活动》。文章指出，为了利用好北京冬奥会前最后一个雪季，进一步发现问题、积累经验，北京冬奥组委在北京冬奥会和冬残奥会竞赛场馆举办一系列测试活动，从疫情防控和简化办赛入手，落实好"简约、安全、精彩"的办赛要求。

2月22日　中共中央政治局委员、国务院副总理孙春兰考察北京冬奥会备战工作。孙春兰来到北京市海淀区首都体育馆、延庆区国家高山滑雪中心和国家雪车雪橇中心调研，考察场馆改造情况，听取备战情况汇报，观看短道速滑、高山滑雪、雪车、雪橇等项目训练，向所有正在积极备战的运动员、教练员和工作人员表示诚挚的问候和新春的祝福，勉励大家深入学习贯彻习近平总书记视察北京冬奥会筹办工作时的重要讲话精神，弘扬中华体育精神和奥林匹克精神，刻苦训练、顽强拼搏，不断提高训练和比赛水平。她强调，落实简约、安全、精彩的办赛要求，全力做好各项训练备战工作。

2月23日 中共中央政治局常委、国务院副总理、第24届冬奥会工作领导小组组长韩正主持召开第24届冬奥会工作领导小组全体会议。

同日 新华社发表文章《2022前最后一个雪季，北京冬奥会迎来"实战演习"》。文章指出，2月17日，在北京冬奥会和冬残奥会测试活动中，当第一位运动员从国家跳台滑雪中心大跳台跳下时，运行团队的很多工作人员在寒风中流下了热泪。2月中下旬进行的是雪上项目和滑行项目的测试。从16日至26日，张家口和延庆赛区的3个竞赛场馆群共举行20项测试，邀请部分国内运动员和国内技术官员参与配合，充分检验场地设施、场馆运行和服务保障。被称为"冬奥大脑"的指挥部也首次亮相。

2月27日 按北京冬奥组委统一安排，河北省深入推进北京冬奥会冬残奥会筹办决战决胜动员部署大会在石家庄召开。会议以广电网络视频会议形式召开，会上河北省委书记王东峰表示，要认真落实党中央、国务院决策部署，坚定信心，奋发作为，攻坚克难，全力做好北京冬奥会、冬残奥会决战决胜关键时期各项工作。

3月

3月1日 北京2022年冬奥会和冬残奥会抵离信息系统上线仪式在京举行。抵离信息系统在大数据、云计算等信息技术基础上，以多系统无缝衔接、数据共享等手段，收集、管理和使用奥运会客户群及其随行物品的抵离信息，在"两机场、三赛区"之间进行统筹协调运行，对于冬奥会筹办工作顺利进行具有重要意义。

同日 北京2022年冬残奥会代表团团长会召开。北京市委书记、北京冬奥组委主席蔡奇表示，北京冬奥组委在冬残奥会筹办工作中认真倾听各方建议，坚持以运动员为中心，将为广大运动员创造良好的参赛体验和参赛环境。国际残奥委会主席帕森斯表示，北京冬残奥会将是一届精彩成功的残疾人体育盛会，必将激励和鼓舞全世界的残疾人，相信北京冬残奥会将是一届精彩成功的残疾人体育盛会。

3月11日 2020年滑雪社会体育指导员培训班（第十至十七期）在张家口崇礼区万龙滑雪场顺利完成。至此，2020—2021年河北省滑雪社会体育指导员培训圆满结束。

3月18日　应外交部和北京冬奥组委邀请，近90个国家、地区和国际组织的99位驻华使节到北京2022年冬奥会和冬残奥会（张家口赛区）考察，深入了解冬奥会筹办工作进展。

3月19日　中纪委常委、国家监委委员，驻国资委纪检监察组负责人一行到崇礼调研北京2022年冬奥会和冬残奥会项目建设维护和运营服务保障情况。

3月23日　应急管理部负责人到张家口市，就国家华北区域应急救援中心选址、冬奥会安保相关工作进行调研。

3月24日　北京冬奥组委开闭幕式工作部、规划建设部、媒体运行部等相关部门负责人到北京冬奥会张家口赛区国家跳台滑雪中心和太子城遗址公园考察冬奥会筹办工作，了解相关工作进展，进一步加强沟通对接，推动习近平总书记重要指示落地落实，努力举办一届"精彩、非凡、卓越"的冬奥盛会。

同日　太子城高铁站客运枢纽正式启用。

3月26日　北京冬奥会张家口赛区10项交通基础设施项目全部建设完成，116项冬奥会运输服务保障任务按节点有力有序推进，冬奥会专用通道建设和标志标识安装工作将于年内全部完成，京张高铁、崇礼铁路和延崇高速公路等对外通道全面构筑，冬奥会张家口赛区内部循环实现四通八达。

3月27日　河北省深入推进北京冬奥会、冬残奥会筹办决战决胜动员部署大会在石家庄召开。省委书记、省人大常委会主任王东峰出席会议并讲话，全面总结全省深入推进冬奥会、冬残奥会筹办工作取得的重要阶段性成效，对张家口市冬奥会筹办和"首都两区"建设、脱贫攻坚"空心村"治理、主导产业发展等工作给予充分肯定，就进一步做好各项筹办工作，努力举办一届"精彩、非凡、卓越"的冬奥盛会进行安排部署。

4 月

4月1日　《人民日报》发表文章《七项冰上赛事测试活动四月举行（走向冬奥）》。文章指出，北京冬奥会和冬残奥会冰上项目测试活动将于4月1日至10日举行。冰球、残奥冰球、短道速滑、花样滑冰、速度滑冰、冰壶、轮椅冰壶共7个项目的赛事将在北京赛区5个竞赛场馆举行，测试重点在于场馆设施、竞赛组织、场馆运行、指挥体系和疫情防控。对于测试活动发现的问题，北京冬奥组委将广泛听取意见，开展交叉评议，整改硬件设施，提升运行水平。

4月7日　速度滑冰测试活动在国家速滑馆拉开帷幕。作为北京冬奥会唯一新建的冰上竞赛场馆，国家速滑馆拥有亚洲最大全冰面设计，冰面面积达1.2

万平方米，场馆内处处充满着科技创新的"中国智慧"。单层双向正交马鞍形索网屋面，实现了国产高钒密闭索在国内国家级大型场馆中的首次大规模应用；由3360块曲面玻璃单元拼装而成的高工艺曲面玻璃幕墙系统，打造出象征速滑运动员高速滑动的"丝带"造型。

4月8日　应外交部和北京冬奥组委邀请，30个国家、地区和国际组织的36位驻华使节和代表到北京2022年冬奥会和冬残奥会（张家口赛区）考察，深入了解冬奥筹办工作进展。

4月14日　北京冬奥会延庆赛区污水处理站正在进行设备安装工作，将于2021年6月底前投入使用。延庆赛区污水处理站位于核心区的南部，主要负责收集和处理赛区的生活污水。赛区生活污水处理后将生成再生水，可用于赛区核心区的绿化、冲厕等项目，有效减少新水使用量。此外，在满足此类用水的基础上，"余出"的再生水还将通过综合管廊里的退水管线向外输送，回补佛峪口水库坝下的自然河流。除污水处理站外，延庆赛区涉水工程还包括造雪引水及集中供水工程、佛峪口河水生态廊道建设工程以及佛峪口水库水源保护工程等，可满足核心区造雪、制冰和生活用水等需求，目前均已实现完工。6月底污水处理站投入使用后，赛区涉水工程将全部投入使用。

4月21日　中国侨联负责人一行到张家口市调研华侨冰雪博物馆建设情况，参观了国家跳台滑雪中心、国家越野滑雪中心以及云顶滑雪场，到华侨冰雪博物馆施工现场了解工程建设进展相关情况，并出席华侨冰雪博物馆援建工作专题座谈会。

4月28日　北京2022年冬奥会和冬残奥会河北省涉奥食材供需对接会在张家口市召开。

4月29日　"相约2022·上海合作组织驻华使节冬奥主题活动"在北京市延庆区启动。上海合作组织秘书长弗拉基米尔·诺罗夫，塔吉克斯坦驻华大使萨义德佐达以及来自上合组织成员国、观察员国和对话伙伴的近40位驻华使节代表出席活动。中国政府欧亚事务特别代表，上合组织睦邻友好合作委员会负责人及北京市和延庆区领导参加活动。当日下午，诺罗夫一行在北京世园公园了解当地生态环保建设进展，在延庆区青少年短道速滑训练基地观摩训练并与小队员互动。中国筹办冬奥会所取得的进展以及奥林匹克运动惠及本地发展的成果给他们留下深刻印象。

5 月

5 月 14 日　北京市残疾人文化体育指导中心气膜式冰壶冰球运动馆正式落正式落成。该场馆将为冬残奥会冰壶、冰球运动员提供训练平台。该训练馆总占地面积 9878 平方米，场馆设施包含奥运标准的冰球场地一块、冰壶赛道五条及高清摄像记录和计分系统，可同时满足两支冰球队和十支冰壶队同时训练，为方便残疾人运动员使用，场馆内外采用了全方位无障碍设计。据北京市残疾人文化体育指导中心主要负责人介绍，该场馆将为冬残奥会冰壶、冰球运动员提供训练平台；未来将作为永久性建筑，服务残疾人运动事业发展。

5 月 17 日　冬奥会非注册 VIP 接待中心工程主体结构完成。作为 2022 年冬奥会配套设施，位于河北省张家口经济开发区的冬奥会非注册 VIP 接待中心建设项目主体结构完成。该项目占地 5.9 公顷，总建筑面积 111 045m²，包括拥有 450 间客房的酒店及配套会议中心、康体中心。项目建成后，赛时将全力服务 2022 年冬奥会非注册 VIP 人员，成为张家口赛区标杆性的接待中心。

5 月 25 日　北京 2022 年冬奥会和冬残奥会核心区重点项目崇礼城区至太子城公路开工建设。

5 月 26 日　北京冬奥组委在首钢园办公区举行低碳管理工作阶段性成果新闻发布会。在新闻发布会上，冬奥低碳管理工作阶段性成果渐次揭开。北京冬奥组委规划建设部主要负责人介绍，北京冬奥会的全部场馆实现了城市绿色电网全覆盖，依托张北柔性直流电网工程和适用于北京冬奥会的跨区域绿电交易机制，场馆的照明、运行和交通等用电均由张家口的光伏发电和风力发电提供。北京冬奥组委交通运输部负责人表示，北京冬奥会赛事举办期间，交通服务将基本实现清洁能源供应，同时将推动氢燃料车辆的示范应用。

5 月 28 日　市场监管总局（国家标准委）批准发布儿童、冬奥会相关领域重要国家标准。在冬奥会相关领域，《仿真冰场 通用技术要求和试验方法》国家标准对满足冰上运动功能、保障运动者安全以及安装规范性等方面进行了规范，有利于全民健身冰雪运动的可持续开展。《冰雪运动场所用安全标志》国家标准，将冰雪运动场所中的风险信息图形化，利于风险信息的识别和迅速传达，为危险性较高的冰雪运动提供安全保障。《人员密集场所消防安全管理》国家标准，在冬奥会期间将为公众较为聚集的宾馆、饭店、客运车站候车室、民用机场航站楼、体育场馆等场所提供消防安全管理规范，提升人员密集场所的消防安全管理水平，防范火灾发生、减少火灾危害，保障冬奥会的顺利举办。《志愿服务组织基本规范》国家标准，将极大促进志愿者在组织化保障和专业化支持下，更加规范有序地服务社会，为2022年北京冬奥会成功举办作出积极贡献。

6 月

6月3日　新华社日前对波兰前单板滑雪运动员、波兰克拉科夫冬奥会申办委员会负责人瓦尔恰克进行了专访。瓦尔恰克恭喜北京获得2022年冬奥会的主办资格，并希望北京能够举办历史上最成功的一届冬奥会。

6月3日　国家发展改革委负责人在张家口市主持召开示范区建设第十一次协调推进会。为贯彻落实习近平总书记视察北京2022年冬奥会（张家口赛区）时的重要讲话精神，总结国务院批复建设张家口可再生能源示范区以来工作进展，协调推动可再生能源支撑"绿色冬奥"。

6月7日　全国政协副主席卢展工率全国政协教科卫体委员会党外委员视察团到张家口市，围绕"办好北京冬奥会，持续推进冰雪运动发展"开展专题视察。

6月16日　河北省政府省长许勤在张家口市调研检查冬奥筹办工作并主持召开省冬奥工作领导小组指挥调度会，听取省冬奥办、张家口市及省各专项工作组情况汇报，对项目工程收尾、装修方案设计、医疗保障、交通运输、餐饮服务、外事接待、新闻宣传、志愿者、安保等筹办工作重点事项逐一研究调度。他强调，全省上下要坚决贯彻习近平总书记重要指示精神，全面落实"四个办奥"理念和"简约、安全、精彩"办赛要求，只争朝夕、争分夺秒，坚持高标准、严要求，确保如期高质量完成冬奥筹办任务。省冬奥办、张家口市和各专项工作组要全员进入临战状态，全面转入指挥部运行体系，压紧压实各部门各市县责任，抓细、抓小、抓实、抓紧各项筹办工作，提高质量和效率，坚持好日巡查、周调度、通报问责、每周专报等推进机制，加大督导力度和频次，加强工程项目监管，完善清单台账，改进工作作风，以高质量筹办工作确保北京冬奥会如期圆满举办。副省长严鹏程，省政府秘书长朱浩文参加活动。

6月23日　北京冬奥组委与中国邮政集团有限公司在国家速滑馆共同发布《北京2022年冬奥会——竞赛场馆》纪念邮票。首钢滑雪大跳台、国家游泳中心、国家跳台滑雪中心、国家雪车雪橇中心、国家速滑馆5个北京冬奥会竞赛场馆的邮票和小型张邮票集体亮相。此次发行竞赛场馆邮票是北京冬奥会场馆建设取得成绩的重要见证。

6月23日　《北京2022年冬奥会和冬残奥会遗产报告（2020）》在北京冬

奥组委首钢办公区正式发布，国际奥委会也同步发布了这份报告的国际版。国际奥委会协调委员会主席小萨马兰奇通过视频发表了致辞。他说，报告的发布标志着北京冬奥组委在打造持久的可持续奥运遗产征程中迈出了重要一步。北京冬奥组委专职副主席、秘书长韩子荣在发布仪式上表示，北京冬奥组委从筹办伊始就高度重视遗产工作，充分考虑冬奥遗产传承利用，制订实施了北京冬奥会遗产战略计划，注重从体育、经济、社会、文化、环境、城市发展和区域发展 7 个方面、35 个领域规划、创造和运用冬奥遗产。后续，北京冬奥组委还将会同北京体育大学和利益相关方，陆续编制系列遗产成果报告和案例报告。

6 月 29 日　北京冬奥会和冬残奥会主媒体中心（MMC）完工，具备交付北京冬奥组委使用条件。北京冬奥会和冬残奥会主媒体中心包括主新闻中心（MPC）和国际广播中心（IBC）两部分，是北京冬奥会和冬残奥会全球注册平面媒体和各持权转播商的赛时工作总部，届时将迎来全球约 3000 名注册记者和 1.2 万名转播人员。

7 月

7 月 5 日至 7 日　北京冬奥组委医疗专家组赴崇礼北医三院、河北北方学院附属第一医院、张家口市第一医院、中国人民解放军第 81 集团军医院、张家口市中医院和张家口市第二医院、张家口市传染病医院进行标准能力评估工作。

7 月 6 日　新华社发表文章《北京冬奥会延庆赛区生态修复工程已完工》。文章指出，北京冬奥会延庆赛区生态修复工程历时近 6 年，是北京冬奥会建设周期最长的工程。延庆赛区核心区位于风景秀丽、自然资源丰富的北京市延庆区小海陀山，于 2020 年年底陆续建成国家雪车雪橇中心、国家高山滑雪中心等竞赛场馆，以及延庆冬奥村和山地新闻中心等非竞赛场馆。据北京市重大项目办相关人员（副主任）介绍，为保护当地青山绿水，将施工带来的生态扰动降至最低，延庆赛区于 2015 年起开展生态修复工程，以赛区 7 条雪道和市政道路边坡为主要区域，共计完成 214 万平方米生态修复工作。

7 月 8 日　联合国人权理事会第 47 次会议举行"通过体育和奥林匹克理想促进青年人权"专题讨论会。中国常驻联合国日内瓦代表团陈旭大使发言指出，中国将把 2022 年北京冬奥会、冬残奥会办成一届简约、安全、精彩的盛会。

7 月 13 日　中宣部、外交部、全国记协、河北省委宣传部联合到北京冬奥会张家口赛区考察调研，邀请美联社等境外媒体、央视新闻频道等国内媒体开展集中采访。

　　7月14日　新华社记者从北京市延庆区获悉,北京冬奥会延庆赛区的冬奥村项目近日完成消防和竣工"双验收",工程完成全部闭环建设。截至目前,延庆赛区核心区内的冬奥村、国家雪车雪橇中心、国家高山滑雪中心已陆续完成消防验收和竣工验收,赛区核心区建设工程进入最后的手续办理收尾阶段。

　　同日　中国人民银行在京召开北京—张家口冬奥会支付服务环境建设领导小组全体会议。会议通报了2022年北京冬奥会和冬残奥会(以下统称"北京冬奥会")赛事地区各项支付服务环境建设工作进展,分析了当前北京冬奥会筹办面临的形势,重点就冲刺阶段各项重要工作进行动员部署。人民银行负责人(党委委员、副行长)出席会议并讲话。

　　同日　《河北日报》发表文章《北京携手张家口取得2022年冬奥会举办权》。文章指出,2013年11月3日,中国奥委会正式致函国际奥委会,提名北京市、河北省张家口市联合申办2022年冬奥会。2015年7月31日,在吉隆坡举行的国际奥委会第128次全会上,北京以44∶40击败对手阿拉木图,赢得2022年第24届冬季奥林匹克运动会的举办权。北京携手张家口取得2022年冬奥会的举办权,为河北省扩大开放、加快发展提供了难得的历史机遇,是继京津冀协同发展重大国家战略实施后,河北迎来的又一个重大发展机遇,对于推动经济社会发展,全方位融入京津冀协同发展战略格局具有十分重要的意义。

　　7月15日　国家能源局负责人一行到张家口市就冬奥保电和可再生能源示范区建设进行调研,并召开座谈会听取张家口市有关工作情况汇报,进一步推动各项工作落实。

　　7月16日　2022年北京冬奥会太子城至崇礼城区轨道交通工程——新建太锡铁路太崇段无砟轨道全部浇筑完成,为全面启动铺轨奠定了坚实基础。太锡铁路太崇段建成通车后,从太子城到崇礼城区的铁路运行时间仅需6分钟左右。

　　7月18日　"海陀儿女共庆建党百年 长城脚下喜迎冬奥盛会"京张文化交流活动(延庆站)暨延庆区迎接2022北京冬奥会倒计时200天主题活动在北京市延庆区举行。活动以冬奥主题文艺汇演、两地文化交流、冬奥赛区连线为主要内容。

　　同日　新华社发表文章《冲刺!向着精彩、非凡、卓越的奥运盛会——写在北京冬奥会开幕倒计时200天之际》。文章指出,北京冬奥村开怀拥抱"八方客",国际冰雪小镇初展"新英姿"。还有200天,北京冬奥会就将拉开帷幕。2015年7月31日,北京携手张家口获得2022年冬奥会和冬残奥会举办权。经过近6年的拼搏,筹办工作已进入全力冲刺、全面就绪、决战决胜的关键阶段。

　　7月19日　北京冬奥会开幕倒计时200天。

同日 《人民日报》发表文章《与时间赛跑 向目标冲刺——写在北京冬奥会开幕倒计时两百天之际（上）》。文章指出，北京冬奥会迎来开幕倒计时 200 天。过去 5 年多，秉持"绿色、共享、开放、廉洁"的办奥理念，冬奥筹办全面稳步推进，不断落实"简约、安全、精彩"的办赛要求，与时间赛跑，向目标冲刺。

同日 新华社发表文章《冰雪引领发展 绿色赋能未来——张家口全力推进冬奥会筹办和本地发展纪实》。文章指出，河北省张家口市正全力统筹推进冬奥会筹办和本地发展各项工作，冬奥工程项目建设迎来收尾和完善阶段，城乡面貌和人居环境进一步提升，群众生活改善，日子更有"奔头"。

7 月 20 日 《人民日报》发表文章《树立奥运标杆 共创美好未来——写在北京冬奥会开幕倒计时两百天之际（下）》。文章指出，自 2015 年北京携手张家口获得 2022 年冬奥会和冬残奥会举办权以来，从工程建设攻关到区域协同发展，从冬奥愿景兑现到筹办成果惠民，各项工作既立足当下，更放眼未来，开创了奥林匹克运动与举办地良性互动、共赢发展的新局面。

7 月 22 日 北京冬奥组委宣布，对照国际奥委会官方网站公布的历届冬奥会赞助收入数据，北京冬奥会市场开发目前可实现的赞助收入，已超过以往历届冬奥会同类数据。截至目前，北京冬奥组委已签约 45 家赞助企业，其中包括官方合作伙伴 11 家、官方赞助商 11 家、官方独家供应商 10 家、官方供应商 13 家。

同日 《河北日报》发表文章《处处彰显绿色理念——北京冬奥会倒计时 200 天之际张家口赛区场馆探访》。文章指出，张家口全市上下全力以赴做好决战决胜关键时期的各项筹办工作，努力交出冬奥会筹办和本地发展两份优异答卷。2020 年年底，张家口市 76 个冬奥项目全部完成建设任务。贯彻"绿色办奥"理念，张家口赛区场馆已经融入了绿色"基因"。赛区临时与附属设施建设也按筹备计划顺利推进。

7 月 27 日 第 30 届中国厨师节在北京开幕，主题为"推进厨艺创新发展、助力冬奥赛会筹办"。崇礼菜单参加展示，借助平台宣传冬奥餐饮筹办工作。

7 月 28 日 全国友协欧亚部负责人率欧洲国家在华青年精英冬奥行参访团一行 67 人访问张家口，先后参观了张家口赛区规划临时展厅、张家口冬奥村、太舞滑雪场、国家跳台滑雪中心。

7 月 29 日 河北省第十三届人民代表大会常务委员会第二十四次会议通过《河北省人民代表大会常务委员会关于授权省人民政府为保障冬奥会筹备和举办工作规定临时性行政措施的决定》。决定内容包括以下三点：一是在冬奥会筹备和举办及延后期限内，省人民政府针对可能存在的风险和影响，在不与法律、行政法规相抵触，不与省地方性法规基本原则相违背的前提下，按照必要、适度、精准的原则，通过制定政府规章或者发布决定的形式，在环境保护、公共安全、公共卫生、道路交通、安全生产、城市市容管理等方面规定临时性行政措施并组织实施。二是根据本决定制定的政府规章或者发布的决定，依法报省人民代表大会常务委员会备案。三是本决定自公布之日起施行，有效期限至冬奥会闭幕之日后十五日。

同日　北京2022年冬奥会和冬残奥会（张家口赛区）城市志愿者选拔确认工作正式启动。

7月30日　北京冬奥组委召开新闻发布会，介绍北京冬奥会场馆建设情况，并揭示其在规划设计和建设施工等方面蕴藏的丰富内涵。北京冬奥会和冬残奥会共使用39个场馆，其中包括竞赛场馆12个，训练场馆3个，非竞赛场馆24个。据北京冬奥组委规划建设部负责人（部长）介绍，截止到2020年年底，12个竞赛场馆永久性设施已经完工。非竞赛场馆大部分已经完工、部分即将完工。2019年到2020年，国际单项体育组织对所有12个竞赛场馆均进行了现场踏勘，并对比赛场地、比赛训练赛道进行了验收和认证，对场馆建设成果给予了高度评价。2021年上半年，举行了雪上项目和冰上项目测试活动，所有竞赛场馆顺利通过考验，设施运行表现出色。

同日　北京冬奥会倒计时200天系列宣讲暨庆祝申办成功六周年专场报告会，在北京冬奥组委展示中心举行。活动中，北京冬奥宣讲团通过系列宣讲，多侧面、立体地展示了北京冬奥申办成功6年来的筹办情况和亮点工作。

同日　意大利奥委会主席、国际奥委会委员乔瓦尼·马拉戈在意奥委会总部接受了中国驻意记者的联合采访。马拉戈年轻时曾是五人制足球运动员，最近刚刚第三次当选意奥委会主席，誓言将尽一切努力让意大利体育变得更强大、更负有盛名。马拉戈重视与中国的合作，同中方长期保持着密切交流。

同日　北京市第十五届人民代表大会常务委员会第三十二次会议通过《北京市人民代表大会常务委员会关于授权市人民政府为保障冬奥会筹备和举办工作规定临时性行政措施的决定》。决定内容包括以下两点：一是在冬奥会筹备、举办期间及延后期限内，市人民政府根据需要，在不与法律、行政法规相抵触，不与本市地方性法规基本原则相违背的前提下，按照必要、适度、精准的原则，通过制定政府规章或者发布决定的形式，在环境保护、公共安全、公共卫生、道路交通等方面规定临时性行政措施并组织实施。二是根据本决定制定的政府规章或者发布的决定，依法报市人民代表大会常务委员会备案。本决定自公布之日起施行，有效期限至冬奥会闭幕之日后十五日。

7月31日　《光明日报》发表文章《北京冬奥会所有场馆年内全部按时交付》。文章指出，在申冬奥成功六周年之际，北京冬奥、冬残奥各个场馆建设目前已进入收官阶段。所有场馆将在2021年全部按时交付，为冬奥会的顺利举行提供切实有力的保障。

同日　国务委员、国家防总总指挥王勇到张家口市检查冬奥会、冬残奥会场馆及配套设施防汛应急工作，现场查看海河堤防建设、防汛治理工程和城区低洼易涝点防汛排涝措施落实情况。

同日　庆祝第24届冬奥会申办成功六周年活动暨张家口市县区滑冰馆开放运营启动仪式在冰之梦四季冰场举行。

8 月

8月2日　《河北日报》发表文章《北京冬奥会所有场馆今年将全部按时交付》。文章指出，北京2022年冬奥会和冬残奥会场馆建设工作自2016年启动以来，在北京冬奥组委及北京市、河北省两地政府的全力推动下，进展顺利。所有竞赛场馆永久性设施及大部分非竞赛场馆已经完工。目前，部分非竞赛场馆，如主运行中心（MOC）、技术运行中心（TOC）等已经完工并投入使用。三个冬奥村（冬残奥村）永久性设施已经完成。国家会议中心二期、张家口山地转播中心正在由奥林匹克转播公司（OBS）进行内部装修。国家体育场（"鸟巢"）的改造也将在2021年10月份完成。据介绍，北京2022年冬奥会的所有场馆将在2021年全部按时交付，为冬奥会的顺利举行提供切实有力的保障。2021年下半年，场馆建设的重点是完成国家体育场、国家会议中心二期的部分收尾工作，结合疫情防控政策对场馆设施进行微调和完善，并在年底前完成所有临时设施的交付。场馆无障碍设施建设取得了阶段性成果。12个竞赛场馆和3个冬奥村（冬残奥村）无障碍设施建设已与场馆主体工程一起同步完工。截至目前，竞赛场馆和3个冬奥村（冬残奥村）改建、新建无障碍电梯227部，无障碍卫生间496个，厕位158个，无障碍客房863间，无障碍更衣室45间，轮椅坡道152处，无障碍座席数量和比例达到了赛事运行要求。此外，北京、张家口两个主办城市无障碍环境持续改善。

8月4日　《光明日报》发表文章《京津冀同步出台授权决定 为冬奥会筹办提供法治保障》。文章指出，8月3日，京津冀三地人大常委会联合召开新闻发布会，发布关于授权人民政府为保障冬奥会筹备和举办工作规定临时性行政措施的决定（以下简称"决定"）。"在为冬奥会提供法治保障上，三地肩负着共同的责任。"北京市人大常委会法制办负责人表示，京津冀三地在关键举措上应当保持一致，同时也需要根据举办城市、非举办城市在法治保障方面的不同需求，灵活、适宜地作出符合本省、市情况的保障措施。河北省人大常委会负责人表示，"考虑到河北省环京津的特殊区位、产业特点和张家口赛区及周边地区的实际需要，河北的授权决定文本与京津两市相比，除了共同在环境保护、公共安全、公共卫生和道路交通四个方面授权外，还增加了安全生产和城市市容管理两个方面授权，以持续保持安全稳定、秩序井然的社会环境"。"天津港是北京的'海上门户'，冬奥会海运进境物资量大、种类多。"天津市人大常委会法工委负责人表示，天津港建立冬奥会物资运输保障机制，与海事、海关、边检等港航管理部门及有关单位协同作战，开通冬奥会物资"绿色通道"。

8月8日 北京冬奥组委组织编写的《北京 2022 年冬奥会和冬残奥会公众读本：魅力冬奥》（以下简称《公众读本》）正式出版。《公众读本》采用轻量化快速阅读的设计理念，力求用简短的篇幅、精练的文字、直观的表达向公众展示冬奥的魅力，满足公众对冬奥知识的需求，带动更多人参与冰雪运动，营造迎冬奥的良好社会氛围。《公众读本》共 56 页，分为"冰雪相会""冰雪初心""冰雪世界""冬梦""飞跃"五部分，向公众介绍了北京 2022 年冬奥会和冬残奥会筹办工作、冬奥会和冬残奥会的历史文化、冬季运动项目等内容。《公众读本》中的部分页面经技术处理后可印制成知识挂图，便于街道、社区在宣传栏等公共区域宣传展示。

同日 《人民日报》发表文章《北京冬奥会将是一场举世瞩目的冰雪盛事》。文章指出，秉持"绿色、共享、开放、廉洁"的办奥理念，中国正在围绕如期举办北京冬奥会、冬残奥会目标，稳步推进各项筹办工作。中国对北京冬奥会、冬残奥会如期成功举行充满信心，愿同国际奥委会和国际社会一道，确保北京冬奥会、冬残奥会成为一届简约、安全、精彩的奥运盛会。接受记者采访的外国人士表示，相信北京冬奥会、冬残奥会将向世界展现抗击疫情的榜样力量，推动世界冰雪运动发展，为奥林匹克运动发展作出重要贡献。日前，哈萨克斯坦冬季运动项目国家队的队员们在哈冬季项目训练基地之一——休钦斯克市的冬季运动项目奥林匹克训练中心，集中进行赛前训练。该中心配备有 K-90、K-125 滑雪跳台和 16 条国际雪联认证的赛道，且毗邻森林公园自然保护区，队员们可以在森林中进行越野训练。据哈国家滑雪协会介绍，截至 6 月底，哈萨克斯坦已获得 17 张北京冬奥会滑雪项目入场券，其中越野滑雪有 6 张。"在本届国家队中，尤利娅·加利舍娃是成绩最突出的运动员之一，也是最有可能在北京冬奥会上问鼎冠军的选手。集训一开始，她就给自己定下了一个目标——站上北京冬奥会的冠军领奖台。"哈国家奥林匹克委员会冬季运动项目管理局负责人别斯巴耶夫·奥尔扎斯忍不住向记者介绍麾下的"种子选手"，加利舍娃曾在 2018 年平昌冬奥会获得自由式滑雪女子雪上技巧项目铜牌。

同日 《河北日报》发表文章《全省参与冰雪运动群众逾 2400 万》。文章指出，8 月 8 日是我国第 13 个全民健身日。从河北省体育局获悉，2021 年以来，河北省制定了《河北省第三届冰雪运动会总体方案》《河北省社区和乡村冰雪运动推广普及方案》，启动了"健康河北 欢乐冰雪"喜迎冬奥系列活动，已组织开展系列冰雪活动 150 项（次），全省参与冰雪运动群众超过 2400.2 万人。习近平总书记指出："我们申办北京冬奥会，一个重要目的就是推动我国冰雪运动快速进步，推动全民健身广泛开展。"以北京冬奥会筹办为契机，河北省深入贯彻落实全民健身国家战略和《健康中国·河北行动（2020—2030 年）》安排部署，加快建设体育强省、冰雪运动强省，多措并举推进全民健身，各项工作均取得积极进展。2021 年，河北省启动《河北省公共体育设施空间布局规划（2021—2035 年）暨全民健身场地设施补短板五年行动计划》编制工作；将体育设施建设工程列入 20 项民心工程，计划在全省建设社区、村庄健身设施 1 万处以上，各地已全部完成选址，工程竣工 5934 处。截至目前，各市均建成了体育馆、体育场、全民健身中心、游泳馆、滑冰馆，各县（市、区）均建成了体育馆、体育场、全民健身中心，全省实现社区 15 分钟健身圈、行政村健身设施全覆盖，人均体育场地面积 2.3 平方米。

8 月 10 日 《人民日报》发表文章《国际体育界人士——北京冬奥会推动世界冰雪运动向前发展》。文章指出，意大利奥委会主席、国际奥委会委员乔瓦尼·马拉戈在接受采访时表示，北京冬奥会的举办将促进中国冬季体育运动事业蓬勃发展，意中两国在这一领域拥有巨大的合作潜力。"北京将成为世界上首个举办夏季奥运会和冬季奥运会的'双奥之城'，这具有重要意义。"在马拉戈看来，2008 年北京奥运会的成功经历，让人们对中国办好 2022 年北京冬奥会充满期待。"北京冬奥会筹备有条不紊。在全球新冠疫情蔓延背景下，中国的表现是世界各国应对疫情的标杆。"芬兰沃卡蒂奥林匹克训练中心首席执行官维科·哈洛宁在接受本报记者采访时表示，中国政府为应对疫情，对境内风险地区进行严格防控，采取各种举措保障中国人民能够尽快重返正常生活。

同日 北京冬奥会国家高山滑雪中心索道全线贯通具备运营条件。随着国家高山滑雪中心 A1 和 A2 索道取得国家客运架空索道安全监督检验中心颁发的客运索道安全检验合格标志，场馆索道全线贯通并具备运营条件。国家高山滑雪中心索道系统共设 9 条架空索道和 2 条拖牵索道，全长约 10.3 公里，串联延庆冬奥村及国家高山滑雪中心各个区域。其中，包含 A1、A2、B1 索道和 C 索道的主流线索道全长近 5 公里，高差超过 1000 米，总计设有 206 个吊厢。A1 和 A2 索道、B1 和 B2 索道最高运行速度达到每秒 6 米，单向运量达到每小时 3200 人，赛时可将乘客快速运至目标位置。吊具设有座椅加热功能和定位系统，吊具内部装有无线广播传媒装置，乘坐舒适安全。

8 月 16 日　北京新冠疫情防控工作领导小组第一百一十七次会议暨首都严格进京管理联防联控协调机制第六十八次会议召开。会议指出，当前防控形势平稳向好，但疫情防控这根弦任何时候都不能松。要持续坚持从严从紧要求，进一步压实防控责任，盯紧每一个环节，抓实每一个细节，严格落实各项防控措施，巩固疫情防控成果。会议强调，要严格重大活动疫情防控。中国国际服务贸易交易会疫情防控方案要抓紧细化完善，明确责任主体，加强推演和应急演练。对参会人员以及会场、展区、驻地、各类活动要严格落实相应的防疫措施，加强人流管控，确保"零感染"。环球主题公园实现安全运营，首先要过疫情防控这一关。压实运营方责任，属地和行业主管部门加强指导，完善防控方案，把常态化防控措施落实落细，确保防疫无死角。

8 月 19 日　《河北日报》发表文章《为残疾人更好融入社会服务》。文章报道了因事故而失去左手的励志残疾人——龚秀峰。龚秀峰因一次事故失去了左手。2004 年雅典残奥会上，他以 14.31 米的成绩打破 F46 级铅球项目的世界纪录，并获得金牌。2019 年 11 月，他被选调到北京冬奥组委残奥会部无障碍协调处工作。"只有实地勘察、体验每一处无障碍设施，我们心里才有底，才能更扎实地干好工作。"龚秀峰说，作为一名曾经的残疾人运动员，他更能体会无障碍设施对参赛运动员的重要意义，体会营造良好无障碍环境对残疾人发挥潜能、融入社会的现实意义。

8 月 26 日　生态环境部负责人到张家口市调研冬奥会和冬残奥会相关生态环境保护工作。

9 月

9 月 3 日　中共中央政治局常委、国务院副总理、第 24 届冬奥会工作领导小组组长韩正在河北张家口调研。韩正详细了解滑雪中心场馆建设、赛道标准、周边绿化等情况，听取赛事组织和疫情防控情况汇报；前往张家口冬奥村、冬残奥村，实地察看房间装修、院内景观布置，了解奥运村建设情况。韩正在充分肯定前期筹办工作后强调，北京冬奥会、冬残奥会筹办工作已经进入关键时期，要按规划高质量完成场馆及配套设施建设，精益求精做好运营管理。韩正强调，要深入贯彻落实习近平总书记关于全力做好北京冬奥会、冬残奥会筹办工作的有关重要讲话精神，紧紧围绕"简约、安全、精彩"的办赛要求，全力以赴做好各项筹办工作，确保北京冬奥会、冬残奥会如期顺利举办。

同日 2021 国际冬季运动（北京）博览会（简称"冬博会"）开幕式暨主论坛在首钢园举行。作为 2021 年中国国际服务贸易交易会的重要组成部分，本次冬博会吸引了 20 多个国家和地区的共 500 家品牌参展，260 余位中外演讲嘉宾从政策引导、科技驱动、模式创新等多个方向，线上线下研讨全球冰雪产业发展，寄语北京冬奥会和中国冰雪运动发展。"整个奥林匹克大家庭正翘首以待这场庆祝人类多元性及团结的全球庆典。"国际奥委会主席托马斯·巴赫在贺信中说："再过几个月，北京将开创世界体育史新篇章，成为首座举办过夏季奥运会和冬季奥运会的城市。北京 2022 年冬奥会将在和平、团结和友谊精神的引领下，成为凝聚全世界的契机。"

9 月 4 日 中宣部副部长、国务院新闻办主任、北京冬奥会新闻宣传工作协调小组组长徐麟带队到崇礼区调研考察全省冬奥会筹办及新闻宣传工作情况，强调要持续深入宣传习近平总书记关于筹办北京冬奥会重要指示批示精神和党中央决策部署。宣传"绿色、共享、开放、廉洁"办奥理念、"精彩、非凡、卓越"办赛目标和"简约、安全、精彩"办赛要求，并阐释其深刻内涵。

9 月 7 日 河北省政府省长许勤主持召开省冬奥会运行保障指挥部第六次调度会议，深入学习贯彻习近平总书记关于冬奥筹办工作的重要论述，认真落实韩正副总理在张家口市调研时的指示要求，按照省委、省政府部署，检查省冬奥办、张家口市和各分指挥部筹办工作进展，调度近期重点事项。

9 月 8 日 最高人民法院院长到崇礼区调研，考察了崇礼区人民法院，对其探索建立"法院+雪场+X"旅游滑雪纠纷解决机制，及时高效化解纠纷予以充分肯定，要求深入贯彻习近平总书记关于冬奥会筹办工作重要指示精神，认真总结经验做法，不断完善司法举措，为冬奥会筹办提供有力司法服务；在太子城旅游和环境资源保护法庭，了解滑雪纠纷解决机制运行情况，要求加强对滑雪等体育类纠纷的特点、规律研究，不断提升办案水平，促进法庭专业化建设。

9 月 15 日 中国地震局负责人带队到张家口调研冬奥地震安保工作，督导检查各项工作开展情况。

9 月 17 日 北京冬奥发布口号：一起向未来。当日在首都博物馆，北京 2022 年冬奥会和冬残奥会主题口号正式发布——"一起向未来"（Together for a

Shared Future）。该口号诠释了更快、更高、更强、更团结的奥林匹克格言的中国方案，表达了世界需要携手走向美好未来的共同愿望，"双奥之城"北京也又一次给奥林匹克运动留下了中国印迹。北京市委书记、北京冬奥组委主席蔡奇，北京市市长、北京冬奥组委执行主席陈吉宁，河北省省长、北京冬奥组委执行主席许勤，与运动员代表杨扬、龙云一起走上舞台，共同揭晓了北京 2022 年冬奥会和冬残奥会主题口号。陈吉宁在致辞时表示，在中国政府的坚强领导下，北京冬奥组委与国内外各方面紧密合作，努力克服疫情等困难挑战，场馆和基础设施基本完工，赛事组织、场馆运行和赛会服务工作扎实推进，冬奥宣传推广持续升温，国际交流合作深入开展，可持续和遗产工作成效显著，各项筹办任务已按计划基本准备就绪。此次主题口号的发布，将吸引越来越多的朋友关注冬奥、参与冬奥，向世界人民传递同舟共济、守望相助，携手走向未来的美好愿望。

9 月 18 日 《人民日报》发表文章《邀请全世界"一起向未来"——北京二〇二二年冬奥会和冬残奥会主题口号发布》。文章指出，在全球应对新冠疫情的大背景下，主题口号发出的声音是汇聚、是共享、是未来。"一起向未来"（Together for a Shared Future）是态度，是倡议，更是行动方案，倡导追求团结、和平、进步、包容的共同目标，契合"更快、更高、更强——更团结"的奥林匹克格言，表达了世界需要携手共同走向美好未来的愿景。此次主题口号的发布，将吸引越来越多朋友关注冬奥、参与冬奥，向世界人民传递同舟共济、守望相助，携手走向未来的美好愿望。2022 年，北京将成为世界上首个既举办过夏奥会，又将举办冬奥会的城市。2008 年，北京奥运会主题口号"同一个世界，同一个梦想"至今仍被人铭记。而今，北京冬奥会主题口号"一起向未来"与之一脉相承，又体现出当前的时代特征，是北京作为"双奥之城"留给奥林匹克运动的又一中国印迹。

同日 《北京日报》发表文章《"一起向未来"——北京冬奥会和冬残奥会主题口号解读》。文章指出，北京冬奥会口号向世界传递了几层含义：第一，全人类只有一个未来。当前，新冠疫情凸显了全球面临的种种挑战，这些挑战是全球性的，谁也不能独善其身。唯有同舟共济、守望相助，携手构建人类命运共同体，方能共渡难关，共迎美好未来。希望能用"一起向未来"这个口号，反映在当前疫情挑战下，世界渴望携手走向美好明天的共同心声。第二，"一起向未来"与新加入的奥林匹克格言"更团结"高度契合，符合奥林匹克运动、残疾人奥林匹克运动的核心价值和愿景。"一起"展现了人类在面对困境时的坚强姿态，更指明了战胜困难、开创未来的成功之道。第三，北京将成为世界上首个既举办过夏奥会，又将举办冬奥会的城市。北京 2008 年奥运会的口号是"同一个世界，同一个梦想"，这次的口号"一起向未来"与 2008 年时一脉相承，同时又体现出当前的时代特征，是北京作为"双奥之城"给奥林匹克精神和理念留下的又一中国印迹。

9 月 19 日　国家发改委运行局负责人在北京召开专题会议，研究冬奥会崇礼赛区以及张家口市天然气保供和管道建设相关事宜。

9 月 23 日　国际冰球联合会官网公布了北京冬奥会冰球项目赛程，北京将于 18 天内在国家体育馆和五棵松体育中心举办 58 场冰球比赛。北京冬奥会女子冰球赛事将于 2 月 3 日至 17 日进行，10 支参赛队将参照女子冰球世锦赛赛制，按种子排名分成两个小组，五棵松体育中心为女子冰球主赛场。北京冬奥会男子冰球赛事将于 2 月 9 日至 20 日进行，12 支男子冰球参赛队将按照往届冬奥会赛制分成三组。首个比赛日将迎来两场比赛，上届冠军俄罗斯奥委会对阵瑞士，捷克对阵丹麦，国家体育馆为男子冰球主赛场。

9 月 26 日　北京 2022 年冬奥会和冬残奥会外围重点支撑项目延庆至崇礼高速公路（河北段）全线通车运营。

9 月 28 日　国家发改委负责人到张家口市调研冬奥会能源保供和能源改革发展工作。

9 月 29 日　国际奥委会主席巴赫主持召开国际奥委会执行委员会会议，国际残奥委会主席帕森斯列席。会议审议了北京 2022 年冬奥会和冬残奥会疫情防控关键政策。面对新冠疫情蔓延的不确定性，北京冬奥组委与国际奥委会建立了会商工作机制，与各利益相关方密切沟通，本着对运动员、对奥林匹克大家庭等所有利益相关方生命健康高度负责的态度，始终坚守安全底线，把疫情防控放在首位，以实现安全如期办赛的目标。在与国际奥委会、国际残奥委会共同研究讨论后，北京冬奥组委对疫苗接种政策、赛时闭环管理政策、观众政策、注册宾客政策、住宿政策、核酸检测等几个重点问题进行了说明。

10 月

10 月 5 日　延庆赛区国家雪车雪橇中心 10 月 5 日起举办 3 场国际测试赛和 2 次国际训练周活动，持续深化场馆设备运行、赛道制冰修冰、塔台播报、医疗救援、运动员接驳等保障工作，并对场馆造雪系统、电力系统、索道运行系统等开展全面检查维护，为冬奥会赛事运行做好保障。

10 月 6 日　位于北京市延庆区的大浮坨太阳能吸热塔启动施工改造，工程将遵循简约、大气设计风格，着重体现冬奥冰雪元素，依托塔身造型打造晶莹剔透的螺旋飘带，方圆5公里均能看到塔身形态，并将在塔顶设置巨型立体奥运五环标志。项目完工后将成为延庆赛区主标志景观和一处冬奥文化遗产。

同日　北京冬奥会主题展亮相第42届巴黎国际旅游专业展。中国展台采用直播形式，实现社交媒体进行"云"端观展，并在大屏幕实时播放直播内容，吸引众多参观者驻足观看。通过线上线下旅游推荐、新媒体互动、VR体验及线下中国传统美食展示等形式，本次主题展向法国旅游业者和民众宣传北京冬奥会及中国文化旅游新面貌。

10月8日　巴基斯坦奥委会主席赛义德·哈桑日前接受新华社记者专访。他表示，巴基斯坦和中国拥有深厚友谊，两国可以以北京冬奥会和冬残奥会为契机，深化体育领域合作，北京冬奥会将是一场出类拔萃、精彩卓绝的奥运盛会，北京也将成为了不起的"双奥之城"。

10月9日　新华社发表文章《聚天下英才办好北京冬奥会——北京冬奥组委创新人才发展体制机制》。文章指出，北京冬奥组委深入学习贯彻习近平总书记重要讲话精神，认真落实新时代人才工作新理念新战略新举措，充分发挥人才在北京冬奥会筹办工作中的第一资源作用。一是以顶层设计引领全局，先后出台86项政策，统筹推进11支专业人才队伍建设；二是以改革创新赋能助力，首创"人员控制数"管理单位，稳妥推行外籍专家及专业人才协议薪酬制；三是以全球视野集聚英才，开展全球招聘，建立外籍专业人才团队式引进和短期使用机制；四是以自力更生培育人才，实施一系列人才培养项目，打造数字化学习平台，为北京冬奥会和冬残奥会如期、安全、顺利举办提供强有力的人才支撑。

10月10日至11日　科技部部长王志刚、河北省政府省长许勤到崇礼区调研检查冬奥会筹办工作，强调要深入学习贯彻习近平总书记关于冬奥会筹办工作的重要指示精神，按照北京冬奥组委部署，落实"四个办奥"理念和"简约、安全、精彩"办赛要求，强化科技支撑，精益求精做好冬奥会筹办工作。王志刚、许勤一行先后到云顶滑雪公园、张家口冬奥村、古杨树场馆群、太子城智慧小镇检查科技冬奥项目投用运行情况，勉励大家坚持创新驱动、需求导向、场景导向、面向北京冬奥会和冬残奥会的重大需求，强化科技冬奥的战略谋划和系统布局，做好科技成果的转化和应用示范，让科技冬奥的成果用得上、用得好、用得精彩。调研期间，许勤还主持召开省冬奥会运行保障指挥部第九次调度会议，逐项检查冬奥会筹办各项工作进展，研究部署下步重点任务。

10月14日　《北京日报》发表文章《花滑、冰球助力冬奥会诞生》。文章指出，冬奥会诞生于 1924 年，是在 1925 年举行的国际奥委会会议上得到"正名"，被追认为第一届冬奥会。从此，冬奥会走上了奥林匹克圣坛，在奥运历史上开启了与夏奥会比肩而立的发展新征程。如今，已进入倒计时的北京 2022 年冬奥会离我们越来越近了。我们热切地期待着，八方来客齐聚北京，共同见证奥运圣火的燃起，共享一届精彩、非凡、卓越的奥运盛会！

10 月 15 日　国家知识产权局、国家市场监督管理总局印发《北京 2022 年冬奥会和冬残奥会奥林匹克标志知识产权保护专项行动方案》，全面充分有效地保护奥林匹克标志知识产权，将日常监管与专项治理相结合，严厉打击侵犯奥林匹克标志专有权行为，为北京冬奥会、冬残奥会顺利举办营造良好环境和氛围。

10 月 18 日　北京冬奥会火种在希腊古奥林匹亚遗址采集成功。国际奥委会主席巴赫表示，火种采集和火炬传递意义重大，超越了奥运会和体育运动本身，同时他还强调，北京冬奥会的筹备工作非常顺利，取得了积极进展，国际奥委会给予高度评价。

10 月 19 日　北京冬奥会倒计时 100 天首场宣讲会在北京冬奥组委展示中心举办。宣讲会跨越全国近 30 个省区市 100 多所学校、"线上+线下"覆盖近万人，内容主要为北京 2022 年冬奥会和冬残奥会的筹办工作进展情况和五位宣讲团成员讲述自己与冬奥的故事，大力营造了倒计时 100 天奋力冲刺冬奥的良好氛围。

同日　北京冬奥会火种在希腊首都雅典的帕纳辛奈科体育场，由希腊奥委会交接给北京冬奥组委。北京冬奥组委特别代表、北京冬奥组委副主席于再清从希腊奥委会主席斯皮罗斯·卡普拉洛斯手中接过了火种。按照计划，北京冬奥会火种将保存在火种灯中，由北京冬奥组委代表团带回中国。

10 月 20 日　北京 2022 年冬奥会火种抵达北京。本次火炬接力计划将呈现"简约、安全、精彩"的新特点，按时间顺序分三个阶段，并采取展示与接力、线上与线下相结合等多种方式进行，涉及面更广，向世界展示中国蓬勃向上的体育文化，展现中国人参与奥运、支持奥运的热情。

10 月 21 日　中共中央政治局委员、国务院副总理孙春兰到国家冰雪运动训练科研基地、首都体育馆调研，听取训练备战工作的汇报，观看"相约北京"世界滑联短道速滑世界杯比赛，考察体育综合风洞、模拟训练系统、速滑馆，看望慰问积极备战的运动员、教练员和工作人员，勉励大家深入贯彻习近平总书记关于北京冬奥会筹办工作重要指示，在冬奥赛场上充分展现中国冰雪健儿的风采，为祖国争光、为人生添彩。

同日 《光明日报》发表文章《安全为要，简约不失精彩》。文章指出，本届冬奥会火炬接力计划，以"迎接冰雪之约·奔向美好未来"为主题、"健康·欢乐·活力"为口号，呈现不同以往的新特点：一是火种免费向观众展示，广泛宣扬奥林匹克精神；二是火种展示将走进赞助企业，传播奥林匹克精神和北京冬奥会理念；三是火种展示走进冰雪资源丰富地区，点燃群众参与冰雪运动的热情。通过与众不同、具有中国特色的传递形式和传递过程，让全世界人民感受中国蓬勃向上的体育文化，体会每个中国人参与奥运、支持奥运的热情。

同日 《河北日报》发表文章《传统火炬传递将在三个赛区进行》。文章指出，传递路线立足展现北京、张家口和延庆赛区的冰雪资源、冰雪运动、冰雪文化和双奥遗产，呈现沿途的自然、历史、人文特色和现代化风貌；同时，在"科技冬奥"项目的支持下，火炬传递将融入更多科技元素，以人机共融等方式实现跨域火炬传递，灵活展现科技与冬奥文化的结合，让全世界人民感受中国蓬勃向上的体育文化。

同日 《北京日报》发表文章《跟着奥运火种穿越时空》。文章指出，在北京冬奥会火种欢迎仪式上，火种在火炬主题曲的旋律声中，由3名神情端庄的火种护卫护送至奥林匹克塔的天穹厅。一路上，它途经了往届夏季和冬季奥林匹克运动会的火炬展柜以及反映当年火炬传递情况的影像墙，整个过程令目睹者心中顿生神圣感。走完这条"大道"后，在北京2022年冬奥会火种展示区域，人们可以近距离看到北京2022年冬奥会火炬"飞扬"、火种台、火炬手制服，当然还有火种灯和里面燃烧着的奥运火种。

同日 葡萄牙冬季运动联合会主席、葡萄牙北京冬奥会代表团团长佩德罗·法龙巴与中国驻葡萄牙大使赵本堂视频会见。法龙巴高度评价北京冬奥会筹办工作，他强调，葡方支持中方办好北京冬奥会，北京冬奥会将成为一届里程碑式的体育盛会，必将进一步促进世界冬季运动发展，深化中葡两国体育领域交流合作。

同日 《北京日报》发表文章《北京冬奥会短道速滑资格赛全面升级》。文章指出，"相约北京"系列冬季体育赛事之一的2021—2022赛季短道速滑世界杯中国站比赛在首都体育馆展开。这次比赛也是北京冬奥会短道速滑项目的首站资格赛。世界顶级运动员齐聚首体，海淀区和首体运行团队制定了"升级版"保障服务方案，迅速完成"双冰转换"，实现从"最美的冰"到"最快的冰"华丽转身，为迎接短道速滑世界杯开赛做好了准备。

10月21日 中国红十字会负责人一行到张家口市，就红十字会参与北京2022年冬奥会和冬残奥会服务保障及其他工作进行调研并座谈交流。

10 月 23 日　北京冬奥组委开闭幕式工作部导演组抵张，组织开展第二次排练，并确定将独具张家口地方特色的非遗项目"霸王鞭"作为冬奥会开幕式展示内容。

10 月 25 日　北京冬奥组委发布《北京 2022 年冬奥会和冬残奥会防疫手册》。手册分两本，一本面向运动员和随队官员，另一本面向所有其他利益相关方，涵盖了所有涉奥人员的整个行程，对入境要求以及闭环管理系统内实行的防疫措施等细节进行了详细说明，有助于涉奥人员为前往和抵达中国、参加冬奥会和冬残奥会以及离开北京做好准备。

同日　新华社发表文章《同心筑梦向未来——写在北京冬奥会开幕倒计时 100 天之际》。文章指出，2015 年 7 月，北京携手张家口获得 2022 年冬奥会和冬残奥会举办权，6 年多来，习近平总书记多次考察北京 2022 年冬奥会、冬残奥会筹办情况，多次对办好北京 2022 年冬奥会、冬残奥会作出重要指示。10 月 20 日上午，承载着奥林匹克精神的北京 2022 年冬奥会火种抵达北京，点燃了仪式火种台，激荡起人们对奥运再次来到北京、来到中国的炽热情感。当全球冰雪健儿汇聚在五环旗下，中国将兑现对国际社会的庄严承诺，世界将迎来一届"里程碑式的"奥运盛会。

10 月 26 日　北京 2022 年冬奥会开幕倒计时 100 天主题活动在北京隆重举行。中共中央政治局常委、国务院副总理、第 24 届冬奥会工作领导小组组长韩正出席活动，并发布北京冬奥会奖牌"同心"。奖牌宛如一枚同心圆玉璧，共设五环，同心归圆，寓意"天地合·人心同"。

同日　《人民日报》发表文章《北京冬奥会冬残奥会奖牌诞生记》。文章梳理了奖牌诞生过程：2020 年 5 月，北京冬奥会和冬残奥会奖牌设计方案面向全球征集；2020 年 8 月起，北京冬奥组委组织召开了奖牌设计评审会，确定"同心"为候选方案；2021 年 7 月 13 日，北京冬奥组委确认了奖牌的最终设计制作。奥运会奖牌饱含运动员为了梦想的不懈付出和努力，也将成为北京冬奥会、冬残奥会留给大家的珍贵记忆。

同日　《河北日报》发表文章《全力冲刺　共襄盛会》。文章指出，申办筹办北京冬奥会、冬残奥会，是习近平总书记亲自谋划、亲自推动的国家大事。习近平总书记先后作出一系列重要指示，为河北省进一步做好筹办工作指明了前进方向。河北省以决战决胜、攻坚冲刺的劲头，扎实推进各项筹办任务。牢记重大历史使命，把握重大历史机遇，河北省、张家口努力交出冬奥会筹办和本地发展两份优异答卷。

同日　外交部发言人赵立坚在外交部例行记者会上表示，北京 2022 年冬奥会火种从希腊抵达北京，奥运之火再次拥抱北京、相约北京。冬奥测试赛已在北京、延庆赛区展开，10 项国际赛事、3 个国际训练周和 2 项国内测试活动正相继亮相，为世界奉献一届简约、安全、精彩的奥运盛会，这是中国对世界的承诺。我们一定会兑现，也一定能兑现。

同日　《北京日报》发表文章《北京冬奥会赛时将实行闭环管理》。文章重点介绍了新冠疫苗接种和闭环管理。

同日　中国驻乌克兰大使馆与乌克兰青年和体育部、乌克兰国家奥委会、乌克兰国家残疾人运动委员会等部门代表在乌首都基辅共同举办北京 2022 年冬奥会和冬残奥会宣传周启动仪式，庆祝北京冬奥会倒计时 100 天。乌内阁部长涅姆奇诺夫表示，乌方支持举办北京冬奥会，将积极参与并努力贡献佳绩。

同日　北京冬奥会金银纪念币（第 2 组）发行仪式在京举行，一套 10 枚，其中金质纪念币 4 枚、银质纪念币 6 枚，均为中华人民共和国法定货币。本套冬奥会金银纪念币图案既有冬奥会视觉形象元素，如雪花、火炬、吉祥物等，又充分融入中国传统文化元素。

同日　"来自崇礼的邀约"——北京 2022 年冬奥会倒计时 100 天庆祝活动在河北省张家口市崇礼区国家跳台滑雪中心"雪如意"举行。来自 100 多个行业的优秀代表在崇礼区冬奥志愿者代表的带领下庄严宣誓，愿尽己所能为 100 天之后的冬奥会做出贡献。北京冬奥会进入最后的百天冲刺阶段，百天之后，中国将吸引全世界的目光。

同日　《河北日报》发表文章《全力以赴服务保障冬奥会筹办举办 加快建设新时代美丽幸福新崇礼》。文章指出，冬奥在即，重任在肩。作为 2022 年冬奥会雪上项目举办地，张家口市崇礼区深入落实习近平总书记关于冬奥会筹办和崇礼发展重要指示精神，坚持把冬奥会筹办作为重大政治任务来抓，全力以赴服务保障冬奥会筹办举办，以冬奥会筹办统揽经济社会发展全局，加快建设经济高质量发展、环境绿色生态、人民平安富足、社会文明和谐的美丽幸福新崇礼，决战决胜交好冬奥会筹办和本地发展两份优异答卷。

同日　河北省政府代省长王正谱到崇礼区调研检查冬奥会筹办工作，强调要深入学习贯彻习近平总书记关于冬奥会筹办工作的重要指示精神，按照北京冬奥组委部署和省委、省政府安排，认真落实"四个办奥"理念和"简约、安全、精彩"办赛要求，扎扎实实、精益求精做好冬奥会各项筹办工作。王正谱先后了解了张家口赛区规划和总体筹办工作情况、高铁站运营情况，察看项目进展；到冬奥会指挥调度中心，与冬奥安保指挥中心、张家口综合指挥中心视频连线，检查指挥体系赛时运行情况，向奋战在一线的工作人员表示慰问；到云顶滑雪公园察看场地配套设施建设收尾情况。副省长严鹏程，省政府秘书长朱浩文参加调研检查。

10 月 27 日　国务委员、公安部部长赵克志在北京 2022 年冬奥会和冬残奥会安全保卫工作动员部署会议上强调，要深入贯彻落实习近平总书记关于北京冬奥会、冬残奥会筹办工作的重要指示精神，构建科学高效的赛时安保运行指挥体系，一体化推进冬奥安保和疫情防控工作，扎实抓好各项安保措施落实，确保北京冬奥会、冬残奥会安全顺利举办。

同日　国务院新闻办召开发布会介绍，目前北京冬奥会、冬残奥会的各项准备工作已经就绪。12 个竞赛场馆全面具备办赛条件，三个冬奥村、主媒体中心等非竞赛场馆交付使用，京张高铁、京礼高速等基础设施投入运营，无障碍设施环境进一步提升，全面满足冬残奥会要求。

同日　吉林省冰雪体验系列活动启动仪式在长春举行。冰雪运动健儿们挥舞着彩旗，绕场滑行，同时进行冰舞、速度滑冰、冰壶等形式多样的项目展示，共同庆祝北京冬奥会倒计时 100 天。吉林省作为冰雪运动大省，有责任在冬奥会上为国家争金夺银，更有使命推广普及群众冰雪运动。

同日　中共中央政治局委员、国务院副总理胡春华到中国气象局调研督导北京冬奥会气象服务保障工作。他强调，要深入贯彻习近平总书记重要指示精神，以高度负责、精益求精的态度，高标准、高质量做好气象服务保障各项工作，切实保障北京冬奥会顺利举办。

同日　《北京日报》发表文章《全力冲刺 决战决胜》。文章指出，"冬奥之约"越来越近，筹办工作也进入跑秒计时、压线冲刺的临战状态。历经 6 年多精心筹办，今天迎来了北京冬奥会倒计时 100 天。关键的时刻要加紧推进场馆工程收尾工作，要加强城市运行保障，要做好防疫政策宣介和《防疫手册》阐释工作，以最大的热情，尽最大的努力，夺取筹备、举办冬奥会的最后胜利！

同日　澳大利亚北京冬奥会代表团团长杰夫·利普舒特表示，澳大利亚冬季项目运动员目前正在国内外训练和参加比赛，积极备战 2022 年北京冬奥会；同时，澳大利亚奥委会在墨尔本举行"追逐冬季"系列宣传活动，庆祝北京冬奥会倒计时 100 天。

同日　黑龙江省举行迎北京 2022 年冬奥会倒计时 100 天冰雪系列活动启动仪式，充分展示黑龙江省作为冰雪运动大省，在中国冬季运动发展中作出的突出贡献和蕴藏的丰厚冰雪文化内涵，激发青少年的冰雪运动热情，更为我国冰雪体育运动发展培养大批后备人才。

同日　中央广播电视总台成功举办中欧音乐节暨北京冬奥会倒计时 100 天

音乐会。国际奥委会主席巴赫致辞并表示，总台举办这场音乐会很好地展现了体育和音乐是如何架起桥梁，将人们聚在一起，这就是体育和音乐的意义。多国百余名音乐家现场激情序曲，共同祝福北京 2022 冬奥会。

　　同日　国务院新闻办公室召开新闻发布会介绍，2022 年北京冬奥会和冬残奥会的各项准备工作已经就绪，冬奥村将于 2022 年 1 月 27 日开村。场馆基础设施、场馆运行、赛会服务保障、应对新冠疫情风险、宣传推广和文化活动、可持续和遗产工作六个方面工作筹备进展顺利，圆满完成各项筹办任务，为世界奉献一届简约、安全、精彩的奥运会。所有 12 个竞赛场馆全部完工，通过国际冬季单项体育组织认证，全面具备办赛条件；142 支场馆外围保障团队和 5 支属地外围保障团队，能够及时处置突发问题；目前中国有 29 支冰雪项目国家集训队、480 名运动员正在积极备战，力争实现全项目参赛；冬奥会和冬残奥会，既是体育盛会也是文化舞台。从发布冬奥愿景、会徽、吉祥物，到设计火炬、体育图标、奖牌，丰富多彩的文化活动，为奥林匹克运动留下浓墨重彩的中国印迹。

　　同日　北京冬奥会和冬残奥会制服装备在京发布。制服是工作人员、技术官员和志愿者的专属身份标识，是传播奥林匹克精神、传递举办国理念、展示中华优秀传统文化和当代发展成果的重要载体，这套制服装备在北京冬奥会和冬残奥会赛场将会为世人呈现出最具魅力的景观，成为一张最独特的冬奥名片。

　　同日　《人民日报》发表文章《冰雪展画卷 一起向未来》。文章指出，从筹办之初，北京冬奥组委就确定了一份涵盖 51 个业务领域、分解为 3000 余项里程碑任务的工作总清单，"冬奥答卷"即将迎来揭晓的时刻。12 座充满高科技元素的竞赛场馆已基本就绪，场馆运行团队已全面转入赛时状态；非竞赛场馆建设加速收尾和完善，3 个冬奥村装点一新；冬奥会和冬残奥会开闭幕式场馆改造计划即将完成。"一起向未来"，北京冬奥会这句振奋人心的口号，凝聚起全人类美好的期待，北京冬奥会的强大感召力，正日益获得更广泛的认同和支持。

　　同日　《光明日报》发表文章《北京准备好了！中国准备好了！——北京冬奥会迎来倒计时 100 天》。文章指出，申办冬奥成功 6 年多来，冰雪运动基础不断夯实，冰雪运动成绩取得飞跃，实现跨越式发展，"带动三亿人参与冰雪运动"的愿景正逐步走向现实。

　　10 月 28 日　《北京日报》发表文章《冬奥赛场的流动风景线》。文章指出，北京 2022 年冬奥会倒计时 100 天之际，北京冬奥会和冬残奥会制服装备正式亮相。制服装备蕴藏着深厚的文化内涵和丰富的科技含量，融合了中国传统山水画与冬奥核心图形的雪山图景，将功能性、民族性和艺术性完美结合，可以实现温度变化和场景转换下的自由穿搭，将在冬奥赛场形成一道流动的风景线。

同日　《北京日报》发表文章《北京 2022 年冬奥会和冬残奥会准备工作就绪》。文章指出，所有 12 个竞赛场馆全部完工，三个冬奥村、主媒体中心等非竞赛场馆已经交付使用，京张高铁、京礼高速等基础设施投入运营，赛时场馆化运行模式全面实行。同时，北京冬奥会有力促进了中国冰雪运动竞技体育水平的提升，实现了在北京冬奥会 109 个小项全项目开展、全项目建队、全项目训练，力争全项目参赛。

10 月 29 日　国家税务总局举行新闻发布会介绍，为支持冬奥会顺利举办，国税总局为冬奥会量身打造退税办法，专门打造了一套"线上线下集中受理、税务机关内部跨区域清分办理、税务国库一体化协同退税"的流程机制，由北京、河北两地 5 家指定办税服务厅办理线下退税申请业务，确保实现退税受理及时、退税办理及时、税款退付及时。

11 月

11 月 2 日　《河北日报》发表文章《建设精品工程 打造亮丽名片——"努力交出冬奥会筹办和本地发展两份优异答卷"①》。文章指出，2017 年 1 月 23 日，习近平总书记在我省张家口市考察北京冬奥会筹办工作时要求，河北省、张家口市要"努力交出冬奥会筹办和本地发展两份优异答卷"。几年来，河北省深入学习贯彻习近平总书记重要指示和党中央决策部署，全面落实"四个办奥"理念和"简约、安全、精彩"办赛要求，举全省之力，高标准高质量推进各项筹办工作，完成了阶段性目标任务，取得了令人满意的成绩。为鼓舞和激励全省人民进一步抖擞精神，全力冲刺，决战决胜，为举办一届简约、安全、精彩的奥运盛会作出河北积极贡献，本报推出"努力交出冬奥会筹办和本地发展两份优异答卷"系列报道，充分展现河北省冬奥筹办工作的进展成效，以及冬奥筹办给我省发展和民生带来的重大利好。

11 月 4 日　中共中央政治局常委、国务院副总理、第 24 届冬奥会工作领导小组组长韩正在北京主持召开第 24 届冬奥会工作领导小组会议。

同日　新华社发表文章《"用好'世园'遗产，答好'冬奥'考卷!"——专访北京冬奥会延庆赛区赛后利用负责人叶大华》。文章指出，北京 2022 年冬奥会和冬残奥会延庆赛区运行保障指挥部赛后利用与产业发展组组长叶大华表示，从"世园"到"冬奥"，延庆将用好北京世园会在基础设施建设、赛会服务保障、运行体制机制等方面留下的宝贵遗产，全力以赴保障延庆赛区，服务一届精彩、非凡、卓越的奥运盛会，并打造好奥运"金名片"，带动当地长远发展。

同日　《北京日报》发表文章《冬奥开启五环标志入会徽历史》。文章讲述了五环标志成为奥运会会徽的"标配"，以及会歌时隔六十多年终被官方正式确认的故事。

11月5日　新华社记者专访北京冬奥组委新闻发言人。该新闻发言人表示，北京冬奥组委秉持开放办奥的理念，从筹办伊始就一直欢迎各国和地区的媒体关注、报道北京冬奥会和冬残奥会。

同日　《北京日报》发表文章《延崇智慧高速年底前投入运营》。文章指出，作为连通北京冬奥会延庆赛区和张家口赛区的公路主通道，同时也作为交通运输部智慧公路试点项目，延崇高速公路进行了一系列服务于冬奥会的智慧公路关键技术研发应用，预计年底前正式投入运营。

同日　《河北日报》发表文章《向世界展示最先进通信技术——北京2022年冬奥会张家口赛区通信网络建设探访》。文章指出，近日，记者跟随由中国联通组织的"智慧耀联通 一起向未来"主题采访团，对北京2022年冬奥会张家口赛区的通信网络建设进行了探访。探访得知：三个赛区一个标准，打造标准统一的冬奥通信服务技术体系；云转播、智慧医疗等多种5G创新应用赋能智慧冬奥。

11月6日　张承地区迎来今冬第一场降雪，下雪仅20分钟，张家口地区大部分公路路面积雪达10余厘米，延崇、张承、京张等多条高速公路以及冬奥会赛区多条干线公路面临实战考验。河北省交通部门把这次降雪作为北京冬奥会交通保障的一次重要练兵，所有除雪作业队伍按照除雪保畅方案既定编组和路线迅速出动，投入45台铲雪车、3台吹雪车，配备融雪剂3000多吨，展开循环不停歇除雪作业。高速公路服务区餐厅、超市、加油站等均正常运营，公共场所空调全部开放，确保为顾客提供温暖的休息场所。

11月9日　新华社负责人到北京冬奥会张家口赛区考察调研，听取冬奥会筹办相关工作进展情况、"首都两区"建设及冬奥会新闻宣传工作汇报，重点了解各场馆功能特点及山地新闻中心赛时运行情况。

11月10日　新华社发表文章《述评：开放是当代中国的鲜明标识——从上海进博会到北京冬奥会》。文章指出，进博会堪称映射全球经济大势的一面镜子，中国冰雪运动的巨大市场，让全球各路巨头纷至沓来。2723亿美元——这是进博会四年累计意向成交。作为迄今为止世界上第一个以进口为主题的国家级展会，四年来，进博会人气越来越旺，中国的开放水平也越来越高。越来越多的跨国品牌，选择在进博会上全球首发新品。同样令人期待的是北京冬奥会。第四届进博会吸引了127个国家和地区的近3000家参展商，国别、企业数均超过上届，各界参展热情不减。事实上，第四届进博会如期而至，就充分体现出中国继续扩大开放的决心。北京是世界上唯一一个既举办了夏季奥运会，又将举办冬季奥运会的城市。自启动冬奥筹办工作以来，北京冬奥组委全面落实绿色、共享、开放、廉洁的办奥理念，与国际奥委会、国际残奥委会等方面紧密合作，统筹推进疫情防控和冬奥筹办，目前各项准备工作已经就绪。自北京携手张家口成功申办冬奥会以来，国际奥委会便多次对中国的筹备工作称赞有加。国际奥委会主席巴赫曾说，2022年冬奥会"交给了放心的人"，东京奥运会结束后他也再次向全世界发出邀请。进博会，从来不是中国的独唱，而是各国的合唱。面对经济全球化遭遇逆风和回头浪，中国坚定站在"历史正确的一边""人类进步的一边"，做开放合作大潮里的中流砥柱，推动经济全球化朝着更加开放、包容、普惠、平衡、共赢的方向发展，让各国人民共享发展成果。人类本来命运与共。无论是上海进博会还是北京冬奥会，意义都不仅仅停留于经济或体育领域。

同日　《河北日报》发表文章《筑牢安全防线　护航冬奥平安——"努力交出冬奥会筹办和本地发展两份优异答卷"②》。文章指出，要突出"简约、安全、精彩"的办赛要求，全面防范化解各种风险——2021年1月，习近平总书记在北京河北考察并主持召开北京冬奥会和冬残奥会筹办工作汇报会时明确要求。确保安全，是办好冬奥会、冬残奥会的基本前提和重要保障。我省全面落实"四个办奥"理念和"简约、安全、精彩"的办赛要求，最大限度降低疫情风险，全面防范化解各种风险，努力筑牢安全防线，护航冬奥平安。

11月11日　新华社发表文章《超低能耗，"冰菱花"将在冬奥会后继续绽放》。文章指出，可持续发展是北京从申办冬奥到筹办冬奥过程中一以贯之的理念之一，作为为数不多的冬奥会新建场馆，冬奥冰球训练馆——五棵松冰上运动中心（冰菱花）从设计到建造都在履行着这一理念。"冰菱花"馆内设置60m×30m和60m×26m两种尺寸的可转换冰场，采用二氧化碳跨临界直冷制冰技术制冰，不仅节能，对环境也不会造成破坏。北京建筑设计研究院主任建筑师表示，"冰菱花"把超低能耗的理论和技术融入了设计和建造的过程当中，更有利于场馆在冬奥会赛后的利用。例如，场馆的制冰系统一般会有残存的热能和冷能丢失，在超低能耗的设计理念下，这样的残存热能和冷能可以再吸收再利用。"冰菱花"所在的区域是五棵松体育文化公园，涉及一些商业布局以及一些城市公共空间。考虑到赛后利用，在设计过程中有一个理念就是空间越灵活越好，将来可以根据不同的业态要求来进行灵活分割。

同日 国家市场监督管理总局负责人一行到张家口市，调研督导北京冬奥会张家口赛区食品安全保障工作。

11月12日 新华社发表文章《北京冬奥会延庆赛区科技助力雪橇国际训练周保障工作》。文章指出，"相约北京"系列冬季体育赛事雪橇国际训练周自7日开始以来，延庆赛区抓紧实战练兵机会，以科技创新为引领，全力做好测试活动服务保障工作，为即将举办的2021/2022国际雪橇联合会雪橇世界杯做好准备。

11月13日 《人民日报》发表文章《北京冬奥会冬残奥会测试赛进程过半》。文章指出，自10月5日首场测试赛开赛以来，"相约北京"系列冬季体育赛事已进程过半——截至11月12日，速度滑冰中国公开赛、亚洲花样滑冰公开赛、短道速滑世界杯等6项国际赛事及雪车国际训练周、冰壶国内测试活动已顺利完成，获得多方好评。办好测试赛，完成好测试任务，是北京冬奥会筹办工作的重要一环。通过举办测试赛和测试活动，北京冬奥组委及相关部门在疫情防控、赛事组织、服务保障和场馆运行等方面积累了经验。北京冬奥组委场馆管理部部长表示，测试工作进展顺利，测试效果初步呈现。

11月14日 新华社发表文章《相信北京冬奥会定会成功举办——专访塞尔维亚奥委会秘书长维沙茨基》。文章指出，塞尔维亚奥委会秘书长维沙茨基近日接受新华社记者专访，他表示，中国在举办重大体育赛事和防控新冠疫情方面具备丰富经验，塞尔维亚奥委会对于北京冬奥会的成功举办充满信心。

11月15日 首批氢燃料电池车通过公路发往北京冬奥会赛场。这是大连自贸片区携手海关、企业共同践行国家"双碳"战略的生动实践，也是"氢"情助力北京绿色冬奥会的有效举措。

同日 国家高山滑雪中心正式启动冬奥造雪工作，预计2022年1月中旬完成。

同日 速度滑冰世界杯首站比赛波兰站结束。

同日 《光明日报》发表文章《冬奥会人工造雪不会影响当地居民用水》。文章指出，随着北京冬奥会的日益临近，设在延庆和崇礼山区的雪上项目比赛场地将陆续开始人工造雪。人工造雪是否会对当地居民生产生活造成影响？如何妥善解决人工造雪问题？北京冬奥组委对此作出回应：经过科学论证，北京冬奥会人工造雪不会影响区域用水安全和生态环境。

同日 斯洛伐克驻华大使杜尚·贝拉接受北京日报记者专访。他表示，虽然新冠疫情在全球的持续蔓延给重大活动举办造成了很多不利因素，但他相信在中国政府的全力筹备下，北京冬奥会一定能够取得成功。

同日 《河北日报》发表文章《精心精细精准 搞好服务保障——"努力交出冬奥会筹办和本地发展两份优异答卷"③》。文章指出，坚持"三个赛区、一个标准"，着眼赛时需求，河北省精益求精做好交通、安保、住宿、餐饮、医疗、志愿者等业务领域筹办工作，全面提升赛会服务保障水平，努力为举办一届"简约、安全、精彩"的奥运盛会作出河北积极贡献。

11 月 16 日 北京冬奥会张家口赛区 8 个临时交通场站全部建设完成。赛区临时交通场站旨在满足赛时各类人员的驻车及换乘需求，为交通服务团队提供管理、工作、休息场地，8 个场站可停放大巴 1396 辆、小车 2602 辆。场站通过合理选址和优化运行方案，大量节约了建设用地，地面建筑使用钢结构，方便赛后回收。

11 月 17 日 《光明日报》发表文章《走出去，争取更多"入场券"中国冰雪运动员积极备战北京冬奥会》。文章指出，北京时间 11 月 15 日结束的速度滑冰世界杯波兰站比赛上传来了好消息：阔别国际赛场近两年的中国速滑队，在本站比赛中不仅获得一金一银的好成绩，而且全队表现稳定，男女队各有 7 人取得北京冬奥会的参赛资格。按照国际滑冰联合会有关北京冬奥会速度滑冰参赛资格的入围办法，本赛季前 4 站世界杯的成绩将决定北京冬奥会速滑各小项参赛席位。世界杯首站比赛波兰站结束后，中国男队在 3 个单项上获得了 6 个实时席位，团体追逐赛也实时入围，7 名运动员实时入围。女队则在 6 个单项上都实时入围，共获得 13 个实时席位。再加上团体追逐赛，目前已有 7 名运动员实时入围。按照计划，中国速滑队还将参加 11 月 19 日至 21 日进行的世界杯挪威站比赛。如果中国队队员能再进一步，将有望获得更多的北京冬奥会"入场券"。

11 月 18 日 北京冬奥组委在首钢办公区举办了科技冬奥新闻发布会。"科技冬奥"将成为 2022 年北京冬奥会和冬残奥会的一大亮点，场馆建设、基础设施、绿色环保、智慧服务、转播技术、人工智能等新技术将得到充分展示和应用。科技部社会发展科技司负责人介绍，围绕"科技冬奥"重点任务布局，北京冬奥会的场馆建设广泛应用新技术，重点解决雪车雪橇赛道、国家跳台滑雪中心和国家速滑馆等场馆设计、建造和运维技术难题，支撑"鸟巢"智能化和"水立方"水冰转换等场馆改造，同时加强气象预测、运行指挥、医疗保障等方面的技术支持。

同日 《北京日报》发表文章《冬奥村为何要建好几个》。文章指出，冬奥会的奥运村简称冬奥村，是冬季奥运会举办城市为参赛运动员、教练员提供的集中住宿处所，又称选手村、运动员村。早期的奥运会没有奥运村的概念，随着参赛运动员数量的不断增长，他们的食宿逐渐成为问题。冬奥会也是如此，在没有奥运村的时代，旅馆无疑是当然的选择。瑞士的圣莫里茨就因发达的旅馆业，两度被冬奥会青睐。1960 年有了冬奥会历史上首个真正意义上的冬奥村。后来，冬奥村越来越受关注，硬件不断提升，成了各举办国展示实力与文化的舞台。1980 年，第 13 届冬奥会在美国普莱西德湖举行，中国派出代表团参加。这也是国际奥委会恢复中国合法席位后，中国运动员第一次在这个世界性体育赛场上正式参加比赛。中国体育代表团到达冬奥村的消息，很快就通过广播和电视迅速传送到美国和世界各地。外国记者评价说，代表十亿人口的中国冰雪运动员走上了世界冰坛，其重要意义超过了冬奥会本身。此次北京冬奥会在北京、延庆和张家口三个赛区都分别设置了一个冬奥村（冬残奥村）。翻阅冬奥会的历史我们就会发现，设置多个冬奥村，其实早有先例。日前，北京冬奥村进行了场馆能源及设备压力测试。华灯初上，北京冬奥村披上"彩衣"，"冬奥村"三字首次点亮。北京冬奥村已经准备好了，赛时将为来自世界各地的运动员提供最温馨、暖心的服务。

11 月 19 日　"相约北京"2021—2022 国际雪橇联合会雪橇世界杯在国家雪车雪橇中心正式开赛。经过资格赛的激烈角逐，来自 17 个国家约 110 名运动员闯入世界杯。中国男子雪橇运动员范铎耀以 59 秒 535 的成绩成功晋级雪橇世界杯正赛。这也是中国雪橇运动员首次获得雪橇世界杯正赛资格，创造了中国雪橇运动的历史。

11 月 20 日　华大"火眼"实验室在原崇礼区冬奥规划馆建设完成并正式投入使用，实验室设计核酸检测日检测通量 5 万管，最大可提升至 7 万管。

11 月 21 日　新华社发表文章《北京冬奥会延庆赛区首次进行带观众测试》。文章指出，"相约北京"2021—2022 国际雪橇联合会雪橇世界杯正赛近日在国家雪车雪橇中心"雪游龙"举行。约 300 名观众日前到场观看男子单人雪橇比赛，这也是北京冬奥会延庆赛区首次进行带观众测试。

11 月 22 日　中共中央政治局委员、国务院副总理孙春兰到河北省张家口市古杨树场馆群、北京大学第三医院崇礼院区、北京市首钢滑雪大跳台调研，考察北京冬奥会医疗保障和疫情防控工作。她强调，要深入贯彻十九届六中全会精神和习近平总书记关于冬奥会筹办的一系列重要指示，按照"简约、安全、精彩"的办赛要求，遵循国际救援规则和医疗保障规律，加强全流程全要素应急培训和演练，提升医疗保障、疫情防控水平，为北京冬奥会安全顺利举办提供有力保障。在考察场馆医疗点、直升机救援、医疗指挥中心后，孙春兰强调，冰雪项目多是高难度运动，医疗保障是办好赛事的重要环节，现在各赛区配备的医疗设备是一流的，救治力量也要是一流的。要针对各个赛区不同竞赛项目的特点，配强创伤救治等相关科室的专家力量，提高治疗水平。要坚持生命至上，按照"快速、规范、安全"的要求，突出现场救援重点，优化转运流程，以最快速度保证最佳救治时机。要通过测试赛、实战演练等形式，查验急救设备、救治药品、救护车辆、直升机救援等关键设施的准备和运行情况，进一步完善赛场救援、定点医院收治、心理疏导等医疗保障体系。要组建雪上项目国际联合雪道医疗救援队，选拔业务精、外语好的医护人员担负医疗保障任务，加强雪上救援技能和滑雪技能培训，提高现场应急救援水平。孙春兰指出，当前北京冬奥会系列测试赛正在陆续开展，国际疫情仍然严峻复杂，疫情防控丝毫不能麻痹。要认真落实分区分级闭环管理，空间分区、人员分类、互不交叉，"一馆一策""一项目一方案"，做到精准有效防控。对境外涉冬奥人员从入境点、入境转运、居住地、赛场等全流程闭环，环内人员执行同等的管理政策，环内环外严格区分开，最大限度降低疫情风险。要加强比赛场馆、运动员居住地、定点收治医院的疫情防控，定期开展预防性消毒和核酸检测。要完善防控导则并加强宣传解读，突出重点、简洁明了、便于执行。

同日 2022 年北京冬奥会"相约北京"系列测试活动在张家口赛区正式启幕。这将是张家口赛区在冬奥会前的最后一次全面实战检验。

同日 新华社发表文章《哥伦比亚代表团期待亮相 2022 年北京冬奥会 参赛人数或创新高》。文章指出，南美国家哥伦比亚并不是传统冬季运动强国，但近年来大力发展冰雪运动。2022 年北京冬奥会赛场上，哥伦比亚参赛运动员人数或将创新高。

11 月 23 日 2021—2022 国际雪联单板滑雪和自由式滑雪障碍追逐世界杯在张家口云顶滑雪公园举行为期两天的训练活动。运动员将在 25 日、26 日分别进行预赛，27 日、28 日进行决赛。11 月至 12 月，2022 年北京冬奥会"相约北京"系列测试活动张家口赛区将举办 4 场测试活动，分别是 2021—2022 国际雪联单板滑雪和自由式滑雪障碍追逐世界杯、2021—2022 国际雪联北欧两项洲际杯、2021—2022 国际雪联跳台滑雪洲际杯、冬季两项国际训练周。

同日 格鲁吉亚奥委会副主席马穆卡·卡巴莱利在第比利斯接受新华社记者专访，他表示，北京成功举办了 2008 年夏季奥运会，也必将为世界奉献一届成功的冬季奥运会。

11 月 24 日 北京 2022 年冬残奥会倒计时 100 天主题活动在国家游泳中心举行，活动现场发布了《北京 2022 年冬奥会和冬残奥会残疾人服务知识手册》

和《北京 2022 年冬残奥会运动员和随队官员服务手册（盲文·大字）》。

同日 《人民日报》发表文章《冬奥会筹办有机融入区域发展》。文章指出，"北京冬奥会是我国重要历史节点的重大标志性活动，是展现国家形象、促进国家发展、振奋民族精神的重要契机，对京津冀协同发展有着强有力的牵引作用"。在绿色、开放、共享、廉洁的办奥理念引领下，冬奥会筹办有机融入两地三赛区区域发展。同时指出，交通是重大体育赛事成功举办的关键要素，产业协同是京津冀协同发展的重点内容，冬奥会筹办引领全球时尚运动新胜地建设，冬奥会筹办奏响群众乐享生活新乐章。

11 月 25 日 《人民日报》发表文章《逐梦冰雪向未来——写在北京冬残奥会倒计时 100 天之际》。文章指出，"两个奥运，同样精彩"。再过 100 天——2022 年 3 月 4 日，北京冬残奥会将拉开大幕。习近平总书记强调："办好北京冬奥会、冬残奥会是党和国家的一件大事，是我们对国际社会的庄严承诺，做好北京冬奥会、冬残奥会筹办工作使命光荣、意义重大。"申冬奥成功 6 年多来，在绿色、共享、开放、廉洁的办奥理念引领下，北京冬残奥会筹办工作取得丰硕成果。随着北京冬残奥会的脚步临近，世界各地的运动员期待着相聚北京，在赛场上诠释"勇气、决心、激励、平等"的残奥价值观，谱写精彩的人生篇章，鼓舞着全世界携起手，一起向未来。文章从以下三个层面进行报道：一是北京冬残奥会筹办工作成果显著，赢得各方的肯定与期待；二是从备战赛事到群众参与，冬残奥运动迎来发展机遇；三是北京冬残奥会接力北京残奥会，推动残疾人事业发展。

同日 《光明日报》发表文章《厉兵秣马备战 诠释残奥理念——探营中国残疾人体育运动管理中心》。文章指出，100 天后开幕的北京冬残奥会，既是展现我国残疾人体育运动精神的大舞台，也是中国残疾人冬季运动健儿们实现自己梦想、在家门口为国争光、给国人交出精彩答卷的最好机遇。为此，中国代表团各支队伍正厉兵秣马，加紧备战。记者随中国残联一起来到位于北京市顺义区的中国残疾人体育运动管理中心，探访几支正在这里备战冬残奥会的队伍。探访得知：轮椅冰壶队参赛基本阵容确定；残疾人冰球队起步较晚，但进步惊人；场馆建设将人文关怀渗透到细节。

11 月 26 日 《光明日报》发表文章《打造"无障碍的冬残奥会"》。文章指出，提供无障碍的赛事环境是北京冬奥会和冬残奥会的申办承诺。2018 年 9 月 7 日，《北京 2022 年冬奥会和冬残奥会无障碍指南》正式发布，确保了北京 2022 年冬奥会和冬残奥会场馆无障碍设施建设规范化、国际化、人性化。如今，距离北京冬残奥会不足百日，北京及张家口为打造"无障碍的冬残奥会"所进行的努力已结出累累硕果。这些硕果包括：广受认可的无障碍服务，完备便利的比赛环境，无微不至的关怀与体贴。

11 月 28 日　北京冬奥会模拟"赛时一天"综合演练顺利举行。"赛时一天"综合演练是奥运会筹办工作的惯例，也是北京冬奥会举办前，北京冬奥组委与国际奥委会和国际残奥委会共同完成的"规定动作"，其基本要求是选取冬奥会举办期间赛程比较密集的一天，通过模拟当日的运行工作进行综合演练。

11 月 29 日　北京冬奥之家主题展"一起向未来"在东京中国文化中心开幕，日本奥委会主席山下泰裕出席并讲话，他表示，参加北京冬奥会的日本代表团规模将超过 200 人，他相信北京冬奥会将是让中国、日本以及世界所有选手都取得成功的盛会，相信北京冬奥会将给疫情下的世界带来希望、勇气和力量。

11 月 30 日　北京 2022 年冬奥会和冬残奥会（张家口赛区）城市志愿者选拔确认工作全部完成。

12 月

12 月 1 日　农业农村部召开常务会议，研究冬奥会、冬残奥会农产品供应和质量安全保障工作。会议强调，要把确保冬奥会、冬残奥会农产品稳定供应和质量安全作为一项重大政治任务来抓，按照冬奥组委统一部署，切实履行好应尽职责，保质保量完成各项任务，确保万无一失。要加强直供冬奥农产品生产基地质量安全管控，指导地方对直供基地实施驻点监管，配合相关部门做好食源性兴奋剂防控，加大抽检力度，切实保障好冬奥会、冬残奥会、北京和河北张家口农产品供给。积极应对拉尼娜影响，抓好冬春蔬菜生产、流通和质量安全监管工作，确保全国农产品稳定供应和质量安全。

12 月 2 日　北京 2022 年冬奥会民航安全保卫工作电视电话会议召开。会议传达了北京冬奥会工作领导小组会议和安保总指挥部相关会议精神，就全面做好冬奥民航安保实战阶段工作进行动员部署。在听取完民航华北地区管理局，首都机场集团公司，首都机场公安局安保筹备工作汇报后，民航局主要负责人充分肯定了各单位前期工作，强调民航是整个冬奥保障工作的第一站，也是最后一站。做好冬奥民航保障特别是安保工作，是党中央交给民航系统的重大政治任务。各单位必须从讲政治和全局的高度深刻认识做好北京冬奥会民航安保工作的特殊重大意义，自觉把思想和行动统一到习近平总书记重要指示精神和党中央决策部署上，增强"四个意识"、坚定"四个自信"、做到"两个维护"。

必须切实提高政治判断力、政治领悟力、政治执行力，做到"国之大者"心中有数。必须坚持总体国家安全观，准确把握统筹做好疫情防控和安保工作面临的系列风险挑战，坚守民航安全底线，对安全隐患零容忍，切实为北京冬奥会筑牢民航安全屏障，坚决圆满完成各项民航安保任务。

12月2日　市场监管总局等三部门加强滑雪场客运索道安全工作，为冬奥会营造良好安全氛围。市场监管总局、体育总局、文化和旅游部联合印发《关于加强滑雪场客运索道安全工作的通知》，部署各地市场监管、体育、文旅部门做好滑雪场客运索道摸底排查、安全检验、监督检查等工作，有效预防和减少滑雪场客运索道安全事故，保障运动员和游客人身安全，营造冬奥会期间良好安全氛围。通知要求，各地要全面摸底排查，摸清本地区滑雪场底数和客运索道有关情况，督促滑雪场认真开展自查自纠、切实落实安全主体责任。通知强调，对今年滑雪季接待运动员和乘客的客运索道，要严格检验把关，做到"应检尽检""即报即检"。对检验发现的问题，督促滑雪场及时完成整改，待设备完成整改，取得合格检验报告后，方可投入使用。

12月3日　国务院新闻办公室举行新闻发布会，介绍北京冬奥会和冬残奥会最新筹办进展以及延庆、张家口赛区筹备情况。据介绍，北京2022年冬奥会计划于2月4日开幕，2月20日闭幕；冬残奥会计划于3月4日开幕，3月13日闭幕。作为冬奥赛前系列化、全要素的运行测试，自2021年10月5日起至12月底，10项国际赛事、3次国际训练周和2项国内测试活动已经有序展开。截至目前，测试赛运行状况良好，实现了既定测试目标，赢得了国际体育组织、参赛运动员及境内外媒体的积极评价。

同日　国务院新闻办公室举行北京冬奥会和冬残奥会最新筹办进展以及延庆、张家口赛区筹备情况新闻发布会。北京冬奥会和冬残奥会运行指挥部调度中心负责人表示，目前正在进行的"相约北京"系列测试赛进展顺利，冬奥赛前各项筹办工作也在持续深化，所有12个竞赛场馆已全部完工并具备办赛条件，各竞赛场馆、非竞赛场馆运行团队全部组建完成、人员到位就绪，时刻准备迎接赛事到来。该负责人介绍，截至目前，北京赛区承办的短道速滑世界杯等6项赛事，延庆赛区承办的雪橇世界杯等5项赛事及张家口赛区承办的单板滑雪和自由式滑雪障碍追逐世界杯等都已圆满结束，测试赛进程已过大半。从已经结束的测试赛看，赛事运行状况良好，实现了既定测试目标，赢得了国际体育组织、参赛运动员及境内外媒体的积极评价。

12月4日　《人民日报》发表文章《北京冬奥会所有12个竞赛场馆已全部完工并具备办赛条件3个赛区已准备好迎接赛事到来》。文章指出，自2021年

10 月 5 日起至 12 月底，10 项国际赛事、3 次国际训练周和 2 项国内测试活动有序展开，对标冬奥赛时，进行全要素的运行测试。北京冬奥会和冬残奥会运行指挥部调度中心负责人表示，截至目前，北京赛区承办的短道速滑世界杯等 6 项赛事，延庆赛区承办的雪橇世界杯等 5 项赛事及张家口赛区承办的单板滑雪和自由式滑雪障碍追逐世界杯等都已圆满结束，测试赛进程已过大半。从已经结束的测试赛看，赛事运行状况良好，实现了既定测试目标，赢得了国际体育组织、参赛运动员及境内外媒体的积极评价。系列测试赛期间，相关组委会及场馆团队与国际单项体育组织充分磨合，对标冬奥赛时，有序完成各项工作；竞赛组织团队得到锻炼，竞赛运行流线得以充分检验；测试赛场地设施彰显出"科技范儿"，均达到冬奥赛事要求的技术标准；赛时运行指挥体系全面启动，不同业务领域之间协同配合、联动运转……相关各方做到能测尽测、应测尽测，为落实"简约、安全、精彩"的办赛要求奠定了坚实基础。

12 月 6 日　由共青团河北省委主办的"志愿青春 冬奥有我"北京 2022 年冬奥会和冬残奥会张家口赛区志愿者出征仪式在线举行。仪式主会场设在石家庄市，来自 29 所高校的河北省 3000 余名冬奥志愿者在线上互动，展现风采。

同日　《人民日报》发表文章《筹办冬奥会带来发展良机 中国雪橇项目驶上快车道》。文章指出，中国国家雪橇集训队 2015 年刚刚组建，经过刻苦训练，中国雪橇运动员现已踏上世界顶级赛场并有良好发挥。如今，年轻的中国雪橇选手在竞技水平以及对项目理解等方面都取得了长足的进步，他们已经准备好在北京冬奥会上展现中国运动员的风采。

12 月 7 日　北京冬奥组委新闻发言人表示，在"更快、更高、更强——更团结"的奥林匹克格言感召下，体育非政治化、支持北京冬奥会已成为国际社会的普遍共识和国际体育界的共同心声。据发言人介绍，支持北京冬奥会已成为国际社会的普遍共识和国际体育界的共同心声。多国领导人通过多种形式表达了对北京冬奥会、冬残奥会的坚定支持。金砖国家峰会、上合组织峰会等多边机制重要文件均写入支持北京冬奥会内容、中俄印外长会晤、中非合作论坛部长级会议等均支持中国成功举办北京冬奥会。《二十国集团领导人罗马峰会宣言》表示期待北京冬奥会和冬残奥会，强调"这是来自世界各国的运动员竞技的重要机会，也是人类韧性的象征"。

同日　旅居比利时的华侨华人留学生以视频形式举办"喜迎北京冬奥会"座谈会。中国驻比利时大使馆相关人员在致辞中表示，目前，北京冬奥会筹办工作进入最后冲刺阶段。第 76 届联合国大会协商一致通过由中国和国际奥委会起草的奥林匹克休战决议，体现了国际社会同舟共济、战胜疫情、实现和平、一起向未来的坚定决心。比利时也是决议的共提国。北京市侨联负责人以录制视频的方式致辞。他希望广大留学生和海外侨胞成为北京冬奥会的坚定支持者，充分发挥自身融通中外的优势和作用，成为北京冬奥会的积极传播者，讲好冬奥会故事，共筑中华民族伟大复兴中国梦、共画海内外中华儿女同心圆。此次座谈会组织者表示，海外华侨华人怀着激动的心情，期待和盼望北京冬奥会的成功举办。

同日 民航局召开北京2022年冬奥会和冬残奥会航空运输保障领导小组专题会议。民航局运输司汇报了北京冬奥会航空运输保障筹备重点工作进展情况，民航局国际司、飞行标准司、运行监控中心，民航华北地区管理局分别汇报了相关工作进展情况。与会人员围绕当前需要协调解决的相关事宜做了研讨。民航局负责人表示，当前，北京冬奥会各项测试赛顺利举办，民航各项筹备工作经受了实战检验，各单位要在组织、机制、资源、人力等各方面全力支持、投入冬奥航空运输保障，保持奋战状态，进一步提振精气神，激发战斗力，积极担当作为，坚决完成北京冬奥会航空运输保障工作，共同助力北京冬奥会如期安全顺利举办。

同日 针对美方以所谓新疆实施"种族灭绝"等侵犯人权行为为由，不派任何外交或官方代表出席2022年北京冬奥会一事，外交部发言人表示，中方对美方表态强烈不满、坚决反对，已向美方提出严正交涉，并将作出坚决反制，美方应停止将体育运动政治化，停止干扰破坏北京冬奥会的言行。美方炮制所谓新疆存在"种族灭绝"的世纪谎言，早已被事实戳穿。美方出于意识形态偏见、基于谎言谣言，试图干扰北京冬奥会，这只会让人看清美方的险恶用心，只会使美方更加丧失道义和信誉。"美国历史上对印第安原住民犯下的罪行才是真正的'种族灭绝'，这顶帽子美国自己戴最合适不过！"美方做法严重违背《奥林匹克宪章》确立的"体育运动政治中立"原则，同"更团结"的奥林匹克格言背道而驰，站在了全世界广大运动员和体育爱好者的对立面。

同日 《河北日报》发表文章《共青团河北省委圆满完成冬奥会"首考"》。文章指出，11月25日至28日，相约北京2021/2022系列测试赛（张家口赛区）国际雪联单板滑雪和自由式滑雪障碍追逐世界杯在崇礼举行，来自全国各高校的155名志愿者分别于19日、21日前往两个赛会驻地报到，参与测试赛志愿服务。统一的服装标识、标准的志愿服务、热情洋溢的微笑，给来自国内外的运动员、裁判员留下了深刻的印象。随着12月6日闭环内工作人员隔离结束，共青团河北省委也在此次测试赛中完成了冬奥会的首次"大考"，圆满完成志愿者驻地的管理保障工作。

12 月 10 日　菲律宾滑冰协会主席郑依琳在出席中菲媒体年会时谈到,菲律宾虽然地处热带,但不少年轻人对冰雪运动兴趣盎然。谈及某些国家针对北京冬奥会的不友好声音,她认为,所有运动员都为参赛付出了艰苦努力,冬奥会不应该被政治化。在她眼中,北京冬奥会必将成为一届非常独特且激动人心的盛会,"希望每个人都健康安全,一切圆满顺利"。中国驻菲律宾大使当晚也在出席年会时表示,北京冬奥会是全球冬奥运动员和冰雪运动爱好者的盛会,不是政治的作秀场。北京将成为现代奥林匹克历史上第一个同时举办过夏奥会和冬奥会的"双奥之城",必将为世界呈现一场简约、安全、精彩的盛会。

同日　在荷兰吕伐登举行的冬奥冰壶资格赛上,澳大利亚队以 6∶5 战胜韩国队,获得北京冬奥会冰壶混双项目的参赛资格。澳大利亚奥委会在当日发表声明中说,获胜的混双组合塔利·吉尔、迪恩·休伊特创造了历史,因为该国冰壶选手此前还从未获得过冬奥会参赛权。澳大利亚奥委会主要负责人表示,祝贺澳冰壶协会将首次有运动员代表澳大利亚参加冬奥会。

12 月 11 日　第 10 届奥林匹克峰会通过线上会议的方式举行。峰会公告指出,北京冬奥会的举办将开启全球冬季运动的新时代。中国提出要带动 3 亿人参与冰雪运动,将使得全球冬季运动的开展迈向新高度。峰会公告对任何将奥运会和体育运动"政治化"的行为表示了坚决反对,并且强调了国际奥委会、奥运会以及整个奥林匹克运动保持政治中立的重要性。

12 月 13 日　《北京 2022 年冬奥会和冬残奥会防疫手册》(以下简称《防疫手册》)第二版发布。第二版《防疫手册》对第一版手册进行了补充,内容增加了各利益相关方关心的信息,使防疫原则的制定更加透明;在疫苗接种、海关入境要求、冬奥赛时、闭环管理等方面,提供了更加翔实的信息。国际奥委会奥运会部负责人表示:"我们与国际残奥委会和北京冬奥组委一起,与卫生和体育赛事交付领域的世界顶级专家紧密合作,最终确定了必要的疫情防控措施,以确保北京冬奥会安全成功举办。通过创造一个安全的环境,北京冬奥会将打造独特的赛时体验,旨在帮助运动员将注意力集中在体育比赛上,这是冬奥会和冬残奥会的最基本要素。"

12 月 14 日　北京 2022 年冬奥会和冬残奥会延庆制服和注册分中心正式运行。作为较早投入运行的非竞赛场馆,北京 2022 年冬奥会和冬残奥会延庆制服和注册分中心主要负责为延庆赛区的工作人员、技术官员和志愿者办理证件注册,发放制服装备。上午,国家雪车雪橇中心等场馆运行团队的工作人员抵达延庆制服和注册分中心,经过测温、扫码、安检、身份验证等环节,在志愿者的引导下,有序办理证件注册,现场试穿并领取制服装备。国家雪车雪橇中心场馆负责人表示，证件注册和制服领取的各个环节衔接非常顺畅，制服轻便、保暖，而且穿上制服的时候，感觉北京冬奥会的脚步也越来越近了。场馆运行团队也将继续以饱满的精神状态投入后续的工作中，扎实做好各项服务保障工作。

12月15日 中共中央政治局常委、国务院副总理、第24届冬奥会工作领导小组组长韩正在北京调研冬奥会、冬残奥会筹办工作。他强调，要深入贯彻落实习近平总书记关于全力做好北京冬奥会、冬残奥会筹办工作的重要指示精神，围绕"简约、安全、精彩"办赛要求，把疫情防控摆在突出位置，精益求精、落实落细各项筹办工作，确保北京冬奥会、冬残奥会如期顺利举办。韩正表示，北京冬奥会、冬残奥会筹办工作已经进入关键时期，要按规划高质量完成场馆及配套设施建设，扎实做好场馆运行工作，为赛事顺利举办提供有力支撑。要认真研究冬奥场馆赛后利用，把举办重大赛事同服务全民健身结合起来，推动冰雪运动普及发展。

12月16日 中国驻伦敦旅游办事处主办的"携手迎冬奥，一起向未来——50天直通北京"线上活动正式启动。中国驻英国大使在启动仪式上致辞，诚挚欢迎英国体育代表团参加北京冬奥会，预祝英国运动员创造佳绩。他指出，近来美、英等个别国家政客借冬奥会玩弄政治把戏，他们不是在营造和谐与团结，而是在制造分裂和对立。不久前，第76届联合国大会协商一致通过由中国和国际奥委会起草的奥林匹克休战决议，173个会员国共提该决议。这体现了国际社会对中国成功举办北京冬奥会的坚定支持。他表示，中国体育事业和体育产业蓬勃发展。北京获得冬奥会举办权6年来，正逐步把"带动3亿人参与冰雪运动"的愿景变成现实。英国是现代体育和体育产业的诞生地。中英体育合作潜力巨大。两国应以北京冬奥会为契机，推动体育合作不断迈上新台阶，更好造福两国人民。

同日 《河北日报》发表文章《打造精品网络 赋能智慧冬奥——写在北京2022年冬奥会张家口赛区通信网络建设基本完成之际》。文章指出，办好北京冬奥会、冬残奥会是党和国家的一件大事，做好北京冬奥会、冬残奥会筹办工作使命光荣、意义重大。赛区通信保障是中国联通的一项光荣而艰巨的使命。中国联通作为北京2022年冬奥会和冬残奥会唯一官方通信服务合作伙伴，承担了全部冬奥竞赛场馆、非竞赛场馆和设施的通信建设和服务保障工作。面对雪上场馆地形复杂、严寒、强风等多项挑战，中国联通依托科技冬奥"复杂、极端环境下5G先进网络建设与示范"项目，研发了多频段、多形态的5G基站设备，在冬奥雪上场馆建成了可抵抗高寒、强风等恶劣条件的5G全覆盖网络，为冬奥会提供了安全可靠、稳定畅通的 5G 通信保障，同时也为后续高寒、强风等恶劣条件的 5G 组网提供了示范。5G 创新应用方面，张家口赛区各场馆大范围布置了可高速移动的高清摄像机，通过 5G 视频回传技术，让观众体验到 5G 视频回传技术带来的视觉震撼效果。此外，中国联通和中央广播电视总台将利用京张高铁 5G 网络联合打造首个 5G 直播专列，在高铁车厢里搭建冬奥频道高清直播演播室，通过 5G 在高铁上实时回传超高清视频信号。

12 月 17 日　北京举行"2022 年冬奥会和冬残奥会北京主办城市"系列新闻发布会——城市志愿服务专场。城市志愿服务工作是冬奥会和冬残奥会工作的重要组成部分。在北京冬奥会志愿者工作协调小组统筹指导下，北京 2022 年冬奥会和冬残奥会城市志愿者（北京市）指挥部于 2021 年 8 月正式成立，成员单位共计 43 家，由北京市委宣传部（首都文明办）、北京团市委作为牵头单位，具体负责城市志愿服务工作的组织与实施。共青团北京市委员会负责人介绍，根据冬奥会总体工作要求，北京市目前共确定城市志愿服务点位 758 个，城市志愿者已于 12 月 5 日在主要服务站点开始上岗服务，预计 2022 年 1 月 25 日开始全面上岗服务，直至北京冬奥会和冬残奥会赛事活动结束。

12 月 19 日　由国家互联网应急中心、中国信息安全测评中心组成的专家团队到北京冬奥会张家口赛区开展信息系统网络安全攻防演练。对存在的风险漏洞指导场馆和业主单位全部整改到位，为冬奥会赛时网络安全稳定奠定了坚实基础。

12 月 20 日　外交部发言人在当日例行记者会上表示：举办一届简约、安全、精彩的北京冬奥会是人心所向。外交部发言人表示，国际社会支持北京冬奥会、反对体育政治化的声音一浪高过一浪。二十国集团、中非合作等多边机制也发出支持北京冬奥会的强音。联合国秘书长古特雷斯、俄罗斯总统普京等政要已确认来华出席北京冬奥会。全球践行奥林匹克精神的国家和人民正以实际行动证明，举办一届简约、安全、精彩的北京冬奥会是人心所向，个别国家利用北京冬奥会搞政治作秀和政治操弄的做法注定不会得逞。

同日　《北京日报》发表文章《奥地利驻华大使利肯：北京将向世界证明，疫情之下冬奥会也能成功举办》。"只有少数几个国家在冬奥会上获得的奖牌比夏奥会多，奥地利是其中之一。这就是很多奥地利人都期待北京冬奥会的原因。"奥地利驻华大使利肯接受本报记者专访时表示，奥地利将派出约 110 名运动员参加北京冬奥会。冬奥会对奥地利人来说非常重要，运动员将有机会展示他们的能力和训练成果。北京也将向世界证明，即使在疫情影响之下，冬奥会也能成功地举办。利肯表示，奥地利使馆已经从主办方那里获得了一份有关北京冬奥会将如何进行疫情防控的方案。方案十分丰富和详尽，介绍了主办方在疫情防控方面的计划以及一系列具体的措施。他祝愿所有人能够享受将在2022年2月成功举办的激动人心的北京冬奥会。在当前疫情和一些限制下，希望所有运动员能在各个项目上全面发挥自己的竞技水平。

同日 天津体育学院与北京大学第三医院崇礼院区共建的崇礼冰雪运动学院正式揭牌开学。

12月21日 《河北日报》发表文章《打造立体交通网 融入协同发展提速——"努力交出冬奥会筹办和本地发展两份优异答卷"⑤》。文章指出，经过5年奋战，如今，以铁路公路为主、航空为辅的冬奥会综合运输网络和以公共交通为导向的冬奥会运输服务保障系统已全面形成。京张高铁、延崇高速、宁远机场改扩建、崇礼南互通、6条普通干线和农村公路、张家口南综合客运枢纽、崇礼客运枢纽等工程，不断拉近张家口与北京的时空距离，张家口加速融入京津冀协同发展大局，实现高质量发展。以京张高铁为纽带，张家口还充分发挥京张高铁的资源输送效应，依托怀来县、下花园区、宣化区等各站点优势，大力创建科技园区。截至2021年上半年，张家口建成省级高新区、省级农业科技园区13家，努力打造京张科技创新走廊。

12月23日 国务院新闻办公室举行北京冬奥会和冬残奥会防疫政策及相关筹备工作新闻发布会，解读近日发布的第二版《北京2022年冬奥会和冬残奥会防疫手册》（以下简称《防疫手册》）以及有关冬奥会防疫的相关措施，确保北京冬奥会、冬残奥会安全举办。北京冬奥组委负责人表示，在新冠疫情背景下举办北京冬奥会、冬残奥会，防疫安全工作面临巨大压力和挑战。北京冬奥组委与国际奥委会、国际残奥委会共同发布的《防疫手册》，旨在确保北京冬奥会、冬残奥会正常运行。《防疫手册》的内容符合办赛需要，体现了"以赛事为核心，以运动员为中心"，符合中国疫情防控原则要求。此外，北京市卫生健康委员会负责人介绍，北京赛区和延庆赛区共设置了88个医疗站，提供现场医疗救治以及伤病员分流转运工作。调整优化定点医院收治任务，18家定点医院实施精准分类收治，避免不同风险伤病员流线交叉。比赛开始之后，还将从定点医院抽调1188名医务人员、840名院内专家，提供及时高效的医疗服务。

12月23日 农业农村部召开视频会议，部署加强冬奥会农产品质量安全保障工作。会议强调，要坚决保障冬奥会与赛区城市农产品质量安全。对供冬奥基地明确专人实施驻点监管，组建专家团队强化技术支持，指导科学规范使用投入品，严格落实全程管控措施和批批自检要求。要统筹抓好农产品质量安全风险和食源性兴奋剂防控，着力增加抽检频次，扩大抽检覆盖面，确保万无一失。

12月24日 国际奥委会每季度一期的官方杂志《奥林匹克评论》12月专门出版中文特刊，封面故事聚焦即将开幕的北京冬奥会，表示北京已经准备就绪，开启冬奥会新时代。封面故事以"冬奥会新时代"为题，文中开篇引用国际奥委会主席巴赫的讲话："北京将成为历史上首座举办过夏冬两季奥运会的双奥之城。北京冬季奥运会将把中国人民与世界联系起来，实现其让三亿人参与冰雪运动的愿景，改变冬季运动的现状。中国将迎来最优秀的冬季运动选手，全世界都会感受到这份热情。"国际奥委会奥运会部执行负责人也在文中表示："即将亮相的冬奥会场馆实在惊艳，其中几座来自2008年，还有几座设计出众的新建场馆，它们采用各种最新功能，如可持续资源发电，或在冰上场地使用二氧化碳可持续制冷系统。所有这些功能都符合未来使用者的预期，包括公众。"

同日 国务院新闻办公室举行新闻发布会，交通运输部有关负责人介绍冬奥会交通运输服务保障工作情况，并答记者问。围绕冬奥会即将召开，交通运输如何做好服务保障等问题进行了解答。交通运输部运输服务司主要负责人表示，交通运输部加强调度指导，强化统筹协调，全力支持和协调京冀两地以及北京冬奥组委做好冬奥交通运输保障工作。交通运输部牵头组建冬奥会重大交通保障项目推进协调小组和技术专家组，加强督导协调和技术指导，并安排车购税补助资金支持涉冬奥重大交通基础设施建设。目前，铁路、公路、枢纽场站等重大项目已全部投入使用，16处临时交通场站、9处加氢站已全部建设完成。在应急保障方面，该负责人介绍，印发并动态更新冬奥交通疫情防控指南，明确涉奥人员分场景交通运输疫情防控要点，同时持续加强冬奥交通应急处置，制定专项保障方案，并持续开展冬奥交通测试演练，指导开展山地交通、抵离和跨赛区交通、疫情防控等。

同日 《北京日报》发表文章《北京冬奥会延庆赛区供电保障就绪》。文章指出，随着北京冬奥会的日益临近，延庆赛区各项供电保障工作已准备就绪。目前延庆赛区电网已形成"500千伏层面双电源支撑、220千伏层面双环网、110千伏链式接线、10千伏层面对射双环网接线"的网架结构，供电可靠性达到99.999%。考虑到疫情防控需求，国网北京电力延庆供电公司将使用机器狗和无人机代替部分人工对场馆电力设施进行巡检。据介绍，这两类设备均装设了3D成像和红外检测装置，能迅速捕捉电力设备的异常情况，同时通过5G通信方式，快速将现场设备运行状态传递到指挥中心。延庆赛区所有竞赛场馆里配备UPS（不间断供电电源），当发生电力故障时，实现重要负荷不停电。

同日 《河北日报》发表文章《六大产业增强张家口发展新动能——"努力交出冬奥会筹办和本地发展两份优异答卷"⑦》。文章指出,按照首都"两区"功能定位和要求,张家口市深入贯彻新发展理念,培育壮大体育文化旅游、冰雪、大数据、可再生能源、现代制造、绿色农牧六大产业,增强传统产业优势、夯实产业发展基础,壮大战略性新兴产业、打造产业发展新动能。数据显示,2020—2021年张家口雪季接待游客246.2万人次,同比增长83%,收入20.2亿元,同比增长87%。目前,张家口市累计签约冰雪产业项目97项,落地项目79项,产值达到9.69亿元;签约大数据产业项目39个,计划投资1377亿元,引进阿里、秦淮、腾讯运营数据中心12个,投运服务器达到100万台,逐步形成了怀来大数据产业基地、张北云计算基地等多个核心产业园区。张家口市利用大数据、物联网、人工智能等新技术,深入开展装备工业企业技术改造,支持工程机械、煤矿机械等传统装备制造业加快转型升级和提质增效,推动建设中国高端装备制造业创新基地。

12月25日 北京冬奥会新闻中心记者注册报名工作正式启动。2022北京新闻中心主要服务于北京冬奥会非注册但具有正式记者身份的媒体从业人员,向他们提供符合奥运会举办城市规定的、符合国际惯例的、丰富的新闻信息服务和便捷的媒体公共服务。

同日 外交部部长助理华春莹一行到北京冬奥会张家口赛区调研相关场馆流线及区域。

同日 中央网信办网络安全协调局副局长郭涛、北京冬奥组委技术部部长喻红、国家互联网应急中心副书记卢卫一行13人,到北京冬奥会张家口赛区调研冬奥会网络安全保障工作。

同日 北京2022年冬奥会(张家口赛区)颁奖广场舞台正式落成。

同日 河北省委书记、省人大常委会主任王东峰在崇礼区调研检查,强调要深入学习贯彻习近平总书记重要指示精神和党中央决策部署,全力以赴攻坚冲刺,精益求精做好北京冬奥会、冬残奥会筹办各项工作,为举办一届"简约、安全、精彩"的奥运盛会作出河北贡献。省委副书记、代省长王正谱参加调研检查。王东峰、王正谱到张家口山地转播中心,察看电视演播室建设情况;到国家冬季两项中心场馆,听取场馆建设和运行情况汇报,察看场馆流线设计和分区管理工作;在国家跳台滑雪中心,检查内部装修收尾工作;在张家口赛区冬奥村(冬残奥村),先后走进综合服务中心、运动员餐厅、工作人员餐厅、安全检查通道等地,查看相关工作;到张家口制服和注册分中心了解工作流程;到张家口奥林匹克颁奖广场建设现场,听取工作汇报,察看建设展。调研检查后，王东峰主持召开冬奥工作专题会议，听取省冬奥办、省直有关部门、省各分指挥部和张家口市工作汇报，安排部署下一步重点工作。

12月26日　北京冬奥会火炬展示活动暨长春市大众冰雪季启动仪式在庙香山滑雪场举行。上午9时，奥运冠军周洋和王皓手持冬奥火炬，向大家挥舞展示。活动现场，还展示了北京冬奥会仪式火种台和火炬手制服。当日，正值北京冬奥会开幕式倒计时40天，现场2000余名青少年随着冬奥会和冬残奥会主题口号推广曲《一起向未来》共同演绎手语舞。中国首位冬奥会旗手赵伟昌、短道速滑名将李野等多位运动员也一同来到现场。大屏幕上播放了26名长春籍奥运冠军、世界冠军录制的视频，表达了他们对北京冬奥会的期盼和祝福。

12月27日　北京冬奥会火炬在长白山进行展示。第八届国际儿童冬季运动会速度滑冰冠军王梦奇和亚军刘梓涵在活动现场展示冬奥会火炬。

同日　外交部回应美官员冬奥会来华申请：将根据国际惯例、有关规定和对等原则处理。外交部发言人在当日例行记者会上应询时表示，中方已收到美方有关人员的签证申请，将根据国际惯例、有关规定和对等原则进行处理。中方再次敦促美方践行奥林匹克精神，停止将体育运动政治化，停止任何干扰破坏北京冬奥会的言行。

同日　国家知识产权局负责人一行到崇礼区，就知识产权助力乡村振兴和冬奥会知识产权保护开展专题调研。

12月28日　英国奥委会和残奥委会首批冬奥会参赛物资抵达张家口冬奥村。该批物资通过海运方式从天津港入境，是张家口赛区首批北京冬奥会参赛国家（地区）奥委会入境物资，标志着张家口赛区各参赛国家（地区）代表团物资入境正式拉开帷幕。

同日　北京冬奥会火炬在吉林省通化市进行展示。在通化万峰滑雪场雪具大厅前，火炬护卫人员护送北京冬奥会火炬进入会场，并向现场观众进行展示。中国第一位短道速滑世界冠军郭洪茹等嘉宾出席活动。本次北京2022年冬奥会火炬展示活动现场进行了丰富多彩的歌舞表演。

同日　北京市开展北京冬奥会城市运行保障全要素应急演练。北京冬奥会城市运行保障组模拟冬奥会赛时某日叠加发生城市运行保障突发事件，演练按照全要素、抗极限、场景化、实战化要求开展，检验和磨合城市运行保障相关机制，为做好冬奥会城市运行保障奠定基础。

12月29日　外交部发言人表示，北京冬奥会筹办工作出色成果有目共睹。一段时间以来，许多国家运动员和各界人士，国际奥委会等国际组织纷纷表达对北京冬奥会的支持和期盼。目前，北京冬奥会的筹办已经进入"压线冲刺"

阶段。北京这座"双奥之城"将为世界呈现一场简约、安全、精彩的奥运盛会。

同日 沙特体育大臣祝愿北京冬奥会取得圆满成功。沙特阿拉伯体育大臣兼奥委会负责人当日在利雅得会见了中国驻沙特大使,双方就北京冬奥会、杭州亚运会等体育交流合作交换了意见。沙特体育大臣表示,沙方支持中方举办北京冬奥会,祝愿北京冬奥会取得圆满成功。

同日 《北京日报》发表文章《联合国环境规划署驻华代表涂瑞和:北京冬奥会创新绿色办奥和可持续性实践》。联合国环境规划署驻华代表涂瑞和日前接受本报记者书面专访时表示,北京冬奥会做到了将绿色办奥、可持续性原则和要求纳入申办和筹办过程中,并已经为冬奥会举办后的事项作出安排,一系列的努力值得赞赏。涂瑞和表示,可持续性要求、绿色办奥都是奥运会举办国和举办地需要认真办好的事项。冬奥会能够改善举办地基础设施、提高环境质量、为广大民众提升福祉,创造更多的就业机会,有助于推动经济和产业低碳、绿色转型和可持续发展,引导人们采取健康、文明、低碳生活方式和社会行为,并在赛事后留下具有长久效益的奥运遗产。涂瑞和还提到,在新冠疫情覆盖全球的背景下,北京冬奥会"绿色办奥"的成功案例是中国克服疫情不利影响并实现绿色复苏、为减缓环境危机做出贡献的有益实践。

12月30日 农业农村部开展冬奥会和"两节"农产品质量安全保障培训。培训紧扣当前冬奥会筹备和"两节"期间工作要求,邀请相关专家就农兽药科学使用、食源性兴奋剂防控、种养过程质量管控、承诺达标合格证、质量安全追溯等内容进行专题讲解。省市县三级农业农村系统农产品质量安全监管负责人和冬奥会供应企业质量负责人通过网络直播平台参加交流培训。参加培训总人数约10万人。

12月31日 北京2022年冬奥会和冬残奥会颁奖元素正式发布。颁奖元素包括颁奖台、颁奖托盘、颁奖托盘放置台、获奖运动员定制版吉祥物纪念品、颁奖花束和颁奖礼仪服装。其设计理念既蕴含着中华优秀传统文化与智慧,包括传统吉祥符号与制作工艺,以此表达对运动员的称颂、敬意和美好祝福,而且符合"简约、安全、精彩"的办赛要求。

同日 2022年北京冬奥会中国体育代表团领奖服在京亮相。这款由中国运动品牌安踏精心设计打造的"冠军龙服"以红白两色为主色,科技含量高,兼顾超轻保暖等特点。北京冬奥会中国体育代表团领奖服设计师叶锦添、前自由式滑雪空中技巧奥运冠军韩晓鹏、速度滑冰名宿叶乔波、体操奥运冠军邹敬园共同见证了中国体育代表团装备亮相。除"冠军龙服"外,活动现场亮相的还有短道速滑、速度滑冰、钢架雪车、冰壶等项目中国运动队的比赛装备。

同日　国际奥委会主席巴赫发表新年致辞,表示期待北京冬奥会取得圆满成功,对于举办一届安全的冬奥会充满信心,同时他也对东京奥运会取得的成绩表示赞赏。

同日　"相约北京"系列冬季体育赛事测试活动的最后一项,2021/2022冬季两项国际训练周在国家冬季两项中心圆满收官,标志着北京 2022 年冬奥会(张家口赛区)的国家跳台滑雪中心、国家越野滑雪中心、国家冬季两项中心、云顶滑雪公园共 4 个竞赛场馆全部完成测试工作。

同日　河北省召开北京 2022 年冬奥会和冬残奥会河北省誓师动员大会。省委书记、省人大常委会主任王东峰在大会上强调,要深入学习贯彻习近平总书记重要指示精神和党中央决策部署,振奋精神,鼓足干劲,全力冲刺,决战决胜,高质量做好各项筹办工作,为举办一届"简约、安全、精彩"的奥运盛会作出河北贡献。省委副书记、代省长王正谱主持,省委副书记廉毅敏出席。

本月　波兰奥委会主席安杰伊・克拉斯尼茨基接受新华社记者专访。克拉斯尼茨基说,体育的目的在于弘扬奥林匹克精神,而不应该与政治混为一谈,相信 2022 年北京冬奥会将会成功举办。距离北京冬奥会开幕还有不到两个月时间,克拉斯尼茨基向新华社记者表达了他对北京冬奥会的期待:"我确信北京冬奥会将会是精彩、美丽的,将成功举办,希望所有参与者都能有机会在(新冠疫情仍在多国肆虐的)异常艰难条件下共襄盛举,共同促进世界体育的发展。"克拉斯尼茨基对中国将在冬奥会期间实施严格的防疫措施表示完全理解和绝对支持。"安全无比重要。相关措施要为最重要的目标服务,那就是消除疫情扩散和人员感染的危险。"他说,"我支持(中国的)所有决定。"

本月　多国表态支持北京冬奥会,相信冬奥会将促进世界和平。委内瑞拉、俄罗斯、老挝、吉尔吉斯斯坦、斯里兰卡、叙利亚、南非等多个国家通过不同方式发声,纷纷支持北京冬奥会,反对将奥运政治化和体育政治化,相信北京冬奥会将把各国民众团结在一起,促进世界和平与发展。委内瑞拉发布政府公报,谴责美国对北京冬奥会进行"外交抵制",要求美方立即停止将体育运动政治化的行径。公报说,"外交抵制"冬奥会说明这些国家仍固守冷战思维。委内瑞拉政府重申对中国举办冬奥会的坚定支持,表示这是一场属于全人类的体育盛事。

本月　位于国家游泳中心南广场地下空间的"冰立方"冰上运动中心正式交付北京冬奥组委使用。"冰立方"冰上运动中心是国家游泳中心的配套建筑,也是后者"水冰双驱"理念的重要功能载体。"冰立方"冰上运动中心建筑面积约 8000 平方米,包含冬奥标准的 1 块冰场和 4 条冰壶赛道。该场地将作为赛时体育体验中心，提供以冰壶项目为主的体验服务，成为冬奥盛会举办时的一大看点。北京冬奥会和冬残奥会结束后，"冰立方"冰上运动中心将永久保留，打造为集冰上赛事、大众健身、专业培训、体育旅游、冰上演出、冰壶运动推广、冬奥文化基地等多功能的综合冰上项目平台，预计每年接待冰上运动爱好者超过 10 万人次。

本月 罗马尼亚奥委会主席米哈伊·科瓦柳接受新华社记者专访。科瓦柳表示，尽管新冠疫情依然流行，但北京将举办一届史无前例的绿色冬季奥运会，并为之做出了巨大的努力。科瓦柳说，"我们对中国为举办冬奥会和冬残奥会作出的巨大努力表示感谢"，这场体育盛会必将大大增强人们对疫情之后恢复正常生活的信心。科瓦柳高度评价北京冬奥会的场馆设施建设，"2022 年北京冬奥会的最大特点是对 2008 年奥运场馆、设施进行改建，将其打造成高水平、绿色和可持续的冬季运动设施"，他特别提到了从 2008 年奥运会的"水立方"到 2022 年冬奥会的"冰立方"的成功变身。

本月 国际奥委会主席巴赫在新出版的《奥林匹克评论》杂志撰文。文章称，北京即将书写历史，成为首座既举办过夏季奥运会，又举办冬季奥运会的城市。巴赫在开篇致辞中表示："我们将于几周后迎来 2022 年北京冬奥会，值此准备倒计时阶段，我感谢组织委员会为本届奥运会所做的出色筹备工作。我们相信，中国的伙伴和朋友一定会提供卓越的冬奥会体验。新冠疫情的阴霾仍未散去，而我们生活的世界似乎比以前更为分化。2022 年北京冬奥会将是一个重要时刻，以和平、友谊和团结精神把世界凝聚在一起。在 16 天的时间里，世界上最优秀的冬季运动员将为奥运荣誉而战，在奥运村的同一个屋檐下共同生活。他们将向世界发出强有力的讯息：无论是在体育运动中，还是在面对生活中的诸多挑战时，我们总能更快、更高、更强——更团结。我们期待在新的一年与您一起享受这一历史性的盛会。"

本月 波黑部长会议主席预祝北京冬奥会成功举办。波黑部长会议主席（总理）表示，祝贺北京将成为首个"双奥之城"，预祝北京冬奥会取得圆满成功。波黑部长会议主席说，萨拉热窝曾举办 1984 年冬奥会，深知冬奥会的重要意义和赛事组织工作之繁重，相信中方将成功举办一场简约、安全、精彩的冬奥盛会。

本月 国际奥委会执委会当地时间 7 日举行会议，国际奥委会北京冬奥会协调委员会主席小萨马兰奇表示，北京冬奥组委和国际奥委会始终保持密切沟通，各项赛事筹办工作正在反复演练，进展非常顺利。国际奥委会和北京冬奥组委在会议中再次强调了疫情防控的重要性，即将发布的第二版《北京 2022 年冬奥会和冬残奥会防疫手册》将进一步完善赛前、赛时和赛后的各项防疫措施，努力确保安全办赛。国际奥委会奥运会部负责人表示，赛事运行保障团队需要准备好应对筹备阶段和赛时出现的各类情况，北京冬奥组委已经对很多场景进行了演练，取得了非常不错的效果。

本月　乌克兰奥委会主席谢尔盖·布勃卡日前接受新华社采访时表示，北京冬奥会让世界充满期待。布勃卡认为，中国有举办奥运会的丰富经验和优秀的设施条件并熟悉奥运规则，相信北京冬奥会的成功举办将对中国和亚洲冬季体育运动的发展产生重要影响，让世界充满期待。

2022 年大事记

1月

1月3日 《河北日报》发表文章《"冬奥之城"走向世界——"努力交出冬奥会筹办和本地发展两份优异答卷"⑧》。文章指出，张家口大力拓展对外经贸合作空间，截至目前，张家口高新区冰雪运动装备产业园已累计签约冰雪类项目48个，计划总投资45.29亿元。张家口出台《关于落实国务院扩大对外开放积极利用外资若干措施的意见》，先后与意大利博尔扎诺自治省、瑞典舍夫德市、芬兰拉赫蒂市、法国尚贝里市、斯洛文尼亚克拉尼市结为友好城市，在冬季旅游、冰雪产业、新能源等领域开展合作。伴随着各项工作的扎实推进，张家口市的"朋友圈"不断扩大，"冬奥效应"逐步显现。"十三五"期间，累计接洽客商团组508批次3279人次，签约项目达570项，投资总额11 197亿元。京津冀产业协作共赢成效逐步显现。截至目前，张家口市累计落地京津项目232个，总投资2492亿元。大力发展体育文化旅游、冰雪、大数据、可再生能源、现代制造、绿色农牧六大产业，张家口的产业更"绿"，形象更"新"，"冬奥之城""国家可再生能源示范区""氢能张家口""中国数坝"已成为张家口市发展新名片。

1月4日 中共中央总书记、国家主席、中央军委主席习近平在北京考察2022年冬奥会、冬残奥会筹办备赛工作。中共中央政治局常委、国务院副总理韩正陪同考察。习近平在中共中央政治局委员、北京市委书记蔡奇和市长陈吉宁陪同下，深入体育场馆、媒体中心、训练基地等，实地了解2022年冬奥会、冬残奥会筹办备赛工作情况。习近平在考察时强调，办好北京冬奥会、冬残奥会，是我们向国际社会作出的庄严承诺。经过几年努力，各项筹备工作基本就绪，我们完全有信心、有能力为世界奉献一届精彩、非凡、卓越的奥运盛会。要坚定信心、振奋精神、再接再厉，全面落实简约、安全、精彩的办赛要求，抓紧抓好最后阶段各项赛事组织、赛会服务、指挥调度等准备工作，确保北京冬奥会、冬残奥会圆满成功。

当天上午，习近平首先来到国家速滑馆，结合大屏幕听取场馆设计理念、建设过程、运行情况介绍。习近平指出，要坚持绿色办奥、共享办奥、开放办奥、廉洁办奥的理念，突出科技、智慧、绿色、节俭特色。无论是新建场馆还是场馆改造，都要注重综合利用和低碳使用，集合体育赛事、群众健身、文化休闲、展览展示、社会公益等多种功能。"冰丝带"设计和建设很好贯彻了这样的理念。要在运营管理中融入更多中国元素，使之成为展示中国文化独特魅力的重要窗口，成为展示我国冰雪运动发展的亮丽名片。他强调，冰上项目设施对制冰技术要求很高。国家速滑馆的硬件世界一流，制冰技术世界领先，实现了低碳化、零排放。要发挥好这一项目的技术集成示范效应，加大技术转化和推广应用力度，为推动经济社会发展全面绿色转型、实现碳达峰碳中和做出贡献。

北京冬奥会、冬残奥会主媒体中心毗邻国家速滑馆，赛时将作为全球注册平面媒体和转播商的工作总部。习近平先后走进主新闻发布厅、媒体工作间、智慧餐厅，实地了解中心建设运行、完善防疫措施、打造全流程服务模式，以及赛时信息发布、媒体运行、餐饮服务等情况。在媒体工作间，习近平同正在做准备的媒体记者亲切交流。在智慧餐厅，习近平察看智能餐饮设备运行情况，了解中心加强食品安全监管情况。他强调，北京冬奥会、冬残奥会的主媒体中心，把主新闻中心和国际广播中心整合起来，统筹赛时服务功能和赛后会展功能，做到了绿色办奥、节俭办奥。他指出，对北京冬奥会、冬残奥会来讲，做好新冠疫情防控工作是最大的考验。受疫情影响，北京冬奥会、冬残奥会现场观赛受到很大限制，新闻传播比往届更加重要。主媒体中心要做好各项运行、服务、保障工作，既要保障好各项新闻报道和传输转播功能的安全运行，又要确保疫情防控安全。要严格落实"双闭环"管理，完善场馆防疫措施，尽最大努力防止疫情发生。要把食品安全放在第一位，越是智能化，越要注重源头把控，确保万无一失。他希望国内外媒体和记者深入报道，讲好各国奥运健儿激情拼搏的故事，讲好中国筹办北京冬奥会、冬残奥会的故事，讲好中国人民热情好客的故事，全面、立体、生动地把北京冬奥盛会传到全世界。

随后，习近平考察了北京冬奥村（冬残奥村）。北京冬奥村（冬残奥村）分居住区、广场区、运行区 3 个区域，赛时将为各国运动员及随队官员提供 3000 多个床位及商业服务。在广场区，习近平听取冬奥村（冬残奥村）建设过程、运行概况、疫情防控等情况介绍，沿途察看书报亭和官方特许商品零售店等，了解各类商业服务设施运行情况。习近平指出，冬奥村是冬奥会的重要场所和重要遗产。你们统筹赛时需要和赛后利用，把冬奥村建设成为永久设施，赛后转化为人才公寓，这个做法很好，有利于丰富北京"双奥之城"的文化内涵。你们以四合院理念设计建设冬奥村，体现了北京千年古都既古老又现代的独特魅力。

在居住区，习近平考察了综合诊所、残疾人运动员住房样板间，询问冬奥村（冬残奥村）开展基本医疗服务、提升医疗应急处置能力、提高精细化服务保障水平、打造"运动员之家"等情况。习近平强调，运动员、教练员的吃、住、行、医、康、乐等服务保障工作非常具体。要想运动员之所想、办运动员之所需，为运动员提供方便、快捷、精准、细致的服务，特别是针对残疾人运动员的特殊需求，增设相关无障碍设施。要继续完善管理方案，优化服务流程，健全应急预案，提高精准化、精细化管理和服务水平，打造安全、温馨、舒适的"运动员之家"。要严格落实分区分类闭环管理的各项措施，加强疫情防控。

当天下午，习近平来到北京冬奥运行指挥部调度中心，听取北京完善赛时指挥调度和城市运行保障协调机制情况介绍，并向现场工作人员了解突发事件应急处置预案等内容。习近平指出，加强统一指挥调度，是确保北京冬奥会、冬残奥会顺利的关键。北京、张家口和延庆三个赛区要加强协调配合和统一指挥调度，形成一盘棋。北京要担负起牵头抓总职责。要健全统一指挥、统筹调度、有机衔接、运行畅顺、反应快速、果断处置的体制机制，完善各类工作规程和突发情况应对预案。要抓住最后一个月的准备时间，加强测试演练，查隐患、堵漏洞、强弱项，确保北京冬奥会、冬残奥会圆满成功。

离开调度中心，习近平来到二七厂冰雪项目训练基地考察调研。这是一个集科研、训练于一体的国家冰雪运动复合型基地，场馆和设施设备目前均已投入国家队冬奥备战使用。习近平先后走进六自由度训练馆、综合风洞馆，详细询问钢架雪车等项目六自由度训练系统运行、速度滑冰团体追逐项目风洞训练情况，沿途观看国产4人雪车、国产雪蜡车、应急医疗救治设备等器材装备展示，了解基地建设和打造冰雪运动科学训练体系情况。习近平强调，当今世界，科技在竞技体育中的作用越来越突出。建设体育强国，必须实现高水平的体育科技自立自强。要综合多学科、跨学科的力量，统筹推进技术研发和技术转化，为我国竞技体育实现更大突破提供有力支撑。

在速滑馆一层，速滑运动员正在进行团体追逐训练。习近平仔细观看，并向参训运动员、教练员表示慰问，勉励他们科学备战、奋勇拼搏、争创佳绩。

随后，习近平前往速滑馆地下一层，参观"带动三亿人参与冰雪运动成果展"，了解我国冰雪运动发展情况。习近平指出，这些年，在各方面共同努力下，越来越多的人爱上了冰雪运动，提前实现了"带动3亿人参与冰雪运动"的目标。建设体育强国、健康中国，最根本的是增强人民体质、保障人民健康。这是全面建设社会主义现代化国家的一个重要方面。要充分利用举办北京冬奥会、冬残奥会形成的热潮，坚持竞技体育和群众体育一体推进，推动我国冰雪运动持续发展。

习近平对运动员康复治疗工作十分关心。在体能中心医疗站，习近平详细了解基地综合运用超低温冷疗舱、漂浮舱等设备，全方位提高运动员康复治疗水平情况。他强调，二七厂冰雪项目训练基地肩负着我国冰雪运动科技研发的重要使命。希望你们担当使命、勇攀高峰，为加快发展我国冰雪运动作出更大贡献。

专项体能训练馆内，运动员、教练员、服务保障人员代表以热烈掌声欢迎总书记的到来。习近平向大家挥手致意。他指出，作为东道主，我们不仅要办好北京冬奥会、冬残奥会，而且要努力取得好成绩。希望大家抓住最后的备战关键期专心训练，以最佳的竞技状态迎接大赛的到来。

同日　《人民日报》发表文章《成就冰雪梦想 谱写奋斗华章——写在北京冬奥会开幕倒计时一个月之际》。文章指出，筹办工作已进入最后冲刺阶段，蓝图已成为现实。12个竞赛场馆全部完工并全面具备办赛条件；3个冬奥村主媒体中心等非竞赛场馆已交付使用；从2021年10月5日到12月底，北京、张家口和延庆3个赛区的8个竞赛场馆，陆续举办了10项国际赛事、3个国际训练周和两项国内测试活动。申冬奥成功时，109个冬奥小项中的1/3，在我国尚是空白。截至目前，中国选手已经在北京冬奥会7个大项、15个分项、95个小项上实时入围。另外，据统计，到2021年年初，全国已有654块标准冰场、803个室内外各类滑雪场，较2015年增幅分别达到317%和41%。大江南北，群众赏冰乐雪、健身热潮涌动，冰雪运动进校园成果显著，为我国冰雪运动跨越式发展夯实根基。

同日　新华社发表文章《世界同期待——写在北京冬奥会开幕倒计时一个月之际》。文章指出，北京赛区、延庆赛区、张家口赛区，一项项工程相继宣告完工，一场场测试活动陆续圆满收官。在北京首钢园区，滑雪大跳台场馆为配合场馆雪地二次塑形等工作，已经在1月1日提前启动赛前闭环管理，场馆团队各项工作进入赛时状态。在张家口，655辆氢燃料车已枕戈待旦，将在冬奥会赛时为赛事提供交通及物流保障服务。选派自冀北电力公司的九个保障团队、

600 余人将在冰天雪地中保障"绿电"稳定运行。北京冬奥会"相约北京"系列测试活动的最后一项——冬季两项国际训练周元旦前在国家冬季两项中心圆满结束，该中心在冬奥会赛时将承办冬季两项 11 个小项的比赛。在延庆，北京 2022 年冬奥会和冬残奥会延庆制服和注册分中心自 2021 年 12 月 14 日起正式运行，为延庆赛区的工作人员、技术官员和志愿者办理证件注册，发放制服装备。该中心将承担 4000 余人次的制服发放任务。

　　同日　2022 年北京冬奥会和冬残奥会主媒体中心正式进入赛时闭环管理。主媒体中心是注册平面媒体和转播商的赛时总部，是北京冬奥组委、国际奥委会和各国家（地区）奥委会官方信息的发布中心，是媒体服务总汇和媒体交通中枢。在 1 月 4 日至 22 日试运行期间，预计将会有 1700 多名来自世界各地的媒体人员在主媒体中心提前开展赛前准备工作。预计到赛时，场馆平均每天要接待 5000~6000 名注册文字、摄影记者和持权转播商。同时，国际奥委会和国际残奥委会的媒体运行和新闻宣传的总部也设立于此。

　　同日　"热情连接世界"迎 2022 北京冬奥会专题展在江苏省苏州市运河体育公园开幕。本次展览以时间为轴，展示近一百年来历届冬季奥运会的精彩瞬间，回顾奥林匹克运动的发展史，展出历届冬奥会海报、徽章、吉祥物、火炬与火种灯等共 117 件藏品，展出时间将持续至 2 月 28 日。

　　同日　中国驻悉尼总领馆与澳大利亚奥委会共同举办了北京冬奥会开幕倒计时一个月线上活动，澳大利亚自由式滑雪运动员萨·西姆、滑雪运动员布·考克斯等澳大利亚体育界多名人士都表达了他们对北京冬奥的热切期待。

　　同日　在国家税务总局和北京冬奥组委的统筹指导下，北京冬奥会税收服务热线（010-64212022）正式开通，为涉奥企业提供便利服务，为北京冬奥会和冬残奥会顺利筹办贡献税务力量。

　　1 月 5 日　气象局召开北京 2022 年冬奥会冬残奥会气象服务动员部署会。中国气象局党组书记、局长庄国泰强调，要深入贯彻落实习近平总书记关于北京冬奥会系列重要指示精神和党中央决策部署，坚决扛起高质量完成北京冬奥会气象保障服务的历史责任，全面落实简约、安全、精彩的办赛要求，为确保办成一届精彩、非凡、卓越的奥运盛会贡献气象力量。庄国泰充分肯定了北京冬奥会气象保障服务筹备工作取得的进展并要求进一步提高政治站位，做好北京冬奥会赛时气象保障服务：一要强化组织领导，确保赛时气象保障服务有力有序；二要紧盯赛事需求，不断提高气象预测预报精度；三要突出关键环节，做好开幕式和赛会活动气象保障服务；四要坚持统筹兼顾，做好城市运行气象保障服务；五要坚持底线思维，全力做好疫情防控和安全生产工作；六要关心关爱一线人员，凝心聚力打好冬奥气象服务决胜之战。会议以视频形式召开。

同日　新华社发表文章《北京冬奥会未来 30 天的三件大事：火炬传递、开幕式、赛事运行保障》。文章指出，1 月上旬将在冰雪资源丰富、冰雪运动基础较好的地区，结合各种冰雪体育文化活动继续进行火种展示，2 月 2 日至 4 日将在北京、张家口和延庆三个赛区开展火炬传递活动，这期间共有 1200 名火炬手参与到活动中。此外，已经全面开展开闭幕式排练、制作和彩排等工作，全力组织好 4 场仪式的正式演出。最后，会按照竞赛日程妥善做好场馆运行和竞赛组织工作，严格落实闭环管理等疫情防控要求，全面做好住宿、餐饮、医疗等赛会服务保障，努力为各方提供良好参赛体验。

同日　我国冰雪体育强省黑龙江省举行了北京冬奥会火炬展示活动。本次火炬展示活动在哈尔滨举办，世乒赛冠军王曼昱等黑龙江省优秀运动员在现场参加了活动。接下来火炬将分别于 6 日、7 日在大庆市、齐齐哈尔市展示。

1 月 6 日　新华社发表文章《揭秘北京冬奥会和冬残奥会火炬"飞扬"的科技"外衣"》。文章表示，按计划，1200 支火炬必须在 1 月中旬前运往北京。

同日　外交部发言人汪文斌在例行记者会上表示，元旦后第一个工作日，习近平主席再度实地考察冬奥会、冬残奥会筹办备赛工作，充分彰显了中国对冬奥会筹备工作的高度重视，向国际社会传递了中国重信守诺、中国准备好了、疫情下中国有信心安全办奥三个重要信号。

同日　世界卫生组织卫生紧急项目执行主任迈克尔·瑞安表示，当前状况下新冠病毒传播风险并不会增加，因为中方采取的预防措施一直"非常严格、有力"，在冬奥会主办或运营方面不存在任何特别的额外风险。

同日　国家反恐怖工作领导小组负责人赴崇礼核心区检查各场馆和核心区闭环管理、应急处突、安检查控筹备情况。

同日　为北京 2022 年冬奥会量身定制的北京冬奥列车暨高铁 5G 超高清演播室在北京清河站正式上线发车。

1 月 7 日　2022 年北京冬奥会和冬残奥会获奖奖牌验收仪式在上海造币有限公司金银币大楼中厅举行。北京冬奥组委文化活动部负责人及相关验收工作组成员对奖牌进行了现场验收。北京冬奥组委和上海造币有限公司负责人在验收证书上签字交接，并共同为冬奥奖牌封箱。被封装好的奖牌将于近日送抵北京冬奥赛场。

同日　《北京日报》发表文章《延庆：北京冬奥会 我们准备好了》。文章指出，历经 6 年修复，延庆赛区完成生态修复 216.3 万平方米，原生树木原地安家，亚高山草甸完美回归，野生动物通道有效建立，赛区生态环境得到恢复。

2021年12月，延庆区发布《北京市延庆区陆生野生脊椎动物名录（2021版）》，发布陆生野生动物30目95科450种，占北京市陆生野生动物物种总数的75%，延庆区优良的生态环境再次得到有力证明。2021年，延庆全区$PM_{2.5}$平均浓度29微克每立方米，同比下降6.5%位列全市第一，为"冬奥蓝"打下坚实底色。京礼高速、京张高铁（含延庆线）建成通车，新改扩建道路25条、130.4公里，加上通往春天的列车S2线，延庆区路网密度处于生态涵养区领先水平。目前，冬奥交通指挥中心延庆分中心已经建成并投入使用，冬奥专用道、专用路、优先路施划和指示标识安装工作也全部完成，公交停保中心建成并投入运营，已接收赛时服务车辆450辆。212辆氢能源车交付使用，将投入赛时的交通服务。同时，延庆赛区在提前完成永久供电设施建设的基础上，建设了411处临时用电设施，为冬奥会提供可靠绿色电力供应，在赛区外围织密了"保障网络"。在医疗保障方面，冬奥医疗保障中心建成使用，储备了101人医疗保障团队，6名市级专家将在赛时驻点支援。

同日　在例行记者会上，外交部发言人汪文斌表示，北京冬奥会筹办工作的出色高效有目共睹，疫情防控工作的严谨科学有口皆碑，中方有信心、有决心为世界奉献一届简约、安全、精彩的奥运盛会。

1月9日　北京2022年冬奥会和冬残奥会安保总指挥部第二次会议召开。中共中央政治局委员、中央政法委书记郭声琨出席并讲话。会议要求，要切实增强做好冬奥安保工作的责任感、紧迫感，紧紧围绕如期顺利举办即成功的目标，增强忧患意识，树牢底线意识，统筹赛区内外，统筹疫情防控和安保工作，严格落实最高标准、最严措施、最周密部署，最大限度化解风险、消除隐患，以最过硬的举措打造最坚实的安全保障。要全面加强实战演练，强化完善各类方案预案和机制措施，确保各项工作"零失误""零差错"。要全面加强社会面整体防控，切实夯实冬奥安保根基。要进一步强化责任担当，继续发扬"细致、精致、极致"作风，确保警卫安全、指挥运行、安全风险防范、整体防控、疫情防控、党建引领等各项措施落实到位。国务委员、公安部部长赵克志主持会议并讲话。

1月10日　新华社发表文章《走进北京冬奥会主媒体中心》。文章指出，主媒体中心包括主新闻中心MPC和国际广播中心IBC两大功能，位于国家会议中心二期，与国家会议中心一期（原北京2008年夏奥会主新闻中心和国际广播中心）一路相隔，形成了"一南一北、夏奥冬奥"独特的北京"双奥之城"标志性景观。

同日　《河北日报》发表文章《踏冰逐雪，做强做大"冷"产业》。文章指出，截至目前，张家口市累计签约冰雪产业项目 97 项，落地项目 79 项，产值达到 9.69 亿元；2020—2021 年雪季接待游客 246.2 万人次，收入 20.2 亿元；力争到 2025 年，年产值超亿元的冰雪装备骨干企业达到 10 家以上，冰雪装备制造业产值达到 60 亿元。乘着冬奥会东风，张家口冰雪旅游服务设施也日益完善。全市已建成滑雪场 9 家，拥有高、中、初级雪道 177 条，占全省雪道总数的 65%；总长度 164 公里，占全省雪道总长度的 88.2%；索道和魔毯 70 条 45 公里；规划建设的 19 座滑冰馆均已竣工，实现各县区室内滑冰馆全面覆盖。另外，全市建成旅游休闲驿站 9 个、旅游集散中心 4 个、游客服务中心 4 个、自驾车旅居车营地 2 个。同时，景区智慧化管理水平逐步提升，61 家 A 级景区接入全省景区分时预约管理系统，13 家 4A 级景区视频监控接入省云数据监管平台。

同日 《北京日报》发表文章《决战决胜冬奥会，延庆准备好了》。文章指出，作为北京 2022 年冬奥会和冬残奥会三大赛区之一的延庆赛区目前各项筹办工作已全面就绪，进入压线冲刺、跑秒计时阶段。进入决战决胜阶段，延庆区将提高政治站位，以高度的政治自觉勇担使命、加压奋进；坚持首善标准，以高度的行动自觉强化统筹、细化落实；将拿出最佳状态，以高度的作风自觉奋勇争先、冲刺攻坚。

1 月 11 日 国家体育总局党组书记、局长苟仲文在《学习时报》发表题为《全力以赴 不辱使命努力交出北京冬奥会精彩答卷》的署名文章。文章指出，北京 2022 年冬奥会是在"两个一百年"奋斗目标历史交汇点上举办的一次重大标志性活动。以习近平同志为核心的党中央高度重视北京冬奥会筹办备赛工作，自北京冬奥会申办成功以来，习近平总书记先后 5 次实地考察北京冬奥会筹办备赛工作，并多次作出重要指示批示，为我们做好备战参赛工作提供了根本遵循。近年来，深入学习领会和贯彻落实习近平总书记关于北京冬奥会筹办和普及发展冰雪运动的重要论述和重要指示批示精神，大力推动"带动 3 亿人参与冰雪运动"，认真做好备战参赛各项工作，努力实现"办赛精彩，参赛出彩"的目标。

同日 中国驻印度大使馆举办印度青年支持北京冬奥会"一起向未来"视频交流活动。中国驻印度大使孙卫东发表主旨讲话，北京冬奥组委对外联络部副部长万学军、印度青年领袖联合会主席苏万焕致辞。印中友协本地治里分会、印中贸易中心、徐梵澄文化研究中心、印高校青年、留学生代表等 100 多人参加活动。活动播放了印度青年支持北京冬奥会的加油视频，他们在祝福板上签下姓名和美好祝愿，手持字母牌拼成"BEIJING 2022"的图样，分别用英语和印地语表达对北京冬奥会的期待。

同日 伊朗奥委会主席礼萨·萨利希·阿米里会见中国驻伊朗大使常华后表示,组织有序、纪律严明、管理有效一直是中国举办体育赛事的特色,伊朗体育界相信中国将举办一届成功的冬奥会。

1月13日 北京冬奥组委发布国务院新闻办公室举行新闻发布会,北京冬奥组委、延庆赛区、张家口赛区相关负责人介绍北京2022年冬奥会和冬残奥会绿色冬奥和可持续发展工作情况,并发布《可持续·向未来——北京冬奥会可持续发展报告(赛前)》。报告分四个章节,分别是"北京冬奥会可持续性管理""为冬奥会打下美丽中国底色""为区域发展增添动力""为社会进步凝聚力量"。北京冬奥会和冬残奥会的筹办工作始终践行"绿色办奥"的理念,并将筹办工作与城市和区域发展紧密结合。北京冬奥组委总体策划部部长李森在会上表示,自筹办以来,北京冬奥组委全面落实"绿色、共享、开放、廉洁"的办奥理念,会同北京市政府、河北省政府及相关方面联合研究制定了《北京2022年冬奥会和冬残奥会可持续性计划》,确定了"可持续·向未来"的愿景,以及"创造奥运和地区可持续发展新典范"的目标。6年多来,三方努力把绿色办奥理念落实到筹办工作全过程,形成了一批可持续成果:一是建立可持续性管理体系,二是打造生态赛区,三是严格实施低碳管理,四是促进城市和区域发展,五是筹办成果惠及民众。赛后,北京冬奥组委也将发布《北京冬奥会可持续发展报告(赛后)》,全面汇总赛事筹办和举办全过程的可持续性成果。

同日 《河北日报》发表文章《紧抓冬残奥会筹办备战契机 全力推动残疾人事业高质量发展》。文章指出,残疾人冰雪运动如火如荼。经过几年来的建设和常年规范训练,河北省在全国残疾人冬季项目比赛中成绩稳居首位,37名冬季项目运动员入选国家集训队,人数全国最多。残疾人基本民生保障持续加强,我省有520万残疾人,其中持证残疾人194万,是残疾人口大省。过去五年,实现了全省30.3万建档立卡贫困残疾人如期脱贫,历史性地解决了残疾人绝对贫困问题。全面建立残疾人两项补贴制度,55.8万困难残疾人得到生活补贴,71.6万重度残疾人得到护理补贴。残疾人城乡居民养老保险和基本医疗保险参保率均超过了"十三五"设定的90%和95%的预期目标。新增20项医疗康复项目纳入基本医疗保险支付范围。兜底保障,织密织牢了"弱有所扶"最基本的"安全网"。残疾人合法权益得到更好保障,全省累计建成残疾人法律救助工作站179个,及时维护残疾人合法权益。残疾人事业治理能力明显提高,五年来,全省残疾人事业资金总规模达44.54亿元,是"十二五"的1.6倍。

同日 针对有境外非政府组织对北京冬奥会期间新闻报道自由是否会受到

疫情防控影响提出关切，外交部发言人汪文斌表示，中方将一如既往，依法保障外国常驻新闻机构和外国记者的合法权益，并按照主办城市合同为外国记者报道北京冬奥会和冬残奥会提供便利。

同日　外交部领事司负责人、北京冬奥组委对外联络部负责人一行到北京冬奥会张家口赛区调研冬奥场馆及太子城高铁站领事会见室，并在崇礼云臻金陵酒店召开冬奥涉外案（事）件处置工作培训会。

1 月 14 日　联合国为庆祝 2022 年北京冬奥会的召开将发行主题为"体育促进和平"的邮票。这是联合国首次为冬奥会发行邮票。

同日　国务委员兼外长王毅在北京冬奥会国际友城合作发展论坛开幕式上发表视频致辞。王毅表示，办好北京冬奥会，是中国对国际社会的庄重承诺。中国政府高度重视，习近平主席亲自关心。在筹办过程中，中方得到了国际社会特别是国际友好城市的大力支持帮助，收到世界各国朋友的美好祝愿。北京冬奥会一定会为中国人民与各国人民搭建更多友好的桥梁、合作的平台。本次论坛由中国人民对外友好协会、北京市人民政府、河北省人民政府以线上线下结合方式共同举办。20 余国与北京、河北缔结友好城市的地方代表约 200 人参加。

同日　新华社专访巴基斯坦总统阿里夫·阿尔维。阿里夫·阿尔维表示，在全球新冠疫情仍旧严峻的当下，组织筹备好本届冬奥会，展现了中国治理模式的优越性。他认为，新形势下巴中两国不断深化全天候战略合作伙伴关系，是世界上国与国之间相互理解、友好相处的良好范例。他相信中国必将成功举办北京冬奥会。

同日　马里奥委会主席哈比卜·西索科在马里首都巴马科接受新华社记者采访时表示，马里全力支持中国举办 2022 年北京冬奥会，并反对将奥运会政治化。

1 月 15 日　"喜迎冬奥会 张家口欢迎您"图片展开幕式在新加坡中国文化中心举行。此次图片展由张家口市人民政府、中国驻新加坡旅游办事处、新加坡中国文化中心、新加坡华运旅游有限公司联合举办，展期两周。此外，还举办了"欢乐春节 美丽河北"图片展开幕式和"京畿福地 乐享河北"文旅推广活动。新加坡文旅专家、河北省旅游顾问李良义举办专场讲座，介绍河北文旅资源和经典旅游线路。

同日　北京 2022 年冬奥会倒计时 20 天之际，以"冰雪逐梦，一起向未来"为主题的"科技冬奥宣传月张家口行动"以线上形式在京张两地同步启动。活动将通过北京市科协、河北省科协、张家口市科协等宣传矩阵和张家口市教育局"教育云"等广泛传播。

1月16日 《人民日报》发表文章《"这必将是一届精彩非凡的冬奥会"》。文章指出，来自苏格兰的凯特·凯斯尼斯曾是一名冰壶运动员，2010年当选为世界冰壶联合会主席，任职至今。几年来，凯斯尼斯作为国际奥委会北京冬奥会协调委员会委员，参与了北京冬奥会场馆的建设评估工作。凯斯尼斯表示，北京冬奥会的每一个场馆和相关设施都是世界一流的，这必将是一届精彩非凡的冬奥会！

同日 新华社发表文章《沙特首次派出运动员参加冬奥会》。文章指出，经过沙特奥委会的努力和根据相关规定标准确认，沙特将派出两名高山滑雪运动员参加北京冬奥会。这是沙特阿拉伯、更是海湾阿拉伯国家合作委员会（GCC）国家有史以来第一次派出运动员参加冬奥会。

1月17日 中国驻开普敦总领馆发布名为"和北京冬奥，一起向未来"的北京冬奥会宣传片。宣传片时长五分多钟，使用中英文双语，通过网络平台发布，南非奥委会主席和南非国民议会副议长等在视频中为冬奥会成功举办送上祝福。

同日 日本奥委会主席山下泰裕来到中国驻日本大使馆会见了中国驻日本使馆临时代办杨宇，并再次表达了对北京冬奥会成功举办的信心。

同日 巴西奥委会通过线上视频会议的形式宣布了出征北京冬奥会的11名运动员名单，并期待在这次冬奥会上取得新的突破。

同日 阿尔巴尼亚国家奥委会主席菲德尔·于利在接受新华社记者采访时表示，坚信中国将会举办一届有史以来最好的冬奥会，北京冬奥会一定会非常成功。

同日 芬兰体育主管部门芬兰教育文化部科学文化部长库尔维宁表示，他将于2月前往中国北京参加冬季奥运会。

同日 根据北京冬奥会张家口赛区无线电安全保障工作需要，张家口赛区无线电保障团队全体场馆保障队员正式入驻场馆，标志着张家口赛区无线电团队正式进入冬奥会无线电保障实战阶段。

1月18日 波兰总统安杰伊·杜达在与波兰奥林匹克大家庭会面时表示，北京冬奥会注定将成为2022年全球体育的关键时刻，波兰运动员已准备好在中国竞技。

1月19日 北京冬奥会发布《北京2022年冬奥会和冬残奥会遗产报告集（2022）》。报告集包括体育、经济、社会、文化、环境、城市和区域发展七个单册，由北京冬奥组委与北京体育大学共同编制，反映了自2015年北京申办冬奥会成功以来，筹办工作在促进冰雪运动普及发展、冰雪产业发展与科技创新、社会文明进步、奥林匹克和冰雪文化普及推广、生态环境持续改善、主办城市高质量发展、京津冀区域协同发展等方面的遗产成果。在国际奥委会和国际残奥委会指导下，北京冬奥组委与多方密切协作，2018 年 11 月组建北京 2022 年冬奥会和冬残奥会遗产协调工作委员会，2019 年发布实施遗产战略计划，2021 年 6 月发布《北京 2022 年冬奥会和冬残奥会遗产报告（2020）》，与国际奥委会共同制定的《遗产评估体系（KPI）》和《场馆遗产计划通用模板》已被国际奥委会推介至东京和巴黎等其他奥运会组委会。北京冬奥遗产工作在很多方面为未来奥运会提供了示范和借鉴，成为奥林匹克遗产领域的先行者。北京冬奥会期间还将发布《北京 2022 年冬奥会和冬残奥会遗产案例报告集（2022）》，后续还会陆续发布赛后遗产报告，评估和宣传北京冬奥会的长期影响力和收益。

同日　河北省代省长王正谱主持召开省冬奥会运行保障指挥部调度会议。会议强调要深入学习贯彻习近平总书记关于冬奥筹办工作的重要指示精神，认真落实北京冬奥组委部署，按照省委、省政府安排，检查调度张家口赛区疫情防控、志愿者服务、冬奥村运行等工作。王正谱指出，当前北京冬奥会筹办工作进入最后冲刺阶段，省冬奥办、各分指挥部和张家口市要提高政治站位，强化责任担当，全面落实"四个办奥"理念和"简约、安全、精彩"办赛要求，按照"六有六保六到位"工作部署，坚持把疫情防控作为重中之重，从严从实从细落实防控措施，确保北京冬奥会、冬残奥会顺利成功举办。要坚持全程严管严防，做到人、物、环境同检同防；要加强远端管控，持续做好重点行业、重点人群定期核酸检测；要严格落实分区分类"双闭环"措施，实行空间分区、人员分类、互不交叉；要做好应急处置准备，进一步完善各项预案；要强化防疫知识指导培训；要在严格防疫的基础上注重人文关怀；要进一步完善组织领导体系，严格落实北京冬奥组委防控要求，消除各类风险隐患。王正谱强调，要进一步做好志愿者服务保障工作，加强业务培训和教育引导，从软硬件各方面给予全方位支持，加大对志愿者的关心关怀。要精益求精做好冬奥村住宿、餐饮、疫情防控等方面工作，持续查隐患、补短板、强弱项，以饱满热情和优质服务迎接世界各地运动员的到来。

同日　新华社报道，希腊奥委会主席卡普拉洛斯在接受新华社专访时表示，通过举办冬奥会，中国展示了其对奥林匹克理想的承诺。他对北京冬奥组委为确保新冠疫情以来的首届冬奥会顺利举办而采取的防疫措施表示赞扬，相信中国能够在疫情仍肆虐的时期举办一场安全和成功的冬奥会。

同日　新华社发表文章《综述：希腊各界祝福北京冬奥会 期待"一起向未来"》。文章指出，在2021年10月圆满完成北京冬奥会火种采集和交接后，希腊各界人士又一次齐聚在北京冬奥会主题下，共同祝愿这一即将到来的盛会再创辉煌，携手疫情下的世界"一起向未来"。

同日　在例行记者会上，外交部发言人表示，中方热烈欢迎波兰总统安杰伊·杜达来华出席北京冬奥会开幕式，这充分表达了国际社会"一起向未来"的共同心愿。

同日　日本前首相福田康夫会见中国驻日本使馆临时代办杨宇，并表示希望两国以今年邦交正常化50周年为契机，推动日中关系健康稳定发展，并预祝北京冬奥会取得圆满成功。

同日　马来西亚奥林匹克委员会在吉隆坡为参加北京冬奥会的马来西亚代表团举行授旗仪式。马奥委会主席努尔扎和中国驻马来西亚大使欧阳玉靖等嘉宾共同出席。

同日　中国驻黎巴嫩大使钱敏坚会见黎巴嫩奥委会主席布特罗斯·贾尔赫。双方就北京冬奥会筹备进展、疫情防控安排、黎冬奥运动员备战情况等议题交换了意见。贾尔赫表示，黎巴嫩运动员热切期待赴中国参赛，黎方反对任何将体育运动政治化的企图，祝愿北京冬奥会圆满成功。

1月20日　华侨冰雪博物馆落成典礼暨"共筑梦想同赴未来——华侨华人与冬奥主题展"开幕式在京举行。

1月21日　京张高铁冬奥列车开启赛时运输服务。京张高铁为冬奥会及冬残奥会提供运输服务时间自1月21日起至3月16日止，共计55天。

同日　冬奥会及冬奥会隔离期、转换期餐饮保障启动运行。

1月22日　北京冬奥会冬残奥会火炬传递线路确定。北京冬奥会火炬传递将于2月2日至4日在北京、张家口和延庆三赛区进行。北京冬残奥会火炬接力将于3月2日至4日进行。冬奥会火炬传递在北京赛区设4个点位，延庆赛区设2个点位，张家口赛区设5个点位。北京冬奥会火炬手共1200名左右，冬残奥会火炬手共600名左右，由国际奥委会、国际残奥委会、北京冬奥组委、中国奥委会、中国残联（中国残奥委会）、赛区所在省市和各赞助企业等主体选拔产生。冬奥会火炬手年龄最大的86岁、最小的14岁。

专栏　冬奥火炬传递点位介绍

冬奥火炬传递点位——北京

1. 中轴神韵——北京奥林匹克森林公园。核心内涵是体现绿色冬奥理念，展示奥林匹克运动在城市中蓬勃开展的现实场景，是古都历史文化和奥林匹克精神在北京中轴线上的交汇。

2. 冰雪秀带——北京冬奥公园。核心内涵为体现双奥之城的独特魅力，展示 3 亿人参与冰雪运动成果，是北京夏季、冬季体育项目均衡发展的标志。

3. 民族之脊——八达岭长城。核心内涵为体现开放、和平的中国态度，展示不畏强敌、英勇不屈的民族精神，是中华民族敢于拼搏、敢于胜利的精神象征。

4. 大众冰雪——延庆世界葡萄博览园。核心内涵为体现奥林匹克精神包容、融合、共享的特点，展示中华民族独特的春节文化和冰雪文化，是人们以冰雪为纽带团结在一起的象征。

5. 华夏园囿——颐和园。核心内涵为体现古都风貌和世界文化遗产的魅力，展示北京深厚的历史文化底蕴，是历史风云的见证、西山永定河文化带上的明珠。

6. 古今通衢——大运河森林公园。核心内涵为体现北京城的历史与传承，展示源远流长的大运河文化魅力，是北京畅联国际的重要标志。

冬奥火炬传递点位——张家口

1. 远古足迹——阳原县泥河湾国家考古遗址公园。泥河湾国家考古遗址公园位于张家口市阳原县，被学者誉为人类最早的踏足地和人类文明的重要起源地之一，是展示"东方人类故乡"源远流长的文明史和我国百万年人类史的重要地标，充分体现了中华民族祖先繁衍生息、创造文化、最终点燃人类文明火花的恢宏历程，成为人类共同的文化宝库。

2. 走向振兴——张北县德胜村。2017 年 1 月 24 日，习近平总书记踏着皑皑白雪来到张北县德胜村，与基层干部群众一起算扶贫账、谋脱贫计。五年来，德胜村遵照总书记指示，形成了以设施农业、光伏产业、乡村旅游等"增收法宝"为基础的乡村振兴新格局。作为全国脱贫攻坚先进集体，德胜村是全民共享发展成果的生动展示，体现了中国在消除贫困这一全人类共同使命中的责任与担当。

3. 城市轨迹——桥东区工业主题文化公园。京张铁路是中国人自主设计施工的第一条铁路，这里回响着中华民族百年奋进脚步的铿锵之声。2019 年通车的京张高铁保障着冬奥的国际交通，迎接着构建人类命运共同体的五洲宾朋，延续奏响着中华民族伟大复兴的新时代强音。位于桥东区的工业主题文化公园，讲述了中国从站起来、富起来，到强起来的铁路故事，唱响着张家口传统工业奉献奋斗、绿色转型的高质量发展之歌。

4. 激情冰雪——崇礼区富龙雪场。富龙雪场是张家口崇礼区最早建设的滑雪场之一，被河北省体育产业协会评选为"河北十强冰雪场馆"，被河北省冬奥办确定为冬奥冰雪训练基地。它体现了冬奥城市张家口的冰雪文化独特魅力，展示了张家口群众性冰雪运动基础设施建设成果，满足了人民群众多样化冰雪运动需求，印证了"带动 3 亿人参与冰雪运动"的发展历程和巨大成果。

5. 大好河山——桥西区大境门。激情点燃冰雪、长城拥抱五环。大境门是张家口地标性古建筑，它是国家长城文化公园所在地，是历史上联通中俄贸易通道——张库古商道的起点，是长城沿线民族友好交融的见证。"大好河山"题刻展示了中华大地的锦绣壮美，展现张家口和中国人民的诚挚邀请。

1 月 23 日 北京冬奥村预开村。

同日 北京冬奥会开幕式在国家体育场"鸟巢"举行全要素全流程彩排。整个彩排完全按照开幕当天仪式的各个环节运行，参加彩排人员约为开幕式当天的 1/2。开闭幕式将以"简约、安全、精彩"为创作原则，展现世界人民追求美好未来的共同心愿。

同日 北京冬奥会主媒体中心召开新闻发布会宣布自 24 日起开始 24 小时运行。主媒体中心包括主新闻中心（MPC）和国际广播中心（IBC）两大功能，是注册平面媒体和转播商的赛时总部，是北京冬奥组委、国际奥委会和各国家（地区）奥委会官方信息的发布中心，是媒体服务总汇和媒体交通中枢。媒体的工作主要有三个目的：一是通过辛勤劳动，把全世界连接在一起，让大家共同参与奥运盛会；二是在传播中，恪守奥林匹克愿景、原则和格言，通过传播奥运精神，给人们带来理想与希望；三是让大家团结在一起，激励更多年轻人，在奥林匹克精神鼓舞下，共同建设一个美好世界。

同日 长篇纪实文学《中国冬奥》首发，全景记录北京冬奥会筹备建设，生动呈现了北京作为"双奥之城"献给全世界的冬奥"中国方案"。《中国冬奥》全书 53 万字，是孙晶岩历时 5 年完成的心血之作。该书全景式描写 2022

年北京冬奥会，涉及场馆建设和运动员备战，展示冰雪运动给国人带来的改变。并将京津冀一体化、冰雪运动振兴地方经济、农村学校如何抓好冰雪运动、科研助力北京冬奥会等独特的思考带进了字里行间。

1 月 24 日　中国驻西班牙大使馆公使衔参赞会见西班牙奥委会主席布兰科。在此次会见中，西班牙奥委会主席布兰科表示，坚定支持 2022 年北京冬奥会，反对将体育政治化。在布兰科看来，中国在疫情管控方面经验丰富、准备充分。他相信中国一定能为世界奉献一届安全、成功而精彩的冬奥会。他说："我们坚信 2022 年北京冬奥会将拥有出色的组织，并获得全世界的支持。"

1 月 25 日　北京冬奥会中国体育代表团宣誓出征。北京冬奥会中国体育代表团部分成员来到天安门广场观看升国旗仪式，并宣誓出征。出征仪式由武大靖领誓，宣誓结束后，运动员们将陆续进入闭环管理，做好最后冲刺，全力备战北京冬奥会。

同日　外交部发言人赵立坚在例行记者会上表示，中方欢迎国际奥委会主席巴赫先生来华出席北京冬奥会及相关活动。赵立坚还表示，北京冬奥会是各国运动员的盛会，也是人类团结和友谊的象征。中方有信心与包括国际奥委会在内的各方一道，为世界呈现一届简约、安全、精彩的冬奥盛会。

同日　外交部呼吁各国以北京冬奥会为契机增进世界和平与发展。联合国秘书长古特雷斯日前发表书面讲话，呼吁各国在北京冬奥会期间遵守休战协议。对此，外交部发言人赵立坚表示，中方欢迎并坚定支持古特雷斯书面讲话，呼吁各国以北京冬奥会为契机，以对话消弭分歧，以合作替代对抗。赵立坚在当日例行记者会上表示，奥林匹克休战传统源远流长，承载着人类渴望和平、守望相助的美好追求，同联合国维护国际和平与安全的初心使命一脉相承。不久前，第 76 届联合国大会协商一致通过北京冬奥会奥林匹克休战决议，彰显了国际社会对中国成功举办冬奥会的坚定信心，汇聚了世界各国人民守望团结合作、维护世界和平愿景的磅礴力量。他表示，中方始终坚守和平承诺，践行真正的多边主义，深入参与和支持联合国事业，也踊跃参与夏季、冬季奥运会，并支持历届休战决议，为通过体育维护世界和平、促进各国发展、增进人民友谊注入了中国力量。

同日　中国常驻联合国代表呼吁以北京冬奥会为契机用对话消弭分歧。中国常驻联合国代表张军在联合国安理会"城市战争中保护平民问题"公开辩论会上表示，中方强烈呼吁各国及冲突当事方切实遵守北京冬奥会奥林匹克休战决议，以北京冬奥会为契机，用对话消弭分歧，以合作替代对抗。

同日　中亚五国领导人热切期待来华出席北京冬奥会开幕式。下午在北京召开的中国同中亚五国建交 30 周年视频峰会上，中亚五国领导人均表示，热切期待下周赴华出席北京冬奥会开幕式，同中方携手"一起向未来"，相信中方克服疫情困难如期顺利成功举办北京冬奥会，必将为世界带来更多信心和希望。

同日　俄罗斯总统普京表示，俄中均反对体育政治化，反对"作秀式"抵制行为，恪守崇尚平等、公正的奥林匹克精神。俄驻华大使杰尼索夫也表示，俄将派出阵容强大的体育代表团出席北京冬奥会，相信冬奥会将成为一届成功的体育盛会。

同日　日本前首相鸠山由纪夫在东京与中国驻日本大使馆临时代办杨宇会面时表示，北京冬奥会十分令人期待，衷心祝愿北京冬奥会成功举办。鸠山说，日中两国是搬不走的近邻，双方应抓住邦交正常化 50 周年这一重要机遇，加强各层级对话交流，增进相互理解和信任，妥善管控矛盾分歧，推动日中关系持续改善发展。

同日　瑞典奥林匹克委员会确认将派出由 116 名运动员组成的代表团参加北京冬奥会，这是该国有史以来派出的规模最大的冬奥代表团。瑞典奥委会表示，如果运动员生病或受伤，该代表团的组成仍有可能作出调整，但不会再增加参与的运动项目或运动员人数。

同日　老挝政府总理潘坎预祝北京冬奥会圆满成功。中国驻老挝大使姜再冬在老挝首都万象出席双边活动期间，向潘坎介绍了北京冬奥会筹备进展情况。潘坎表示，由于地理环境和气候条件所限，老挝的冰雪运动还没有发展起来，但这丝毫不影响老挝人民对冰雪运动的喜爱和对北京冬奥会的期待。老中两国山水相连，两国人民亲如一家，我们为兄弟的中国人民取得的每一个成就欢欣鼓舞、迎来的每一件喜事感到由衷高兴。

同日　香港邮政将发行北京冬奥会特别邮票。香港邮政宣布将于 2 月 4 日发行以"2022 年北京第 24 届冬季奥林匹克运动会"为题的特别邮票及相关邮品，祝愿香港运动员在本届运动会取得佳绩，并与市民延续奥运热潮。此次发行的一套四枚特别邮票分别展示冬奥会的不同比赛项目，包括高山滑雪、冰球、花样滑冰和短道速滑。每枚邮票印有运动员的剪影，配以奥运五环色彩的流线，令设计倍添动感。套摺设计以冬奥会的愿景"纯洁的冰雪，激情的约会"为灵感来源，使用冬奥会会徽上的蓝色主色调，寓意梦想与未来，并以烫银勾勒出冰雪部分，呈现明亮纯洁的效果，令邮品更具收藏价值。

同日　北京冬奥会灯光秀"点亮"埃及开罗塔。在北京冬奥会开幕倒计时 10 天之际，埃及首都开罗地标建筑开罗塔上演灯光秀，以中、英、阿三语将"北京冬奥会""北京 2022""10 天后北京见"等文字和北京冬奥会会徽投射在塔身，表达对北京冬奥会的祝愿和支持。

同日　文化和旅游部、国家体育总局联合公布了首批国家级滑雪旅游度假地名单，崇礼区被认定为国家级滑雪旅游度假地。

1月26日　北京冬奥会首赛场馆"冰立方"赛道基本完工。北京冬奥会冰壶比赛是本届冬奥会首个开赛项目，经过前期制冰、喷漆、布线等施工，四条冰壶赛道外观已与赛时无异，每条赛道上都摆放了红、黄各8个冰壶。除对赛道冰面进行日常维护，场馆工作人员当天主要进行了铺设地毯、粘贴冰壶标号等扫尾工作。常年服务于国际冰壶大赛的几位制冰师参与了此次制冰工作，原计划赛道于31日达到竞赛交付标准，现有望提前达标。尽管场馆提前达到比赛标准，但按照规定，包括东道主中国队在内的所有参赛队伍都没有非官方训练的机会。

同日　中国台北代表团一行17人报名参加北京冬奥会。国台办发言人朱凤莲在例行新闻发布会上应询表示，中国台北代表团一行17人已注册报名参加北京冬奥会。其中有4名运动员获得速度滑冰、高山滑雪、雪橇3个项目参赛资格，另有1名运动员获递补资格。希望两岸体育健儿弘扬奥林匹克精神，顽强拼搏，共创佳绩。

同日　外交部高度评价俄总统普京对北京冬奥会的积极支持。外交部发言人赵立坚表示，中方高度评价俄罗斯总统普京对北京冬奥会所表达的积极支持。祝愿包括俄罗斯运动员在内的各国运动健儿再创佳绩，闪耀北京奥运赛场。赵立坚说，中俄同世界上大多数国家一样，坚决反对体育政治化，一贯恪守"团结友爱、公平竞争、相互理解"的奥林匹克精神。

同日　国际奥委会副主席黄思绵接受新华社专访表示反对奥运政治化。黄思绵表示，将奥运会政治化不会有任何效果，反而会影响数千名为奥运会付出多年甚至一生的运动员，相信北京冬奥会将成为一届令人惊叹的奥运会。

同日　外交部表示相信阿根廷总统出席北京冬奥会开幕式并访华将取得圆满成功。外交部发言人赵立坚在例行记者会上表示，中国和阿根廷是相互信任的好朋友、共同发展的好伙伴。今年2月19日将迎来两国建交50周年纪念日。半个世纪以来，中阿关系经受住国际风云变幻考验，始终保持健康稳定发展。双方在涉及彼此核心利益问题上相互坚定支持，各领域交流合作取得丰硕成果，树立了新兴市场国家团结合作的典范。相信在双方共同努力下，阿根廷总统费尔南德斯出席北京冬奥会开幕式并访华必定会取得圆满成功。

同日　塞浦路斯奥委会表示坚决反对体育政治化，深信北京冬奥会将圆满举行。塞浦路斯奥委会在首都尼科西亚奥运大厦为2022年北京冬奥会塞方代表团举行新闻发布会。塞奥委会主席赫里索斯托姆，副主席、此次冬奥会代表团团长伊奥蒂斯·约安尼季斯，代表团成员、塞奥委会秘书长安德烈亚斯·乔治乌及唯一参赛运动员扬诺斯·科约姆希安等出席，中国驻塞浦路斯大使刘彦涛应邀出席并致辞，为塞冬奥代表团送行。约安尼季斯说，他反对某些国家不派官员出席的做法，反对体育政治化。

同日　坦桑尼亚奥委会主席表示对北京冬奥会有百分之百的信心。坦桑尼亚奥委会主席古拉姆·拉什德在坦桑尼亚桑给巴尔接受新华社记者采访时表示，坦桑尼亚全力支持中国举办冬奥会。关于坦中体育合作，拉什德表示，坦中两国关系友好，体育合作源远流长，感谢中国在体育发展方面给予的帮助。大多数非洲国家与中国不仅在体育领域，而且在教育、卫生和经济领域都有良好的合作。他表示对北京冬奥会成功举办有百分之百的信心。

1月27日　北京冬奥会火炬接力启动仪式举行全要素演练。北京冬奥会火炬接力启动仪式在奥林匹克森林公园南园南门外广场举行了全要素演练，同时模拟了火炬在奥林匹克森林公园内的传递流程。当日的全要素演练中，北京冬奥组委工作人员模拟了火炬接力启动仪式上音乐播放、舞美搭建、嘉宾致辞、火种入场、火种台点燃、第一棒火炬手亮相等关键环节，以及现场媒体采访、观众组织等流程。启动仪式后，还模拟了火炬在奥林匹克森林公园的传递过程。

同日　人民网发表文章《为冬奥会打下美丽中国底色（和音·一起向未来）》。文章指出，绿色办奥，体现出中国坚定不移走生态优先、绿色低碳发展道路的历史自觉，展现出中国积极参与全球气候和环境治理的责任担当。绿色办奥是中国向国际社会作出的坚定承诺。习近平总书记提出，"绿色办奥，就要坚持生态优先、资源节约、环境友好，为冬奥会打下美丽中国底色""要突出绿色办奥理念，把发展体育事业同促进生态文明建设结合起来"。北京冬奥会坚持绿色低碳标准，建设低碳场馆，构建低碳交通体系，在奥运史上首次实现场馆"绿电"全覆盖，为国际赛事树立了可持续发展的新标杆。坚持绿色低碳，建设一个清洁美丽的世界，这是构建人类命运共同体的应有之义，也是北京冬奥会主题口号"一起向未来"所昭示的美好前景。秉持"可持续·向未来"的诚挚愿景，北京冬奥会将成为展现中国绿色发展成就的窗口，将为全球可持续发展贡献中国智慧和力量。

同日　中国气象局召开北京2022年冬奥会气象服务特别工作状态启动会。会议动员气象保障服务人员进一步统一思想、提振信心、强化措施，全力做好赛时气象保障服务工作。中国气象局负责人宣读进入特别工作状态响应命令，要求深入贯彻落实习近平总书记关于冬奥会筹办工作系列重要指示精神，坚决扛起政治责任，以严谨的科学精神、高昂的斗志、饱满的状态、必胜的信心，齐心协力圆满完成北京冬奥会气象服务任务，以优异成绩迎接党的二十大胜利召开。

同日　交通运输部新闻发布会介绍冬奥会交通运输服务保障工作情况并答记者问。交通运输部新闻发布会介绍冬奥会交通运输服务保障工作情况，根据冬奥会赛时运行体系工作部署要求，交通保障组统筹做好赛时交通组织、交通疏导、交通服务等工作。一是赛时交通指挥体系构建完成，二是服务保障力量如期就位，三是前期服务保障有力有序。交通运输部聚焦开闭幕式、涉奥人员抵离、运动员转场等关键环节，加强交通服务，确保防控到位、保障到位、服务到位、响应到位，为举办一届简约、安全、精彩的奥运盛会提供有力的交通运输保障。

同日　外交部发言人赵立坚在例行记者会上表示，随着冬奥脚步越来越近，世界支持期待冬奥的热情也越来越高涨。相信像北京 2008 年夏季奥运会一样，北京冬奥会将闪耀世界，各国健儿将绽放精彩。

同日　北京冬奥会让新疆"冷"资源"热"起来。新疆维吾尔自治区在京举办涉疆问题新闻发布会，围绕新疆体育代表团参加北京冬奥会、新疆冰雪运动和冰雪旅游等情况，通过现场媒体记者提问、视频连线等方式，回应社会关切。发布会上，针对近期美西方反华势力以新疆存在"强迫劳动"为由，编造政治谎言，不派官方和外交代表出席北京冬奥会的行为，新疆维吾尔自治区人民政府新闻发言人徐贵相表示，美西方反华势力毫无政治操守，将所谓新疆存在"强迫劳动"问题与北京冬奥会挂钩，实质上是"冷战思维"的阴魂复活，是"以疆制华"的丑陋表演，是唯恐天下不乱的邪恶伎俩。

同日　国家移民管理局新闻发言人、政策法规司负责人在京表示，国家移民管理局高度重视冬奥会人员入出境通关保障工作，将全力保障参加冬奥会人员通关更安全高效、防疫更严密稳妥。为了优化通关查验流程，国家移民管理局专门制定冬奥会入出境通关服务保障总体方案及各类子方案，进一步优化涉冬奥人员查验工作流程。加强涉冬奥人员流量预报，提前开展信息核对，根据通关流量动态调配执勤警力，保障涉冬奥人员安全有序快速通关。

同日　欧洲议会议员、德国萨克森州选择党副主席马克西米利安·克拉接受《光明日报》采访，畅谈他眼中的北京冬奥会、中欧关系、"一带一路"等话题。北京冬奥会即将举行，针对一些国家借机炒作的所谓"人权问题"，作为欧洲议会人权小组委员会的一员，马克西米利安·克拉表示，美国在与中国的竞争中，已把"人权"作为一个试图用来否定中国政府合法性的政治工具，"人权政治"与人权无关，不过是借人权来谋取其他利益。

　　1月28日　外交部发言人华春莹宣布，国家主席习近平将于2月4日至6日出席北京2022年冬奥会开幕式，为来华出席开幕式的外国元首、政府首脑、王室成员及国际组织负责人举行欢迎宴会，并举行相关双边活动。出席北京2022年冬奥会开幕式及相关活动的国际政要有：俄罗斯总统普京、柬埔寨国王西哈莫尼、新加坡总统哈莉玛、哈萨克斯坦总统托卡耶夫、吉尔吉斯斯坦总统扎帕罗夫、塔吉克斯坦总统拉赫蒙、土库曼斯坦总统别尔德穆哈梅多夫、乌兹别克斯坦总统米尔济约耶夫、埃及总统塞西、沙特王储穆罕默德、卡塔尔埃米尔塔米姆、阿联酋阿布扎比王储穆罕默德、波兰总统杜达、塞尔维亚总统武契奇、卢森堡大公亨利、摩纳哥亲王阿尔贝二世、阿根廷总统费尔南德斯、厄瓜多尔总统拉索、蒙古国总理奥云额尔登、巴基斯坦总理伊姆兰·汗、波黑部长会议主席特盖尔蒂亚、巴布亚新几内亚总理马拉佩、韩国国会议长朴炳锡、阿塞拜疆副总理阿赫梅多夫、泰国公主诗琳通及国际奥委会主席巴赫、联合国秘书长古特雷斯、联大主席沙希德、世界卫生组织总干事谭德塞、世界知识产权组织总干事邓鸿森、新开发银行行长特罗约、上海合作组织秘书长张明等。

　　同日　北京2022年冬奥会和冬残奥会安保总指挥部召开第三次会议。国务委员、公安部部长赵克志在主持召开北京2022年冬奥会和冬残奥会安保总指挥部第三次会议时强调，要深入贯彻落实习近平总书记关于冬奥会筹办工作的系列重要指示精神，增强"四个意识"、坚定"四个自信"、做到"两个维护"，精益求精做好安保警卫各项工作，确保冬奥会开幕式安全顺利，确保办成一届简约、安全、精彩的奥运盛会。会议强调，冬奥会开幕式是成功办奥的重要标志，要统筹推进警卫安保和疫情防控，严密落实各项要人警卫安保措施，以更高标准、更严要求、更实举措做好疫情防控工作，确保万无一失、绝对安全。要坚持问题导向，对北京冬奥会开幕式彩排演练全面复盘，拉列问题清单，组织专题研究，逐条整改完善，逐项对账销账，进一步堵塞漏洞、补齐短板，确保问题隐患整改清零。要注重工作细节，发扬"细致、精致、极致"作风，把工作往深处想、往细里做，对每个环节都要精雕细琢、耐心打磨，确保各项工作任务精准、精细落实到位。要体现人文关怀，秉持以运动员为中心的理念，在安检、闭环管理等环节中做到规范检查、柔性疏导，切实提高安保管理服务水平。要强化集结疏散组织和焰火燃放安全监管，落实无人机等"低慢小"航空器禁飞管理措施，加强培训演练和应急准备，确保各项重点措施落地落实。会议要求，要突出要人警卫，落实警卫安保和疫情防控各项措施，确保警卫工作"零风险""零失误"。要突出疫情防控，把防疫安全作为安全的重中之重来抓，加强入场管理、场内管理、疏散管理和内部防疫等工作，确保参会人员健康安全。要突出关键环节，抓好集散组织、安全检查、焰火燃放监管和"低慢小"航空器管理，提高安检效率和服务质量，确保安全有序。要突出整体防控，加强矛盾纠纷排查化解，动态清零各类风险隐患，强化反恐和应急准备工作，全面提升社会面防控等级，确保开幕式期间社会大局稳定。

同日　参加第二十四届冬季奥运会的中国体育代表团正式成立，中国体育代表团总人数为 387 人，其中运动员 176 人，教练员、领队、科医人员等运动队工作人员 164 人，团部工作人员 47 人。北京冬奥会是中国体育代表团史上参赛规模最大的一届冬奥会。

同日　于火炬传递主题媒体吹风会上获悉，北京冬奥会火炬传递将于 2 月 2 日至 4 日，在北京、张家口和延庆三个赛区进行，约 1200 名火炬手参与这一活动。北京冬奥会火炬传递包括 11 个闭环外的封闭传递区域和 1 个闭环内的独立传递区域。其中北京、延庆和张家口赛区分别设立 4 个、2 个和 5 个传递区域；包括北京奥林匹克森林公园、八达岭长城、世界葡萄博览园和张家口工业文化主题公园等。整个火炬接力，坚持简约精彩、确保安全的原则，并采取展示与接力相结合、线上与线下相结合的创新形式，使火炬接力体现出简约、自主、更具体验感的特点。

同日　国际奥委会执委会委员罗宾·米切尔在接受新华社记者书面采访时表示，中国已经为北京冬奥会做了精心而充分的准备，他期待着 2 月 4 日能够在北京见证一场媲美甚至是超越 2008 年北京夏季奥运会的精彩绝伦的开幕盛典。

同日　阿根廷总统费尔南德斯在布宜诺斯艾利斯接受新华社记者专访时说，北京冬奥会是一场世界性体育盛事，他非常荣幸能够参与其中。今年是阿中建交 50 周年，两国谱写了半个世纪的友好交往篇章，通过这次访华拉紧阿中团结的纽带恰逢其时。

同日　基里巴斯奥委会主席尼古拉斯·麦克德莫特接受新华社记者书面专访时表示，相信北京会尽一切努力当好冬奥会东道主，带来一届伟大的体育盛会。麦克德莫特表示，北京是世界上唯一一个既举办了夏季奥运会，又将举办冬季奥运会的城市。这是值得钦佩和祝贺的，充分体现出中国对体育事业和奥林匹克运动的贡献。

同日　加蓬奥委会主席莱昂·福尔盖发表声明说，中国举办国际体育赛事的能力令人瞩目，祝福即将召开的北京冬奥会圆满成功。

同日　生态环境部华北核辐射安全监督站和河北省辐射安全技术中心应急

备勤人员进驻张家口市，与市生态环境局共同开展冬奥会核与辐射安全应急备勤保障工作。

1月29日　北京冬奥会主媒体中心举行"北京冬奥会疫情防控"主题媒体吹风会。北京冬奥会医疗小组首席专家麦克洛斯基、北京冬奥组委疫情防控办公室副主任黄春就疫情防控相关问题做了介绍。麦克洛斯基表示，过去几个月里，他和北京同事共同协作，制定了北京冬奥会的新冠疫情防控措施。当下，所有防疫措施运转顺利，他"相信这将是一届安全的赛事"。近期，国内几个城市出现疫情，包括出现奥密克戎感染的相关病例。对此黄春表示，北京市已采取果断的防疫措施，在未来几天之内，疫情将会得到有效控制。

同日　国务委员王勇到应急管理部调研应急值班值守情况，召开应急管理系统视频会议，并视频连线慰问张家口赛区消防安保一线执勤人员。他强调，要深入贯彻习近平总书记关于加强应急管理和冬奥会、冬残奥会筹办的一系列重要指示精神，严格值班值守，强化应急准备，有效防控各类安全风险，确保人民群众欢度平安祥和新春佳节，全力做好冬奥应急服务保障。

1月30日　参加第二十四届冬季奥运会的中国体育代表团秘书长、国家体育总局冬季运动管理中心主任倪会忠接受新华社记者采访表示，中国体育代表团较以往相比呈现出规模最大、项目最全、多民族、年轻化等特点，年轻的中国冰雪健儿经过各种磨砺已经有了底气和志气，他们将在主场力争创造我国冬奥会参赛历史最好成绩。

同日　北京冬奥会的中国体育代表团宣布，速度滑冰名将高亭宇和钢架雪车女将赵丹将担任北京冬奥会中国代表团开幕式旗手。

同日　中国驻希腊使馆和希腊奥委会29日在雅典共同举办"福虎迎春 走近冬奥"文化活动，一起向北京冬奥会送上祝福，并为希腊冬奥代表团送行。

1月31日　国务委员、公安部部长赵克志除夕在北京检查春节和冬奥会安保工作并看望慰问执勤民警辅警。他强调，要深入学习贯彻习近平总书记在春节团拜会上的重要讲话精神，增强"四个意识"、坚定"四个自信"、做到"两个维护"，坚持团结奋斗，忠诚履职尽责，精益求精做好维护安全稳定和冬奥安保各项工作，确保人民群众欢度平安祥和的新春佳节，确保向世界奉献一届简约、安全、精彩的奥运盛会。

同日　卡塔尔奥委会主席高度评价北京冬奥会各项筹备工作。即将出席北京冬奥会开幕式的乔安在与中国驻卡塔尔大使周剑会面时表示，北京2022年冬奥会场馆建设、绿色科技应用和赛事组织能力令人钦佩，相信北京冬奥会将再次以"中国风格"惊艳世界。

　　日前　连日来，一些国家民众和组织通过举办各类线上线下活动等形式，表达对北京冬奥会的热切期盼和美好祝福。韩中城市友好协会举办的祝福北京冬奥会活动在韩国汝矣岛汉江公园举行。韩中城市友好协会会长权起植表示，疫情防控期间举办冬奥会十分不易。中国为成功举办冬奥会付出了巨大努力，相信北京冬奥会一定会给世界留下难忘的美好记忆。韩中交流促进委员会发表"支持 2022 北京冬奥会"声明说，坚决反对任何将奥运会和体育政治化的行径，全力支持北京冬奥会成功举行。"喜迎冬奥会张家口欢迎您"图片展在新加坡举行。新加坡乒乓球总会会长、前国会议员李玉云表示，中国拥有丰富的国际体育赛事组织经验，北京冬奥会将汇聚全球目光，成为激动人心、令人难忘的精彩盛会，给全世界喜爱冰雪运动的人士带来欢乐。国际友城冬奥祝福线上活动中，俄罗斯后贝加尔边疆区赤塔市行政长官亚里洛夫及市长萨波日尼科夫祝愿北京冬奥会取得圆满成功、奥运健儿创造佳绩。南非奥委会主席和南非国民议会副议长在中国驻开普敦总领馆发布的北京冬奥会宣传片中，为冬奥会成功举办送上祝福。

　　日前　国际奥委会副主席、北京冬奥组委副主席于再清接受新华社记者专访表示，再次把奥运会承办权授予北京是正确的选择，并且表示如果未来还有拿到奥运会承办权的机会，相信中国至少有 10 个城市都有能力举办奥运会。

　　日前　进入北京冬奥会闭环的国际奥委会奥运会部执行主任杜比表示，北京冬奥会面对的一大挑战就是新冠疫情，但是在闭环管理下，北京冬奥会正在不遗余力地保证每个人的安全。杜比表示，中国实现对新冠病例的"动态清零"，为冬奥会的安全举办创造了非常好的条件。

　　近日　西班牙奥委会主席布兰科接受记者采访表示，2008 年北京奥运会是有史以来最为精彩、组织最好的奥运会之一。无论是奥运场馆设施、赛程安排、开幕式的震撼呈现还是志愿者和工作者的全情投入，都使 2008 年北京奥运会成为奥林匹克运动史上的典范。相信即将开幕的 2022 年北京冬奥会也一样会取得成功，而北京作为世界上第一个举办夏季和冬季奥运会的"双奥之城"，必将给人们留下更为深刻的印象。

　　日前　在北京冬奥会将要开幕之际，博茨瓦纳奥委会主席博桑·詹尼果录制视频支持北京冬奥会。

　　日前　叙利亚驻华大使伊马德·穆斯塔法接受采访表示，将偕夫人出席开幕式并对北京冬奥会的成功举办信心十足，充满期待。中国的能力和在举办大型活动方面所获得的成功是众所周知的。他相信这次冬奥会将比以往任何一届冬奥会都要成功。他相信很多年以后，人们都会说"没有人会忘记北京冬奥会"。任何国际舞台上相信公平正义的一分子，都会为中国成功举办冬奥会而高兴。

2月

2月1日　北京奥运会组委会与来自91个国家和地区的代表团召开代表团注册会议。这些代表团已全部完成注册，已经激活证件的媒体工作者总数高达8210名。从1月4日启动闭环管理试运行开始，截至2月1日18时，各类人员累计入境抵达12349人，离境117人；累计激活媒体注册卡8210张，其中文字、图片记者1419张，持权转播商6791张。

同日　北京冬奥组委在主媒体中心举办"冬奥·体育·文化"主题新闻发布会。北京冬奥组委新闻宣传部主要负责人介绍，北京冬奥会各项准备工作均已就绪，所有场馆和基础设施如期完工，运行良好。竞赛场馆已迎来运动员官方训练，冬奥村和主媒体中心等非竞赛场馆已经投入使用，无障碍设施全面提升，能够全面满足冬残奥会标准。北京冬奥会在竞赛场馆和非竞赛场馆设计、建设中融入中国文化元素，冬奥组委在3个冬奥村、主媒体中心、驻地酒店都布置了春联、窗花、福字等春节元素。

同日　《人民日报》发表文章《冬奥之光照亮人类前行之路——以习近平同志为核心的党中央关心体育事业和北京冬奥会、冬残奥会筹办工作纪实》。文章指出，自2015年北京成功申办冬奥会以来，截至2021年10月，全国冰雪运动参与人数达到3.46亿人，全国已有654块标准冰场，较2015年增幅达317%；目前我国已有803个室内外各类滑雪场，较2015年增幅达41%。2022年1月4日，习近平总书记在考察北京冬奥会、冬残奥会筹办备赛工作时指出，这些年在各方面共同努力下，越来越多的人爱上了冰雪运动，提前实现了"带动三亿人参与冰雪运动"的目标。

同日　北京冬奥组委运动员委员会主要负责人杨扬接受新华社记者采访。她表示"中国通过筹办北京冬奥会，不但实现了带动三亿人参与冰雪运动的目标，还给世界冰雪运动提供了新的发展机遇"。作为"双奥城市"，北京将2008年曾经使用过的多个夏奥场馆转换为冬奥场馆，不仅实现了可持续发展，也给未来的奥运申办城市打了个样，符合国际奥委会对未来奥运会的发展目标。

同日　新华社发表文章《波黑奥委会主席：对北京冬奥会筹备工作深感钦佩与安心》。文章指出，波黑奥委会主席克韦西奇于当地时间1月31日指出，波黑体育代表团领队已抵达北京，目睹了中方办会筹备工作的井然有序，波方对此深感钦佩与安心。他表示，虽然疫情仍在蔓延，但他坚信中国定能举办一场精彩绝伦的冬奥会并祝愿两国奥运健儿取得佳绩。

2月1日至2日　河北省委书记、省人大常委会主任王东峰到崇礼区太子城重点路段、京礼高速太子城检查站、冬奥核心区地表水厂、冬奥村消防救援站等地调研。调研后，王东峰主持召开专题座谈会、视频调度会，听取省各分指挥部、重点场馆、冬奥村工作汇报，就进一步提升筹办备赛水平提出明确要求。省委副书记、省长王正谱参加活动，并提出有关要求。

2月2日　北京2022年冬奥会火炬接力启动仪式在北京隆重举行。中共中央政治局常委、国务院副总理、第24届冬奥会工作领导小组组长韩正出席仪式，点燃北京2022年冬奥会火炬，并宣布火炬接力开始。9时许，北京2022年冬奥会火炬接力启动仪式正式开始，现场奏起中华人民共和国国歌和奥林匹克会歌。在全场观众的期盼中，3名火种护卫分别手持火种灯、火炬和引火棒上场，1名火种护卫从火种灯中引出火种，点燃火种台。韩正前往火种台旁，点燃北京冬奥会火炬，高高举起，向现场观众致意，并交给第1棒火炬手、我国首位世界速滑冠军罗致焕。9时16分许，韩正宣布：北京2022年冬奥会火炬接力开始！伴随着《一起向未来》歌曲响起，火炬手高擎火炬，向观众展示后起跑，开始火炬传递。仪式上，中共中央政治局委员、北京市委书记、北京冬奥组委主席蔡奇致辞，并播放了国际奥委会主席巴赫的致辞视频。中央和国家机关有关部门、北京市、河北省和北京冬奥组委负责同志，火炬手、运动员、志愿者和社会各界代表，新闻媒体记者等约400人参加了仪式。

同日　北京冬奥会火炬在北京奥林匹克森林公园、北京冬奥公园、首钢园传递，500余名火炬手参与传递。2日上午，在奥林匹克森林公园，中国人民解放军航天员大队大队长景海鹏，中国篮球协会主席姚明，希腊驻华大使乔治·伊利奥普洛斯，天津中医药大学名誉校长、中国工程院院士张伯礼，首都医科大学附属北京朝阳医院副院长、北京市呼吸疾病研究所所长童朝晖，北京冬奥会开闭幕式总导演张艺谋，中国建筑设计研究院有限公司总建筑师李兴钢，安踏集团董事局主席丁世忠等132名火炬手接力完成10.6公里的传递。2日下午，火炬在北京冬奥公园、首钢园传递，传递距离超过20公里，由416名火炬手接力完成。水陆两栖机器人与水下变结构机器人在冬奥公园水下完成了奥运史上首次机器人与机器人之间在水下的火炬传递。火炬手王濛、祁发宝、齐成龙、孙一文、单兆鉴、刘秋宏、李群、李剑叶、张平等人参与了冬奥公园的火炬传递活动。火炬手张利、刘博强、韩青、韩利萍、李玉、庞星火、卜祥龙、金洪利、李郑军、谢春龙、张雨霏等人参与了北京冬奥会火炬在首钢园的传递活动。

2 日晚上，北京 2022 年冬奥会火炬接力晚间展示活动（北京地区）在首钢园三高炉南广场正式开启。

同日 北京冬奥会冰壶项目比赛在冰立方率先打响，中国冰壶混双组合范苏圆/凌智击败瑞士组合，首战告捷。赛后，范苏圆说："比赛前我们就想，一定要在新年第一场比赛给大家一个'开门红'！"本届冬奥会中国体育代表团秘书长倪会忠表示："年轻的中国冰雪健儿经过各种磨砺已经有了底气和志气，他们将在主场力争创造我国冬奥会参赛历史最好成绩。"

同日 国际奥委会奥运会部运行主任皮埃尔·杜克雷在新闻发布会上表示，目前已有 70% 的运动员抵达，北京冬奥会筹办工作正在收尾和微调，一切都是为了提升运动员体验。

同日 《人民日报》发表文章《北京冬奥会准备工作就绪 赛事服务保障体系全面启动》。文章指出，北京冬奥会将于 2 月 4 日开幕，恰逢中国农历虎年春节。北京冬奥会两地三赛区，大红灯笼高高挂，烫金"福"字贴起来，洋溢着浓浓的喜庆氛围。国际奥委会主席巴赫指出："冬奥会与春节相逢是完美的组合。"他手持福字拜年并表示："虎象征着勇气、力量和成功，这也是我在春节给中国人民送出的祝福。"

同日 《光明日报》发表文章《共赴一场美丽的冰雪之约》。文章指出，北京冬奥会、残奥会冲破新冠疫情阻隔，与中国新春佳节浪漫相遇，促使北京成为奥运史上首个"双奥之城"，北京冬奥会、冬残奥会注定别开生面、与众不同。作为冬奥会雪上项目主赛场，河北崇礼以每年"10 万亩+"的速度造林植绿，全区森林覆盖率从 2015 年年底的 52% 提高到 67%，奥运核心区林木绿化率达 80%。1.2 万平方米全冰面，国家速滑馆创下冰面"亚洲之最"。在低碳方面，中国团队放弃国际惯用的氟利昂制冷剂，选择二氧化碳跨临界直冷制冰技术。作为目前最先进、环保、高效的技术，碳排放趋近于零，这在冬奥场馆史上尚属首次。奥运会筹办工作严格遵循习近平总书记的指示："要突出科技、智慧、绿色、节俭特色，注重运用先进科技手段，严格落实节能环保要求，保护生态环境和文物古迹，展示中国风格。"

同日 新华社发表文章《专访：期待出席北京冬奥会开幕式 希望不断深化厄中关系——访厄瓜多尔总统拉索》。文章指出，厄瓜多尔总统吉列尔莫·拉索将于 2 月 3 日至 6 日访华并出席北京冬奥会开幕式。他日前在厄瓜多尔首都基多接受新华社记者专访时表示，中国是厄瓜多尔的重要伙伴，厄瓜多尔发展离不开中国。他期待同中国国家主席习近平会晤并出席北京冬奥会开幕式。

同日 新华社发表文章《多国领导人致电、致函习近平 预祝北京冬奥会和冬残奥会圆满成功》。文章指出，近日，越南、老挝、马来西亚、尼泊尔、吉尔吉斯斯坦、土库曼斯坦、乌兹别克斯坦、白俄罗斯、阿塞拜疆、塞尔维亚、匈牙利、葡萄牙、沙特阿拉伯、津巴布韦、坦桑尼亚、委内瑞拉、秘鲁、厄加拉瓜、萨摩亚、希腊等多个国家领导人以及国际奥委会主席巴赫、联合国教科文组织总干事阿祖莱等国际组织负责人致电、致函中共中央总书记、国家主席习近平，预祝北京 2022 年冬奥会和冬残奥会圆满成功，祝贺中国人民喜迎新春。巴赫表示，北京即将创造历史，习近平主席关于带动 3 亿中国人民参与冰雪运动的愿景已经成功实现。北京冬奥会将载入史册，开启全球冰雪运动新时代。阿祖莱则表示，虎年象征着雄心与果敢，将为在疫情中拼搏了两年之久的世界带来新的希望。预祝北京冬奥会圆满成功。

同日 新华社发表文章《述评：北京冬奥会将为世界留下无与伦比的国际遗产》。文章指出，2015—2020 年参加全国性冰雪运动比赛注册人数从 5111 名增长至 11 398 名。中国队在国际赛事中获得的奖牌总数已由 2015 年的 42 枚增至 2019 年的 69 枚，其中雪上项目的奖牌总数增幅更是由 2015 年的 16 枚攀升至 31 枚。截至 2021 年 11 月，北京冬奥会已启动 80 个重点项目。专项启动以来，围绕场馆、运行、指挥、安保、医疗、气象、交通、转播等关键场景，已有 37 个项目的 112 项新技术成果在测试赛中落地应用，并将服务北京冬奥会赛时运行。北京市延庆区作为北京冬奥会三个赛区之一，大力发展特色文化体育旅游产业，成功创建国家全域旅游示范区。2016—2020 年旅游收入累计达到 323 亿元，同比增长 30.3%，形成了 3 条高速、1 条高铁、1 条市郊铁路的对外交通网络。"体育之城"张家口冰雪经济和绿色产业拉动就业、助力脱贫，12 个贫困县区、1970 个贫困村、93.9 万贫困人口全部脱贫。截至 2020 年年底，张家口冰场雪场达 29 个，2020—2021 年雪季结束，累计参与冰雪运动人次突破 500 万。基础设施建设提速升级，张家口全面跨入高铁时代。

同日 新华社发表文章《北京冬奥会官方观察员项目启动》。文章指出，近日国际奥委会、北京冬奥组委举办北京冬奥会官方观察员项目协调员会议，正式启动实施观察员项目。观察员项目是传承奥运会筹办知识、技能与经验的学习活动，旨在培养办赛人才，促进奥林匹克运动可持续发展。从 2002 年盐湖城冬奥会开始，国际奥委会就在每一届奥运会赛时，组织各未来奥组委选派工作人员参与观察员项目。北京冬奥会观察员项目共有 60 余项学习活动，持续开展 20 天，涉及北京、张家口和延庆三个赛区的 12 个竞赛场馆、10 个非竞赛场馆。从 2 月 2 日开始，观察员活动陆续展开，各未来奥组委将全方位参与包括场馆运行、竞赛组织、赛事体验、景观标识、品牌保护在内的一系列现场学习和远程学习活动，北京冬奥组委相关场馆及业务领域负责人将以"师傅"的角色，与各未来奥组委分享经验与成果。

同日　新华社发表文章《钟华论：同赴冰雪之约 共创美好未来——写在北京2022年冬奥会开幕之际》。文章指出，举办北京冬奥会、冬残奥会，是以习近平同志为核心的党中央统揽中华民族伟大复兴战略全局和世界百年未有之大变局，着眼实现"两个一百年"奋斗目标作出的重大决策，是在我国重要历史节点举办的重大标志性活动，是展现国家形象、促进国家发展、振奋民族精神的重要契机。

同日　新华社发表文章《当北京冬奥会"遇上"中国春节》。文章指出，北京冬奥会举办期间恰逢中国春节，中国百姓用春联、窗花、福字、灯笼、剪纸、烙画、蛋雕、内画等形式用心"装饰"春节，饱含对新年幸福期许的同时也在默默祝福、盼望着即将到来的北京冬奥会。

同日　克罗地亚奥委会主席马泰沙与中国驻克罗地亚大使齐前进在克罗地亚主流媒体《晨报》上发表联合署名文章《北京冬奥会有力增进两国合作和人民友谊》，预祝北京冬奥会取得圆满成功，祝愿克罗地亚运动员在北京冬奥会上勇创佳绩，祝愿中克友谊万古长青。

同日　即将出席北京冬奥会开幕式的波黑部长会议主席特盖尔蒂亚在波黑部长会议大楼会见了中国驻波黑大使季平。双方在会见中一致表示，当今时代，办好奥运会、弘扬奥林匹克精神及价值具有重要意义。他表示中国领导人富有责任心与能力，尽管面临新冠疫情挑战，他坚信北京冬奥会一定能够成功举办并期待参加北京冬奥会的波黑运动员发挥出最高水平，取得佳绩。

2月3日　国际奥委会（IOC）第139次全会开幕。国际奥委会主席巴赫指出2月4日晚上北京冬奥会将开幕，"我们将与中国一道创造历史"，北京将成为世界上首个既举办过夏奥会又举办冬奥会的"双奥之城"。巴赫代表奥林匹克大家庭感谢了东道主的热情接待，并称赞了北京冬奥组委的周密筹备，他认为，北京冬奥会不仅将开启全球冬季运动的新时代，也将惠及中国亿万群众，人们将因参与冰雪运动而收获身心健康。北京冬奥会还将带来可观的经济效益，预计到2025年，中国冰雪运动产业产值可达1550亿美元。

同日　北京冬奥会火炬传递仪式在北京八达岭长城、延庆世界葡萄博览园、河北张家口张北县德胜村、崇礼富龙滑雪场等地举行火炬传递仪式。火炬手马龙、庞清、陈若琳、薛晨、陈雨菲、张家齐、邹凯、杨倩、康智、韩小炎、沈洪波、陈港生（香港演员成龙）、李宝宝、何强、文心理、陈思杨等人参与了北京延庆八达岭长城的火炬传递活动。火炬手徐建喜、管晨辰、宋玺、韩文兴、郎恩鸽等人参与了北京延庆世界葡萄博览园的火炬传递活动。火炬手叶润兵、尹计平、通占元等人参与了河北张家口张北县德胜村的火炬传递活动。火炬手刘芳、刘宣赤、温信祥、王荣、王小军、郭丹丹、程红彬、乔冰、王河等人在河北张家口崇礼富龙滑雪场参与了冬奥火炬传递活动。

同日 《人民日报》发表文章《向世界呈现一届简约、安全、精彩的奥运盛会——北京冬奥会筹办工作全景回顾》。文章指出，截至 2021 年 11 月，张家口地区累计签约冰雪产业项目 97 项。2021 年年底，张家口赛区古杨树场馆群和赛时颁奖广场区域分别获批命名为"张家口崇礼奥林匹克公园"和"张家口奥林匹克颁奖广场"，延庆奥林匹克园区也正式获得国际奥委会批准。北京冬奥会后将继续举办高水平冰雪赛事，开展群众性冰雪活动，持续推动当地发展。

同日 《光明日报》发表文章《冰雪襟怀映照人类命运——北京冬奥会的世界意义》。文章指出，自冬奥申办成功至 2021 年 10 月，我国居民参与过冰雪运动的人数为 3.46 亿人，冰雪运动参与率达 24.56%，已实现"带动 3 亿人参与冰雪运动"的目标。人口只有 10 多万的塞外小城崇礼成为蜚声海内外的冰雪胜地。雪场建设、雪具销售、冰雪培训等产业蓬勃发展，当地每 5 人就有 1 人从事冰雪相关工作。在时有波折的人类文明发展进程中，奥林匹克的意义早已远远超出体育竞赛本身。合作共赢、携手进步，不仅是人类命运共同体理念的担当，也是奥林匹克价值观的主张。

同日 国台办发言人马晓光表示，中国国民党前主席洪秀柱女士已于 2 日抵京，将应邀出席北京冬奥会开幕式。

同日 新华社发表文章《特稿：同赴冰雪之约 书写崭新篇章——北京 2022 年冬奥会的世界期待》。文章指出，自 2015 年北京成功申办冬奥会以来，3.46 亿人参与了冰雪运动，筹办时提出的"带动 3 亿人参与冰雪运动"的目标，已经从愿景变为现实。国际奥委会主席巴赫表示，中国 3 亿人参与冰雪运动目标的实现是前所未见的伟大成就，是本届冬奥会为中国人民和国际奥林匹克运动作出的重大贡献，也将从此开启全球冰雪运动的新时代。

同日 新华社发表文章《专访：我相信北京冬奥会将成为又一个重要里程碑——访阿塞拜疆副总理阿赫梅多夫》。文章指出，阿塞拜疆副总理、阿执政党新阿塞拜疆党副主席阿里·阿赫梅多夫日前在首都巴库接受新华社记者书面专访时表示："中国有成功举办国际大型体育赛事的丰富经验，北京 2008 年夏季奥运会已经充分证明这一点。我深信北京冬奥会将以新的体育成就和纪录，在奥林匹克运动史上书写浓墨重彩的一笔。"

同日 新华社发表文章《专访：北京冬奥会体现人类命运与共、战胜全球挑战的愿望——访柬埔寨国王西哈莫尼》。文章指出，柬埔寨国王西哈莫尼 2 日在金边接受新华社记者书面采访时表示，北京冬奥会和冬残奥会以"一起向未来"为主题口号，这体现了人类命运与共、战胜全球挑战的愿望。他此次应邀出席北京 2022 年冬奥会开幕式，将进一步加强柬中两国的传统友谊、兄弟情谊和伙伴关系。

同日 新华社发表文章《巴新总理：北京冬奥会传递通过体育保持团结的积极信息》。文章指出，巴布亚新几内亚总理马拉佩日前在接受新华社记者书面专访时表示，中国举办北京冬奥会，向世界传递国际社会应当继续为了全人类的福祉，通过体育保持团结的积极信息。马拉佩于 3 日启程前往中国出席北京冬奥会开幕式。他说，北京冬奥会具有非常积极的意义。他期待北京冬奥会能够让全球运动员汇聚一堂，他们的参与和北京冬奥会的成功举办，将给下一届举办国以积极信心——即使在新冠疫情之下，这样的全球性盛会也是可以举办的。

同日 新华社发表文章《专访：北京冬奥会将成为世界体育史上的光辉一页——访土库曼斯坦总统别尔德穆哈梅多夫》。文章指出，土库曼斯坦总统别尔德穆哈梅多夫日前（2 月 1 日）在土首都阿什哈巴德接受中国媒体联合视频采访时表示，他相信北京冬奥会将取得丰硕成果，成为世界体育史上的光辉一页。别尔德穆哈梅多夫说，他决定出席北京冬奥会开幕式，是基于对奥运会重要意义的理解。历史证明，奥运会一直象征着各国人民间的和平与友谊，象征着不同民族和不同政治信仰的人民的团结以及对奥林匹克精神的尊崇。

同日 新华社发表文章《冬奥会火炬接力开启 500 余名火炬手参与首日传递》。文章指出，北京冬奥会火炬传递将于 2 月 2 日至 4 日，在北京城区、延庆和张家口三个赛区进行。来自各行各业的约 1200 名火炬手将参与火炬传递，他们大部分是扎根生产和工作一线、有突出贡献的"不平凡的普通人"。在火炬手中，还有来自 20 多个国家和地区的国际友人。

同日 北京冬奥会张家口赛区赛时交通运行指挥部召开第一次全体会议，宣布成立张家口赛区赛时交通运行指挥部临时党委。

同日 北京 2022 年冬奥会张家口赛区信访安全保障工作动员会议在张家口召开。

2 月 4 日 第二十四届冬季奥林匹克运动会开幕式在国家体育场举行。中共中央总书记、国家主席、中央军委主席习近平出席开幕式并宣布本届冬奥会开幕。李克强、栗战书、汪洋、王沪宁、赵乐际、韩正、王岐山等党和国家领导人，国际奥委会主席巴赫，以及来自世界各地的领导人和贵宾出席开幕式。中华文明与奥林匹克运动再度携手,奏响全人类团结、和平、友谊的华美乐章。

19 时 15 分许,来自世界各地的国家元首、政府首脑、王室成员和国际组织负责人等贵宾陆续抵达。开幕式正式开始前,国家体育场气氛热烈。伴随着欢快的音乐,来自北京、河北两地的群众来到场内,以质朴而火热的广场舞表演笑迎八方宾朋。场地上巨大的"福"字,营造出中国年的喜庆氛围。大屏幕上,来自河北张家口、黑龙江哈尔滨、江苏南京等国内 10 座城市的群众,向世界展现着中国"三亿人参与冰雪运动"的热忱和激情。联合国秘书长古特雷斯也发表了视频致辞。场内、场外,中国、世界,共同唱响"一起向未来"的冰雪欢歌。

19 时 57 分,体育场中央上万平方米冰雪晶莹的巨幅地屏上出现"过年好"的中英文字样。在《和平——命运共同体》的乐曲声中,习近平和夫人彭丽媛同巴赫等走上主席台,向观众挥手致意。2 月 4 日,恰逢中国农历二十四节气中的第一个节气"立春"。

20 时整,开幕式倒计时表演在中国传统历法的时光轮转中开篇。《我和你》的悠扬歌声再一次在鸟巢响起,绚丽的焰火再度绽放,空中出现了中英文"立春"和"SPRING"(春天)的字样,一名孩子手擎小号,吹响亿万人熟悉的旋律——《我和我的祖国》。各行各业、先进模范人物、56 个民族的代表分列两行,五星红旗在他们中间手手相传。随后,场地中升起巨大的"冰立方",在 24 道激光的"雕刻"中,一幕幕闪回从 1924 年开始的冬奥之路直到定格在"2022 中国北京"。北京冬奥会开幕式所有参演人员都是大中小学的学生和普通市民。在仪式前表演《一起向未来》时,上至古稀老人、下至稚气孩童环绕场地四周,演绎了一支支风格迥异的"中国式行进广场舞"。在《和平——命运共同体》的音乐声中,贵宾们步入会场。场地中央流光溢彩的冰面上,打出了"过年好"三个汉字和英文"HAPPY CHINESE NEW YEAR",送出了中国人民对各国朋友的深情祝福。春节期间,众多外国政要也纷纷送上新年祝福。

20 时 17 分,运动员入场式开始。一扇冰雪雕刻的"中国门"打开,来自奥林匹克运动发源地的希腊代表团首先入场,下届冬奥会举办地的意大利代表团和本届冬奥会东道主中国代表团最后出场,其他国家和地区代表团按简化汉字笔画顺序先后入场。本届冬奥会共有 91 个国家和地区的代表团参加。伴随着 19 首世界名曲串接组成的背景音乐,运动员们步入体育场,不时向观众挥手致意。现场观众用热烈的掌声和欢呼声,欢迎他们的到来。在《歌唱祖国》的激昂旋律声中,东道主中国代表团最后入场,两名持旗手——中国钢架雪车女将赵丹和速度滑冰名将高亭宇走在队伍最前列。本届冬奥会中国代表团共 388 人,其中运动员 177 人，创历届冬奥会中国参赛人数之最。

　　运动员入场完毕，各代表团引导员高举雪花造型引导牌聚合在一起，共同构成一朵"大雪花"，大屏幕播放短片《更强更团结》，将开幕式"世界大同，天下一家"的主题表现得淋漓尽致。随后，北京冬奥组委主席蔡奇致辞。他说，正值中国农历虎年新春之际，来自世界各地的运动员、教练员和嘉宾相聚北京，共享冬奥盛会，见证北京成为全球首个"双奥之城"，见证中国为奥林匹克运动续写新的传奇。在习近平主席亲自推动和中国政府坚强领导下，我们践行绿色、共享、开放、廉洁的办奥理念，与国际奥委会等方面通力合作，克服疫情影响，实现北京冬奥会如期开幕，向全世界展现了人类面对困境战胜挑战的坚韧之姿。让我们携手同行，一起向未来，谱写构建人类命运共同体的崭新篇章。随后，国际奥委会主席巴赫致辞。他感谢北京冬奥组委、中国政府部门和全体中国人民。巴赫说，中国在冬季运动方面取得的非凡成就，开启了全球冬季运动的新时代，将使全球冬季运动参与度登上新台阶，让中国人民和全球各地的冬季运动爱好者从中受益。

　　21 时 51 分，国家主席习近平宣布：北京第二十四届冬季奥林匹克运动会开幕！顿时，全场沸腾，璀璨的焰火腾空而起，在空中呈现"迎客松"的造型，表达对全世界来宾的欢迎，掌声、欢呼声经久不息。来自世界各地的 76 名年轻人走进体育场，并肩而行。他们走过之处，形成一条由照片组成的影像长河。照片中，有全世界各国人民最平常的生活场景，也有人民休戚与共、共克疫情的感人画面，还有各国运动员为梦想拼搏的激情瞬间。巴赫评价，北京冬奥会不仅将开启全球冬季运动的新时代，也将惠及中国亿万群众。经典歌曲《想象》鼓励人们抛开所有分歧，团结起来，远离战争，和谐相处。

　　北京冬奥会，是奥林匹克格言加入"更团结"之后举办的第一届冬奥会。北京冬奥会"一起向未来"的主题口号与"更团结"遥相呼应，成为构建人类命运共同体理念在奥林匹克领域的生动诠释。来自河北阜平山区的孩子用希腊语唱起了奥林匹克会歌。"大雪花"造型的火炬台清晰地呈现在观众面前，小雪花星光闪耀，奥运会历史上第一次出现了由所有参赛国家和地区名称共同构建的火炬台，响亮地发出"一起向未来"的豪迈宣言。

　　22 时 10 分，取自奥林匹亚的奥运火种抵达国家体育场。奥运火炬手入场，引来全场观众的欢呼。第一个进入体育场的火炬手是中国第一位冬奥会旗手——速度滑冰运动员赵伟昌。奥林匹克之火经过李琰、杨扬、苏炳添、周洋等中国优秀运动员的传递，最终传递到新生代运动员迪妮格尔·衣拉木江和赵嘉文手中，他们共同手持火炬，将手中的火炬嵌入主火炬台。这是奥运主火炬首次以"微火"形式呈现在世界面前。缓缓上升的"大雪花",依然散发着耀眼的光芒,照亮每个人努力奋进、追逐梦想的人生之路,照亮全人类携手前行、共克时艰的美好明天,历经六年多的精心筹办,北京这座"双奥之城""绿色、共享、开放、廉洁"的办奥理念已经深入人心并向世界人民展示其对奥林匹克精神的情怀与追求。

同日 北京冬奥会火炬在北京奥林匹克森林公园、北京大运河森林公园、颐和园等地进行传递。火炬手伊莲娜·伊辛巴耶娃、姬烨、许寰戈·雅沃斯基、张虹、张楠、蔡瑞、刘缓、迟小秋、丁宁、撒贝宁、国际奥委会主席巴赫、第76届联合国大会主席阿卜杜拉·沙希德、联合国第八任秘书长潘基文等人参与了北京奥林匹克森林公园的火炬传递活动。火炬手张楠、蔡瑞、刘缓、杨波参与了北京大运河森林公园的火炬传递活动。火炬手迟小秋、丁宁、撒贝宁、濮存昕、朱婷、林诗凌、其美多吉、窦桂梅、范迪安等人参与了北京颐和园的火炬传递活动。

同日 "一起向未来,为北京冬奥喝彩!"的庆祝活动启动仪式在澳门举行。该活动旨在为澳门同胞通过冬奥进一步了解国家发展、为奥运健儿加油搭建更丰富多元的平台,营造共襄奥运盛举的喜庆氛围。庆祝活动内容包括:300辆澳门电召的士车载屏幕、澳门八处人流密集区的户外电子屏幕、澳门广播电视等媒体和平台播放展示中央广播电视总台北京冬奥会宣传片、冬奥主题歌曲《一起向未来》MV,以及五首澳门原创冬奥主题歌曲等内容,并与特区政府举办的花车巡游、烟花会演等大型贺岁活动联动进行宣传。

同日 新华社发表文章《传递奥运精神,展现中国形象——2022年北京冬奥会火炬接力见闻》。文章指出,2月2日至4日,2022年北京冬奥会火炬在北京、张家口和延庆三个赛区传递。在以"中轴神韵"为主题的奥林匹克森林公园、以"冰雪秀带"为主题的北京冬奥公园、以"民族之脊"为主题的八达岭长城、以"城市轨迹"为主题的张家口市桥东区工业文化主题公园等火炬传递点位,来自各行各业的约1200名火炬手留下了手持冬奥火炬的身影。

同日 新华社发表文章《多国领导人通过多种方式预祝北京冬奥会和冬残奥会圆满成功》。文章指出,俄罗斯总统普京,朝鲜劳动党总书记、国务委员长金正恩,蒙古国总统呼日勒苏赫,哈萨克斯坦总统托卡耶夫,哈萨克斯坦首任总统纳扎尔巴耶夫,捷克总统泽曼,伊朗总统莱希,阿根廷总统费尔南德斯,印度尼西亚总统佐科,塔吉克斯坦总统拉赫蒙,马尔代夫总统萨利赫,世贸组织总干事伊维拉,红十字会与红新月会国际联合会主席罗卡等多个国家领导人、国际组织负责人致电、致函中共中央总书记、国家主席习近平或通过其他方式,祝贺中国人民春节快乐，预祝北京 2022 年冬奥会和冬残奥会圆满成功。

同日 《人民日报》发表文章《总书记向世界讲述一个拥抱冬奥的中国——写在北京冬奥会开幕之际》。文章指出，北京冬奥书写了一项项令世界惊叹不已的纪录：这是设项和产生金牌最多的一届冬奥会，也是新冠疫情发生以来首次如期举办的全球综合性体育盛会。一些国家首次派团出席冬奥会。去年，上百年历史的奥林匹克格言首次更新，在"更快、更高、更强"之后加上了"更团结"。联合国秘书长古特雷斯指出"奥林匹克精神是人类团结的灯塔"。习近平总书记在会见巴赫主席时谈及冬奥会对推动构建人类命运共同体的使命担当："奥林匹克运动倡导的'更团结'正是当今时代最需要的。世界各国与其在 190 多条小船上，不如同在一条大船上，共同拥有更美好未来，所以我们提出了'一起向未来'的北京冬奥会口号。"

同日 《人民日报》发表文章《一起向未来·北京冬奥会特刊 冬奥会火炬在北京、张家口和延庆 3 个赛区传递，传奥运之火、让梦想飞扬》。文章指出，2 月 2 日至 4 日，冬奥会火炬在北京、张家口和延庆 3 个赛区进行传递，共有约 1200 名火炬手参与其中。2 日上午，北京 2022 年冬奥会火炬接力启动仪式在北京奥林匹克森林公园隆重举行。3 日上午，延庆当地群众用传统民俗长绸灯笼表演以及《请到长城来滑雪》等舞蹈，喜迎奥运之火的到来。3 日下午，火炬传递在张家口市阳原县泥河湾考古遗址公园古猿人头像雕塑广场开始。"我是火炬网络护跑手"作为奥林匹克历史上首次开展的大规模火炬网络宣传推广活动，除夕之夜，借助春晚联动，活动热度不断攀升。据统计，自 1 月 23 日活动开展以来，全网相关话题阅读总量已超过 6 亿次，有超过 2500 万人领取了由北京冬奥组委官方认证的火炬网络护跑手电子证书。

同日 《光明日报》发表文章《一起向未来！冬奥梦交汇中国梦——北京冬奥会为奋进新征程注入磅礴力量》。文章指出，北京冬奥会筹办以来，冰雪运动"南展西扩东进"，我国参与冰雪运动的人数已达 3.46 亿人，全国冰雪运动特色学校 2062 所，为世界冰雪运动开启新时代。习近平总书记指出："体育是提高人民健康水平的重要手段，也是实现中国梦的重要内容，能为中华民族伟大复兴提供凝心聚气的强大精神力量。"

同日 《光明日报》发表文章《与搅天冰雪，来一场激情对话！——热烈祝贺第二十四届冬季奥林匹克运动会开幕》。文章回顾了习近平总书记在考察 2022 年冬奥会、冬残奥会筹办备赛工作时的重要指示："成功举办北京冬奥会、冬残奥会，不仅可以增强我们实现中华民族伟大复兴的信心，而且有利于展示我们国家和民族致力于推动构建人类命运共同体，阳光、富强、开放的良好形象，增进各国人民对中国的了解和认识。"奥委会主席巴赫指出,"只有每一个人都尊重奥运会,超越政治分歧,我们才可以实现团结世界的使命"。2022 年,尽管新冠疫情依然肆虐全球,"立春"之时大幕开启的北京冬奥会,必定带给世界春天的希望。

同日 《光明日报》发表文章《奔跑,奔跑,点燃梦想——记北京冬奥会火炬传递》。文章指出,从 2021 年 10 月 18 日,在希腊古奥林匹亚小镇的赫拉神庙前北京冬奥火种成功采集,到 2022 年 2 月 2 日,北京冬奥会火炬接力在北京奥林匹克森林公园拉开序幕,在 1200 余位火炬手的接力下,北京冬奥会火炬开启了在北京、张家口和延庆三个赛区的传递。此次火炬传递的选线,突出了历史性和时代性的呼应,也充分展示了办赛城市形象。

同日 《经济日报》发表文章《共同奔向美好世界》。文章指出,本届冬奥会有约 90 个国家和地区近 3000 名运动员参加,是设项和产生金牌最多的一届冬奥会。近年来,中国充分利用举办冬奥会的契机,实现了带动 3 亿人参与冰雪运动的目标,既推动了中国体育事业的发展,也为奥林匹克精神的进一步传播贡献了力量。同时,"冰天雪地也是金山银山",北京冬奥会的举办还带动了中国冰雪体育产业、冰雪经济的发展,为疫情中复苏乏力的世界经济增添了一抹亮色。

同日 《北京日报》发表文章《冰雪的世界因你精彩——写在北京冬奥会开幕之际》。文章指出,北京冬奥会努力克服疫情影响,各项准备工作就绪:所有奥运场馆进入赛时运行模式,运动员整装待发,志愿者全部就位。从 2008 年奥运会被时任国际奥委会主席罗格赞评的"无与伦比",到如今冬奥会让巴赫叹服的"一个奇迹",13 年多的时光,见证的不仅是中国承办国际大型体育赛事的能力与信心,更是北京这座城市综合治理能力的提升、应对各种困难和挑战的从容,以及融入市民血液中的奥运基因。

同日 《河北日报》发表文章《共燃冰雪梦 一起向未来——热烈祝贺北京 2022 年冬奥会开幕》。文章指出,作为北京冬奥会的举办地之一,6 年多来,河北深入学习贯彻习近平总书记重要指示和党中央决策部署,全面落实"四个办奥"理念和"简约、安全、精彩"办赛要求,为北京冬奥会成功举办贡献了河北力量:"雪如意"巧夺天工,"冰玉环"美轮美奂,76 个冬奥项目全部提前高质量完成,一批"冬奥大工程"成为张家口"新名片";"办赛精彩,参赛也要出彩",大力推动群众性冰雪运动向纵深发展,成功举办三届冰雪运动会,陆续组建了 18 支省级冰雪项目运动队,河北省参与冰雪运动群众已达到 3000 万人,为"带动 3 亿人参与冰雪运动"做出了积极贡献;10 个设区市结对帮扶张家口赛区签约饭店，4000 余名赛会志愿者来自省内 29 所高校，从全省抽调 2000 多人负责冬奥赛时疫情防控和医疗救治，燕赵儿女汇聚起齐心助冬奥、一起向未来的澎湃力量。河北省抓住用好历史机遇，在努力交出冬奥会筹办优异答卷的同时，也交出本地发展的优异答卷：冰雪旅游、京张高铁优化张家口的产业结构，借力冬奥筹办，京津冀协同发展不断向广度深度拓展。

2 月 5 日　国家主席习近平和夫人彭丽媛在北京人民大会堂金色大厅举行宴会，欢迎出席北京 2022 年冬奥会开幕式的国际贵宾。习近平总书记向来华出席北京冬奥会的各位嘉宾表示热烈的欢迎，并向所有关心和支持北京冬奥会的各国政府、各国人民及国际组织表示衷心的感谢！特别是向那些克服新冠疫情带来的困难和不便、不远万里来到北京，为冬奥喝彩、为中国加油的各位人士表示感谢。北京作为首个"双奥之城"，全力克服了新冠疫情的影响，认真兑现了对国际社会的庄严承诺。中国通过筹办冬奥会和推广冬奥运动，让冰雪运动进入寻常百姓家，实现了带动 3 亿人参与冰雪运动的目标，为全球奥林匹克事业作出新贡献。习近平总书记指出，自古以来，奥林匹克运动承载着人类对和平、团结、进步的美好追求。我们应该牢记奥林匹克运动初心，共同维护世界和平。我们应该弘扬奥林匹克运动精神，团结应对国际社会共同挑战。我们应该践行奥林匹克运动宗旨，持续推动人类进步事业。

专栏　习近平总书记在北京 2022 年冬奥会欢迎宴会上的致辞

尊敬的巴赫主席，
尊敬的各位同事，
女士们，先生们，朋友们：

在中国人民欢度新春佳节的喜庆日子里，同各位新老朋友在北京相聚，我感到十分高兴。首先，我代表中国政府和中国人民，代表我的夫人，并以我个人的名义，对来华出席北京冬奥会的各位嘉宾，表示热烈的欢迎！向所有关心和支持北京冬奥会的各国政府、各国人民及国际组织表示衷心的感谢！我还要特别感谢在座的各位朋友克服新冠肺炎疫情带来的困难和不便，不远万里来到北京，为冬奥喝彩、为中国加油。

昨晚，北京冬奥会在国家体育场正式开幕。时隔 14 年，奥林匹克圣火再次在北京燃起，北京成为全球首个"双奥之城"。中国秉持绿色、共享、开放、廉洁的办奥理念，全力克服新冠肺炎疫情影响，认真兑现对国际社会的庄严承诺，确保了北京冬奥会如期顺利举行。

让更多人参与到冰雪运动中来,是奥林匹克运动的题中之义。中国通过筹办冬奥会和推广冬奥运动,让冰雪运动进入寻常百姓家,实现了带动 3 亿人参与冰雪运动的目标,为全球奥林匹克事业做出了新的贡献。

女士们、先生们、朋友们!

自古以来,奥林匹克运动承载着人类对和平、团结、进步的美好追求。

——我们应该牢记奥林匹克运动初心,共同维护世界和平。奥林匹克运动为和平而生,因和平而兴。去年 12 月,联合国大会协商一致通过奥林匹克休战决议,呼吁通过体育促进和平,代表了国际社会的共同心声。要坚持相互尊重、平等相待、对话协商,努力化解分歧,消弭冲突,共同建设一个持久和平的世界。

——我们应该弘扬奥林匹克运动精神,团结应对国际社会共同挑战。新冠肺炎疫情仍在肆虐,气候变化、恐怖主义等全球性问题层出不穷。国际社会应当"更团结"。各国唯有团结合作,一起向未来,才能有效加以应对。要践行真正的多边主义,维护以联合国为核心的国际体系,维护以国际法为基础的国际秩序,共同建设和谐合作的国际大家庭。

——我们应该践行奥林匹克运动宗旨,持续推动人类进步事业。奥林匹克运动的目标是实现人的全面发展。要顺应时代潮流,坚守和平、发展、公平、正义、民主、自由的全人类共同价值,促进不同文明交流互鉴,共同构建人类命运共同体。

女士们、先生们、朋友们!

"爆竹声中一岁除,春风送暖入屠苏。"中国刚刚迎来农历虎年。虎象征着力量、勇敢、无畏,祝愿奥运健儿像虎一样充满力量、创造佳绩。我相信,在大家共同努力下,北京冬奥会一定会成为简约、安全、精彩的奥运盛会而载入史册。

最后,我提议,大家共同举杯,

为国际奥林匹克运动蓬勃发展,

为人类和平与发展的崇高事业,

为各位嘉宾和家人的健康,

干杯!

同日　北京冬奥会首枚金牌在张家口赛区的国家越野滑雪中心产生。

同日　北京冬奥会开幕式创意和节目设计理念新闻发布会在北京冬奥会新

闻中心举行。"双奥"开幕式总导演张艺谋强调,在全球疫情防控的大背景下,北京冬奥会开幕式与2008年北京奥运会开幕式有所不同,它立足未来,强调"人类的、共同的",表现出人类在艰难时刻的温暖和勇气,表达了全人类"一起向未来"的共同情感。

同日　新华社发表文章《综合消息:弘扬奥林匹克精神 激励一起向未来——多国政界人士盛赞北京冬奥会开幕式》。文章指出,第二十四届冬季奥林匹克运动会开幕式已于4日晚在国家体育场隆重举行,多国政界人士称赞开幕式展现奥运精神、科技创新和中国文化元素,向世界传递绿色、共享、开放、廉洁的办奥理念,将鼓舞世界携手同行,克服挑战,一起向未来。

同日　北京市卫健委负责人在2022北京新闻中心新闻发布会上表示,2022年北京冬奥会已于4日开幕,北京积极统筹全市各类医疗资源,全力以赴做好冬奥会和冬残奥会医疗保障工作。北京市已建成1500平方米北京冬奥村综合诊所和1658平方米延庆冬奥村综合诊所,覆盖急诊、理疗康复、影像、中医、牙科等18个学科,可保障赛时门诊、急诊、康复转院等医疗救治工作。北京冬奥村和延庆冬奥村综合诊所均已正式运营,随时满足每天16个小时基本门诊和24小时紧急救治需求。

同日　北京冬奥会第一次召开北京冬奥组委和国际奥委会每日例行发布会,作为首位"双奥"开闭幕式总导演,张艺谋和团队在发布会上就2月4日晚北京冬奥会开幕式解读了中国文化的空灵、浪漫与唯美。

同日　新华社发表文章《五环旗下 同心筑梦——多方人士称赞北京冬奥会开幕式》。文章指出,多方人士称赞2月4日晚北京冬奥会开幕式。国际奥委会主席巴赫更是表示:"这次的开幕式与2008年北京奥运会的开幕式有所不同,但一样令人兴奋。"

同日　《人民日报》发表文章《多国领导人通过多种方式预祝北京冬奥会和冬残奥会圆满成功》。文章指出,又有许多国家领导人、国际组织负责人致电、致函中共中央总书记、国家主席习近平或通过其他方式,祝贺中国人民春节快乐,预祝北京2022年冬奥会和冬残奥会圆满成功。

同日　《人民日报》在《一起向未来 北京冬奥会特刊》中发表文章《一朵雪花 传递共同情感——专访北京冬奥会和冬残奥会开闭幕式总导演张艺谋》。文章指出,张艺谋作为首位双奥开闭幕式总导演立足未来,遵循简约、安全、精彩的办赛要求,强调"人类的、共同的",希望展现新时代中国人民的精神面貌,传递构建人类命运共同体理念。

同日　《人民日报》在《一起向未来 北京冬奥会特刊》中发表文章《海外

华侨华人祝愿北京冬奥会圆满成功"相信这将是一届精彩纷呈的体育盛会"》。文章指出，海外华侨华人广泛赞誉2月4日晚举行的北京冬奥会开幕式，相关人员表示在疫情仍在全球蔓延的当下，北京冬奥会的举办振奋人心、意义重大。他们期待各参赛代表团运动员发挥出最好水平，祝愿北京冬奥会取得圆满成功。

同日　《人民日报》在《一起向未来 北京冬奥会特刊》中发表文章《推动世界冰雪运动迈上新台阶——访平昌冬奥组委主席、北京冬奥会协调委员会委员李熙范》。文章指出，李熙范近日在接受《人民日报》记者专访时表示，北京冬奥会的举办不仅促进了中国冰雪运动蓬勃发展，也将推动世界冰雪运动迈上新台阶。他指出："中国为北京冬奥会的成功举行做了全方位、充分的准备，我相信这一定是一届令人难忘的精彩体育盛会。"

同日　《光明日报》在《北京冬奥会特刊》中发表文章《共享办奥 踏雪上冰，同沐冬奥荣光》。文章指出，从申办、筹备到办赛，北京冬奥会、冬残奥会成为一件区域协同配合、全民共同参与的大事。近年来，我国冰雪产业蓬勃兴起，区域经济快速发展，城市建设显著提升。正如习近平总书记强调的那样，"坚持共享办奥，积极调动社会力量参与办奥，提高城市管理水平和社会文明程度，加快冰雪运动发展和普及，使广大人民群众受益"。

同日　《北京日报》发表文章《揭秘盛典 雪花故事 中国表达——北京2022年冬奥会开幕式诞生记》。文章回顾了从3年前北京冬奥会和冬残奥会开闭幕式的前期准备到2月4日开幕式的举办路程，并指出在相关工作的筹备过程中，在奥运五环下，中国人的冰雪智慧凝聚成巨大力量，书写着古老与现代、简约与精彩的奇迹。

同日　中国短道速滑运动员曲春雨、范可新、张雨婷、武大靖、任子威获得混合团体接力金牌，这是中国体育健儿参加北京冬奥会的首枚金牌。

同日　晚7点30分，北京冬奥会首场颁奖仪式在张家口颁奖广场拉开帷幕。

2月6日　中共中央政治局委员、国务院副总理孙春兰代表党中央、国务院就2月5日中国短道速滑运动员曲春雨、范可新、张雨婷、武大靖、任子威获得中国体育健儿参加北京冬奥会的首枚金牌向中国体育代表团发来贺电。孙春兰代表党中央、国务院向获奖运动员及中国体育代表团表示热烈祝贺并希望中国体育代表团认真贯彻习近平总书记"拿道德的金牌、风格的金牌、干净的金牌"的要求，以"使命在肩、奋斗有我"的责任担当，弘扬中华体育精神和奥林匹克精神，努力取得精神文明和运动成绩双丰收，为祖国和人民赢得更大荣誉！

　　同日　新华社驻外记者报道：第二十四届冬季奥林匹克运动会开幕式4日晚在国家体育场隆重举行，我国驻外人员、华侨华人和留学生踊跃观看。他们认为，开幕式简约、浪漫而大气，展现出自然之美、人文之美、运动之美，令人感到骄傲自豪。

　　同日　新华社驻外记者报道，第二十四届冬季奥林匹克运动会开幕式4日晚在国家体育场隆重举行。连日来，已有多国专家学者盛赞北京冬奥会开幕式，他们认为这场盛大的开幕式再次彰显中国应对挑战的决心和能力，充分体现团结合作、追求和平、绿色环保等理念，他们相信在疫情下如期开幕的北京冬奥会将增强各国人民共克时艰、携手进步的信心。

　　同日　新华社发表文章《综合消息："双奥之城"感动世界——多国媒体和媒体人点赞北京冬奥会开幕式》。文章指出，多国媒体和媒体人士认为2月4日在国家体育场举行的北京冬奥会开幕式充满美好和难忘的时刻，他们称赞"双奥之城"北京再次感动世界，引发人们对奥林匹克精神的共鸣，向世界传递团结与合作的讯息。

　　同日　新华社发表文章《国际人士高度评价北京冬奥会开幕式》。文章指出，多名国际人士表示开幕式展现了中国阳光、开放的面貌，与全球共享奥林匹克的光荣与梦想。

　　同日　《人民日报》发表文章《"这必将是一届载入史册的奥运盛会"——国际社会高度评价北京冬奥会开幕式》。文章指出，多名接受《人民日报》记者采访的国际人士高度评价北京冬奥会开幕式，他们认为北京冬奥会开幕式很好地体现了"简约、安全、精彩"的理念，中国定能为世界奉献一届精彩、非凡、卓越的冬奥会。

　　同日　《光明日报》在《北京冬奥会特刊·五环星空》发表文章《向世界呈现一届"无与伦比的冬奥会"》。文章指出，俄罗斯各界对2月4日晚举行的北京冬奥会开幕式给予了高度评价。俄罗斯总统普京已前来北京出席北京冬奥会开幕式，他表示"期待俄中两国运动员在冬奥会上的精彩表现"。

　　同日　中俄双方发表《中华人民共和国和俄罗斯联邦关于新时代国际关系和全球可持续发展的联合声明》。声明中俄方支持中方成功举办北京2022年冬奥会和冬残奥会，对两国体育和奥运合作水平给予高度评价，愿进一步推动相关合作发展。俄奥委会主席波兹德尼亚科夫表示，普京总统出席北京冬奥会开幕式，"对每位俄罗斯奥运选手而言，都是巨大鼓舞"。

　　同日　《光明日报》发表文章《书写服务保障优秀答卷——首钢人全力拥抱

冬奥会》。文章指出，一套由"蝉翼钢"打造的北京 2022 年冬奥会吉祥物运动图标钢制明信片已于日前正式发行，该明信片将北京冬奥会吉祥物冰墩墩的 15 个运动造型和 15 项体育运动图标与千锤百炼的"蝉翼钢"融为一体。

同日　波兰总统安杰伊·杜达一行 20 人乘高铁抵达北京冬奥会张家口赛区，观看了跳台滑雪男子个人标准台决赛，并于当日离张返京。

2 月 7 日　北京冬奥组委负责人在北京冬奥会新闻发布会上表示，自比赛正式开始以来，北京冬奥会赛事组织进展顺利并获得各方交口称赞，冰上、雪上的竞赛场地都得到了世界知名运动员和国际单项体育联合会的高度认可和评价。

同日　中国体育代表团的第二块金牌诞生。在北京首都体育馆举行的北京冬奥会短道速滑男子 1000 米决赛中，中国选手任子威夺冠，中国选手李文龙、匈牙利选手刘少昂分获亚军、季军。

同日　新华社发表文章《北京冬奥会体育竞赛组织工作进展顺利获各方称赞》。文章指出，根据外媒报道 2 月 5 日的女子 3000 米速度滑冰比赛在荷兰的收视人数超过了东京奥运会任何一场比赛。当日也是冬奥会史上在美国收视率最高的一天，观众们共计观看了 3.23 亿分钟的冬奥会比赛。

同日　新华社发表文章《冬奥会"邂逅"春节 文体旅合奏"冰与火之歌"》。文章指出，依据中国旅游研究院近日发布的《中国冰雪旅游发展报告（2022）》，北京冬奥会极大激发了老百姓参与冰雪旅游的热情，有 68.4% 的游客十分确定会因北京冬奥会的举办增加冰雪旅游次数且 2021—2022 冰雪季我国冰雪休闲旅游收入预计有望超过 3200 亿元。

同日　《光明日报》发表文章《廉洁办奥 "让冬奥会像冰雪一样纯洁干净"》。文章中，诸多专家学者及相关人士就如何将勤俭节约、杜绝腐败、提高效率等理念落实到北京冬奥会筹备、运行全过程展开深入探讨，并强调深入落实习近平总书记的指示："坚持廉洁办奥，严格预算管理，控制办奥成本，强化过程监督，让冬奥会像冰雪一样纯洁干净。"

同日　蒙古国总理奥云额尔登一行 17 人乘高铁抵达北京冬奥会张家口赛区，先后观看了单板滑雪男子坡面障碍技巧决赛、冬季两项女子 15 公里个人赛，并于当日离张返京。

同日　河北省委书记、省人大常委会主任王东峰在崇礼区会见到张家口赛区观赛的国际奥委会主席巴赫一行。王东峰代表中共河北省委、河北省人民政府和全省人民，向巴赫一行表示热烈欢迎，对国际奥委会给予北京冬奥会张家口赛区的支持表示衷心感谢。巴赫对河北省委、省政府大力支持北京冬奥会筹办举办表示衷心感谢，诚挚祝愿河北人民虎年快乐、新春大吉。省领导董晓宇、武卫东、严鹏程参加会见。

2月8日 中国体育代表团夺得中国冬奥历史上首枚女子雪上项目金牌。在自由式滑雪女子大跳台比赛中，中国选手谷爱凌摘得桂冠，这是中国代表团在本届冬奥会上的第三金。

同日 新华社发表文章《35个项目首次参赛的背后——北京冬奥会推动中国冬季运动跨越式发展》。文章指出，在本届赛事中，中国代表团将在35个小项上实现参赛"零的突破"。本届赛事，中国代表团派出176名运动员参赛，共获得104个小项、190多个席位的参赛资格，占全部109个小项的95%以上，构成了史上规模最大、项目最全的中国冬奥军团。

同日 《人民日报》发表文章《携手向未来的团结交响——记习近平主席出席北京冬奥会开幕式并举行系列外事活动》。文章回顾了2月4日至6日期间国家主席习近平同来华的外国元首、政府首脑、王室成员和国际组织负责人等国际贵宾一同出席北京第二十四届冬季奥林匹克运动会开幕式、为他们举行欢迎宴会并开展系列双边会晤等事件。

同日 《经济日报》发表冬奥会特别报道《救援快一点，危险就少一分——冬奥会上的滑雪医生》。该报道对河北医科大学第三医院小儿骨科副主任李亚洲医生在雪道上为运动员做医疗救援保障工作的相关事迹进行了详细的介绍。

2月8日至9日 摩纳哥亲王阿尔贝二世和亲王专员一行2人到北京冬奥会张家口赛区观赛。8日，代表团先后观看了冬季两项男子20公里个人赛，男子/女子个人短距离（自由技术）1/4半决赛、决赛并参加颁奖活动。9日，代表团先后在云顶滑雪公园、国家跳台滑雪中心观赛，其间在张家口山地转播中心接受法国电视台采访，并于当日离张返京。

2月9日 《人民日报》在《一起向未来·北京冬奥会特刊》发表文章《北京冬奥会上，有几支由一两名运动员组成的代表团——融入冬奥家庭 追逐冰雪梦想》。文章中对一些承载热带、亚热带地区人们的冰雪梦想和对这场冰雪盛会的期望的由一两名运动员组成的代表团进行了详细的介绍。文章指出，他们的出现不仅丰富着世界冰雪运动的版图，也诠释着"更快、更高、更强——更团结"的奥林匹克格言。

同日 《人民日报》在《一起向未来·北京冬奥会特刊》发表文章《北京冬奥会开幕式人员进场撤场安全有序 集散之间凸显高效》。文章指出，2月4日晚举行的北京冬奥会开幕式活动中，来自国际奥委会、国际单项体育组织、现场观众等30多类客户群4万余人在国家体育场按照"隔一坐一"的防疫安排现场观看，其人员集散工作实现了有序集结、快速疏散，组织之严密，衔接之顺畅，细节之周到，令人赞叹。

同日 《光明日报》在该报《北京冬奥会特刊·逐梦冰雪》发表文章《敞开世界之窗 擦亮未来之镜——访北京冬奥会开闭幕式主创、闭幕式舞蹈总监张文海》。文章中，作为一名"双奥"导演的张文海介绍了北京冬奥会开幕式的创作理念，他认为"开幕式很好地处理了简约和精彩之间的关系，在一叶知秋、以小见大等创作理念指引下，给人既简洁又明确的感觉，让世界看到更加从容自信、开放包容的中国"。

同日 《经济日报》发表文章《经济日报携手京东发布数据——冬奥会带旺冰雪消费 冰雪运动的"出圈"路》。文章指出，冰雪运动发展至今，堪称一部"破圈"史。1 月 9 日以来，广西、安徽、云南、湖北和湖南成为年货节期间冰雪消费增速最快的省份，同比增幅均超过 4 倍；北京冬奥会开幕前 1 个月，冰雪器材成交金额同比增长 107%，冰雪运动服装同比增长 99%，冰雪运动护具同比增长 41%。

同日 外交部礼宾司组织驻华使节到北京冬奥会张家口赛区观看单板滑雪女子障碍追逐决赛，这是张家口赛区迎来的首批北京来张家口观赛的驻华使团观众。

2 月 10 日 克罗地亚旅游和体育部国务秘书德鲁扎克同中国驻克罗地亚大使齐前进会谈。德鲁扎克祝贺北京冬奥会开幕式取得圆满成功，并高度评价北京冬奥组委筹备工作成绩，愿推动两国体育合作迈上新台阶。齐前进大使感谢克罗地亚各界对北京冬奥会的坚定支持，赞赏克罗地亚政府派官方代表出席并坚决反对体育运动政治化。齐前进表示，期待克罗地亚运动健儿取得好成绩，中方愿以中克建交 30 周年为契机，推动两国体育等各领域合作不断取得新进展。

同日 柬埔寨体育界人士接受新华社记者采访，盛赞北京冬奥会。柬埔寨奥委会秘书长瓦占伦表示，北京冬奥会书写了国际体育史上的新篇章，无疑将为奥林匹克运动和构建人类命运共同体作出更大贡献，柬埔寨全力支持北京冬奥会，反对一切形式的体育政治化。柬埔寨曲棍球联合会秘书长姜索贴表示，如期举办冬奥会标志着中国在疫情持续流行的背景下取得了又一次伟大胜利。这证明，任何困难和挑战都不能阻挡中国政府和中国人民勇往直前。

同日 《人民日报》专访韩国国会议长朴炳锡。朴炳锡表示，北京冬奥会是一届安全、绿色的奥运盛会，北京冬奥会向世界传递希望，为韩中两国加强各领域交流合作提供重要契机。朴炳锡盛赞中方的疫情防控措施、绿色办奥理念，以及北京冬奥会中的高科技元素。朴炳锡认为，今年是韩中两国建交30周年，作为友好近邻和重要战略合作伙伴，两国关系在过去30年间取得了巨大发展，今年对两国关系具有特殊意义。双方将共同总结双边关系过去30年的发展历程，规划未来发展蓝图，不断加强在经济、人文、体育、抗疫等各领域合作。

同日　《北京日报》发表文章《北京冬奥会碳排放全部实现中和》。文章指出，北京冬奥组委总体策划部部长李森用"低碳管理"和"生态保护"两个关键词概括了北京冬奥组委践行"绿色办奥"的实践和成果。国际奥委会品牌和可持续发展总监玛丽·萨鲁瓦表示，北京冬奥会在赛事准备和运行过程中都强调可持续发展、实现碳中和，并最大限度地利用北京2008年奥运会的遗产，对很多场馆进行再利用和重新改建，而且都达到中国的最高标准。

同日　《北京日报》发表文章《北京冬奥会成为场馆再利用典范》。文章指出，国际奥委会品牌和可持续发展总监玛丽·萨鲁瓦表示，北京2008年夏奥会的场馆重新利用，在很大程度上会让北京2022年冬奥会成为未来的一个典范，未来这些场馆不仅可以举办体育赛事，还可以进行娱乐文化活动，也可以作为训练场馆向公众开放。

同日　《北京日报》发表文章《为国际高影响天气预报技术研发应用提供中国经验，北京冬奥气象保障创多个首次》。文章指出，北京冬奥会气象预报保障实现了多个国际、国内首次。包括在国际上，第一次做细预报精度到67米网格，实现每10分钟更新一次；第一次应用人工智能气象预报技术。在国内，首次实现冬季山区加密气象观测试验研究。

2月10日　北京冬奥会新增项目自由式滑雪空中技巧混合团体决赛在张家口赛区进行，中国队徐梦桃、贾宗洋和齐广璞斩获一枚银牌。

2月11日　北京冬奥组委发布《北京2022年冬奥会和冬残奥会遗产案例报告集（2022）》。该报告集收录了44个典型遗产案例，总结提炼了冰雪运动普及发展、冬奥场馆、科技创新、环境保护、城市更新、区域协同、文化传播、奥林匹克教育、志愿服务、包容性社会建设等多方面的亮点成果。

同日　外交部回应国际社会高度评价北京冬奥会。多国领导人和国际组织负责人高度评价中国为弘扬奥林匹克精神、促进人类团结友爱所展现的大国担当，认为北京冬奥会成功举办，为国际奥林匹克运动发展作出重要贡献。对此，外交部发言人赵立坚在例行记者会上表示，中方正在兑现举行一场简约、安全、精彩的奥运盛会的承诺。

同日　在北京冬奥会男子钢架雪车奖牌轮比赛中，中国选手闫文港发挥出色，以4分01秒77的成绩获得一枚铜牌，这是中国选手在冬奥会历史上获得的首枚雪车雪橇项目奖牌。另一位中国选手殷正获得第五名，德国选手格罗特赫尔获得冠军。

同日 《经济日报》发表文章《冬奥会医疗保障井然有序》。文章指出，北京冬奥会受伤运动员全部是轻伤，医疗团队通过及时有效的专业化救治，稳定了运动员的伤情，保障了赛事的顺利进行。冬奥会拥有一支高水平的医疗队伍，医护人员全部是来自北京、河北的专业医生，医疗设备都是高水平设备，救治流程都经过国际奥委会的认证。3 个冬奥村都有综合医疗诊所，有 138 个医疗点，场内设置了 98 辆医疗车，可保障伤员随时送到定点医院。并多策并举保障在极端天气条件下北京冬奥会的顺利进行，保障相关涉奥人员的安全和健康。

同日 《人民日报》（海外版）发表文章《"冷资源"成为"热经济"，冬奥会带火中国冰雪产业》。文章指出，中国冰雪产业迎来黄金发展期。一是冰雪运动成新风尚，"带动 3 亿人参与冰雪运动"的目标已经实现。二是文旅产品备受青睐，2021 年至 2022 年冰雪季，中国冰雪休闲旅游收入有望超过 3200 亿元。三是冰雪产业前景广阔，到 2025 年，中国冰雪产业总规模期望达到万亿元规模，冰雪产业正在成为新的经济增长点。

同日 《人民日报》发表文章《绿色办奥，铺就北京冬奥会底色》。文章指出，北京冬奥会是第一届从申办、筹办到举办全过程践行《奥林匹克 2020 议程》的奥运会。北京冬奥会期间，绿色办奥理念的生动实践得到参赛各代表团以及国际社会高度评价。具体包括：实现场馆可持续利用、冬奥场馆 100% 使用绿电、秉持尊重自然的原则。

同日 《经济日报》发表文章《北京冬奥会产生金牌数量最多的场馆——云顶上青春逐梦》。文章介绍了河北张家口崇礼区云顶滑雪公园的特点，包括是北京冬奥会产生金牌数量最多的场馆、是北京冬奥会场馆中唯一一个利用现有滑雪场改建而来的比赛场地、是中国雪上团队的传统强项——自由式滑雪的比赛场地。云顶滑雪公园拥有先进的天冰造雪系统、防风墙、电子围栏，并获得绿色雪上运动场馆三星级设计评价标识，达到绿色建筑评价标准的最高等级。

2 月 12 日 北京冬奥会赛程过半，中国代表团多项目实现历史突破。半程三金亮点突出。开幕式后首个比赛日，中国冰上王牌之师——短道速滑队便为中国队摘得首金。5 日，中国队夺得混合团体接力金牌。两天后，任子威男子 1000 米夺冠，再添一金。谷爱凌在自由式滑雪女子大跳台中逆转揽金，为中国代表团赢得北京冬奥会雪上项目第一枚金牌，这也是中国女子雪上项目的冬奥会历史首金。自由式滑雪空中技巧中，徐梦桃、贾宗洋、齐广璞，三位冬奥会

"四朝元老"为中国队摘得一枚混合团体银牌。多个项目创造历史"第一"。11日晚，闫文港赢得男子钢架雪车铜牌，这是中国选手首次在该项目中登上冬奥领奖台。雪上少年苏翊鸣在单板滑雪男子坡面障碍技巧中摘银，成为中国单板滑雪首枚冬奥会男子项目奖牌获得者。雪上基础大项高山滑雪中，中国选手首次参加难度最大的滑降项目；在首钢滑雪大跳台，17岁的何金博完成了个人最高难度动作；在国家雪车雪橇中心，21岁的王沛宣完成了中国女子雪橇选手冬奥首秀；在张家口赛区云顶滑雪公园，19岁小将荣格代表中国首登单板滑雪女子坡面障碍技巧赛场……本届冬奥会，中国共有35个小项系首次参赛，许多"小众"项目虽仍不具夺牌实力，但已向前迈出重要一步。

同日　《人民日报》发表文章《"实现梦想的宝贵平台"——访北京冬奥会巴基斯坦代表团团长赛义德·诺曼·阿里》。诺曼·阿里表示，北京冬奥会简约、安全、精彩，是运动员同场竞技、实现梦想的宝贵平台；面对疫情挑战，北京冬奥会如期举办难能可贵。他高度赞赏中国冬奥会的绿色理念，和通过推广冰雪运动中国实现了"带动3亿人参与冰雪运动"的目标。诺曼·阿里表示，巴中是全天候战略合作伙伴关系，双方在冰雪运动等体育领域深化合作，将进一步丰富巴中人文交流，增进两国青年相互了解与友好。

同日　《经济日报》发表文章《北京冬奥会见证中国制造蝶变》。文章指出，北京冬奥会无处不在的中国制造惊艳着世界，也展现着新时代中国制造的新风采，体现出中国科技的崛起、对高品质的不懈追求以及大国工匠们的精益求精、推陈出新的精神。

同日　《北京日报》发表文章《北京2022年冬奥会数字科技成果将在赛后推广应用》。文章指出，在2022北京新闻中心北京全球数字经济标杆城市建设专场新闻发布会上，市经信局副局长王磊介绍，北京冬奥会是一次数字科技创新与应用的大会，数字媒体、智能通信、人工智能、虚拟现实、数字孪生、智慧医疗、智慧交通、智慧城市等一系列科技成果都会成为重要的、宝贵的奥运遗产，在赛后进一步推广应用。

同日　《北京日报》发表文章《北京冬奥会创造丰硕遗产 实现"带动3亿人参与冰雪运动"目标》。文章指出，北京冬奥会最重要的遗产成果就是实现了"带动3亿人参与冰雪运动"的目标，还最大限度地使用2008年北京奥运会遗产，并在此基础上创造了新的双奥遗产。

12日至14日　北京冬奥会张家口赛区出现降雪天气，交通除雪保畅团队以雪为令，启动紧急除雪预案，合理安排除雪机械设备、人员、应急物资，第一时间投入除雪战斗之中。

2 月 13 日　新华社发表文章《践行绿色创新 尽显文化魅力——多国媒体高度评价北京冬奥会》。文章指出，北京冬奥会各项赛事激烈进行之时，新西兰广播电台、日本《朝日新闻》、西班牙《阿斯日报》、意大利国家广播电台、美国全国广播公司、巴西《时代》杂志、《俄罗斯报》、墨西哥《金融家报》、法国《解放报》等，多国媒体纷纷对此次冬奥会的"绿色味""科技味""文化味"给予高度评价，称赞其环保理念、高新科技、中国元素。

同日　新华社发表文章《体育时评：北京冬奥会大受美国民众欢迎凸显人心所向》。文中，奥林匹克转播服务公司（OBS）首席执行官埃克萨科斯表示，北京冬奥会在全球社交媒体上已吸引超 20 亿人次的关注。国际奥委会新闻发言人马克·亚当斯介绍，在美国，有超过 1 亿的观众通过美国全国广播公司（NBC）全球网络观看了北京冬奥会。北京冬奥会之所以比以往任何时候都更受美国人欢迎，是因为美国运动员们来到中国之后，呈现在他们面前的却是一个与美国政客口中完全不一样的中国，越来越多的美国运动员将中国的真实一面呈现在社交媒体上；再者，北京冬奥会是第一个在疫情影响下如期召开的全球体育盛会，满足了全球运动员和观众的期盼。

同日　《经济日报》发表文章《"天然＋人工"并将水进行有效循环利用——冬奥会，好雪这样造》。文章指出，冬奥会赛场对雪质雪量的要求较高，人工造雪是非常必要的手段，中国在储存雪以及人工造雪对于水的循环利用方面皆有实践。

2 月 14 日　中国选手徐梦桃夺得北京冬奥会自由式滑雪女子空中技巧金牌。这是中国代表团在本届冬奥会上获得的第五枚金牌，中国代表团的金牌数也由此追平了在 2010 年温哥华冬奥会创造的历史最佳战绩。12 年前中国代表团在温哥华冬奥会上夺得 5 金 2 银 4 铜。

同日　外交部发言人汪文斌表示，北京冬奥会彰显的团结、合作和希望正在为世界各国注入信心和力量。汪文斌说，赛事收视率在欧美一些冬奥强国成倍增长甚至打破纪录，在常年不见冰雪的热带国家，也有很多人关注北京冬奥会。这说明，尽管新冠疫情仍在肆虐，但是冰雪运动带来的激情、欢乐和友谊仍然为全球人民共享，北京冬奥会彰显的团结、合作和希望正在为世界各国注入信心和力量。

同日　新华社发表文章《北京 2022 成为迄今女性参赛比例最高、参与项目最多的冬奥会》。文章指出，国际奥委会和北京冬奥组委在例行发布会上介绍，北京冬奥会是迄今女性参赛比例最高、参与项目最多的冬奥会。鼓励更多女性运动员参与，是国际奥委会的重要战略，北京冬奥会女性运动员参赛比例达

45.4%，全部109个小项中有女性运动员参与的项目占比53%。北京冬奥会新增项目充分考虑女性运动员平等参赛的问题，并加强对女性同仁的保障。

同日　新华社发表文章《"向全世界展示中医之美"——冬奥会上的中医药展示区成为中外文明互鉴的新窗口》。文章指出，冬奥会上的中医药展示，包括北京冬奥会主媒体中心的中医药文化展示空间、北京冬奥村和延庆冬奥村的中医药体验馆，首次在世界级赛事中集中展示中医药文化。此外，中医药以针灸按摩等形式在冬奥会运动员健康保障、创伤治疗、疲劳消除方面也做出了很多贡献。

同日　《人民日报》发表文章《冬奥会赛场那些"跌倒再爬起"的瞬间——无惧挑战 勇敢向前》。文章指出，在北京冬奥会赛场上，中国队选手李文龙、刘佳宇，美国队选手汉娜·霍尔沃森，日本队选手羽生结弦等运动员展现出自强不息、顽强拼搏的奥林匹克精神。

同日　《人民日报》发表文章《冬奥会成为各代表团运动员增进了解的平台——竞技交流 超越胜负》。文章指出，在北京冬奥会的舞台上来自不同国家和地区的运动员之间的团结友谊，以冰雪运动为纽带，凝聚"更团结"的力量，诠释着奥林匹克精神。

同日　《人民日报》发表文章《冬奥会为城市发展注入新动力》。自2015年申办成功至今，北京冬奥会为城市发展带来诸多新变化。基础设施建设、通信技术等领域新亮点层出不穷，京津冀一体化程度不断加深，冰雪产业加速发展，绿色成为城市的鲜亮底色。

2月15日　《光明日报》以《北京冬奥会：无限精彩，正在呈现……》为题对北京冬奥会半程赛事进行报道。

同日　《经济日报》发表文章《绿色制冰技术不一般》。文章指出，北京冬季奥运会使用的二氧化碳跨临界直冷制冰系统具备优良的制冷性能，并且自带环保属性，没有污染，碳排放量接近于零。

同日　北京2022年冬奥会自由式滑雪女子坡面障碍技巧决赛在张家口云顶滑雪公园举行。中国选手谷爱凌获得银牌。

同日　在北京冬奥会单板滑雪男子大跳台决赛中，中国选手苏翊鸣以182.50分的成绩夺冠，这是中国代表团在本届冬奥会的第六枚金牌。

2月16日　中国选手齐广璞夺得北京冬奥会自由式滑雪男子空中技巧金牌。这也是中国体育代表团在北京冬奥会上夺得的第七枚金牌。时隔16年，我国自由式滑雪空中技巧男子运动员再次登上冬奥会最高领奖台。

同日　新华社发表文章《国际奥委会高度赞赏北京冬奥会疫情防控》。文章指出，国际奥委会对北京冬奥会的疫情防控工作高度赞赏，认为防控措施行之有效。

同日　《光明日报》发表文章《北京冬奥会激发巴基斯坦冬季运动热情》。文章指出，北京冬奥会吸引了巴基斯坦民众的高度关注，巴各界人士为中国举办的本届冬奥会热情点赞，更对新时代的巴中关系寄予厚望。

同日　《经济日报》发表文章《冬奥会带来哪些利好》。文章指出，北京冬奥会对我国冰雪产业发展提供新契机，并进一步助力京津冀协同发展。

2月17日　《河北日报》发表文章《短道速滑：中韩依然强势 欧美迅速崛起》。文章对北京冬奥会短道速滑运动项目获奖情况进行报道，中国队共收获2金1银1铜，分别是2月5日短道速滑混合团体接力比赛中国短道速滑队获得金牌；2月7日短道速滑男子1000米任子威获得金牌，李文龙获得银牌；中国短道速滑女队在女子3000米接力比赛中获得铜牌。

同日　新华社发表文章《国际雪联医疗委员会副主席：雪上医疗服务能力是北京冬奥会的宝贵遗产》。文章指出，国际雪联（FIS）医疗委员会副主席珍妮·舒特在接受新华社采访时表示，北京冬奥会张家口赛区医疗设施、服务均堪称顶级，为中国雪上运动发展留下了宝贵遗产。

同日　《经济日报》《河北日报》分别以《212项技术在北京冬奥会应用》《科技冬奥专项共安排部署80个科研项目212项技术在北京冬奥会上落地应用》为题对北京冬奥会"科技办奥"进行专题报道。

同日　《人民日报》发表文章《当冬奥会遇见中国文化》。文章指出，北京冬奥会不仅是一场体育盛会，也是一场文化盛宴，彰显着中国风采，传递出中国自信。从开幕式上惊艳全场的"二十四节气倒计时""黄河之水天上来"等中华文化展示，到颁奖典礼上穿戴"瑞雪祥云""鸿运山水""唐花飞雪"服饰的礼仪人员；从造型中融入传统文化元素、美轮美奂的"雪如意""冰玉环"等场馆，到灵感来自古代同心圆玉璧的奖牌……一系列中国元素讲述着匠心独运的"东方故事"，呈现着中国文化和冰雪文化、奥运文化的完美融合。

同日　《人民日报》发表文章《科技办奥亮点多 服务保障暖人心——多国媒体记者高度评价北京冬奥会》。文章指出，多国媒体记者积极采访报道北京冬奥会，对科技创新、防疫政策、服务保障、文化体验等给予高度评价，称赞北京冬奥会是一场融入科技创新且服务保障周到的精彩盛会，展示出中国强大的自主创新和组织办赛能力，为国际奥林匹克运动发展作出重要贡献。

同日　德国二台、香港无线电视台、人民日报、上海新民晚报、贵州日报、湖南日报、北京日报等30家境内外非注册媒体到崇礼开展集体采访活动，共计

81人。

2月18日　新华社发表文章《新党主席吴成典将应邀出席北京冬奥会闭幕式》。文章指出，国台办发言人马晓光表示，2月17日，新党主席吴成典一行抵京，将应邀出席北京冬奥会闭幕式。

同日　外交部表示北京冬奥会成功举行振奋人心。外交部发言人汪文斌在例行记者会上表示，面对依然肆虐的新冠疫情，北京冬奥会如期开幕并成功举行，振奋人心。中方将继续与各方携手努力，为促进奥林匹克事业发展和人类团结进步作出新的贡献。

同日　新华社发表文章《巴赫：北京冬奥会非常成功 运动员非常满意》。文章指出，国际奥委会主席巴赫在上午进行的新闻发布会上表示，北京2022年冬奥会非常成功，运动员们感到非常满意。巴赫同时对疫情防控、运动员及赛事组织、转播及遗产等方面进行赞扬。

同日　新华社发表文章《让世界看到自信从容的中国——从北京冬奥会看文化自信》。文章指出，北京冬奥会赛场内外中国元素引人瞩目，这场冰雪盛会以别样的中华文化魅力收获来自世界的掌声。中国气质与奥林匹克交相辉映，五环旗下汇聚五洲宾朋，北京冬奥会折射出更加坚实的文化自信，诠释着新时代中国的从容姿态，传递出中华儿女与世界人民"一起向未来"的共同心声。

同日　《经济日报》发表文章《数字人民币硬钱包亮相冬奥会》。文章指出，数字人民币"硬钱包"指的是以卡片、手环等实体介质承载数字人民币的钱包类型，此次亮相北京冬奥会的数字人民币硬钱包有手环形态的"雪环"，还有卡片式的。

同日　在张家口云顶滑雪公园举行的北京冬奥会自由式滑雪女子U型场地技巧决赛中，中国队选手谷爱凌强势夺冠，摘得中国代表团本届冬奥会第八金。这也是她本届冬奥会继自由式滑雪女子大跳台夺金后的个人第二枚金牌。

2月19日　张家口颁奖广场圆满完成北京冬奥会全部颁奖任务。张家口颁奖广场自2月6日正式运行至2月19日，举办了冬奥会49个项目的颁奖仪式，全部准确、顺利、零失误。

同日　《经济日报》发表文章《全面落实绿色办奥举措 北京冬奥会兑现"碳中和"承诺》。文章指出，通过使用大量光伏和风能发电、地方捐赠林业碳汇、企业赞助核证碳减排量等方式，北京冬奥会圆满兑现实现"碳中和"的承诺，成为迄今为止第一个"碳中和"的冬奥会。

2月20日　北京第二十四届冬季奥林匹克运动会闭幕式在国家体育场举行。

习近平、李克强、栗战书、汪洋、王沪宁、赵乐际、韩正、王岐山等党和国家领导人，国际奥委会主席巴赫出席闭幕式。在京中共中央政治局委员、中央书记处书记，全国人大常委会副委员长，国务委员，最高人民法院院长，最高人民检察院检察长，在京全国政协副主席以及中央军委委员出席闭幕式。国际奥林匹克委员会负责人等出席闭幕式。北京冬奥组委主席蔡奇、国际奥委会主席巴赫分别致辞。冬奥会冠军高亭宇和徐梦桃担任中国代表团旗手。

同日　中共中央、国务院向北京第24届冬奥会中国体育代表团致贺电。

专栏　中共中央国务院致北京第24届冬奥会中国体育代表团的贺电

中国体育代表团：

在北京第24届冬季奥林匹克运动会上，中国体育代表团表现出色，勇夺9枚金牌、4枚银牌、2枚铜牌，取得了我国参加冬奥会的历史最好成绩，为祖国和人民赢得了荣誉，为成功举办北京冬奥会做出了重大贡献。党中央、国务院向你们表示热烈的祝贺和亲切的慰问！

在本届冬奥会上，你们牢记党和人民嘱托，新春伊始出征，敢于拼搏、同心同力，全项参赛、全力争胜，胜利完成比赛任务，实现了运动成绩和精神文明双丰收，祖国和人民为你们取得的成绩感到自豪。你们在奥运赛场展现出新时代中国运动员的精神风貌和竞技水平，以实际行动落实拿道德的金牌、风格的金牌、干净的金牌的要求，生动诠释了奥林匹克精神和中华体育精神。你们同世界各国各地区运动员相互切磋、相互激励，共享冰雪盛会，促进了交流，增进了友谊。你们的出色表现进一步促进了我国冰雪运动发展，进一步激发了海内外中华儿女的爱国热情，为全党全国各族人民在全面建设社会主义现代化国家新征程上凝心聚力、团结奋斗注入了精神力量。

当前，全党全国各族人民正在意气风发向着第二个百年奋斗目标迈进。希望你们以习近平新时代中国特色社会主义思想为指引，牢记初心使命，发扬光荣传统，不断提升我国竞技体育综合实力，提高为国争光能力，为巩固和扩大"带动三亿人参与冰雪运动"成果、加快建设中华体育强国，为实现中华民族伟大复兴的中国梦作出新的更大的贡献。

中共中央
国务院
2022年2月20日

同日　新华社发表文章《展现非凡体育精神 凝聚团结友爱力量——多国参

赛运动员、体育官员及专家学者高度评价北京冬奥会》。文章提出,北京冬奥会中高效防疫措施、科技办奥理念、志愿者的热情周到以及赛会中的团结友爱故事,给多国参赛运动员、官员和专家学者留下深刻印象。他们纷纷表示,北京冬奥会展现出非凡的体育精神,凝聚起团结友爱的力量,向世界传递了充满希望的信息。

同日　《经济日报》发表文章《更团结,向未来——写在北京冬奥会闭幕之际》。文章提出,现代奥林匹克运动被注入绿色、科技、文化的新活力,一个阳光、富强、开放的中国坚定走向未来,与奥运精神互融互通的人类命运共同体理念彰显出强大的影响力和感召力,北京冬奥会推动一个更团结的世界,一起向未来!

2月21日　新华社发表文章《"冬奥改变了我的生活"——冬奥会带动冰雪经济助力乡村振兴》。文章指出,北京冬奥会点燃人们冰雪运动的热情,带动冰雪经济持续升温,也悄然改变着冰雪旅游地区乡村居民的生活。

同日　新华社发表文章《展现中国智慧 传递团结力量——多国人士盛赞北京冬奥会留给世界宝贵财富》。文章指出,第二十四届冬季奥林匹克运动会20日圆满落下帷幕。中国克服新冠疫情影响,为举办一届简约、安全、精彩的冬奥会付出巨大努力,赢得国际社会高度评价。多国人士认为,北京冬奥会完美展现组织出色、高效协调、绿色创新的中国办奥智慧,这场盛会为团结创造全人类更美好未来传递希望与力量,给世界留下宝贵财富。

同日　外交部就国际奥委会主席巴赫表示北京冬奥会是一届真正无与伦比的冬奥会等答问。外交部发言人汪文斌在例行记者会上表示,经过6年多的筹备和16天激动人心的比赛,北京冬奥会圆满落幕,这是中国的成功,是奥林匹克事业的成功,更是世界的成功,北京冬奥会为世界带来了春的讯息。中国兑现了自己的承诺,向世界奉献了一届简约、安全、精彩的奥运盛会。绿色、共享、开放、廉洁的办奥理念贯穿整个北京冬奥会筹办过程始终。北京作为首个"双奥之城"载入史册。专业、公平的竞赛环境给世界留下深刻印象,有力有效的防疫措施为今后举办国际性重大活动提供了成功范式,绿色低碳、可持续利用的办奥模式留下丰富冬奥遗产。

同日　新华社发表文章《今夜,我们依依惜别,拥抱未来——北京2022年冬奥会闭幕式侧记》。文章指出,中国用最大的诚挚和热情兑现了诺言,为世界呈现了一场简约、安全、精彩的冬奥会。疫情挑战下,这场如期举办的全球体育盛会,为世界文化交流、心灵沟通搭建了珍贵桥梁,"人类命运共同体"理念深入人心。

同日　新华社发表文章《"双奥之城"铸华章"天下一家"向未来——北京冬奥会开闭幕式彰显中国理念》。文章指出，北京冬奥会的开闭幕式就是要向全世界展现阳光、自信、开放、充满希望的国家形象，让世界对中国道路有全新的认识，用大音希声的艺术方式激发世界对"人类命运共同体"的共鸣。开闭幕式传递了"共迎未来"的中国主张，坚持文化自信的独特创意，提供科技赋能的视觉盛宴，奉献生态环保的"绿色"冬奥主张。

同日　《人民日报》发表文章《圆梦冰雪　相约未来——北京冬奥会闭幕式侧记》。文章指出，当世界的目光再度聚焦国家体育场，中国向世界奉献一届简约、安全、精彩的奥运盛会，为奥林匹克运动写下崭新篇章。16 天来，关于拼搏与突破、团结与友谊的故事在冬奥会的冰雪舞台上演，运动员在这里追求卓越、实现梦想，世界也看到自信、开放、包容的中国形象。冰雪梦圆，怀着心中满溢的感动和美好的憧憬，中国与世界一道，相约未来。

同日　《光明日报》发表文章《这冰，这雪，这番精彩……——写于北京冬奥会闭幕时之一》。文章指出，北京冬奥会以饱含"中国式浪漫"的开幕式迎宾，用尽显"双奥情怀"的闭幕式送别，北京冬奥会的赛场内外，赞誉无数，为这届冬奥会打上了闪耀的烙印——精彩！"为世界奉献一届精彩、非凡、卓越的冬奥会"，中国，做到了！中国代表团征战北京冬奥，勇夺 9 金 4 银 2 铜，创造了中国历届冬奥会最佳成绩！

同日　《光明日报》发表文章《北京冬奥会：更美好的未来，正在开启》。文章指出，北京冬奥会拓展冬季运动发展新空间，赋予奥林匹克主义新内涵，书写人类命运共同体新篇章。北京冬奥会，见证了中国由富起来向强起来的飞跃，也投射出坚定的文化自信、开放的文明胸襟。

同日　《光明日报》发表文章《北京冬残奥会即将开幕——"双奥之城"向世界残奥运动员张开热情怀抱》。文章指出，2022 年 3 月 4 日至 13 日，北京冬残奥会将如期举行。北京和张家口正向世界残奥运动员张开热情的怀抱。北京无障碍环境服务保障水平已经符合简约、安全、精彩的办赛要求。8 个竞赛场馆、两个冬奥村（冬残奥村）实现全流线无障碍，25 家冬奥定点医院、60 家冬奥会签约饭店、7 家冬残奥会签约饭店全部完成无障碍改造，涉奥场所周边 1 公里范围内 9858 个点位完成改造提升。

同日　《北京日报》发表文章《"双奥之城"写就新的传奇——热烈祝贺北京 2022 年冬奥会圆满成功》。文章指出，北京冬奥会是一届简约、安全、精彩的盛会，是一届朝向"更快、更高、更强——更团结"的盛会，是一届世界人民相知相交共享欢愉的盛会。开启了全球冬季运动新时代，创造了奥林匹克精神传播新境界；赓续辉煌，再创历史。北京，历史上首座"双奥之城"，以更加开放、自信的身姿，为奥林匹克写就新的传奇。

同日 《河北日报》发表文章《牢记殷殷嘱托，交出优异答卷——河北举全省之力确保北京冬奥会筹办举办圆满成功》。文章指出，国家大事，河北有责。2017年1月23日，习近平总书记在张家口考察时谆谆要求：河北省、张家口市要"努力交出冬奥会筹办和本地发展两份优异答卷"。几年来，我省牢记嘱托，笃行不怠，在以习近平同志为核心的党中央坚强领导下，全面落实"四个办奥"理念和"简约、安全、精彩"办赛要求，按照第24届冬奥会工作领导小组的部署和北京冬奥组委的安排，高标准高质量做好张家口赛区各项筹办举办工作，将答卷一览无余地呈现在世人面前。

同日 北京2022年冬残奥会中国体育代表团成立。代表团总人数为217人，其中运动员96人。

2月22日 《人民日报》发表文章《奏响"一起向未来"的时代强音——北京冬奥会赢得广泛国际赞誉》。文章指出，历时16天，91个国家和地区的近3000名运动员同场竞技，一些国家首次派团出席冬奥会。作为新冠疫情发生以来首次如期举办的全球综合性体育盛会，北京冬奥会再次展示了中国行动力。冰雪运动带来的欢乐和友谊为全球人民共享，世界见证了中国从体育大国向体育强国迈进的步伐，见证了中国为全球冰雪运动发展开辟的更广阔空间。北京冬奥会彰显的团结、合作和希望，向世界传递出"一起向未来"的时代心声，为动荡变革中的世界注入更多信心和力量。

同日 《光明日报》发表文章《每一片"雪花"汇聚成磅礴力量——二〇二二北京冬奥会回眸》。文章指出，北京冬奥会惊艳世界的背后，是大胆的创新、科学的筹谋、无私的付出，是每一片身处其中的"雪花"共同汇聚成的磅礴力量。科技创新、人文关怀、绿色行动，为北京冬奥会的成功举办，写下了生动注脚。

同日 《光明日报》发表文章《用心，用爱，跨越山海……——写于北京冬奥会闭幕时之二》。文章指出，关于第24届冬季奥林匹克运动会，关于2022年的北京，除了那些扣人心弦的精彩瞬间、除了那些争金夺银的高光时刻，还有那么多美好值得我们反复回味。2022年北京冬奥会仍然以嘹亮之音，奏响了团结友谊的乐章、传递着爱与和平的力量。它不但启迪世人：更快，更高，才能创造这番精彩，更在鼓舞世界：用心，用爱，必将跨越山海！

同日 《河北日报》发表文章《廊坊以北京冬奥会为契机推动冰雪运动加快发展 让更多群众畅享快乐冰雪》。文章指出，短短几年间，廊坊市冰雪运动不仅遍及学校、企业、社区，赛事活动高潮迭起，冰雪运动场所星罗棋布，社会力量广泛参与，大众参与热情越来越高。曾经小众的冰雪运动，如今已融人人们的日常健身生活。2021 年，廊坊市参与冰雪运动人数达到 251 万人，占全市总人口的 46%以上。

2 月 23 日　新华社发表文章《赛场内外，创造历史！——国际奥委会盛赞北京冬奥会》。文章指出，国际奥委会通过一系列数据表明，北京冬奥会是一届在赛场内外都创造历史的冬奥盛会。包括：北京冬奥会打破 17 项冬奥会纪录，打破两项世界纪录，29 个国家和地区奥委会获得奖牌，91 个国家和地区奥委会参赛。北京冬奥会是性别最均衡的一届冬奥会：45%为女性运动员、55%为男性运动员。北京成为世界上首座既举办过夏奥会又举办过冬奥会的城市。北京冬奥会是数字化互动最广泛的冬奥会、转播时长最长的冬奥会以及开幕式收视率最高的冬奥会，赛事获得了数十亿次数字平台互动，在中国仅电视收视人数就超 6 亿。中国冰雪运动参与人数已达 3.46 亿；2020—2021 雪季，中国冰雪旅游收入超过 3900 亿元人民币。截至 2021 年年底，中国 2500 多所中小学校将奥运和残奥教育、冬季运动纳入课程设置。北京冬奥会有望实现碳中和；5 座 2008 年奥运会场馆被重复利用；北京冬奥会所有场馆均由 100%可再生能源供电，这在奥运会上尚属首次；所有新建场馆都采用新的绿色建筑标准；二氧化碳制冷系统首次在中国和奥运会上使用。

同日　新华社发表文章《国际残奥委会主席：北京冬奥会的成功举办为冬残奥会注入信心》。文章指出，国际残奥委会主席安德鲁·帕森斯认为中国向世界呈现了一届了不起的冬奥会，在全球疫情背景下，举办这届盛会充满挑战，但中国在北京冬奥会期间采取的防疫措施非常成功，这让他对即将到来的北京 2022 年冬残奥会更加有信心。

同日　新华社专访黑山奥委会秘书长武苏罗维奇。黑山奥委会秘书长武苏罗维奇在接受新华社记者专访时表示，中国成功举办 2008 年北京奥运会和 2022 年北京冬奥会，体现中国对体育的热情以及令人惊讶的组织能力。近期闭幕的北京冬奥会给黑山代表团留下了深刻印象。武苏罗维奇表示，两次举办如此大规模的赛事，说明中国在场馆、组织能力以及人力资源方面的实力，也突出体现了中国的体育大国地位。

同日　《北京日报》专访希腊文化体育部体育总秘书长乔治斯·马夫罗塔斯。马夫罗塔斯代表希腊政府出席北京冬奥会闭幕式，在接受专访时表示，希腊不能在政府层面缺席冬奥会。他代表希腊政府出席，是为了表达对中国的尊重和感激。中国修建的体育设施体现了中国为举办一届成功冬奥会的坚定意志和承诺。北京冬奥会非常成功地为所有运动员提供了在疫情中所需要的安全感，并得到了普遍认可。

同日 《经济日报》发表文章《非洲各界盛赞北京冬奥会 为世界带来信心与希望》。文章指出，非洲多国学界、媒体界人士纷纷刊文，从各自视角观察北京冬奥会。他们称赞道，北京冬奥会的如期成功举办为世界带来信心与希望，有助于维护国际团结、共同应对挑战。他们注意到，北京冬奥会不仅采用了先进的低碳环保技术，更创新性地推出"闭环管理"措施，保障赛会安全顺利举行，为世界呈现了一届无与伦比的冬奥盛会。

同日 《光明日报》发表文章《更绿，更美，更富生机……——写于北京冬奥会闭幕时之三》。文章指出，北京冬奥会是迄今为止第一届实现"碳中和"的冬奥会；是从申办、筹办到举办，第一届全过程践行《奥林匹克2020议程》的奥运会。北京冬奥会完全践行"绿色办奥""科技奥运"以及可持续发展的理念。

2月24日 《光明日报》发表文章《"十四五"，拥抱数字经济新机遇》。文章指出，北京冬奥会让5G、人工智能、云计算等数字科技大放异彩，尤其是在赛事转播中，5G+8K技术呈现了史上"最清晰"冬奥会。

同日 《北京日报》发表文章《北京冬奥会中国雪上项目获5枚金牌，首超冰上项目 冰雪"双轮驱动"显成效》。文章指出，9枚金牌令中国代表团在北京冬奥会的官方奖牌榜上排名第三位，超过了之前中国代表团在冬奥会奖牌榜上的最高位次——2010年的第七位。相较于中国代表团过去在冰上项目取得的优势，这次北京冬奥会中国代表团的雪上项目贡献突出。9枚金牌中，雪上项目金牌为5枚，冰上项目金牌为4枚，雪上项目金牌数首次超过了冰上项目。

2月25日 2022年冬残奥会北京、张家口和延庆冬残奥村正式开村。开村第一天，中国、意大利、瑞典等多个代表团超过630人入住三个冬残奥村。据北京冬残奥村相关负责人介绍，整个冬残奥会期间，北京冬残奥村预计接待14个代表团、约500名运动员和随队官员。

同日 新华社发表文章《"成功的防疫成就了精彩的奥运！"——北京冬奥会疫情防控彰显"以人为本"理念》。文章指出，北京冬奥会践行"以人为本"的疫情防控政策，严格执行《防疫手册》，采取严格的闭环管理政策，闭环内外独立运行，筑牢疫情防控之墙，保障冬奥会和社会面安全平稳运行。

同日 《人民日报》发表文章《冬奥会为地区发展赋能》。文章指出，北京携手张家口共办冬奥会，张家口由此改变。冬奥会的筹办举办为北京、河北等地带来新机遇，为京津冀协同发展注入新活力。筹办举办冬奥会，改变了人们的生活方式，带来更多生态福祉；促进了产业结构转型，绿色成为发展底色；激发了发展新动能，为张家口推开高质量发展之门。

同日　《光明日报》发表文章《确保"两个奥运、同样精彩"——新闻发言人赵卫东谈北京冬残奥会筹办进展情况》。文章指出，北京冬奥组委在成立之初就确立了两个奥运"同步筹办、一岗双责"的工作原则，在场馆规划建设、竞赛组织、疫情防控、赛事服务、宣传文化等方面同步推进北京冬残奥会筹办工作，确保"两个奥运、同样精彩"。

2 月 26 日　新华社发表文章《日中交流团体成员：北京冬奥会促进日中相互理解 两国应进一步加强交流》。文章指出，日中交流团体创始成员夏目英男表示，北京冬奥会成为促进日中两国人民相互理解的契机，改善了年轻一代对对方国家的印象，日本和中国应进一步加强文化交流。

2 月 27 日　北京冬奥会向冬残奥会城市景观布置转换预计 2 月 28 日完成。按照《2022 年北京冬残奥会赛时城市景观布置工作方案》要求，北京由冬奥会向冬残奥会城市景观布置预计 28 日完成转换，确保"两个奥运 同样精彩"，冬残奥会城市景观布置将保留至 3 月 20 日。

同日　新华社发表文章《冬奥会基础做"加法"国家冬季两项中心场馆加快转换》。文章指出，国家冬季两项中心场馆工作人员和志愿者们正在为北京冬残奥会转换期工作进行冲刺。国家冬季两项中心由赛场部分、场院区及技术楼组成，共有 11 条赛道、总长 8.7 公里，沿山体自然地形而建，分为竞赛主赛道、残奥坐姿赛道及训练赛道。国家冬季两项中心在前期设计时就充分将无障碍理念融入其中，目标是适用于全部人员，场馆所有的永久设施和临时设施都能实现无障碍通行和无障碍使用。在转换过程中，更多的是在冬奥会的基础上做"加法"。为了能让残障人士在冬残奥期间顺利地参赛、工作以及观赛，场馆在硬件、软件上均做了充足的准备。

同日　新华社发表文章《北京冬奥会，留给未来的宝贵财富》。文章指出，北京冬奥会，对经济、社会发展，对青少年一代的成长，对奥林匹克运动的历史和冬季运动的发展格局，都有着不可估量的深远影响。

同日　《北京日报》发表文章《33 家市属国企"硬核"保障冬奥会》。文章指出，北京 2022 年冬奥会背后，市国资委统筹指导 33 家市属国企倾力保障，为冬奥会成功举办提供"硬核"支撑，彰显出国资国企的使命责任担当，交出了一份令人满意的冬奥保障答卷。在冬奥会场馆建设、改造、运营和赛时保障中，一批"双奥"国企涌现，担当起"顶梁柱"。

同日　为冬残奥会进行景观布置，14 万株"超级鲜花"摆上街头。

同日　《北京日报》发表文章《全面向公众开放！北京冬奥会竞赛场馆将实现四季运营》。文章指出，北京冬奥组委总体策划部遗产管理处相关人员介绍，目前，北京冬奥会所有竞赛场馆都制定了《场馆遗产计划》，明确赛后用途和规划，努力打造值得传承、造福人民的优质资产。赛后，冬奥场馆利用将全面向公众开放，举办高水平体育赛事，实现场馆四季运营。

同日　《河北日报》发表文章《张家口依托北京冬奥会丰厚遗产 接力跑出发展"加速度"》。文章指出，自 2015 年北京携手张家口申冬奥成功以来，张家口市紧抓冬奥机遇，推动经济社会实现创新、绿色、高质量发展。后冬奥时代，张家口将依托北京冬奥会留下的丰厚遗产，大力实施乡村振兴战略，加快首都"两区"和京张体育文化旅游带建设，持续释放冬奥效应，跑出发展"加速度"。

同日　《河北日报》发表文章《河北张家口 冬奥会期间上岗志愿者达 2.89万人次》。文章指出，北京 2022 年冬奥会期间，团张家口市委以志愿服务为抓手，引领全市广大志愿者、团员青年自觉践行"请党放心、冬奥有我"的铮铮誓言，立足赛时运行实际需要，全力以赴保赛事运行和城市运转。截至目前，全市上岗城市志愿者达 2.89 万人次，服务时长累计 12.76 万小时，圆满完成冬奥会城市志愿服务各项任务。

本月　北京冬奥会成为迄今收视率最高的冬奥会。奥林匹克转播服务公司（OBS）2 月 10 日在新闻发布会上表示，北京冬奥会已经成为迄今收视率最高的一届冬奥会，在转播时长、技术、内容制作方式等多方面都书写了新纪录。北京冬奥会第一次在冬奥会上使用 UHD 和 HDR 技术，也就是超高清和高动态范围的 4K 技术来进行转播和制作，云转播也是北京冬奥会的一大特色。

本月　朝鲜劳动党总书记金正恩就北京冬奥会成功举办向习近平致口信。金正恩热烈祝贺北京冬奥会在全体中国人民和世界人民的深切期待和关心下成功举办，成为一届富有创意和特色的大型国际体育盛会。金正恩表示，在习近平总书记领导下，中国党和人民通过坚韧不拔的奋斗和努力如期举办北京冬奥会，在奥运会历史上书写下浓墨重彩的一笔，向全世界彰显了中国人民紧密团结在总书记同志周围，朝着习近平新时代中国特色社会主义思想所指引的道路奋勇前进的气概。金正恩表示，由于北京冬奥会成功举办，中国人民能够更加深有意义地迎接即将在中国共产党和中华人民共和国历史上树立新里程碑的中共二十大。坚信以习近平总书记同志为核心的中国共产党的凝聚力将得到进一步彰显，中国人民将在全面建设社会主义现代化国家的斗争中取得更大成就。我愿同习近平总书记同志一道，进一步夯实朝中关系，为建设和平发展的世界作出积极贡献。

本月 北京 2022 年冬残奥会的一路火种当地时间 2 月 28 日在英国曼德维尔采集。这一来自残奥运动发源地的火种随后将和来自北京、张家口和延庆三个赛区的 8 路火种汇集，生成北京冬残奥会的官方火种。

3 月

3 月 1 日 新华社报道，北京时间 3 月 2 日，曼德维尔火种以及另外 8 路火种将汇集成北京冬残奥会官方火种，接着进行火炬传递直至冬残奥会 3 月 4 日开幕。国际残奥委会主席帕森斯通过视频发来祝福。他表示，2008 年的北京残奥会，中国已经为承办比赛以及让残疾人运动员发挥全部潜能设立了新标杆。而 2022 年北京冬残奥会对于中国残疾人冬季运动的发展意义重大。

同日 《光明日报》报道，北京 2022 冬残奥会将隆重开幕，世界的目光将再次聚焦北京。来自世界 49 个国家和地区的残疾人体育健儿将在北京和张家口的冰雪运动场上，奋力拼搏，追逐梦想，共同见证赛场荣光。北京冬奥会闭幕后，所有涉残奥场馆即刻进入转换期，一馆两用。而冬残奥会有其特殊性，从竞赛场馆到运动员餐厅以及交通工作，要求都和冬奥会有所不同；从设施到服务都需要转换，力求给来自世界各地的冬残奥会运动员带来美好的"无障碍体验"。

3 月 2 日 新华社报道，黎巴嫩残奥委会执委鲁拉·阿西对即将举行的 2022 年北京冬残奥会仍然非常关注，满怀期待。由于近两三年来黎巴嫩经济陷入困境，政府无法提供资助，黎巴嫩残奥委会也未能招来赞助商，因此黎巴嫩没有运动员参加 2022 年北京冬残奥会。令阿西高兴的是，她将带团参加今年在中国杭州举行的 2022 年亚残运会。

同日 两位优秀的视障青年殷梦岚、张军军用盲文笔在放大的盲文刻录板上刻录"一起向未来"，用电子烟花的方式引燃火种。当日，北京 2022 年冬残奥会火种采集仪式在中国盲文图书馆举行，采集"希望之火"。

同日 北京 2022 年冬残奥会火种汇集仪式在天坛公园举行。在北京、张家口和延庆三个赛区采集的 8 个火种，连同在英国曼德维尔采集的火种，共 9 个火种汇聚生成北京 2022 年冬残奥会官方火种。仪式后进行了以"九天之火"为主题的天坛公园火炬传递。

同日 北京冬残奥会火炬传递启动。3 月 2 日至 4 日在北京、张家口和延庆三个赛区进行，分为火种采集、火种汇集和火炬传递三个部分。3 月 2 日，火种采集仪式在北京、张家口和延庆三个赛区的 8 个火种采集地举行。下午,火种汇集仪式将在天坛公园举行。3 月 3 日上午,北京冬残奥会火炬在张家口市民广场、崇礼太舞滑雪场、蔚县暖泉古镇、怀来官厅水库湿地公园分别进行以"逐梦冬奥""舞动雪韵""古镇新姿""绿色生态"为主题的传递。下午,北京冬残奥会火炬将在北京世园公园进行以"万国园林"为主题的传递。此外,还将在奥林匹克森林公园南园进行闭环内火炬传递。届时,来自国际残奥委会大家庭的 20 余名火炬手将完成自己的火炬手使命。3 月 4 日,北京冬残奥会火炬将在北京市残疾人文化体育指导中心、中国残疾人体育运动管理中心、北京冬奥组委驻地分别进行以"自强不息""追梦之路""冬奥之家"为主题的传递。

同日 北京 2022 年冬残奥会"氢"洁之火火种采集仪式在桥东"创坝"园区举行。

同日 北京 2022 年冬残奥会涿鹿黄帝城文明之火火种采集仪式在涿鹿黄帝城举行。

同日 河北省委书记、省人大常委会主任王东峰在崇礼区调研检查。省委副书记、省长王正谱参加有关活动。在有"雪如意"之称的国家跳台滑雪中心,王东峰沿顶层回廊察看内部设施,听取国家跳台滑雪中心赛后利用月工作汇报;在颁奖广场,听取工作汇报,看望慰问服务保障人员;在云顶滑雪公园,了解无障碍设施建设、赛道塑形、观赛群众组织等工作情况;在云顶场馆群运行指挥部,看望慰问一线人员。当晚,王东峰、王正谱出席冬残奥筹办工作视频调度会议,听取张家口市、竞赛场馆、冬残奥村及安保、交通、新闻宣传等部门重点工作汇报,安排部署下一阶段重点任务。王东峰强调,要深入学习贯彻习近平总书记重要指示和党中央决策部署,始终保持拼搏奋进良好精神状态,持续用力办好北京冬残奥会,确保"两个奥运,同样精彩",确保后奥运经济高质量发展。省领导董晓宇、武卫东、刘凯、严鹏程、徐建培参加有关活动。

3 月 3 日 中国体育代表团宣布,郭雨洁、汪之栋将担任北京冬残奥会开幕式中国体育代表团旗手。北京冬残奥会开幕式将于 3 月 4 日举行。北京冬残奥会中国体育代表团总人数为 217 人,其中运动员 96 人,将参加冰壶、冰球、高山滑雪、单板滑雪、越野滑雪和冬季两项全部 6 个大项、73 个小项的角逐。

同日 北京冬残奥会火炬闭环内传递在奥森公园南园进行,来自国际残奥委会和中国残联的火炬手们在闭环条件下进行了火炬传递活动。

同日 北京 2022 年冬残奥会开幕式 3 月 4 日晚在国家体育场举行。中共中央总书记、国家主席、中央军委主席习近平将出席开幕式并宣布北京冬残奥会开幕。届时,中央广播电视总台将进行现场直播,新华网进行图文直播。

3月4日 "双奥之城"北京携手张家口欢迎来自世界各地的残奥运动员。汇集了残奥运动发源地英国曼德维尔和中国北京、张家口和延庆三个赛区共9处火种，在国家体育场内，经过7位残奥运动员的传递，来到最后一棒火炬手、盲人运动员李端手中。这簇"微火"代表着残疾人运动员，也代表着所有人，发出最真挚的召唤———一起向未来。北京2022年冬残奥会（张家口赛区）"感恩奋进·希望之火"火炬台点燃仪式在张家口颁奖广场举行。

同日 北京2022年冬残奥会开幕式在北京国家体育场举行，中华人民共和国主席习近平出席开幕式并宣布北京冬残奥会开幕。李克强、栗战书、汪洋、王沪宁、赵乐际、韩正、王岐山等党和国家领导人，国际残奥委会主席帕森斯出席开幕式。在中国国家体育场，五星红旗、残奥会会旗升起，凝聚团结、友谊、进步的主火炬点燃。习近平总书记郑重宣示："办好北京冬奥会、冬残奥会，是中国对国际社会的庄严承诺。"习近平总书记强调："让广大残疾人安居乐业、衣食无忧，过上幸福美好的生活，是我们党全心全意为人民服务宗旨的重要体现，是我国社会主义制度的必然要求。"以北京冬残奥会为新起点，中国将进一步推动残疾人事业高质量发展，促进残疾人全面发展和共同富裕，一如既往推动国际残疾人事业共同发展。

同日 在北京2022年冬奥会落下帷幕和冬残奥会开幕之际，一幅2022厘米的手绘冠军"全家福"长卷被华侨冰雪博物馆永久收藏。

3月5日 国际残奥委会在新闻发布会上表示，北京2022年冬残奥会将为残奥运动树立新标杆。国际残奥委会新闻发言人克雷格·斯彭斯表示，如果用一个词来形容开幕式，那就是"WOW"！出席新闻发布会的奥林匹克转播服务公司（OBS）首席执行官伊阿尼斯·埃克萨科斯说，北京冬残奥会开幕式在历届冬残奥会中是最壮观、最令人印象深刻的。

同日 中国残疾人运动员刘子旭在北京冬残奥会上为中国体育代表团获得首枚金牌。国务委员、国务院残疾人工作委员会主任王勇代表党中央、国务院向中国体育代表团发来贺电。

3月6日 北京冬残奥会"无障碍环境建设"主题发布会上，国际残奥委会、北京冬奥组委和北京市残联相关负责人，介绍了场馆和设施的无障碍建设，以及从场馆到城市的连续无障碍环境。

同日 《经济日报》发表文章《无障碍环境彰显中国温度》。文章指出，以运动员为中心，北京2022年冬残奥会全力打造无障碍环境，为运动员提供方便、快捷、精准、细致的服务，营造了公平公正的竞赛舞台、自如便捷的生活环境，彰显中国温度。北京自2019年起实施无障碍环境建设专项行动，确定城市道路整改、公共交通、公共服务场所、信息交流等重点领域 17 项重点任务，累计完成 33.6 万个点位改造，基本实现首都功能核心区无障碍化，城市无障碍环境规范性、适用性、系统化水平显著提升。张家口也积极推进公共设施无障碍建设，城市无障碍环境显著改善。

同日 克罗地亚残奥委主席拉特科·科瓦契奇称赞北京冬残奥会组织筹办出色：你们是伟大的建设者和组织者。克罗地亚代表团派出了 4 名运动员参加北京 2022 年冬残奥会 3 个项目的比赛。科瓦契奇说，北京冬残奥会在防疫和设施建设方面的工作都很出色，主办方为保障运动员和参与者的安全健康做了能做的一切，每个参与者都能以良好的状态投入冬残奥会之中。科瓦契奇曾担任欧洲残奥委会主席，对国际残疾人体育事业有长期观察。他称赞北京冬残奥会的组织筹办工作非常棒、令人印象深刻。

3 月 7 日 新华社发表文章《用好北京冬奥会遗产 全民健身一起向未来》。文章指出，冰雪运动对人们身心健康的促进作用有目共睹。越来越多的人参与到冰雪运动中，为全民健身、健康中国建设提供了更多样的抓手。大量年轻人参与冰雪运动，一定程度上会使参与全民健身的人群结构发生变化，从以青少年、中老年为主向更加广泛的年龄段转变。90 后、00 后是伴随互联网成长起来的，他们热爱冒险、乐于分享、消费观念超前，未来的消费能力也会越来越强，加之日益丰富的冰雪运动场地设施，都为冰雪运动在冬奥会后的发展提供了广阔的空间。

同日 北京冬奥组委专职副主席兼秘书长韩子荣到张家口赛区调研指导冬残奥会运行保障工作，并看望慰问一线工作人员。韩子荣强调，要坚决贯彻落实习近平总书记重要指示精神和党中央决策部署，按照北京冬奥组委工作安排，毫不放松、再接再厉，高标准高质量做好冬残奥会各项服务保障工作，确保"两个奥运，同样精彩"。

同日 北京冬残奥会残奥单板滑雪障碍追逐比赛在云顶滑雪公园进行了 4 个项目的奖牌争夺。中国选手纪立家、王鹏耀、朱永钢包揽了男子障碍追逐 UL 级比赛金银铜牌，武中伟在男子障碍追逐 LL1 级比赛中获得铜牌，实现了中国队在冬残奥会该项目上奖牌"零"的突破。

3 月 8 日 北京冬残奥会开幕后的第四个比赛日——"三八"国际劳动妇女节，国际残奥委会和北京冬奥组委向参与北京冬残奥会的女性运动员、官员、工作人员、志愿者和媒体记者等致以节日的祝福。他表示，北京冬残奥会在赛事组织运行、场馆服务保障等方面获得各相关方的高度认可。截至 7 日，北京冬残奥会已进行 3 个完整比赛日，全部 78 个小项中有 36 个小项已经开赛，产生了 34 枚金牌。

3月12日 《光明日报》发表文章《用好北京冬奥会遗产》。文章指出，北京冬奥会已经落下了帷幕，它不仅留下了无数令人振奋的比赛、令人难忘的时刻，而且也留下了各国运动员相互鼓励、抚慰人心的感人瞬间，更留下了走向富强的中国，注重人民性、快乐办奥运、创新中华优秀传统文化、以开放多元心态拥抱世界等可圈可点的记忆，这注定是一笔弥足珍贵的冬奥会文化遗产。

同日 北京冬奥组委遗产项目负责人刘兴华在新闻发布会上介绍，北京冬奥会、冬残奥会所有场馆赛后将对公众开放。延庆国家高山滑雪中心部分场地将持续举办高水平高山滑雪赛事，为专业队伍提供培训基地，部分区域也会开放给公众，供全民健身使用。

同日 国际残奥委会新闻发布会上，国际残奥委会主席安德鲁·帕森斯回顾了北京2022年冬残奥会开幕以来的情况，并对北京冬奥组委在赛事运行、防疫、服务保障等方面给予了高度赞扬。他说："北京冬残奥会竞赛组织达到了预期水平，北京冬残奥会把办赛水平提高到了新的阶段。"

同日 随着残奥单板滑雪女子坡面回转LL2级比赛颁奖仪式结束，张家口颁奖广场圆满完成北京2022年冬残奥会全部颁奖任务。张家口颁奖广场3月6日至12日运行7天，举办了冬残奥会44个项目的颁奖仪式，为来自全世界15个代表团的运动员颁发168枚奖牌。12日颁奖仪式结束后，场馆组织了庆祝活动，志愿者们带来热情洋溢的歌舞表演，张家口颁奖广场在歌曲《致敬勇士》中结束运行。

3月13日 北京2022年冬残奥会闭幕式在国家体育场隆重举行。习近平、李克强、栗战书、汪洋、王沪宁、赵乐际、王岐山等党和国家领导人，国际残奥委会主席帕森斯出席闭幕式。中国体育代表团获得18枚金牌、61枚奖牌，名列金牌榜和奖牌榜首位，创造了参加冬残奥会以来的最好成绩。随后，北京冬奥组委主席蔡奇、国际残奥委会主席帕森斯分别致辞。

同日 北京冬残奥会中国体育代表团宣布，杨洪琼将担任北京冬残奥会闭幕式中国体育代表团旗手。本届冬残奥会上，她包揽了残奥越野滑雪女子坐姿组短距离、中距离、长距离3个项目金牌，是中国体育代表团获得金牌数量最多的运动员。

同日 北京冬奥组委新闻发言人在北京冬奥组委赛事总结新闻发布会上介绍，北京冬奥会和冬残奥会各个场馆正在积极筹备尽快向公众开放的计划，不少场馆计划在"五一"前开放。延庆和张家口赛区将依托雪上场馆打造"全季、全时、全域"的冰雪娱乐中心、山地度假区和避暑旅游胜地，既有适合中高级滑雪爱好者的高级道，也有适合初学者的滑雪场地；首钢园赛后将以"北京冬季奥林匹克公园"的身份陪伴北京市民，使"双奥之城"北京拥有"双奥公园"。

同日 中共中央、国务院向北京第13届冬残奥会中国体育代表团致贺电。

专栏 中共中央 国务院致北京第13届冬残奥会中国体育代表团的贺电

中国体育代表团：

在北京第13届冬残奥会上，中国体育代表团奋勇争先，夺得18枚金牌、20枚银牌、23枚铜牌，在金牌榜、奖牌榜居第1位，取得了我国参加冬残奥会的历史最好成绩，为祖国和人民赢得了荣誉，为成功举办北京冬残奥会做出了重大贡献。党中央、国务院向你们表示热烈的祝贺和亲切的慰问！

在本届冬残奥会上，你们牢记党和人民嘱托，发扬使命在肩、奋斗有我的精神，全项参赛、勇于超越，自强不息、团结拼搏，奏响了坚韧不屈、乐观进取的生命凯歌，实现了运动成绩和精神文明双丰收。你们以实际行动落实拿道德的金牌、风格的金牌、干净的金牌的要求，同世界各国各地区残疾人运动员互相学习，友好交流，共享盛会，充分展现了新时代中国残疾人的精神风貌。你们的出色表现充分体现了中华体育精神，充分体现了中国人权保障与国家发展的成绩，进一步激发了海内外中华儿女的爱国热情，为全党全国各族人民在全面建设社会主义现代化国家新征程上凝心聚力、团结奋斗注入了精神力量。祖国和人民为你们感到骄傲和自豪！

当前，在以习近平同志为核心的党中央坚强领导下，全党全国各族人民正在意气风发向着第二个百年奋斗目标迈进。希望你们以习近平新时代中国特色社会主义思想为指引，继续发扬残疾人体育的光荣传统，心系祖国，拼搏奋斗，再创佳绩，推动我国残疾人体育事业发展，鼓舞和激励广大残疾人自尊、自信、自强、自立，勇于面对挑战，积极康复健身，书写精彩人生，为实现中华民族伟大复兴的中国梦贡献智慧和力量。

中共中央

国务院

2022年3月13日

同日 北京冬残奥会残奥越野滑雪混合接力4×2.5公里与公开接力4×2.5公里比赛在张家口赛区国家冬季两项中心进行，中国队摘得混合接力赛银牌，这也是中国队在该项目获得的历史最好成绩。

同日 城市运行和设施保障组清废团队圆满完成北京 2022 年冬奥会和冬残奥会期间清废保障任务。

同日 北京冬奥组委在主媒体中心举行冬残奥会赛事总结新闻发布会。北京市委书记、北京冬奥组委主席蔡奇通过视频致发布辞。蔡奇代表北京冬奥组委，向国际残奥委会及关心和参与北京冬残奥会的朋友们表示衷心感谢。随着北京冬残奥会落下帷幕，圆满兑现了"两个奥运，同样精彩"的中国承诺，留下丰厚的冬残奥遗产，促进残疾人事业蓬勃发展。本届冬残奥会是参赛运动员人数最多的冬残奥会之一，其中女性运动员人数创造了历史新高。中国代表团参加了所有大项的比赛，居金牌榜、奖牌榜第一位，创造了历史。

3 月 14 日 新华社发表文章《北京冬奥会、冬残奥会谱写历史新篇章——专访泰国奥委会副主席、国际奥委会委员巴达玛·利斯瓦达恭》。巴达玛·利斯瓦达恭近日接受记者专访时表示，在新冠疫情背景下，中国克服诸多挑战成功举办北京冬奥会和冬残奥会，在冬奥会和冬残奥会史上谱写了新的篇章。她尤其对北京冬奥会的开幕式表示赞叹，通过人工智能、机器视觉、5G 和云技术等科技手段的运用，中国克服了疫情影响，在赛场中营造了"人少而不空"的效果，也进一步印证了科技将在体育中发挥更大作用，可谓创新、现代科技、绿色能源和可持续发展的完美结合。

同日 新华社发表文章《"这是人类命运共同体理念在国际体育领域的一次生动实践"——多国人士高度赞扬北京冬奥会和冬残奥会完美收官》。文章指出，北京 2022 年冬残奥会晚圆满落幕。面对世纪疫情，中国以卓绝努力为世界奉献了冬奥会、冬残奥会两场精彩纷呈的体育盛会。世界看到，中国不仅兑现对国际社会的庄严承诺、为全球体育事业发展作出新贡献，也通过两场盛会增进各国人民友谊、促进不同文明交流互鉴，这是人类命运共同体理念在国际体育领域的一次生动实践。

同日 新华社发表文章《对北京冬奥会的成功表示由衷敬意——专访日本长野县知事阿部守一》。文中，日本长野县知事阿部守一表示，北京冬奥会举办得非常成功，对组委会的相关人员表示由衷的敬意，希望这届精彩的冬奥会能够让日中交流得到进一步加深。阿部守一说，北京成功举办冬奥会和冬残奥会后，让北京市、河北省和长野县有了共同的经历，这将进一步加深日中间的交流。

同日 外交部发言人赵立坚在例行记者会上说，北京冬残奥会向世界传递了信心、友爱和希望，必将载入世界残疾人体育事业史册。中方将继续同国际社会一道，传承残奥遗产，促进残奥运动蓬勃发展，携手推动全球残疾人事业实现更大发展，为构建人类命运共同体作出新的更大贡献。

同日 新华网发表文章《以梦为马，携手前行——从北京冬残奥会看我国残疾人事业发展》。文章指出，从北京冬残奥会看我国残疾人事业发展，犹如一面镜子，这一残疾人的体育盛会不仅折射出我国新时代残疾人自强不息、顽强奋斗的精神风貌，也折射出我国残疾人事业取得的亮眼成就。"十三五"期间，共有 57 477 名残疾人被普通高校录取，录取人数较"十二五"期间增长 50.11%，我国城乡新增 181 万残疾人就业，每年平均有 40 万残疾人参加政府补贴的职业培训项目。"十四五"时期，困难残疾人生活补贴和重度残疾人护理补贴目标人群覆盖率将达 100%。

同日 《人民日报》发表文章《向世界传递信心、友爱与希望——热烈祝贺北京 2022 年冬残奥会闭幕》。文章指出，作为全球首个"双奥之城"，北京见证来自世界各地的残奥运动员在赛场上顽强拼搏、超越自我，向世界奉献了一届简约、安全、精彩的冬残奥盛会。北京冬残奥会的成功举办，弘扬了"勇气、决心、激励、平等"的残奥价值观，传播了"精神寓于运动"的残奥理念和"平等、参与、共享"的中国残疾人事业发展理念，奏响了"一起向未来"的华彩乐章。北京冬残奥会的成功举办，展示了残疾人充满自信和活力的风采，唤起人们对残疾人更多的理解、尊重与关爱，必将进一步提高对全球 12 亿残疾人的关注度、包容性和无障碍水平，向世界传递信心、友爱与希望，充分展现构建人类命运共同体的美好愿望。

同日 《人民日报》发表文章《绽放生命精彩 迎接美好未来（大视野）——北京冬残奥会闭幕式侧记》。文章指出，当"北京 2022"字样的焰火在夜空中绽放，盛会到了告别的时刻。"大雪花"造型的北京冬残奥会主火炬，陪伴着人们走过一届简约、安全、精彩的奥运盛会，见证拼搏和团结；跃动的"微火"火焰，温暖人们的心头，照亮友爱和希望。场地中，浮现闪耀着光芒的留声机。北京冬残奥会闭幕式的这一空间主视觉形象，寓意将温暖的瞬间永远留存。

同日 《人民日报》发表文章《国际社会高度评价北京冬残奥会"给全世界带来温暖和感动"》。文章指出，北京冬残奥会上，来自世界各地的残奥运动员以精彩表现，让人们感受到残奥运动带来的竞技之美、精神之美、生命之美。国际各方人士普遍认为，北京冬残奥会广泛凝聚起团结拼搏、互助友爱的磅礴力量，为世界残奥运动和全球残疾人事业发展做出了重要贡献。

同日 《北京日报》发表社论《勇气改变人生 拼搏成就未来——热烈祝贺北京二〇二二年冬残奥会圆满成功》。文章指出，来自 46 个国家和地区的近 600

名残疾人运动员，以出色的竞技能力和顽强的意志品质，诠释了"勇气、决心、激励、平等"的残奥价值观，中国代表团参加了所有大项的比赛，居金牌榜、奖牌榜第一位，创造了历史。这届"惊艳、安全、出色"的冬残奥会，是党中央、国务院高度重视和坚强领导的结果，是兄弟省市鼎力相助的结果，是全国人民和海内外中华儿女勠力同心的结果，是国际残奥委会和国际社会全力支持的结果。

同日　《河北日报》发表文章《"河北力量"闪耀冬残奥》。文章指出，北京冬残奥会河北省 34 名参赛运动员共获 37 枚奖牌，占中国体育代表团所获 61 枚奖牌的半数以上——北京冬残奥会闭幕，中国体育代表团以 18 枚金牌、20 枚银牌、23 枚铜牌，总计 61 枚奖牌的优异成绩，位居金牌榜和奖牌榜榜首。其中，河北运动员共获得 10 金 15 银 12 铜。北京冬残奥会中国体育代表团共有 96 名运动员，其中 34 人来自河北，占代表团运动员总数的 1/3 以上，成为全国入选运动员人数最多的省份。河北省运动员实现了轮椅冰壶、残奥冰球、残奥高山滑雪、残奥单板滑雪、残奥越野滑雪和冬季两项 6 个大项全面参赛，河北省也成为首个 6 大项全部参赛的省份。

同日　《河北日报》发表文章《冰雪之约 精彩答卷——写在北京 2022 年冬奥会和冬残奥会张家口赛区圆满收官之际》。文章指出，随着北京 2022 年冬残奥会的奥运之火缓缓熄灭，作为主办城市之一的张家口圆满完成了赛会任务，张家口赛区受到了国际奥委会主席巴赫、国际奥委会北京冬奥会协调委员会主席小萨马兰奇、国际雪联主席约翰·埃利亚施点赞和参赛运动员、随队官员以及媒体的好评。成绩的背后，是几年来张家口广大干部群众牢记习近平总书记"努力交出冬奥会筹办和本地发展两份优异答卷"的殷切嘱托，"感恩奋进、决战决胜"的奉献与担当，是抢抓历史机遇、转变发展方式的战略选择和实干笃行。

3 月 16 日　《人民日报》发表文章《国际社会高度评价北京冬奥会和冬残奥会成功举办——"促进团结、增进友谊的体育盛会"》。文章指出，办好北京冬奥会、冬残奥会，是中国对国际社会的庄严承诺。国际人士纷纷表示，中国兑现了承诺，为来自世界各地的运动员搭建了奋斗拼搏的舞台，为全球体育事业发展作出新贡献，增进了各国人民友谊，促进不同文明交流互鉴。

同日　《北京日报》发表文章《北京市属国企总动员 力保"两个奥运、同样精彩"》。文章指出，从北京冬奥会到北京冬残奥会，中国兑现"两个奥运、同样精彩"的庄严承诺。在这届简约、安全、精彩的体育盛会背后，北京市属国企总动员，满怀热情服务保障开闭幕式和各项赛事，确保交通出行安全顺畅，市容环境整洁优美，向全世界传递出"北京服务"的温度，为"两个奥运、同样精彩"贡献国企力量。

同日　中午12时，北京冬残奥会张家口冬残奥村正式闭村。村内的主体建筑全部保留，并将持续利用。

3月17日　《北京日报》发表文章《冬残奥会遗产将在赛后继续造福广大群众无障碍，不落幕》。文章指出，北京2022年冬残奥会已落幕，但"无障碍环境"的概念正延伸、融入城市方方面面。冬残奥会遗产将在赛后继续造福广大群众，使残健共融理念成为更多人的自觉行动。首都无障碍环境建设的脚步不会停。"十四五"期间，北京将持续消除无障碍出行"断点"，着力补齐城市居住区无障碍短板，精心实施残疾人、老年人居家环境无障碍改造，拓展无障碍预约服务，营造残健融合、共建共享包容性社会的良好氛围，不断满足残疾人美好生活需要。

同日　《人民日报》发表文章《在北京冬残奥会上，中国体育代表团——勇于超越 为国争光》。文章指出，刘子旭夺得残奥冬季两项男子短距离坐姿组冠军，为中国代表团摘得冬残奥会雪上项目首金；中国代表团开幕式旗手郭雨洁在残奥冬季两项女子短距离站姿组比赛中夺冠，为中国代表团斩获冬残奥会女子个人项目首金……9个比赛日里，中国代表团运动员一次又一次超越自我，尤其是此前冬残奥会最好成绩只有第四名的雪上项目，不断实现突破。张梦秋在残奥高山滑雪项目上夺得2金3银，成为本届冬残奥会夺得奖牌数量最多的中国代表团运动员；杨洪琼包揽残奥越野滑雪女子坐姿组短距离、中距离、长距离3个项目金牌，是本届冬残奥会中国代表团获得金牌数量最多的运动员。

3月18日　《人民日报》发表文章《北京冬奥会和冬残奥会点燃全民健身热情——推动冰雪运动迈上新台阶》。文章指出，"双奥之城"北京携手张家口，秉持"绿色、共享、开放、廉洁"的办奥理念，顺利如期举办北京冬奥会和冬残奥会，实现了"带动3亿人参与冰雪运动"的目标，点燃全民健身热情，推动冰雪运动迈上新台阶。截至目前全国奥林匹克教育示范学校累计达835所，冰雪运动特色学校达2062所，全国共有8所特殊教育学校被遴选为冰雪运动特色学校。

同日　《河北日报》发表文章《贡献力量，汲取"营养"——曾服务北京冬奥会的河北教练员们》。文章指出，北京冬奥会，河北省体育系统有不少人参与服务，涉及国内技术官员、工作人员、志愿者等多个工作岗位。其中一些是来自河北省冬季项目运动队的教练员们，他们凭借着专业技能为"家门口"的冬奥会贡献了力量，也将把在冬奥会上的感悟、思考，转化为继续推动河北省冰雪运动发展的动力。在解除冬奥会后的隔离观察后，河北省服务冬奥会的教练员们没有休息，而是第一时间返回各自运动队，开始带队训练。瞄准第十四届全国冬季运动会及四年后的冬奥会，河北省冬季项目运动队已昂首迈入下一个周期。

3 月 19 日 《人民日报》发表文章《北京冬奥会和冬残奥会各环节应用新技术手段确保"简约、安全、精彩"——科技创新点亮冰雪盛会》。文章指出，北京冬奥会和冬残奥会各环节应用新技术手段确保"简约、安全、精彩"。北京冬奥会和冬残奥会期间，在中国科技馆举行的冬梦飞扬——"科技冬奥"主题展览通过新技术手段，向参观者介绍科技冬奥的创新魅力。首钢滑雪大跳台正式对外开放，吸引不少游客前往"打卡"。作为备受关注的北京冬奥会场馆，首钢滑雪大跳台不仅将继续承接多项专业体育赛事，还将成为服务大众的文化娱乐活动场地。北京冬奥会和冬残奥会横跨 3 个赛区，信息共享和指挥协同至关重要。对此，清华大学工程物理系教授陈涛团队开发了"冬奥大脑"，帮助冬奥运行指挥部门完成科学判断与决策。这也是冬奥会历史上首次实现跨领域时空数据的汇聚融合和智能分析系统。

同日 《光明日报》发表文章《谱写"两个奥运"新篇章》。文章指出，当科技遇见绿色，共历时 25 天的北京冬奥会和冬残奥会不仅见证精彩，更给百年奥运一个崭新的惊叹号。被称为"冰丝带"的国家速滑馆，有着世上"最快的冰"。打破奥运制冰惯例，来自天津大学的二氧化碳跨临界直冷制冰技术全球领先，本次冬奥会和冬残奥会上，4 个冰上场馆的 5 块冰面全部实现温控准、热回收率高、碳排放趋近于零。

3 月 21 日 国家知识产权局对恶意抢注北京 2022 冬奥会冬残奥会吉祥物、口号、运动员姓名、场馆名称等商标注册申请予以坚决打击。依据《商标法》第十条第一款第（七）和第（八）项，第三十条等相关条款，对第 62717890 号"青蛙公主"、第 62626622 号"翊鸣"、第 62478160 号"一起向未来"、第 62034963 号"雪飞燕"、第 62612144 号"BINDUNDUN"、第 62515920 号"雪绒融"等 1270 件商标注册申请予以驳回。下一步，国家知识产权局将持续保持严厉打击商标恶意注册的高压态势，不断强化对包括冬奥健儿姓名在内的相关热词的保护，对恶意抢注商标的申请予以坚决驳回，并及时公布。

4 月

4 月 2 日 党中央决定，以党中央、国务院名义表彰一批在北京冬奥会、冬残奥会筹办和竞赛中作出突出贡献的集体和个人。根据评选表彰工作部署，在有关地区和部门充分酝酿、集体研究的基础上，经综合评审、统筹考虑，确定149个集体为北京冬奥会、冬残奥会突出贡献集体拟表彰对象，150人为北京冬奥会、冬残奥会突出贡献个人拟表彰对象。

同日　《人民日报》发表文章《世界盛会载入史册——北京冬奥会、冬残奥会回眸之一》。文章指出，中国兑现了对国际社会的庄严承诺，在奥林匹克史册镌刻下浓墨重彩的一笔。随着北京冬奥会、冬残奥会相继在全球首个"双奥之城"圆满落幕，习近平总书记深刻指出，这是新冠疫情发生以来首次如期举办的全球综合性体育盛会，是对"更快、更高、更强——更团结"奥林匹克新格言的成功实践。

同日　《光明日报》发表文章《当冰雪之约遇见中国文化》。文章指出，中国文化元素让客人感受到真实中国，进一步增强我国文化自信，并在国际社会得到广泛传播。北京冬奥会、冬残奥会期间，91个国家和地区的近3000名运动员除了参加比赛，许多外国选手纷纷记录赛场外的点滴并分享至社交平台。国际奥委会的社交媒体账号在北京2022年冬奥会期间的浏览量达到27亿人次，很多明星运动员的社交媒体账号评论量也达到10亿条。其中，视频网站YouTube奥林匹克频道的观看人数比平昌冬奥会增长58%，抖音海外版（TikTok）上"奥运精神"主题标签的视频浏览量超过21亿次。粉丝在奥林匹克网站上给他们支持的奥运选手发出4700万条虚拟助威。

同日　《河北日报》发表文章《张家口以冬奥会为契机，推动文化资源创造性转化、创新性发展——让文化品牌成为"金字招牌"》。文章指出，近年来，以冬奥会筹办为契机，张家口市以公共文化设施为带动，将张家口文化软实力打造成为经济社会发展硬支撑。一是引进产业项目，太舞、富龙、翠云山3家滑雪场被河北省评为"十大文化产业项目"，连续5年作为全省文化产业重点项目，在深圳文博会上重点推荐。翠云山国际旅游度假区作为河北省唯一一家单位，首批入选国家文化产业发展项目库。二是文艺活动，举办"感恩奋进 一起向未来"北京2022年冬奥会开幕倒计时100天文化活动等一系列惠民演出。围绕"冬奥有我""中国梦"等主题，开展书画、摄影展览展示活动，累计接待观众60余万人次。三是文艺力作，张家口戏曲艺术研究院创作的大型晋剧现代戏《雪如意》，成为河北省八大舞台艺术剧目之一。《冬奥有我》《飞雪迎春》等原创冬奥歌曲上榜央视音乐频道。桥东区北动漫团队创作的献礼冬奥动画片《冰嘎哒》宣传片上线。四是文化交流，蔚县剪纸省级代表性传承人高佃亮创作的"牛娃滑雪"冬奥剪纸作品，成为馈赠各国运动员的纪念品。

4月7日　《人民日报》发表文章《奏响和平、团结、进步的时代强音——北京冬奥会、冬残奥会回眸之二》。文章指出，北京冬奥会、冬残奥会奏响了和平、团结、进步的时代强音，凝聚起"一起向未来"的澎湃力量。习近平总书记深刻指出，世界各地奥运健儿齐聚五环旗下，相互尊重、彼此激励、突破极限、超越自我，完美演绎了"更快、更高、更强——更团结"的奥林匹克新格言，为世界人民带来了温暖和希望，为世界播撒了和平与友谊的种子，激发了人类增进团结、共克时艰、一起向未来的强大力量。

同日　《经济日报》发表文章《2025 年冰雪运动产值预计达 1 万亿元——冬奥带动冰雪经济快速发展》。文章指出，我国冰雪经济展现出巨大的生机与活力。《中国冰雪产业发展研究报告》显示，2022 年，中国冰雪运动产值将达到8000 亿元，2025 年将达到 1 万亿元，占整个中国体育总产值的 1/5。近年来，先后有 26 个省份出台促进冰雪运动和冰雪产业方面的专项政策；冰雪产业发展直接或间接带动张家口崇礼区 3 万多人就业；北京市创建 666 家冬奥示范温馨家园，开展康复、职业技能培训、法律维权等服务，年受益达 391 万人次，建立残疾人健身示范点 90 个。

4月8日　北京冬奥会、冬残奥会总结表彰大会上午在人民大会堂隆重举行。约 3000 名为北京冬奥会、冬残奥会做出贡献的各界代表共同参加北京冬奥会、冬残奥会总结表彰大会。中共中央总书记、国家主席、中央军委主席习近平出席大会并发表重要讲话。李克强主持大会，栗战书、汪洋、王沪宁、赵乐际、王岐山出席，韩正宣读表彰决定。习近平等为北京冬奥会、冬残奥会 148名突出贡献个人和 148 个突出贡献集体代表颁奖。习近平强调，伟大的事业孕育伟大的精神，伟大的精神推进伟大的事业。北京冬奥会、冬残奥会广大参与者珍惜伟大时代赋予的机遇，在冬奥申办、筹办、举办的过程中，共同创造了北京冬奥精神。北京冬奥精神就是胸怀大局、自信开放、迎难而上、追求卓越、共创未来。我们要大力弘扬北京冬奥精神，以更加坚定的自信、更加坚决的勇气，向着实现第二个百年奋斗目标奋勇前进，向着实现中华民族伟大复兴的中国梦奋勇前进。

同日　《人民日报》发表文章《让梦想之火照亮前路——北京冬奥会、冬残奥会回眸之三》。文章指出，通过体育推动构建美好世界，"中国智慧"写就"中国范本"。冬奥会前发布的《"带动三亿人参与冰雪运动"统计调查报告》显示，自 2015 年北京冬奥会申办成功至 2021 年 10 月，中国居民参与过冰雪运动的人数达 3.46 亿，冰雪运动参与率达 24.56%。"带动 3 亿人参与冰雪运动"的目标成为现实。截至 2021 年年初，全国已有 654 块标准冰场、803 个室内外各类滑雪场，较 2015 年增幅明显；截至 2021 年 12 月，我国正式注册的各级冰雪运动社会组织共有 792 个，是 2015 年冰雪运动社会组织数量的 2.89 倍。冬奥会备赛过程中，中国冰雪从有 1/3 的冬奥小项未开展，到实现全项目建队、全项目训练、全项目参赛，中国冰雪用 6 年多的时间，建立起全新的竞技运动格局。

同日　新华社发表文章《大力弘扬北京冬奥精神——一论学习贯彻习近平总书记在北京冬奥会、冬残奥会总结表彰大会重要讲话》。

同日　《光明日报》发表文章《北京冰雪盛会，开启奥林匹克新纪元》。文章指出，"简约、安全、精彩"是最成功之处，展现了大国自信的办奥底气。北京冬奥组委已累计向国际奥委会提交了 612 份文件、573 张图片和 54 个视频，这些资料与北京冬奥会和冬残奥会的关键里程碑任务直接相关，可为未来奥组委提供直接参考。

4 月 9 日　《人民日报》发表文章《圆梦冬奥会 一起向未来——习近平总书记在北京冬奥会冬残奥会总结表彰大会上重要讲话引发热烈反响》。

同日　《人民日报》发表文章《大力弘扬北京冬奥精神——论学习贯彻习近平总书记在北京冬奥会冬残奥会总结表彰大会上重要讲话》。

同日　新华社发表文章《发扬光大"四个坚持"的宝贵经验——二论学习贯彻习近平总书记在北京冬奥会、冬残奥会总结表彰大会重要讲话》。文章指出，习近平总书记在北京冬奥会、冬残奥会总结表彰大会重要讲话中，深刻总结"四个坚持"的宝贵经验，为我们进一步坚定信心、在攻坚克难中推进事业发展指明了前进方向。7 年来，在以习近平同志为核心的党中央坚强领导下，各方团结协作、攻坚克难、尽锐出战，向世界奉献了一届简约、安全、精彩的奥运盛会，全面兑现了对国际社会的庄严承诺，北京成为全球首个"双奥之城"。事实充分证明，中国共产党是我们成就伟业最可靠的主心骨，只要始终不渝坚持党的领导，深刻领会"两个确立"的决定性意义，增强"四个意识"、坚定"四个自信"、做到"两个维护"，就一定能够战胜前进道路上的任何艰难险阻，办成我们想办的任何事情。北京冬奥会、冬残奥会的成功不仅在于赛事的成功，更在于带动了各方面建设，为经济社会发展带来了深远的积极影响，让人民身心更健康、就业更充分、生活更美好，实现共同参与、共同尽力、共同享有。发扬光大冬奥筹办举办的宝贵经验，必须坚持以人民为中心的发展思想，在推动高质量发展中不断解决好人民群众的"急难愁盼"问题，不断满足人民群众对美好生活的向往，让发展成果更多更公平惠及全体人民，凝聚起共筑中国梦、一起向未来的磅礴力量。

4 月 10 日　《人民日报》发表文章《共享奥运荣光　共创美好未来——习近平主席在北京冬奥会冬残奥会总结表彰大会上重要讲话引发国际社会热烈反响》。文章指出,习近平主席在北京冬奥会、冬残奥会总结表彰大会上发表重要讲话,引发国际社会热烈反响。接受采访的国际人士对此予以高度评价,认为北京冬奥会、冬残奥会的成功举办,为推动全球团结合作发挥了重要作用;习近平主席提出北京冬奥精神,将鼓舞各国人民一道克服各种困难挑战,共同建设一个持久和平的世界。

同日　《人民日报》发表文章《向世界奉献了一届简约安全精彩的奥运盛会——论学习贯彻习近平总书记在北京冬奥会冬残奥会总结表彰大会上重要讲话》。文章指出,习近平总书记在北京冬奥会、冬残奥会总结表彰大会上发表重要讲话,充分肯定了北京冬奥会、冬残奥会的巨大成绩,全面回顾 7 年来不平凡的筹办举办历程,郑重宣示"向世界奉献了一届简约、安全、精彩的奥运盛会,全面兑现了对国际社会的庄严承诺"。

同日　新华社发表文章《用好冬奥遗产推动高质量发展——三论学习贯彻习近平总书记在北京冬奥会、冬残奥会总结表彰大会重要讲话》。文章指出,在北京冬奥会、冬残奥会总结表彰大会上,习近平总书记作出系统谋划,为实现冬奥遗产利用效益最大化、推动高质量发展指明方向:一是重在推广普及冰雪运动,推动全民健身走向纵深;二是关键是贯彻新发展理念,在推动高质量发展上取得新进展;三是要推动社会发展,为人类文明进步贡献更多中国智慧和中国力量。

同日　《关于加快推进后奥运经济发展的意见》《京张体育文化旅游带（张家口）建设规划》《京张体育文化旅游带（张家口）建设实施方案》经河北省委常委会扩大会议审议通过。

4 月 11 日　《人民日报》发表文章《在奋斗中收获了弥足珍贵的经验——论学习贯彻习近平总书记在北京冬奥会冬残奥会总结表彰大会上重要讲话》。文章指出,在北京冬奥会、冬残奥会总结表彰大会上,习近平总书记全面回顾 7 年来不平凡的筹办举办历程,强调"我们不仅在奋斗中收获了成功的喜悦,也在奋斗中收获了丰厚的精神财富,收获了弥足珍贵的经验,值得我们倍加珍惜、发扬光大"。

4 月 12 日　中共中央总书记、国家主席、中央军委主席习近平《在北京冬奥会、冬残奥会总结表彰大会上的讲话》单行本,已由人民出版社出版,即日起在全国新华书店发行。

同日　《人民日报》发表文章《管理好运用好北京冬奥遗产——论学习贯彻

习近平总书记在北京冬奥会冬残奥会总结表彰大会上重要讲话》。文章指出，在北京冬奥会、冬残奥会总结表彰大会上，习近平总书记充分肯定北京冬奥会、冬残奥会的巨大成绩，指出"冬奥遗产成果丰硕，实现成功办奥和区域发展双丰收"，强调"我们要积极谋划、接续奋斗，管理好、运用好北京冬奥遗产"。

4月15日 《人民日报》发表文章《冬奥会上三创得分世界纪录，五项世界大赛均收获冠军，隋文静/韩聪——成长就是迎难而上》。

4月16日 当日约1千名观众走进保留赛时冰面的国家游泳中心"冰立方"进行体验。"冰立方"由此成为北京冬奥会全部12个竞赛场馆中率先开放公众体验的场馆。

4月18日 《光明日报》发表文章《用笔和镜头讲好北京冬奥会、冬残奥会故事——记北京日报社体育新闻部主任袁虹衡》。

4月19日 河北省召开北京冬奥会冬残奥会河北省·北京冬奥组委总结表彰大会。北京冬奥组委和河北省委、省政府决定，授予张家口市疾病预防控制中心等400个集体"2022年冬奥会、冬残奥会河北省先进集体"称号，授予武中伟等1400名同志"2022年冬奥会、冬残奥会河北省先进个人"称号。会议深入学习贯彻习近平总书记重要讲话和中央表彰决定精神，回顾筹办举办冬奥奋斗历程，表彰各条战线先进典型，研究部署下一阶段重点工作。第一，大力推进京津冀协同发展，高标准打造首都"两区"和加快构建河北"两翼"发展新格局。第二，大力推进后奥运经济发展，持续推动高水平对外开放和高质量发展。第三，大力推进体育运动蓬勃发展，积极打造体育强省和健康河北。第四，大力支持和鼓励残疾人自强不息，促进残疾人事业全面发展。第五，大力推进乡村全面振兴，促进冬奥惠民和共同富裕，以优异成绩迎接党的二十大胜利召开。

同日 《光明日报》发表文章《中国女冰世锦赛夺冠——"取胜的关键和北京冬奥会收获的经验与自信分不开"》。文章指出，据国际冰球联合会（IIHF）消息，在日前结束的2022年女子冰球世锦赛甲级B组最后一场比赛中，中国队以7比2击败东道主波兰队，以五战全胜的战绩夺得本届世锦赛甲级B组冠军，十一年来重返甲级A组，这也是女子冰球队十三年来获得的首个世锦赛冠军。

4月20日 《北京日报》发表文章《中共北京市委 北京市人民政府 北京冬奥组委关于表彰北京2022年冬奥会、冬残奥会北京市先进集体和先进个人的决定》。北京市委、北京市人民政府、北京冬奥组委决定，授予北京奥运城市发展促进中心大型活动部等500个集体"北京2022年冬奥会、冬残奥会北京市先进集体"称号，授予丁军等 1802 名同志"北京 2022 年冬奥会、冬残奥会北京市先进个人"称号。

同日 《河北日报》发表文章《践行嘱托的河北实践 澎湃激荡的河北力量——一论学习贯彻北京冬奥会冬残奥会河北省·北京冬奥组委总结表彰大会精神》。文章指出，这次大会的召开，必将激励全省上下大力弘扬北京冬奥精神，大力发展后奥运经济，奋力开创加快建设现代化经济强省、美丽河北新局面。

4 月 21 日 全国公安机关北京冬奥会冬残奥会安全保卫工作总结表彰大会召开。国务委员、公安部部长赵克志主持并讲话。他要求，要深入学习贯彻习近平总书记重要讲话精神，总结冬奥安保工作经验，巩固拓展冬奥安保成果，扎实做好维护国家政治安全和社会稳定各项工作，以实际行动迎接党的二十大胜利召开。中共中央政治局委员、中央政法委书记郭声琨在会上强调，在以习近平同志为核心的党中央坚强领导下，全国公安机关超前谋划、精心组织，特别是北京、河北公安机关充分履行主场主责，扎实做好安保工作，为顺利举办奥运盛会做出了重要贡献。要继续巩固深化冬奥安保成果，从严从实从细抓好防风险、保安全、护稳定、促发展各项工作，切实维护国家政治安全和社会大局稳定。

4 月 22 日 《河北日报》发表文章《历程艰辛非凡 经验弥足珍贵——二论学习贯彻北京冬奥会冬残奥会河北省·北京冬奥组委总结表彰大会精神》。文章指出，回顾筹办举办冬奥艰辛非凡的奋斗历程，系统总结丰富实践带来的深刻经验启示。深刻认识这些重要经验启示，对于奋力开创河北高质量发展新局面，加快建设现代化经济强省、美丽河北，具有重要意义。

同日 《河北日报》发表文章《在北京冬奥会和冬残奥会期间，河北医大师生和各直属医院 360 名志愿者以饱满的热情和奋发姿态投身志愿服务——冬奥故事 我们亲历》。

4 月 26 日 《人民日报》发表文章《国家自由式滑雪空中技巧队运动员徐梦桃——拼搏二十载 圆梦冬奥会（我们的新时代）》。

4 月 28 日 《北京日报》发表文章《从"双奥之城"看中国对奥运的五大贡献》。文章指出，"双奥之城"北京代表中国为奥林匹克运动做出了历史性的重大贡献：一是普及推广奥运的中国贡献，二是组织工作树立完美的中国标杆，三是奥运会和城市双赢的中国榜样，四是为奥林匹克文化注入中国基因，五是奥林匹克遗产传承的中国经验。

本月 《河北省"体育产业升级三年行动计划"2022 年实施方案》印发。

5 月

5月1日　新华社报道，北京冬奥会图片展在札幌奥林匹克博物馆举行。2022年北京冬奥会和冬残奥会图片展览日前在日本札幌奥林匹克博物馆开幕，近百幅图片展示了日本代表团参加北京冬奥盛会的精彩瞬间。这次展览除了图片之外，还展示了北京冬奥会和冬残奥会的吉祥物、日本代表团参加北京冬奥会和冬残奥会的服装和其他装备以及北京冬奥会开幕的视频。本次展览到7月31日结束。

同日　河北省委书记倪岳峰到张家口市调研。他强调要深入贯彻习近平总书记重要指示精神和党中央决策部署，大力弘扬北京冬奥精神，切实抓好冬奥场馆和设施赛后利用，培育壮大赛事经济和冰雪产业，推进京张体育文化旅游带建设。

5月5日　河北省体育局印发《加快推动后奥运经济发展实施方案》（以下简称《方案》）。《方案》主要目标：放大冬奥辐射带动效应，实现冬奥场馆多元化可持续利用，京张体育文化旅游带建设取得重大进展，世界级冰雪产业集群加速崛起，带动全省体育产业高质量快速发展，体育强省、冰雪运动强省建设取得显著成效。

5月10日　2022年河北省全民健身联席会议暨河北省加快冰雪运动发展工作领导小组（扩大）会议召开。会议强调，要深入学习贯彻习近平总书记重要论述，把发展全民健身和群众性冰雪运动摆在重要位置，解放思想、真抓实干，加快建设现代化体育强省和冰雪运动强省。

5月15日　"建功新时代　一起向未来——河北冬残奥运动员先进事迹情景报告会"在河北会堂举行。由14位冬残奥运动员、教练员和残疾人工作者组成的河北冬残奥运动员先进事迹报告团，讲述了河北冬残奥运动员拼搏奋斗的先进事迹。

5月19日　张家口全季体育产业发展集团有限公司揭牌仪式在崇礼区国家跳台滑雪中心"雪如意"举行，标志着张家口冬奥场馆正式开启赛后运营。

同日　《北京日报》发表文章《冬奥科技"出圈"》。文章指出，在北京冬奥会和冬残奥会上，一批中国"智造"黑科技惊艳亮相，包括智能手消站、外骨骼机器人、凝胶冰雪等在赛事运行、城市保障、场馆建设等方面为盛会的成功举办立下了汗马功劳。

5月23日　国家跳台滑雪中心"雪如意"被中国建筑业协会特别授予

2022—2023 年度中国建设工程鲁班奖（国家优质工程）。

5 月 26 日　《光明日报》发表文章《国际奥委会：北京冬奥会在许多方面具有历史性意义》。文章指出，国际奥委会（IOC）近日在瑞士洛桑举行了第139 次全会，北京 2022 年冬奥会协调委员会主席小萨马兰奇表示，北京冬奥会"可能是奥林匹克运动有史以来最好的冬季奥运会"，"北京冬奥会在很多方面具有历史性意义"。协调委员会对北京冬奥会作出的初步总结指出，北京冬奥会是历史上性别最均衡的冬季奥运会，在所有参赛运动员中，女性运动员占比 45%，男性运动员则占比 55%。同时，本届冬奥会的女子项目数量也创历史新高，达到 46 个，53% 的项目中有女性运动员参加。另外，北京冬奥会的电视转播时间比以往任何一届冬季奥运会都多，包括通过数字平台的创纪录报道。此外，小萨马兰奇还强调了北京冬奥会防疫措施的成功，由于在闭环管理系统的前提下建立了全面的防疫计划，整个冬奥会期间阳性率仅为 0.01%。他认为，可持续性和冬奥遗产计划也是北京冬奥会成功的关键因素。冬奥会的所有场馆首次全部使用可再生能源，而北京冬奥会的主要遗产则体现在带动了近 3.5 亿中国人参与冬季运动。

5 月 31 日　《河北日报》发表文章《北京 2022 年冬奥会和冬残奥会张家口赛区 努力交出两份优异答卷》。文章指出，截至目前，张家口市累计签约冰雪产业项目 109 项，落地 88 项，投产 20 项，运营 31 项，累计实现产值 9.77 亿元；目前全市投入运营或部分投入运营数据中心 12 个，投运服务器 100 万台；初步建成氢产业链条，风电装机规模全国第一。累计落地京津项目 232 个，正以京张高铁沿线 8 个县区为重点，打造京张高铁数字经济隆起带。目前张家口市森林覆盖率达 50%，草原综合植被覆盖率达 68%，奥运核心区森林覆盖率达到 80% 以上；空气优良天数比率 88.2%；国考、省考断面水质优良率达到 100%。

6 月

6 月 9 日　张家口市政府常务会议审议通过该市《优化旅游产品 打造精品线路 扎实推动后奥运文旅产业高质量发展工作方案》。按照方案，该市将以加快建设京张体育文化旅游带为统领，重点推出"大好河山·张家口"20 条文化旅游精品线路，完善 3 项旅游服务保障体系，建设 57 项重点文旅项目。依托丰富的文化旅游资源优势，围绕"冬奥冰雪游""草原生态游""红色研学游""长城古堡游""康乐休闲游""亲子假日游"6 大主题，该市策划推出 20 条文化旅游精品线路，打响冬奥之城文化旅游特色品牌。其中，以冬奥场馆、滑雪场、冰雪游乐园为节点，推出冬奥文化体验之旅、激情冰雪运动之旅、畅享冰雪欢乐之旅；从饱览湿地风光到漫游草原天路，推出壮美风光天路之旅、清凉消夏草原之旅、绿色天然湿地之旅；传承红色革命基因，深化爱国主义教育，推出爱国主义传承之旅、实践拓展研学之旅、历史遗迹探索之旅；讲好长城故事，守住文化根脉，推出长城文化踏寻之旅、传奇古堡探秘之旅、精品非遗品鉴之旅、特色民俗时光之旅；亲近自然，畅游乡村，推出绿水青山漫步之旅、特色民宿多彩之旅、美丽乡村幸福之旅、康养休闲静享之旅；享受亲子快乐时光，推出欢乐农场淘宝之旅、探索科技希望之旅、户外运动挑战之旅。

6月23日　第75个国际奥林匹克日。河北省通过线上线下相结合的形式，开展国际奥林匹克日系列活动。活动以"传递微火之光 一起跑向未来"为主题，于2022年6月中旬至6月30日开展。

6月30日　北京冬奥组委举行通气会。介绍了北京2022年冬残奥会遗产成果，并发布《冬残奥会竞赛组织知识手册》和《北京2022年冬奥会和冬残奥会无障碍中国方案》。

7月

7月9日　北京冬奥会标志性场馆国家速滑馆（"冰丝带"）正式对公众开放。先期开放约6000平方米冰面，这是目前唯一持续维护并开放体验的冬奥赛时冰面。本次开放标志着"冰丝带"可持续运营启动。

7月15日　2022年京张体育文化旅游带发展峰会成功举办。与会专家、学者围绕"体育牵引 文化赋能 旅游带动——加快推动京张体育文化旅游带建设"主题进行了交流探讨。

7月16日　2022（第二届）京张全季体育旅游嘉年华在位于张家口市崇礼区的国家跳台滑雪中心正式启动。当日，张家口崇礼奥林匹克公园正式开园。张家口崇礼奥林匹克公园经国际奥委会批复命名，包含国家跳台滑雪中心、国家越野滑雪中心和国家冬季两项中心三个北京冬奥会竞赛场馆，是北京冬奥遗产，开园后接待大众购票观光。

7月18日　《河北日报》发表文章《张家口：绿色发展的冬奥之城》。文章指出，京张携手成功举办2022冬奥会、冬残奥会，这十年，是张家口发展历史上的"高光时刻"，交出了一份优异答卷。主要表现在：一是借势冬奥机遇，崇礼区滑雪场由4家增至7家，按照国际标准建成高、中、初级雪道169条，总长

162 公里，15 条雪道经过国际雪联认证，年接待游客由 2012 年的 125 万人次提升至 2021 年的 277 万人次。目前崇礼区 13.1 万人中，有 3 万多人从事冰雪相关产业工作，每 4 人就有 1 人吃上"冰雪饭"。二是生态改善。截至 2021 年年底，张家口已完成可再生能源装机规模 2347 万千瓦（并网数 2332 万千瓦），非水可再生能源装机总量居全国地级城市之首；可再生能源终端消费占比达到 32.5% 以上，跻身国际一流行列。三是产业布局。以可再生能源为代表的高新技术产业增加值占工业增加值比重达到 39.2%，成为张家口市经济增长新支柱。四是乡村振兴。截至 2020 年年底，张家口市 12 个贫困县区全部脱贫摘帽，1970 个贫困村全部出列、93.9 万贫困人口全部脱贫。同时，结合资源优势和群众意愿，以易地新建、联村并建、整治提升 3 种模式精准治理"空心村"1100 个，农村面貌焕然一新。截至 2021 年年底，全市 120 个村被评为河北省美丽乡村精品村。

2022 年冬奥会大事记综述

办成一届精彩、非凡、卓越的奥运盛会
——2022 年冬奥会大事记综述

冬奥会的举办，不仅是精心筹备和组织了一场冬季体育运动竞赛，对于我国冰雪运动事业、对举办地经济社会发展等方面意义十分重大，正如习近平总书记指出，"在北京举办一场全球瞩目的冬奥盛会，必将极大振奋民族精神，有利于凝聚海内外中华儿女为实现中华民族伟大复兴而团结奋斗，也有利于向世界进一步展示我国改革开放成就、和平发展主张。筹办北京冬奥会、冬残奥会，为推动京津冀协同发展提供了良好机遇，也为推广普及我国冰雪运动提供了良好机遇"。从 2013 年 10 月，我国决定北京市联合河北省张家口市申办 2022 年冬奥会开始，到 2015 年 7 月，国际奥委会全会表决通过北京携手张家口获得 2022 年冬奥会举办权，再到 2022 年 2 月至 3 月举行冬奥会和冬残奥会，冬奥会可以分为申办、筹办、举办三个阶段。无论是哪个阶段，各方都付出了极大的努力，交上了一份令人满意的答卷。

一、申办

（一）党和国家领导积极支持、始终关注冬奥会申办工作

2013 年 10 月 19 日，国务院召开会议，副总理刘延东听取河北、北京、国家体育总局汇报，会议议定将北京、张家口联合申办 2022 年冬奥会提交国务院常务会议研究。10 月 25 日，国务院总理李克强主持召开国务院常务会议，10 月 31 日，中共中央总书记习近平主持召开中央政治局常委会会议，决定北京市联合河北省张家口市申办 2022 年冬奥会。此后，从冬奥会的申办到筹办，再到大赛期间，党和国家领导都给予高度重视。在俄罗斯索契举办的第 22 届冬奥

会，习近平总书记亲自前往参加开幕式。在索契期间积极为我国申办冬奥会做工作，得到各方积极支持。习近平与国际奥委会主席巴赫会谈时强调，中国将以申办冬奥会为契机，为奥林匹克运动作出中华民族新的贡献，不断由体育大国向体育强国迈进。

中共中央政治局委员、国务院副总理、中央 2022 年冬奥会申请申办工作领导小组组长刘延东分别到崇礼区视察 2022 年冬奥会申办工作，在北京冬奥会申办委员会调研。刘延东强调，"要统筹谋划、精益求精、扎实稳妥做好各项申办工作"。

（二）启动冬奥会举办城市评选，京张联合申办获得举办权

2013 年 6 月，国际奥委会宣布启动第 24 届冬季奥林匹克运动会的申办程序。申办工作正式启动。申办城市所在国奥委会与国际奥委会签署《申办城市受理流程》。2014 年 7 月，中国北京与挪威奥斯陆、哈萨克斯坦阿拉木图 3 座城市正式入围 2022 年冬奥会申办候选城市。通过国际滑雪联合会各单项委员会的专家对北京冬奥会雪上项目比赛场地进行考察和比选，北京申办 2022 年冬奥会的所有场馆全部获得国际体育单项组织的认证。2015 年 1 月，北京冬奥申委在瑞士洛桑向国际奥委会提交 2022 年冬奥会申办报告，充分展示我国举办冬奥会的理念、愿景、场馆、赛事组织、安保、媒体运行等涉及冬奥会从筹办到举办的 14 个方面内容。国际奥委会评估团对北京联合张家口申办 2022 年冬奥会进行实地评估考察，充分肯定北京携手张家口联合申办的优势，也指出面临的挑战并提出需要改进的方面。2015 年 7 月 31 日，国际奥委会第 128 次全会通过北京携手张家口获得 2022 年冬奥会举办权。

（三）积极开展申奥工作，参与各方协调配合

从 2013 年 10 月，我国开始进入积极的冬奥会申办阶段。2013 年 11 月 3 日，中国奥委会正式致函国际奥委会，提名北京市为 2022 年冬奥会的申办城市。北京市承办冰上项目的比赛，河北省张家口市崇礼区承办雪上项目的比赛。这样，北京携张家口联合申办 2022 年冬奥会，与其他国家的 5 座城市，即哈萨克斯坦的阿拉木图、乌克兰的利沃夫、瑞典的斯德哥尔摩、挪威的奥斯陆，波兰的克拉科夫和亚斯那（联合申办）开始了城市间积极的"角逐"。国际奥委会在总部瑞士洛桑举行 2022 年冬奥会申办城市第一次情况介绍会，国家体育总局、北京市、河北省相关领导和张家口市市长等 9 人组成的代表团应邀出席会议。索契冬奥会期间，北京市、河北省派出联合代表团前往俄罗斯索契，了解冬奥会的筹办过程和开展情况，为做好申办工作积累经验。2014 年 8 月，北京冬奥申委召开第一次全体会议，国家体育总局主要负责人做关于冬奥会申办工

作形势分析的报告。北京市政府召开常务会议，研究 2022 年冬奥会申办等事项。会议指出，申办冬奥会是党中央、国务院交给北京市、河北省的重要政治任务，北京要主动与河北省、张家口市及中央部门密切配合，切实做好各项申办和迎评工作。北京冬奥申委主席、北京市市长王安顺，河北省省长张庆伟带领冬奥申委迎评考察团，对张家口赛区各竞赛场馆、非竞赛场馆及沿线服务保障工作进行考察。河北省省长张庆伟表示，河北省将明确重点工作任务，倒排工期、挂牌督战，加快推进赛事举办地改造提升和交通基础设施建设对接，全力配合北京市做好申办各项工作。北京 2022 申冬奥代表团在瑞士洛桑向国际奥委会委员进行陈述交流会。国务院副总理刘延东，中国奥委会主席、国家体育总局主要负责人，北京冬奥申委主席、北京市主要负责人等其他代表团成员分别陈述。北京携手张家口获得 2022 年冬奥会举办权并签订《主办城市合同》。2015 年 8 月 1 日，北京冬奥申委发表声明，强调北京将全面兑现 2022 年冬奥会承诺。

（四）抓紧推进软硬件建设，为冬奥申办蓄势发力

北京 2022 年冬奥申委官方网站正式开通上线。以中国书法"冬"字为创作主体的北京申办 2022 年冬奥会标识亮相。张家口制订各种预案，采取以水库调水造雪为主，以泵站供水造雪为辅，以确保届时雪量符合冬奥会比赛要求。2014 年 11 月，崇礼区古杨树北欧中心跳台滑雪中心区域 4 个测风站建成。2015 年 7 月，国务院批复设立张家口可再生能源示范区，属全国唯一国家级可再生能源示范区。

二、筹办

（一）总书记重要指示批示精神为筹办冬奥会提供了根本遵循

习近平总书记对冬奥会、冬残奥会筹办备赛工作高度重视，多次亲临赛区考察冬奥会筹办工作，并作出重要的指示批示，充分彰显了中国对冬奥会筹备工作的高度重视，向国际社会传递了中国重信守诺，有信心办好冬奥会的重要信号。

2015 年 7 月 31 日，北京携手张家口获得 2022 年冬奥会举办权，中共中央总书记、国家主席、中央军委主席习近平专门致信申办冬奥会代表团表示热烈祝贺，并希望其再接再厉、扎实工作，把 2022 年冬奥会办成一届精彩、非凡、卓越的奥运盛会。当年召开的第 24 届冬奥会工作领导小组第一次全体会议上，习近平总书记对办好北京冬奥会作出重要指示。提出坚持"四个办奥"原则：

坚持绿色办奥，提升全社会环保意识，加强环境治理和污染防控，把绿色发展理念贯穿筹办工作始终；坚持共享办奥，积极调动社会力量参与办奥，提高城市管理水平和社会文明程度，加快冰雪运动发展和普及，使广大人民群众受益；坚持开放办奥，借鉴北京奥运会和其他国家办赛经验，弘扬奥林匹克精神，加强中外体育交流，推动东西文明交融，展示中国良好形象；坚持廉洁办奥，严格预算管理，控制办奥成本，强化过程监督，让冬奥会像冰雪一样纯洁干净。要加强组织领导，统筹推进各项工作，确保把北京冬奥会办成一届精彩、非凡、卓越的奥运盛会。2016 年 3 月，习近平总书记在中南海主持召开会议，专题听取北京冬奥会和冬残奥会筹办工作情况汇报并作重要讲话。习近平强调，"要增强使命感、责任感，认真落实创新、协调、绿色、开放、共享的发展理念，坚持绿色办奥、共享办奥、开放办奥、廉洁办奥，高标准、高质量完成各项筹办任务，把北京冬奥会、冬残奥会办成一届精彩、非凡、卓越的奥运盛会，向祖国人民、向国际社会交上一份满意答卷"。习近平总书记对场馆建设、基础设施建设、生态环境保护、赛事服务组织、普及群众冰雪运动、开展对外人文交流、推动京津冀协同发展、加强组织领导和统筹协调等各方面任务提出明确要求。2017 年 1 月，习近平总书记在河北省张家口市考察北京冬奥会筹办工作，在着眼于办成一届精彩、非凡、卓越的奥运盛会，科学合理制定规划，节约集约利用资源，按进度高质量完成筹办工作各项任务，落实节能环保标准，保护生态环境和文物古迹，打造城市新名片，推进京津冀协同发展，"努力交出冬奥会筹办和本地发展两份优异答卷"等方面作出重要指示。2017 年 2 月，习近平总书记到北京市考察城市规划建设和北京冬奥会筹办工作时提出，"要认真贯彻党中央决策部署，坚持首善标准，解放思想、开阔思路，求真务实、攻坚克难，统筹生产、生活、生态，立足提高治理能力抓好城市规划建设，着眼精彩非凡卓越筹办好北京冬奥会，努力开创首都发展更加美好的明天"。习近平再次强调了绿色、共享、开放、廉洁的"四个办奥"理念，对各赛区规划建设、打造精品工程、提高冬季运动竞技水平、夯实冬季运动群众基础、冰雪运动人才队伍建设、赛会运行保障和服务工作等提出明确要求，对北京冬奥会工作领导小组、北京冬奥会组委会、北京市、河北省的分工协调作出重要指示。2019 年 2 月，习近平到位于北京石景山首钢园区的北京冬奥会展示中心和办公区、国家冬季运动训练中心，考察北京冬奥会和冬残奥会筹办工作，看望慰问北京冬奥组委工作人员、运动员、教练员。习近平强调，体育强则国家强，国家强则体育强。通过北京冬奥会把我国冬季冰雪运动发展起来，这就是我们的希望。2021 年 1 月，习近平总书记在北京考察冬奥会、冬残奥会筹办工作，先后来到首都体育馆、国家高山滑雪中心、国家雪车雪橇中心考察调研，了解运动场馆建设和运动员参赛备战等情况。主持召开北京2022年冬奥会和冬残奥会筹办工作汇报会并发表重要讲话。他强调，办好北京冬奥会、冬残奥会是党和国家的一件大事，是我们对国际社会的庄严承诺，要坚定信心、奋发有为、精益求精、战胜困难，认真贯彻新发展理念，把绿色办奥、共享办奥、开放办奥、廉洁办奥贯穿筹办工作全过程，全力做好各项筹办工作，努力为世界奉献一届精彩、非凡、卓越的奥运盛会。2022年1月，大赛临近，习近平总书记再次到北京考察2022年冬奥会、冬残奥会筹办备赛工作，实地了解2022年冬奥会、冬残奥会筹办备赛工作情况。他强调"要坚定信心、振奋精神、再接再厉，全面落实简约、安全、精彩的办赛要求，抓紧抓好最后阶段各项赛事组织、赛会服务、指挥调度等准备工作，确保北京冬奥会、冬残奥会圆满成功"。

（二）各级领导高度重视，政策支持力度不断加大

冬奥会筹办期间，党和国家的各级领导，高度重视北京冬奥会筹办工作，许多领导还专程到北京、张家口赛区考察指导工作。

国务院总理李克强出席第24届冬奥会工作领导小组第一次全体会议，他要求，相关地方和部门要按照党中央、国务院部署，把创新、协调、绿色、开放、共享发展理念贯穿筹办全过程，主动对接京津冀协同发展战略，有序高效抓好重点设施、重点项目建设，积极借鉴各方经验，广泛动员社会力量，节约用好宝贵资金，确保工程优质安全。

中共中央政治局常委、中央纪律检查委员会书记王岐山到崇礼区调研，考察了冬奥会张家口赛区场地建设情况。中共中央政治局委员、国务院副总理孙春兰多次考察北京冬奥会备战工作，先后到崇礼区考察了赛区场馆及配套设施建设情况，到北京市海淀区首都体育馆、延庆区国家高山滑雪中心和国家雪车雪橇中心调研，考察场馆改造情况，到国家冰雪运动训练科研基地、首都体育馆调研，到河北省张家口市古杨树场馆群、北京大学第三医院崇礼院区、北京市首钢滑雪大跳台调研，听取备战情况汇报。中共中央政治局委员、中央书记处书记、中央纪律检查委员会副书记、国家监察委员会主任杨晓渡，中共中央政治局委员、国务院副总理胡春华，中共中央政治局委员、全国人大常委会副委员长王晨，中纪委常委、国家监委委员、驻国资委纪检监察组组长陈超英，国务委员、国家防总总指挥王勇等党和国家领导先后考察冬奥会筹办进展、水污染防治、气象服务保障、项目建设维护和运营服务保障、场馆及配套设施防汛应急、食品安全检验等工作。

从政府工作报告到"十三五"规划纲要，国家先后出台相关政策措施，大

力支持冬奥会筹办。如2016年、2017年的《政府工作报告》在年度重点工作中都明确提出"做好北京冬奥会和冬残奥会筹办工作"。《中华人民共和国国民经济和社会发展第十三个五年规划纲要》发布，明确提出"做好北京2022年冬季奥运会筹办工作"。2017年5月，国务院批复同意开展张家口赛区冬奥会建设项目投资审批改革试点。2020年5月，国务院发布关于河北省继续开展张家口赛区冬奥会建设项目投资审批改革试点的批复。中共中央办公厅、国务院办公厅印发了《关于以2022年北京冬奥会为契机大力发展冰雪运动的意见》。财政部、税务总局、海关总署联合发布《关于北京2022年冬奥会和冬残奥会税收优惠政策的公告》。

（三）成立工作领导小组，总体负责冬奥会筹办各项事务

为推进做好冬奥会筹办工作，国家专门成立了第24届冬奥会工作领导小组，先后由张高丽、韩正担任领导小组组长。

2015—2017年，中共中央政治局常委、国务院副总理、第24届冬奥会工作领导小组组长张高丽先后主持召开第24届冬奥会工作领导小组第一次至第四次全体会议。总结前期各项工作落实情况，明确筹办工作的总体思路和重点任务，研究部署下一步工作。张高丽指出，要按照习近平总书记的重要讲话要求，认真落实新发展理念，坚持"四个办奥"原则，高标准、高质量完成各项筹办任务，他强调筹办北京冬奥会时间紧、任务重，必须全面扎实高效开展工作。其间，张高丽到北京调研京张铁路等冬奥会相关基础设施建设工作，听取了京张铁路、延崇公路的规划建设进展情况汇报；到河北调研冬奥会筹办工作情况，主持召开冬奥会筹办工作现场会，研究解决存在的问题和困难；会见载誉归来的平昌冬奥会中国体育代表团，向全体运动员、教练员和冬奥组委工作人员转达了党中央、国务院的亲切问候，并强调体育战线要实现习近平总书记提出的"办赛精彩，参赛也要出彩"的目标。

2018年7月至冬奥会大赛期间，中共中央政治局常委、国务院副总理韩正担任第24届冬奥会工作领导小组组长，他先后在北京冬奥组委、河北张家口调研冬奥会、冬残奥会筹办工作，详细了解场馆和基础设施规划建设情况，听取赛事组织和疫情防控情况汇报；多次主持召开第24届冬奥会工作领导小组全体会议，进一步明确目标要求，研究部署下一阶段筹办重点任务；出席北京2022年冬奥会和冬残奥会吉祥物发布和北京2022年冬奥会开幕倒计时100天主题活动。韩正强调，要深入贯彻落实习近平总书记关于全力做好北京冬奥会、冬残奥会筹办工作的有关重要讲话精神，紧紧围绕"简约、安全、精彩"的办赛要求，全力以赴做好各项筹办工作，确保北京冬奥会、冬残奥会如期顺利举办。

（四）开展体育外交，赢得国际赞赏和支持

冬奥会筹办期间，我国积极开展体育外交，展示中国民众对奥林匹克运动的热情，对传播奥林匹克精神表现出积极态度，以及中国为奉献一届精彩、非凡、卓越的冬奥会而作出巨大努力。

中共中央总书记、国家主席、中央军委主席习近平在几次会见国际奥委会主席巴赫和国际奥协主席、亚奥理事会主席艾哈迈德亲王时，都真诚坦率地指出，2022年冬奥会在北京举办，是中国体育和经济社会发展同世界奥林匹克运动发展开创双赢局面的重要契机，也将进一步激发中国民众对奥林匹克运动的热情，带动更多中国人关心、热爱、参与冰雪运动，为奥林匹克运动发展和奥林匹克精神传播作出积极贡献。我们将全面兑现在申冬奥过程中的每一项承诺，为世界奉献一届精彩、非凡、卓越的冬奥会。建设体育强国是中国国家整体发展的重要组成部分。北京冬奥会也让中国民众有机会再次为奥林匹克运动发展和奥林匹克精神传播做出贡献。习近平强调，中方高度重视筹办北京冬奥会，各项工作正在扎实有序推进，并表示一定会积极努力，为世界呈现一届绿色、共享、开放、廉洁的冬奥会。

申奥成功后，国务院总理李克强在中南海紫光阁会见国际奥委会主席巴赫时强调，中国政府将信守申办2022年冬奥会所作承诺，在全国人民支持下，同国际奥委会等密切配合，办出一届节俭、可持续的冬奥会。2017年12月，国务院总理李克强与俄罗斯总理梅德韦杰夫共同参观了索契冬奥会场馆。李克强表示，中国正在全力筹办2022年北京冬奥会，我们愿学习索契冬奥会的成功经验，加强交流，力争办一届精彩的冬奥会，带动更多群众参与体育健身，共享美好生活。李克强提出要加强中俄两国在体育和文化以及其他领域的合作交流。中共中央政治局委员、国务院副总理刘延东在京会见了国际奥委会北京2022年冬奥会协调委员会主席亚历山大·茹科夫。刘延东欢迎茹科夫来京主持协调委员会第一次会议并感谢其对北京冬奥会的大力支持。

2021年2月至4月，外交部和北京冬奥组委先后几个批次，邀请俄罗斯、法国、德国、意大利、挪威、瑞士、荷兰、奥地利、日本、韩国、印度尼西亚、马来西亚等150多个国家、地区和国际组织的驻华使节或高级外交官赴张家口赛区，考察体验北京2022年冬奥会张家口赛区，深入了解冬奥筹办工作进展。7月，全国友协欧亚部邀请欧洲国家在华青年精英冬奥行参访团参观了张家口赛区冬奥村、太舞滑雪场、国家跳台滑雪中心等地。

在庆祝北京冬奥会倒计时100天、50天等活动中，中国驻乌克兰大使馆、中国驻伦敦旅游办事处、中国驻悉尼总领馆、中国驻印度大使馆、中国驻开普敦总领馆、中国驻西班牙大使馆等多个中国驻外使领馆，以多种形式开展宣传、邀请、交流等线上线下活动，得到来自各方的积极回应和支持。国际奥委会每季度一期的官方杂志《奥林匹克评论》于 2021 年 12 月专门出版中文特刊，聚焦即将开幕的北京冬奥会，表示北京已经准备就绪，开启冬奥会新时代。国际奥委会主席巴赫指出，北京冬奥会将把世界凝聚在一起。波兰总统安杰伊·杜达、日本前首相鸠山由纪夫、老挝政府总理潘坎、国际奥委会执委会委员罗宾·米切尔、日本奥委会主席山下泰裕、希腊奥委会主席卡普拉洛斯、坦桑尼亚奥委会主席古拉姆·拉什德、基里巴斯奥委会主席尼古拉斯·麦克德莫特、加蓬奥委会主席莱昂·福尔盖、卡塔尔奥委会主席乔安、西班牙奥委会主席布兰科、博茨瓦纳奥委会主席博桑·詹尼果、叙利亚驻华大使伊马德·穆斯塔法等都对中国精心筹办冬奥会，以及为冬奥会顺利举办而采取的防疫措施表示赞赏，对北京成功举办冬奥会充满信心。中亚五国领导人热切期待来华出席北京冬奥会开幕式。俄罗斯总统普京、阿根廷总统费尔南德斯决定出席北京冬奥会开幕式。

多国表态支持北京冬奥会，相信冬奥会将促进世界和平。委内瑞拉、俄罗斯、老挝、吉尔吉斯斯坦、斯里兰卡、叙利亚、南非等多个国家通过不同方式发声，纷纷支持北京冬奥会，反对将奥运政治化和体育政治化，相信北京冬奥会将把各国民众团结在一起，促进世界和平与发展。俄罗斯总统普京表示，俄中均反对体育政治化，反对"作秀式"抵制行为，恪守崇尚平等、公正的奥林匹克精神。俄驻华大使杰尼索夫也表示，俄将派出阵容强大的体育代表团出席北京冬奥会，相信冬奥会将成为一届成功的体育盛会。

冬奥会开幕在即，我国外交部呼吁各国以北京冬奥会为契机增进世界和平与发展。联合国秘书长古特雷斯日前发表书面讲话，呼吁各国在北京冬奥会期间遵守休战协议。中国常驻联合国代表强烈呼吁各国及冲突当事方切实遵守北京冬奥会奥林匹克休战决议，以北京冬奥会为契机，用对话消弭分歧，以合作替代对抗。

（五）北京冬奥组委及北京市、河北省积极合作全力推动

1. 地方政府政策推动

2016 年北京市《政府工作报告》提出"全面做好冬奥会筹备工作"，坚持绿色办奥、共享办奥、开放办奥、廉洁办奥，制定筹备工作总体规划，确定路线图和时间表。《北京市国民经济和社会发展第十三个五年规划纲要》专设一篇为"全面做好冬奥会筹备工作"。2017 年北京市《政府工作报告》提出"扎实推进冬奥会、冬残奥会和世园会筹办工作"。北京市召开全面推进 2022 年冬奥

会和冬残奥会筹办工作动员部署大会。北京市第十五届人民代表大会常务委员会第三十二次会议通过授权市人民政府为保障冬奥会筹备和举办工作规定临时性行政措施的决定。北京市纪委市监委向北京冬奥组委派出监察专员，并成立监察专员办公室，与北京市冬奥会监督工作领导小组办公室合署办公，专门负责冬奥监督检查工作，实现纪律监督、监察监督、派驻监督、巡视监督在冬奥监督工作中的全覆盖。

2016年河北省《政府工作报告》提出"坚决落实习近平总书记'绿色办奥、共享办奥、开放办奥、廉洁办奥'的重要指示，全力以赴做好2022年冬奥会筹办工作，促进冬奥工作与协同发展深度融合，高水平、高质量完成好河北承担的任务，为举办一届精彩、非凡、卓越的奥运盛会贡献力量"。《河北省国民经济和社会发展第十三个五年规划纲要》专设一章为"做好冬奥会筹办工作"。《张家口市国民经济和社会发展第十三个五年规划纲要》专设"坚持借势发展，构筑奥运助推区域发展新优势"等内容。2017年河北省《政府工作报告》，提出"全力做好冬奥会筹办工作。以习近平总书记'绿色办奥、共享办奥、开放办奥、廉洁办奥'的要求为指针，加快竞赛场馆和奥运村规划设计，推进京张高铁、延崇高速、宁远机场等基础设施建设，继续抓好张家口绿化工程，确保5个竞赛场馆和47个配套项目如期开工。推广冰雪运动，发展冰雪产业，培养冰雪人才，开展国际交流合作，创建冰雪运动品牌"。河北省第十三届人民代表大会常务委员会第二十四次会议通过授权省人民政府为保障冬奥会筹备和举办工作规定临时性行政措施的决定。按北京冬奥组委统一安排，河北省先后召开全面推进2022年冬奥会和冬残奥会筹办工作动员部署大会和河北省深入推进北京冬奥会冬残奥会筹办决战决胜动员部署大会。2022年1月19日，河北省代省长王正谱主持召开省冬奥会运行保障指挥部调度会议。认真落实北京冬奥组委部署，按照省委、省政府安排，检查调度张家口赛区疫情防控、志愿者服务、冬奥村运行等工作。

2. 组织实际调研推动

为推进冬奥会的顺利筹办，北京冬奥组委、北京市、河北省多位领导直接到赛区考察，亲临指导。中共中央政治局委员、北京市委书记郭金龙，北京市委副书记、代市长蔡奇率北京市党政代表团到张家口市考察，共商协同发展大计，推动对口帮扶和冬奥会筹备工作。北京冬奥组委主席、北京市委书记蔡奇，北京冬奥组委副主席、中国奥委会副主席杨树安，北京冬奥组委执行副主席、北京市副市长张建东，北京冬奥组委副秘书长、北京市委副书记何江海，北京冬奥组委副主席、河北省副省长王晓东，北京冬奥组委副主席、河北省副省长徐建培，北京冬奥组委秘书长韩子荣等，分别对京张高铁开通运营情况，张家口赛区筹办工作进展情况，交通、医疗、安保等配套基础设施建设项目和冬奥场馆和相关基础设施建设情况，疫情防控工作开展情况，冬季体育系列测试活动，雪上项目举办情况等进行调研，召开北京冬奥组委相关工作会议，听取冬奥会整体工作进展情况汇报。

3. 冬奥组委会部署开展工作

"相约北京"系列冬季体育赛事组委会全体会议暨动员部署大会在北京举行。中共中央政治局委员、北京市委书记、"相约北京"组委会主席蔡奇出席会议并讲话。国家体育总局局长、中国奥委会主席、"相约北京"组委会执行主席苟仲文，河北省委副书记、省长、"相约北京"组委会执行主席许勤出席。北京市委副书记、市长、"相约北京"组委会执行主席陈吉宁主持会议。北京市副市长、"相约北京"组委会执行副主席张建东通报"相约北京"系列冬季体育赛事总体筹办工作情况。延庆赛区、张家口赛区汇报了筹办工作进展情况。"相约北京"组委会分别汇报了冬奥项目和冬残奥项目竞赛组织有关情况。北京冬奥组委执行委员会会议，北京冬奥组委主席办公会等组织召开，研究冬奥会、冬残奥会示范场馆建设等事项，部署下一阶段重点工作。研究冬奥会筹办工作，部署下一阶段工作任务。北京冬奥组委先后发布《北京2022年冬奥会和冬残奥会防疫手册》《北京2022年冬奥会和冬残奥会残疾人服务知识手册》《北京2022年冬残奥会运动员和随队官员服务手册（盲文·大字）》《北京冬奥会可持续发展报告（赛前）》，与教育部、国家语委在京共同启动《北京冬奥会语言服务行动计划》，举办了科技冬奥新闻发布会、"2022年冬奥会和冬残奥会北京主办城市"系列新闻发布会——城市志愿服务专场，开展北京冬奥会城市运行保障全要素应急演练。

（六）加强与国际奥委会沟通，做好冬奥会筹办协调工作

1. 建立了会商工作机制

冬奥会申办成功以来，北京冬奥组委与国际奥委会建立了会商工作机制，北京冬奥组委始终加强与国际奥委会的联系沟通，发挥桥梁和纽带作用。会商工作机制包含几种不同内涵的会议。一类会议是与国际奥委会及国际残奥委会专家，围绕高水平做好2022年冬奥会筹备工作、组委会面临的风险和机遇，以及组织与协调原则等重要事项、冬残奥会筹备工作等进行交流和广泛研讨。二类会议是与国际奥委会北京2022年冬奥会协调委员会召开协调会议，就筹办中保持愿景理念一致性、增强基础阶段创新和效率、践行《奥林匹克2020议程》《主办城市合同—运行要求》（2018版）审核工作、运动员自带食品饮料进入奥运村等相关政策、测试赛和新冠疫情的影响、票务和接待工作进展等重点问题深入交换意见。三类会议是与国际奥委会围绕场馆建设、体育、市场开发等项

目审议工作深入研讨交流。第四类是召开国际奥委会执行委员会会议，陈述筹备工作最新进展，审议北京 2022 年冬奥会和冬残奥会疫情防控关键政策，努力确保安全办赛等。此外，2021 年 2 月 1 日和 3 月 1 日，先后召开北京 2022 年冬奥会代表团团长会、北京 2022 年冬残奥会代表团团长会。北京市委书记、北京冬奥组委主席蔡奇，国际奥委会主席巴赫以视频形式在开幕式上致辞。蔡奇表示，北京冬奥组委在筹办工作中认真倾听各方建议，坚持以运动员为中心，将为广大运动员创造良好的参赛体验和参赛环境。

2. 安排和组织实地考察

国际雪联官员到张家口市考察 2021 年自由式滑雪和单板滑雪世锦赛场地，并在崇礼区召开协调会，就世锦赛的赛事组织及规划工作作指导。国际雪联跳台滑雪建设委员会主席汉斯马丁·雷恩和体育场馆规划发展及基础设施建设顾问、体育竞赛经理尼古拉·佩特罗夫到张家口赛区，对北京 2022 年冬奥会跳台滑雪场地进行首次踏勘，了解跳台滑雪场地区域的气象、地质等情况，并与北京冬奥组委、河北省相关部门及张家口市、崇礼区等方面进行会谈，研讨北欧中心跳台滑雪场地规划设计事宜，就跳台滑雪竞赛组织工作进行业务交流。国际奥委会北京 2022 年冬奥会协调委员会代表团到张家口市，对北京 2022 年冬奥会张家口赛区场馆规划场地进行考察。国际残奥委会高山滑雪及单板项目主席马库斯·瓦尔圣率团到张家口赛区，考察冬季两项中心场地、云顶滑雪公园场地，听取冬残奥会雪上项目场地和工作进展情况介绍，并就冬残奥会场地和设施要求进行说明。国际雪联跳台滑雪竞赛主任沃特·霍夫等官员和外方专家一行，到北京冬奥会张家口赛区进行考察。国际奥委会奥运会部执行主任克里斯托弗·杜比等官员和专家到北京冬奥会张家口赛区考察云顶滑雪公园、张家口冬奥村、张家口颁奖广场、张家口奥林匹克体育公园，了解了各场馆规划设计、建设进度、交通组织、建筑物分布、功能区设置等情况，针对场地规划、赛道设计、缆车系统、观众席和媒体席设置等具体问题进行了现场交流，提出了意见和建议。国际奥委会主席巴赫率国际奥委会考察团在北京冬奥会张家口赛区和延庆赛区实地考察冬奥会筹办进展。国际奥委会北京 2022 年冬奥会协调委员会主席胡安·安东尼奥·萨马兰奇带领委员会成员前往张家口和延庆赛区，对冬奥会场馆和基础设施建设进行考察。

3. 同步发布相关文件

国际奥委会、国际残奥委会和北京冬奥组委同步发布了《北京 2022 年冬奥会和冬残奥会可持续性计划》和第二版《北京 2022 年冬奥会和冬残奥会防疫手册》。

（七）国家各部委、企业、机构支持，有力保障筹办工作顺利开展

1. 国家各部委提供支持和保障

交通运输部围绕延崇高速公路、崇礼铁路等冬奥会重大交通项目建设开展调研和推进工作，确保冬奥会交通运输的畅通。中国气象局成立了2022年冬奥会气象保障服务领导小组，召开北京2022年冬奥会冬残奥会气象服务动员部署会。气象局局长及部分领导前往赛区进行调研，指导冬奥会气象服务保障工作。专门成立了北京2022年冬奥会和冬残奥会气象中心，负责北京冬奥会和冬残奥会气象保障服务工作。国务委员、公安部部长赵克志主持召开北京2022年冬奥会和冬残奥会安全保卫工作动员部署会议，强调要构建科学高效的赛时安保运行指挥体系，一体化推进冬奥安保和疫情防控工作，扎实抓好各项安保措施落实，确保北京冬奥会、冬残奥会安全顺利举办。赵克志到北京延庆检查指导北京冬奥会安保筹备工作。公安部消防局相关领导到张家口调研、督导检查冬奥消防安保筹备工作。水利部相关领导到张家口调研冬奥会项目区生态工程建设及调水工作，听取了市水利工作情况和市水土保持生态建设工作汇报，了解北京2022年冬奥会水源保障项目建设情况，督导做好冬奥供水保障等工作。云州水库调水雪场输水工程顺利一次性试车通水成功，为2022年冬奥会崇礼雪上项目的举办提供水源保障。应急管理部消防局、消防救援局、森林消防局等部门领导，先后到崇礼区特勤消防站施工现场、国家雪域消防训练基地选址和冬奥指挥部调研，听取了赛区功能分布、冬奥会赛区消防安保项目建设进展。到张家口市，就冬奥会地震安全保障服务、场馆施工安全、消防安全、森林防火等工作进行调研。到省地震局张家口中心台，崇礼区特勤消防站、森林防火指挥中心、马丈子森林灭火队驻地、太子城消防站施工现场、奥运规划馆等地，了解冬奥会地震安全保障服务、消防安全、森林防火等工作。到崇礼区和赤城县，调研张家口赛区周边重点林区森林防灭火工作情况，并就安排重点林区消防驻防力量与河北省现场对接。国家反恐怖工作领导小组赴崇礼核心区检查各场馆和核心区闭环管理、应急处突、安检查控筹备情况。国家互联网应急中心、中国信息安全测评中心组成专家团队到北京冬奥会张家口赛区开展信息系统网络安全攻防演练，加强冬奥会网络安全保障工作。民航局就北京2022年冬奥会和冬残奥会民航运输保障、机场服务保障、民航安全保卫工作与北京冬奥组委深入对接，全面部署、加快推进民航运输保障等各项筹备工作。国家发展改革委社会司、运行局、国家能源局部分领导到张家口市调研北京冬奥会张家口赛区"三场一村"、医院救治能力提升等项目建设进展情况，调研冬奥会能源保供和能源改革发展工作，调研冬奥绿色能源保障工作，研究冬奥会崇礼赛区以及张家口市天然气保供和管道建设相关事宜，安排部署谋划张家口可再生能源示范

区后冬奥时代建设任务。工业和信息化部无线电管理局提出无线电安全保障指挥中心建设的细化方案。农业农村部专题研究部署加强冬奥会、冬残奥会农产品供应和质量安全保障工作。中宣部、国务院新闻办、北京冬奥会新闻宣传工作协调小组加强冬奥会新闻宣传工作。另外，审计署、国家文物局、商务部、国家市场监管总局、国家知识产权局、海关总署、生态环境部、财政部、最高人民法院、中国地震局、国家税务总局、国家信访局、中残联，都围绕冬奥会推动各项工作落实，做好服务保障工作。

2. 服务性企业开展各项服务

中国农业发展银行行长率农发行总行和农发行河北省分行相关部门负责人到张家口市就冬奥会基础设施建设、产业扶贫、棚户区改造相关项目进行调研。北京冬奥组委与中国银行举行签约仪式，中国银行成为 2022 年北京冬奥会和冬残奥会官方银行合作伙伴。中国银行相关领导到北京冬奥会张家口赛区调研考察冬奥村（冬残奥村）、古杨树场馆群、云顶场馆群建设情况以及冬奥金融服务筹备进展情况。中国人民银行在京召开北京—张家口冬奥会支付服务环境建设领导小组全体会议。对各项重要工作进行动员部署。中国建设银行股份有限公司河北省分行领导到张家口分行开展冬奥服务工作调研。中国联通正式成为2022 年北京冬奥会和冬残奥会官方通信服务合作伙伴。北京冬奥组委和国家电网公司举行北京 2022 冬奥会和冬残奥会场馆绿色电力供应签约仪式。北京冬奥会场馆将全部采用"绿电"，推动北京、张家口等城市广泛使用绿色能源，服务城市和区域的高质量发展。国家电网有限公司正式成为北京 2022 年冬奥会和冬残奥会官方合作伙伴。

（八）开展冬奥会场馆和基础设施建设，打造绿色低碳奥运

1. 建设绿色低碳奥运场馆

按照打造绿色低碳奥运的要求，北京冬奥会场馆开始建设。张家口市政府与北京市建筑设计研究院有限公司举行张家口市奥体中心签约仪式，由北京市建筑设计研究院有限公司对张家口市奥体中心进行设计。北京奥林匹克公园的标志性建筑"奥林匹克塔"落成，并永久悬挂奥运五环标志。安保指挥中心及指挥调度系统建设项目、警务室建设项目、天网工程建设项目、安保检查站建设项目、崇礼区及核心区域周界防护围栏建设项目等五个冬奥安保基础项目完成审批立项工作。北京 2022 年冬奥会新建竞赛场馆——国家速滑馆设计方案亮相，昵称"冰丝带"。作为北京赛区新建竞赛场馆，在赛时将承担速滑项目的比赛和训练，也将成为奥林匹克公园中的新地标。北京冬奥会张家口赛区 76 个项目正在按照既定时间节点稳步推进。北京延庆赛区主要场馆设计基本确定，37项建设任务中的 13 项已经开工。位于北京冬奥组委首钢办公区的北京冬奥会和

冬残奥会展示中心亮相。冬奥会重点赛事场馆建设取得重要进展——国家跳台滑雪中心"雪如意"场馆按期完工，这是我国首座符合国际标准的跳台滑雪场地。国家游泳中心（"水立方"）改造工程正式完工，成为北京冬奥会首个完工的改造场馆。北京冬奥会跳台滑雪比赛项目场馆首钢滑雪大跳台2018年12月开工建设，2019年10月31日建成。北京冬奥会和冬残奥会共使用39个场馆，其中包括竞赛场馆12个，训练场馆3个，非竞赛场馆24个。截止到2020年年底，北京、张家口和延庆三大赛区共计12个竞赛场馆全面完工。北京冬奥会延庆赛区已基本建成，冬奥会配套基础设施项目已完工23项，完工率超过95%，国家高山滑雪中心、国家雪车雪橇中心、延庆冬奥村及山地新闻中心四大场馆全部完工，其他相关配套设施建设也已进入收尾阶段，将保障赛区在赛时正常高效运转。2020年年底，张家口市76个冬奥项目全部完成建设任务。北京冬奥会和冬残奥会主媒体中心（MMC）完工，具备交付北京冬奥组委使用条件。截至2021年7月底，所有竞赛场馆永久性设施及大部分非竞赛场馆已经完工。部分非竞赛场馆，如主运行中心（MOC）、技术运行中心（TOC）等已经完工并投入使用。三个冬奥村（冬残奥村）永久性设施已经完成。到2021年8月，北京冬奥会国家高山滑雪中心索道全线贯通具备运营条件。2021年年底，北京2022年冬奥会（张家口赛区）颁奖广场舞台正式落成。位于国家游泳中心南广场地下空间的"冰立方"冰上运动中心正式交付北京冬奥组委使用。

2. 配套基础设施建设

（1）配套工程

冬奥会张家口赛区精细化预报预测系统建设、气象服务系统建设、人工影响天气能力建设项目开工建设。北京2022年冬奥会（张家口赛区）核心赛区首个高山固定监测站并网成功并正式启用。2019年1月，冬奥会延庆赛区综合管廊隧道全线贯通，将为延庆赛区造雪用水、生活用水、再生水、电力、电信及有线电视等硬件接入提供通道。2019年9月20日，延庆赛区综合管廊正式投入使用。由中铁十四局和中铁十八局建设的2022年北京冬奥会综合管廊项目引水及集中供水管道安装2019年7月底完成，10月份具备通水、通电条件目标，为北京冬奥会延庆赛区的国家高山滑雪中心、国家雪车雪橇中心两个竞赛场馆和延庆冬奥村、山地新闻中心等场馆供水和电力通信设施提供保障。北京冬奥会延庆赛区配套电力工程西白庙220千伏变电站正式投入使用。由国家电网北京市电力公司组织建设的国家高山滑雪中心配网工程首座配电室成功投运，提前满足测试赛造雪引水泵站的用电需求，这是所有新建冬奥场馆投运的首座配电室。国家高山滑雪中心配电网工程2019年11月前全部投产。延庆赛区所需的造雪用水、生活用水、再生水、电力、电信及电视转播信号等将如"血液"般注入赛区。随着延庆赛区综合管廊投用，赛区造雪、造冰系统将进入运行阶段，赛区内生活、生产、环保保障系统将开始正常运转，为赛区服务的索道系统将很快开始试运行。北京冬奥会张家口赛区建成河北首部多普勒激光测风雷达。北京冬奥会延庆赛区保障测试赛各项工程全面进入调试阶段。北京 2022 年冬奥会重点配套工程——±500 千伏张北可再生能源柔性直流电网试验示范工程竣工投产，成为世界首个柔性直流电网工程，助力北京冬奥场馆实现奥运史上首次 100%清洁能源供电。作为北京冬奥会延庆赛区造雪引水系统重要组成部分的延庆赛区 900 米塘坝主体工程全面完工。随着首体 110 千伏输变电工程正式投运，北京市规划建设的 12 项冬奥会配套电网工程圆满收官并全面投运。可为冬奥会运动员训练、举办测试赛和正式比赛等服务保障工作提供强大电力支撑。2020 年 12 月 24 日，2022 年北京冬奥会延庆赛区综合管廊工程通过验收。

（2）交通

冬奥会和冬残奥会核心区重点项目万龙至转枝莲公路开工建设。2018 年 6 月，冬奥会重大交通保障项目延崇高速河北段头炮隧道日前贯通。7 月 20 日，2022 年北京冬奥会重点配套工程、全国第一条智能化高铁——北京至张家口高铁东花园隧道顺利贯通。8 月 18 日，北京 2012 年冬奥会和冬残奥会核心区重点项目崇礼城区至万龙公路、崇礼城区至长城岭公路开工建设。8 月 24 日，北京 2022 年冬奥会和冬残奥会外围重点支撑项目张家口南综合客运枢纽北广场开工建设。8 月 29 日，北京 2022 年冬奥会和冬残奥会外围重点支撑项目崇礼客运枢纽开工建设。10 月 4 日，2022 年北京冬奥会延庆赛区综合管廊项目全面开工建设。2019 年 1 月 6 日，冬奥会重点配套保障工程——崇礼铁路铺轨工程在河北省张家口市下花园区戴家营 3 号大桥开始展开。年底前完成联调联试。3 月 21 日，北京冬奥会配套工程大张高铁线下工程完工。9 月 22 日，北京冬奥会重要交通保障工程，通往延庆赛区的直达快车道全线贯通。10 月 1 日，冬奥会和冬残奥会外围其他辅助项目 S231 张榆线张家口至南山窑改造提升工程正式开工建设。12 月 28 日，冬奥会公路主通道延庆—崇礼高速公路河北段主线建成。12 月 30 日，北京至张家口高速铁路开通运营。交通运输部第一批绿色公路建设典型示范工程——延崇高速，怀来北互通至太子城互通段 67.5 公里通车试运营。12 月 31 日，北京 2022 年冬奥会和冬残奥会核心区重点项目"崇礼区至长城岭公路"完工通车。2020 年 1 月 23 日，北京冬奥会重大交通保障项目延崇高速公路建成通车，打通了北京至张家口崇礼太子城赛区便捷通道，从北京六环到崇礼 90 分钟可达。5 月 30 日，冬奥会和冬残奥会核心区重点项目万龙至转枝莲公路完工通车。7 月 31 日，北京 2022 年冬奥会和冬残奥会外围重点支撑项目"张家口南综合客运枢纽"北广场全部完工。8 月 3 日，2022 年北京冬奥会重点交通项目——张家口宁远机场改扩建工程建成通航。北京 2022 年冬奥会和冬残奥会核心区重点项目崇礼城区至太子城公路完工通车。12 月 6 日，2022 年北京冬奥会配套工程——太锡铁路太崇段（太子城至崇礼北）全线控制性工程和平隧道首个正洞贯通，标志着该项目建设取得重大进展。2021 年 1 月 26 日，北京冬奥会配套工程——新建太锡铁路太崇段全线贯通。3 月 24 日，太子城高铁站客运枢纽正式启用。截至 3 月底，北京冬奥会张家口赛区 10 项交通基础设施项目全部建设完成，116 项冬奥会运输服务保障任务按节点有力有序推进，冬奥会专用通道建设和标志标识安装工作将于年内全部完成，京张高铁、崇礼铁路和延崇高速公路等对外通道全面构筑，冬奥会张家口赛区内部循环实现四通八达。5 月 30 日，崇礼南客运枢纽正式启用。7 月 16 日，2022 年北京冬奥会太子城至崇礼城区轨道交通工程——新建太锡铁路太崇段无砟轨道全部浇筑完成，为全面启动铺轨奠定了坚实基础。9 月 26 日，北京 2022 年冬奥会和冬残奥会外围重点支撑项目延庆至崇礼高速公路（河北段）全线通车运营。11 月 16 日，北京冬奥会张家口赛区 8 个临时交通场站全部建设完成。8 个场站可停放大巴 1396 辆、小车 2602 辆。

（九）赛前准备工作有条不紊，奥运场馆测试顺利完成

2015 年 12 月，全面启动 2022 年北京冬奥会备战工作会议在国家体育总局召开。会议对冬奥会备战工作进行了全面的介绍和部署，成立北京 2022 年冬奥会和冬残奥会组委会。2016 年 11 月，国家体育总局召开新闻发布会，正式发布《冰雪运动发展规划（2016—2025 年）》《全国冰雪场地设施建设规划（2016—2022 年）》。2017 年 11 月 21 日，北京冬奥组委运动员委员会召开第一次全体会议。经中国奥委会、中国残奥委会推荐，北京冬奥组委研究决定，杨扬、赵宏博、叶乔波、陈露、周洋、李妮娜、王海涛、王皓等 19 名运动员任北京冬奥组委运动员委员会委员，杨扬任主席。为体现更广泛的代表性，委员包括现役运动员和退役运动员代表，冬季运动项目运动员和夏季运动项目运动员代表以及残疾人运动员代表。2018 年 5 月 29 日，北京冬奥组委会同国家体育总局、中国残联、北京市政府、河北省政府联合发布《北京 2022 年冬奥会和冬残奥会人才行动计划》。9 月，国家体育总局正式公布《2022 年北京冬奥会参赛实施纲要》《2022 年北京冬奥会参赛服务保障工作计划》《2022 年北京冬奥会参赛科技保障工作计划》《2022 年北京冬奥会参赛反兴奋剂工作计划》《"带动三亿人参与冰雪运动"实施纲要（2018—2022 年）》。这两个纲要和三个计划，对北京冬奥会的参赛工作做出全面规划，统称为"两纲三划"。9 月 7 日，北京冬奥组委、中国残联、北京市政府、河北省政府联合印发了《北京 2022 年冬奥会和冬残奥会无障碍指南》。2019 年 1 月，由北京冬奥组委新闻宣传部和北京市委网信

办联合主办，张家口市冬奥办、市委宣传部、市委网信办承办的"2018/2019年
冰雪季网络媒体走进冬奥"活动，邀请34家来自中央、北京市、河北省的网络
媒体到北京冬奥会张家口赛区，参观了解冬奥会筹办工作进展。北京冬奥会和
冬残奥会世界转播商情况介绍会在北京举行。奥林匹克转播服务公司OBS将采
用最先进技术，确保北京冬奥会成为最具科技含量的奥运会。北京冬奥会世界
新闻机构会议在北京冬奥组委首钢办公区召开，来自北京冬奥组委、国际奥委
会及9家新闻机构的代表等约90人参会。北京冬奥组委召开新闻发布会，推出
冬奥会竞赛项目知识介绍片。北京冬奥会首次赞助企业大会在北京冬奥组委首
钢办公区召开。北京冬奥组委在北京奥林匹克公园举办北京冬奥会开幕式倒计
时1000天活动。同时，北京2022年冬奥会倒计时1000天"冬奥就在我身边"
相约冬奥河北省主题系列活动在河北奥体中心启动。北京2022年冬奥会和冬残
奥会赛会志愿者全球招募启动仪式在北京举办，计划招募2.7万名冬奥会赛会
志愿者，1.2万名冬残奥会赛会志愿者。赛会志愿者将分布于北京、张家口和延
庆三个赛区及其他场所、设施等地，参与国际联络、竞赛组织、场馆运行等12
类志愿服务。2020年9月20日，北京冬奥组委在北京市延庆区八达岭长城举办
北京冬奥会倒计时500天长城文化活动。

　　2021年，是北京冬奥会各大场馆进行测试演练的关键一年。为保障比赛的
安全、顺利进行，从2月到12月底，各大场馆陆续开展测试演练。2月3日，
北京冬奥会延庆赛区开展冬奥测试活动综合演练，赛区于2月16日至26日举办
"相约北京"系列冬季体育赛事高山滑雪和雪车雪橇项目比赛。此次演练为实地
实景的全要素、全流程演练。2月7日"相约北京"测试活动无线电安全保障
团队第一批4名保障人员正式进驻云顶滑雪公园场馆，测试活动无线电安全保
障工作进入临战状态。2月15日北京冬奥会延庆赛区以疫情防控常态化下冬奥
会赛时交通运行为背景，在赛区核心区和外围保障区开展交通专项演练测试，
以保障近期在当地举行的高山滑雪、钢架雪车等系列赛事活动顺利举行。2月
17日，北京冬奥会测试活动首场比赛——全国自由式滑雪空中技巧邀请赛混合
团体比赛在张家口赛区云顶滑雪公园举行。2月19日至20日，"相约北京"冬
季体育系列测试活动张家口赛区开展最大日交通专项测试，对北京2022年冬奥
会（张家口赛区）的相关线路及各上落客点位进行专项测试。从16日至26日，
张家口和延庆赛区的3个竞赛场馆群共举行20项测试，邀请部分国内运动员和
国内技术官员参与配合，充分检验场地设施、场馆运行和服务保障。4月1日至
10日，北京冬奥会和冬残奥会冰上项目测试活动举行，冰球、残奥冰球、短道
速滑、花样滑冰、速度滑冰、冰壶、轮椅冰壶共7个项目的赛事将在北京赛区5
个竞赛场馆举行，测试重点在于场馆设施、竞赛组织、场馆运行、指挥体系和

疫情防控。4 月 7 日，北京冬奥会唯一新建的冰上竞赛场馆——国家速滑馆展开速度滑冰测试活动。10 月 5 日起，延庆赛区国家雪车雪橇中心举办 3 场国际测试赛和 2 次国际训练周活动，持续深化场馆设备运行、赛道制冰修冰、塔台播报、医疗救援、运动员接驳等保障工作，并对场馆造雪系统、电力系统、索道运行系统等开展全面检查维护，为冬奥会赛事运行做好保障。11 月 15 日，国家高山滑雪中心正式启动冬奥造雪工作，预计 2022 年 1 月中旬完成。同日，2022 年北京冬奥会"相约北京"系列测试活动在张家口赛区正式启幕，这将是张家口赛区在冬奥会前的最后一次全面实战检验。11 月 28 日，北京冬奥会模拟"赛时一天"综合演练顺利举行，通过模拟当日的运行工作进行综合演练。12 月 28 日至 31 日，北京冬奥会张家口赛区国家冬季两项中心迎来国际训练周。该训练周为北京冬奥会"相约北京"系列测试活动的最后一项。12 月 31 日，"相约北京"系列冬季体育赛事测试活动的最后一项在国家冬季两项中心圆满收官，标志着北京 2022 年冬奥会（张家口赛区）的国家跳台滑雪中心、国家越野滑雪中心、国家冬季两项中心、云顶滑雪公园共 4 个竞赛场馆全部完成测试工作。2022 年 1 月 4 日，2022 年北京冬奥会和冬残奥会主媒体中心正式进入赛时闭环管理。在 1 月 4 日至 22 日试运行期间，预计将会有 1700 多名来自世界各地的媒体人员在主媒体中心提前开展赛前准备工作。

三、举办

（一）冬奥会比赛拉开序幕，各方面工作有序开展

1. 冬奥会赛前准备

1 月 23 日，北京冬奥村预开村。1 月 25 日北京冬奥会中国体育代表团宣誓出征。宣誓结束后，运动员们将陆续进入闭环管理，做好最后冲刺，全力备战北京冬奥会。1 月 28 日参加第二十四届冬季奥运会的中国体育代表团正式成立，中国体育代表团总人数为 387 人，其中运动员 176 人，教练员、领队、科医人员等运动队工作人员 164 人，团部工作人员 47 人。北京冬奥会是中国体育代表团史上参赛规模最大的一届冬奥会。北京冬奥会的中国体育代表团宣布，速度滑冰名将高亭宇和钢架雪车女将赵丹将担任北京冬奥会中国代表团开幕式旗手。中国代表团将在 35 个小项上实现参赛"零的突破"。本届赛事，中国代表团派出 176 名运动员参赛，共获得 104 个小项、190 多个席位的参赛资格，占全部 109 个小项的 95% 以上，构成了史上规模最大、项目最全的中国冬奥军团。

2 月 1 日，北京奥运会组委会与来自 91 个国家和地区的代表团召开代表团注册会议。这些代表团已全部完成注册，已经激活证件的媒体工作者总数高达

8210 名。2 月 2 日，国际奥委会奥运会部运行主任皮埃尔·杜克雷在新闻发布会上表示目前已有 70% 的运动员抵达，北京冬奥会筹办工作正在收尾和微调。

从 2 月 2 日起，北京 2022 年冬奥会火炬接力启动仪式在北京隆重举行。中共中央政治局常委、国务院副总理、第 24 届冬奥会工作领导小组组长韩正出席仪式，点燃北京 2022 年冬奥会火炬，并宣布火炬接力开始。北京冬奥会火炬在北京奥林匹克森林公园、北京冬奥公园、首钢园传递，500 余名火炬手参与传递。2 月 3 日，火炬传递仪式在北京八达岭长城、延庆世界葡萄博览园、河北张家口张北县德胜村、崇礼富龙滑雪场等地举行火炬传递仪式。2 月 4 日，火炬在北京奥林匹克森林公园、北京大运河森林公园、颐和园等地进行传递。

2. 冬残奥会赛前准备

2 月 21 日，北京 2022 年冬残奥会中国体育代表团成立。代表团总人数为 217 人，其中运动员 96 人。2 月 25 日，2022 年冬残奥会北京、张家口和延庆冬残奥村正式开村。开村第一天，中国、意大利、瑞典等多个代表团、超过 630 人入住三个冬残奥村。据北京冬残奥村相关负责人介绍，整个冬残奥会期间，北京冬残奥村预计接待 14 个代表团、约 500 名运动员和随队官员。2 月 28 日，按照《2022 年北京冬残奥会赛时城市景观布置工作方案》要求，北京由冬奥会向冬残奥会城市景观布置完成转换，确保"两个奥运 同样精彩"。北京 2022 年冬残奥会的一路火种当地时间 2 月 28 日在英国曼德维尔采集。这一来自残奥运动发源地的火种随后将和来自北京、张家口和延庆三个赛区的 8 路火种汇集，生成北京冬残奥会的官方火种。3 月 2 日，曼德维尔火种以及另外 8 路火种汇集成北京冬残奥会官方火种，接着进行火炬传递直至冬残奥会 3 月 4 日开幕。3 月 3 日，中国体育代表团宣布，郭雨洁、汪之栋将担任北京冬残奥会开幕式中国体育代表团旗手。3 月 4 日，北京冬残奥会大幕拉开，来自全世界的 1700 余名运动员和随队官员将出席北京冬残奥会，中国代表团派出 96 名运动员参加全部 6 个大项 73 个小项的角逐，实现我国冬残奥会大项参赛全覆盖。

（二）冬奥会正式举行，习近平总书记出席开幕式和闭幕式

2 月 4 日，第二十四届冬季奥林匹克运动会开幕式在国家体育场举行。中共中央总书记、国家主席、中央军委主席习近平出席开幕式并宣布本届冬奥会开幕。李克强、栗战书、汪洋、王沪宁、赵乐际、韩正、王岐山等党和国家领导人，国际奥委会主席巴赫，以及来自世界各地的领导人和贵宾出席开幕式。2 月 5 日，国家主席习近平和夫人彭丽媛在北京人民大会堂金色大厅举行宴会，欢迎出席北京 2022 年冬奥会开幕式的国际贵宾。

2 月 20 日，北京第二十四届冬季奥林匹克运动会闭幕式在国家体育场举行。习近平、李克强、栗战书、汪洋、王沪宁、赵乐际、韩正、王岐山等党和国家

领导人，国际奥委会主席巴赫出席闭幕式。北京冬奥组委主席蔡奇、国际奥委会主席巴赫分别致辞。冬奥会冠军高亭宇和徐梦桃担任中国代表团旗手。同日，中共中央、国务院向北京第24届冬奥会中国体育代表团致贺电。

3月4日，北京2022年冬残奥会开幕式在北京国家体育场举行。中华人民共和国主席习近平宣布北京2022年冬残奥会开幕！国际残奥委会主席帕森斯出席开幕式。

3月13日，北京2022年冬残奥会闭幕式在国家体育场隆重举行。习近平、李克强、栗战书、汪洋、王沪宁、赵乐际、王岐山等党和国家领导人，国际残奥委会主席帕森斯出席闭幕式。北京冬奥组委主席蔡奇、国际残奥委会主席帕森斯分别致辞。中国体育代表团获得18枚金牌、61枚奖牌，名列金牌榜和奖牌榜首位，创造了参加冬残奥会以来的最好成绩。中共中央、国务院向北京第13届冬残奥会中国体育代表团致贺电。

（三）中国奥运健儿奋勇拼搏，为祖国和人民赢得了荣誉

从2022年2月2日起，北京冬奥会进入实战比赛。我国体育健儿拼搏奋斗，取得了中国冬奥史最好的成绩。短道速滑比赛中，中国运动员曲春雨、范可新、张雨婷、武大靖、任子威获得混合团体接力金牌，获得北京冬奥会的首枚金牌。在短道速滑男子1000米决赛中，中国选手任子威夺冠，中国选手李文龙获亚军。在自由式滑雪女子大跳台比赛中，中国选手谷爱凌摘得桂冠，中国队获得本届冬奥会第三块金牌。在北京冬奥会新增项目自由式滑雪空中技巧混合团体决赛中，中国队徐梦桃、贾宗洋和齐广璞斩获一枚银牌。闫文港赢得男子钢架雪车铜牌，这是中国选手首次在该项目中登上冬奥领奖台。雪上少年苏翊鸣在单板滑雪男子坡面障碍技巧中摘银，成为中国单板滑雪首枚冬奥会男子项目奖牌获得者。在首钢滑雪大跳台，17岁的何金博完成了个人最高难度动作；在国家雪车雪橇中心，21岁的王沛宣完成了中国女子雪橇选手冬奥首秀；在张家口赛区云顶滑雪公园，19岁小将荣格代表中国首登单板滑雪女子坡面障碍技巧赛场。中国共有35个小项系首次参赛，许多"小众"项目虽仍不具夺牌实力，但已向前迈出重要一步。中国选手徐梦桃夺得北京冬奥会自由式滑雪女子空中技巧冠军，这是获得的第五枚金牌。在自由式滑雪女子坡面障碍技巧决赛中，中国选手谷爱凌获得银牌。在单板滑雪男子大跳台决赛中，中国选手苏翊鸣摘得本届冬奥会第六枚金牌。中国选手齐广璞夺得北京冬奥会自由式滑雪男子空中技巧冠军，获得第七枚金牌。在张家口云顶滑雪公园举行的自由式滑雪女子U型场地技巧决赛中，中国队选手谷爱凌强势夺冠，摘得中国代表团本届冬奥会第八金，也是她本届冬奥会个人获得的第二枚金牌。在花样滑冰配对项目中，隋文静/韩聪获得金牌，为中国队摘得第九枚金牌。最后，中国体育代表团在北

京冬奥会上以 9 枚金牌获得官方奖牌榜第三位的排名。

从 3 月 4 日起，冬残奥会比赛启动。中国残疾人运动员刘子旭在北京冬残奥会上为中国体育代表团获得首枚金牌。在残奥单板滑雪障碍追逐比赛中，中国选手纪立家、王鹏耀、朱永钢包揽了男子障碍追逐 UL 级比赛金银铜牌，武中伟在男子障碍追逐 LL1 级比赛中获得铜牌，实现了中国队在冬残奥会该项目上奖牌"零"的突破。在冬残奥会残奥越野滑雪混合接力 4×2.5 公里与公开接力 4×2.5 公里比赛中，中国队摘得混合接力赛银牌，获得该项目历史最好成绩。在北京第 13 届冬残奥会上，中国体育代表团共夺得 18 枚金牌、20 枚银牌、23 枚铜牌，分居金牌榜、奖牌榜第一位，取得了我国参加冬残奥会历史最好成绩，为成功举办北京冬残奥会做出了重大贡献。

（四）总结表彰突出贡献集体和个人，弘扬北京冬奥精神再创新的佳绩

随着冬奥会、冬残奥会的闭幕，我国圆满兑现了"两个奥运，同样精彩"的中国承诺。党中央决定，以党中央、国务院名义表彰一批在北京冬奥会、冬残奥会筹办和竞赛中作出突出贡献的集体和个人。根据评选表彰工作部署，在有关地区和部门充分酝酿、集体研究的基础上，经综合评审、统筹考虑，确定 149 个集体为北京冬奥会、冬残奥会突出贡献集体拟表彰对象，150 人为北京冬奥会、冬残奥会突出贡献个人拟表彰对象。2022 年 4 月 8 日，北京冬奥会、冬残奥会总结表彰大会在人民大会堂隆重举行。约 3000 名为北京冬奥会、冬残奥会做出贡献的各界代表共同参加北京冬奥会、冬残奥会总结表彰大会。中共中央总书记、国家主席、中央军委主席习近平出席大会并发表重要讲话。李克强主持大会，栗战书、汪洋、王沪宁、赵乐际、王岐山出席，韩正宣读表彰决定。习近平等为北京冬奥会、冬残奥会 148 名突出贡献个人和 148 个突出贡献集体代表颁奖。习近平强调，伟大的事业孕育伟大的精神，伟大的精神推进伟大的事业。北京冬奥会、冬残奥会广大参与者珍惜伟大时代赋予的机遇，在冬奥申办、筹办、举办的过程中，共同创造了北京冬奥精神。北京冬奥精神就是胸怀大局、自信开放、迎难而上、追求卓越、共创未来。

北京市委、北京市人民政府、北京冬奥组委决定，授予北京奥运城市发展促进中心大型活动部等 500 个集体"北京 2022 年冬奥会、冬残奥会北京市先进集体"称号，授予丁军等 1802 名同志"北京 2022 年冬奥会、冬残奥会北京市先进个人"称号。

河北省召开北京冬奥会冬残奥会河北省·北京冬奥组委总结表彰大会。北京冬奥组委和河北省委、省政府决定，授予张家口市疾病预防控制中心等 400 个集体"2022 年冬奥会、冬残奥会河北省先进集体"称号，授予武中伟等 1400 名同志"2022 年冬奥会、冬残奥会河北省先进个人"称号。

附　录

附录1　在北京冬奥会、冬残奥会总结表彰大会上的讲话

（2022年4月8日）
习近平

同志们，朋友们：

历经7年艰辛努力，北京冬奥会、冬残奥会胜利举办，举国关注，举世瞩目。中国人民同各国人民一道，克服各种困难挑战，再一次共创了一场载入史册的奥运盛会，再一次共享奥林匹克的荣光。

事实再次证明，中国人民有意愿、有决心为促进奥林匹克运动发展、促进世界人民团结友谊做出贡献，而且有能力、有热情继续作出新的更大的贡献！

北京冬奥会、冬残奥会的成功举办，凝结着各条战线人们的辛勤付出和智慧汗水。北京冬奥组委同北京市、河北省、国家体育总局、中国残联紧密合作，广大冬奥建设者、工作者、志愿者牢记党和人民的重托，满怀为国争光的壮志，在各自岗位上真诚奉献、默默耕耘，涌现出一大批作出突出贡献的先进集体和先进个人。

今天，我们在这里隆重集会，总结北京冬奥会、冬残奥会的经验，表彰突出贡献集体和突出贡献个人，弘扬北京冬奥会、冬残奥会筹办举办过程中培育的崇高精神，激励全党全国各族人民为实现第二个百年奋斗目标、实现中华民族伟大复兴的中国梦而努力奋斗！

同志们、朋友们！

中国人历来言必信、行必果。确保北京冬奥会、冬残奥会如期安全顺利举办，确保"两个奥运"同样精彩，是中国人民向国际社会作出的庄严承诺。

7年来，在党中央坚强领导下，各有关部门、各省区市团结协作、攻坚克

难，北京携手张家口作为主办城市尽锐出战、全力投入，同国际奥委会、国际残奥委会等国际体育组织紧密合作，克服新冠肺炎疫情等各种困难挑战，向世界奉献了一届简约、安全、精彩的奥运盛会，全面兑现了对国际社会的庄严承诺，北京成为全球首个"双奥之城"。

——冬奥赛事精彩纷呈，国际社会积极评价。四场开闭幕式精彩纷呈，人类命运共同体的主题贯穿始终，中华文化和冰雪元素交相辉映，体现了自然之美、人文之美、运动之美，诠释了新时代中国可信、可爱、可敬的形象。三个赛区一流的场馆设施，严谨专业的赛事组织，温馨周到的服务，赢得参赛各方一致好评。赛事吸引了全球数十亿观众观赛，成为收视率最高的一届冬奥会！

——爱国情怀充分彰显，汇聚起实现中华民族伟大复兴的强大力量。北京冬奥会、冬残奥会是中国人民爱国热情的激扬展示。海内外中华儿女热情关注、大力支持这场在中国举办的冬奥盛会，纷纷为冬奥健儿加油喝彩、为伟大祖国加油喝彩。赛场上，我国体育健儿不畏强手、顽强拼搏、为国争光，五星红旗高高飘扬，每一位中华儿女都倍感荣光。一位护旗手说："我站在奥运会的升旗台，心中满满的自豪感，想到祖国如今的繁荣昌盛是多么来之不易，那是一种说不出的骄傲与热爱，泪水就夺眶而出了……"巧妙蕴含中华文化的冬奥场馆，活泼敦厚的"冰墩墩"，喜庆祥和的"雪容融"，扑面而来的中国年味儿，香喷喷的豆包……，"冬奥梦"和"中国梦"精彩交织。饱含圆融和合等中国理念的开闭幕式，构思独到，匠心独运，二十四节气、黄河之水、中国结、迎客松、折柳寄情、雪花主题歌……，听障演员的圆舞曲、手语版国歌、盲童合唱团的歌声、视障运动员的点火……，这些意蕴隽永的场面在人们心中留下了美轮美奂、直击人心的深刻印象，激发了海内外中华儿女万众一心、接续奋斗的昂扬激情！

——"三亿人参与冰雪运动"成为现实，人民群众获得感显著增强。北京冬奥会、冬残奥会的筹办举办推动了我国冰雪运动跨越式发展，冰雪运动跨过山海关，走进全国各地，开启了中国乃至全球冰雪运动新时代。筹办以来，我们建设了一大批优质的冰雪场地设施，举办了一系列丰富多彩的群众性冰雪赛事活动，人民群众参与热情持续高涨，参与人数达到3.46亿，冰天雪地成为群众致富、乡村振兴的"金山银山"。冬奥筹办举办全面促进了社会事业发展，残疾人人权得到更好保障，广大群众生活更加丰富多彩！

——冬奥遗产成果丰硕，实现成功办奥和区域发展双丰收。北京冬奥会、冬残奥会筹办举办对国家发展特别是京津冀协同发展具有强有力的牵引作用。我们把冬奥筹办举办作为推动京津冀协同发展的重要抓手，区域交通更加便捷，生态环境明显改善，产业联动更加紧密，公共服务更加均衡。"冰丝带"、"雪飞天"、"雪游龙"、"雪如意"等冬奥场馆精彩亮相，成为造福人民的优质资产！

——疫情防控精准有效，确保了冬奥安全顺利。在全球新冠肺炎疫情大流行背景下，我们把全部参与者的健康放在第一位，坚持"外防输入、内防反弹"，通过严格实施防控措施，有力保障了各方人员健康。赛时期间，闭环内阳性比例仅为0.45%，所有阳性人员都得到了有效治疗和良好照顾，没有发生聚集性、溢出性疫情，城市防控动态清零。中国的防疫政策再次经受住了考验，为全球抗疫和举办国际重大活动提供了有益经验。有的外国运动员表示："如果疫情应对也有金牌，中国应该得到一枚。"这枚金牌属于全体办奥人员！

——团结合作走向未来，为人类战胜挑战做出了中国贡献。奥林匹克运动承载着人类对和平、团结、进步的美好追求。在世界百年变局加速演进、人类社会遭遇各种挑战的形势下，奥林匹克大家庭成员不远万里来华共襄盛举，团结友好的"朋友圈"、"伙伴群"越扩越大。外国运动员在回国时恋恋不舍地说："我会在飞机上哭的，我要哽咽了，爱你们。""我肯定会把生命中最美好的冬奥回忆带回家。"北京冬奥会、冬残奥会的成功举办，促进了不同文明交流互鉴，为推动全球团结合作、共克时艰发挥了重要作用，也为动荡不安的世界带来了信心和希望，向世界发出了"一起向未来"的时代强音！

同志们、朋友们！

冬奥7年艰辛，奋斗铸就辉煌。北京冬奥会、冬残奥会筹办举办是在异常困难的情况下推进的，全部参与者坚持"一刻也不能停，一步也不能错，一天也误不起"，付出了艰苦卓绝的努力。广大冬奥建设者发扬工匠精神，打造了巧夺天工、世界一流的场馆设施。广大办赛人员严谨专业完成赛事组织工作，为运动员创造了良好比赛条件。广大赛会服务保障人员热情周到服务，工作时间表是迎着星星来、顶着星星走，为参赛各方带去春天般的温暖。广大医疗防疫人员筑起牢不可破的安全屏障，守护了参赛各方健康。广大城市保障人员用心守护城市的每一处角落，用最高标准保障了赛事和城市顺畅运行。广大人民解放军指战员、武警部队官兵、公安干警和消防救援队伍指战员承担急难险重任务，圆满完成了安全保卫等工作。广大文艺工作者、科技工作者、设计工作者、新闻工作者、外事工作者、气象工作者以及其他各条战线上的全体工作人员团结一心、通力合作，坚守各自岗位，默默奉献付出，出色完成了各项任务。广大志愿者用青春和奉献提供了暖心的服务，向世界展示了蓬勃向上的中国青年形象。闭环内数万名工作人员，舍家忘我、坚守数月，展现了感动人心的精神风貌和责任意识。同志们深情地表示："为了冬奥圆满成功，困难再多也嚼嚼咽了，一切付出与奉献都值得。"祖国和人民为你们的辛勤付出、取得的优异成绩感到自豪！

7年来，我国广大运动员、教练员牢记党和人民嘱托，争分夺秒、刻苦训练，在冬奥赛场上敢打敢拼、超越自我，胜利完成各项比赛任务。中国体育代表团首次全项参赛，勇夺冬奥会9枚金牌、15枚奖牌和冬残奥会18枚金牌、61枚奖牌，创造了我国参加冬奥会、冬残奥会的历史最好成绩！我国广大运动员、教练员以实际行动落实拿道德金牌、风格金牌、干净金牌的要求，诠释了奥林匹克精神和中华体育精神，实现了运动成绩和精神文明双丰收，为党和人民赢得了荣誉！

广大冬奥会、冬残奥会的参与者们，用辛勤付出、坚强毅力、巨大勇气，以强烈的责任感、使命感、荣誉感，出色完成了各项工作任务，创造了无愧于祖国、无愧于人民、无愧于时代的光辉业绩！

在这里，我代表党中央、国务院和中央军委，向受到表彰的突出贡献集体和突出贡献个人，表示热烈的祝贺！向为北京冬奥会、冬残奥会筹办举办作出突出贡献的全体建设者、工作者、志愿者，向广大运动员、教练员，向人民解放军指战员、武警部队官兵、公安干警和消防救援队伍指战员，致以崇高的敬意！向热情支持北京冬奥会、冬残奥会的广大香港同胞、澳门同胞、台湾同胞和海外华侨华人，表示衷心的感谢！

在筹办举办过程中，国际奥委会、国际残奥委会以及奥林匹克大家庭、残奥大家庭成员对我们的工作给予了积极帮助，各国政府和人民、国际友好人士给予了大力支持，许多国家领导人、国际组织负责人亲自来华出席有关活动。来自世界各地的体育健儿在赛场上相互尊重、彼此激励、突破极限，在激情的比赛中完美演绎了"更快、更高、更强——更团结"的奥林匹克格言和"勇气、决心、激励、平等"的残奥价值观。北京冬奥会、冬残奥会是一场和平友谊的盛会、一场团结合作的盛会、一场鼓舞世界的盛会！

在这里，我谨代表中国政府和14亿多中国人民，向国际奥委会、国际残奥委会以及奥林匹克大家庭、残奥大家庭成员，向世界各国各地区的朋友们，表示衷心的感谢！向在北京冬奥会、冬残奥会上奋勇争先的各国体育健儿们，表示崇高的敬意！

同志们、朋友们！

成就源于奋斗，胜利来之不易。回顾7年来不平凡的筹办举办历程，我们不仅在奋斗中收获了成功的喜悦，也在奋斗中收获了丰厚的精神财富，收获了弥足珍贵的经验，值得我们倍加珍惜、发扬光大。

第一，坚持党的集中统一领导。党中央高度重视北京冬奥会、冬残奥会，成立冬奥会工作领导小组，从国家层面统筹力量、协调推进筹办工作。筹办之初，党中央就明确提出绿色、共享、开放、廉洁的办奥理念。面对严峻复杂的全球疫情，在全面分析国内外形势特别是疫情影响基础上，作出"顺利举办即成功"的科学判断，提出"简约、安全、精彩"的办赛要求。广大党员、干部牢记初心使命，以行动践行了"急难险重任务，我在第一线"的誓言。事实充分证明，中国共产党是我们成就伟业最可靠的主心骨，只要始终不渝坚持党的领导，就一定能够战胜前进道路上的任何艰难险阻，就一定能够办成我们想办的任何事情！

第二，坚持集中力量办大事。冬奥筹办是一项复杂的系统工程。在党中央坚强领导下，冬奥会工作领导小组和18个专项工作议事协调机构搭建起冬奥筹办的四梁八柱，北京冬奥组委、北京市、河北省与中央部门、各省区市、人民解放军和武警部队、企业、高校院所等方面紧密合作、全力攻坚，社会各界和人民群众热情参与，共同完成了各阶段筹办任务。在赛时阶段，战略指挥、运行指挥、场馆运行的三级工作体系把各方力量统筹起来，凝聚起强大工作合力。我国社会主义制度非凡的组织动员能力、统筹协调能力、贯彻执行能力，我国坚实的经济实力、科技实力、综合国力，为成功办奥提供了强有力的底气和最坚实的保障！

第三，坚持主动防范应对各种风险挑战。在世界百年未有之大变局叠加新冠肺炎世纪疫情背景下举办冬奥会、冬残奥会，面临的风险挑战前所未有。我们坚持底线思维、问题导向，增强忧患意识，把防范化解风险挑战摆在突出位置，把困难估计得更充分一些，把风险思考得更深入一些，下好先手棋，打好主动仗。我们全方位梳理排查各领域、各环节风险点，建立常态化工作机制，不断发现问题，及时研究解决，积极妥善应对，确保了赛事安全顺利举办。

第四，坚持办赛和服务人民、促进发展相结合。北京冬奥会、冬残奥会的成功不仅在于赛事的成功，更在于通过筹办举办冬奥会、冬残奥会带动了各方面建设，为经济社会发展带来了深远的积极影响。我们坚持冬奥成果人民共享，通过推广普及冰雪运动带动全民健身走向纵深，通过产业发展助力脱贫攻坚，通过提升公共服务水平改善人民生活品质，让人民身心更健康、就业更充分、生活更美好，实现共同参与、共同尽力、共同享有。一位北京市民说："我们都是普普通通的老百姓，让普通老百姓展示，是显示中国人站起来了，中国向世界展示中国强大了。"

同志们、朋友们！

伟大的事业孕育伟大的精神，伟大的精神推进伟大的事业。北京冬奥会、冬残奥会广大参与者珍惜伟大时代赋予的机遇，在冬奥申办、筹办、举办的过程中，共同创造了胸怀大局、自信开放、迎难而上、追求卓越、共创未来的北京冬奥精神。

——胸怀大局，就是心系祖国、志存高远，把筹办举办北京冬奥会、冬残奥会作为"国之大者"，以为国争光为己任，以为国建功为光荣，勇于承担使命责任，为了祖国和人民团结一心、奋力拼搏。

——自信开放，就是雍容大度、开放包容，坚持中国特色社会主义道路自信、理论自信、制度自信、文化自信，以创造性转化、创新性发展传递深厚文化底蕴，以大道至简彰显悠久文明理念，以热情好客展现中国人民的真诚友善，以文明交流促进世界各国人民相互理解和友谊。

——迎难而上，就是苦干实干、坚韧不拔，保持知重负重、直面挑战的昂扬斗志，百折不挠克服困难、战胜风险，为了胜利勇往直前。

——追求卓越，就是执着专注、一丝不苟，坚持最高标准、最严要求，精心规划设计，精心雕琢打磨，精心磨合演练，不断突破和创造奇迹。

——共创未来，就是协同联动、紧密携手，坚持"一起向未来"和"更团结"相互呼应，面朝中国发展未来，面向人类发展未来，向世界发出携手构建人类命运共同体的热情呼唤。

同志们、朋友们！

7年磨一剑，砥砺再出发。北京冬奥会、冬残奥会是在全党全国各族人民向第二个百年奋斗目标迈进的关键时期举办的重大标志性活动。我们要积极谋划、接续奋斗，管理好、运用好北京冬奥遗产。

北京冬奥会、冬残奥会既有场馆设施等物质遗产，也有文化和人才遗产，这些都是宝贵财富，要充分运用好，让其成为推动发展的新动能，实现冬奥遗产利用效益最大化。要继续推动冰雪运动普及发展，强化战略规划布局，建设利用好冰雪场地设施，发展冰雪产业，丰富群众冰雪赛事活动，把群众冰雪运动热情保持下去。要充分挖掘利用北京冬奥文化资源，坚定文化自信，更加自信从容传播中国声音、讲好中国故事。要弘扬人道主义精神，尊重和保障人权，完善残疾人社会保障制度和关爱服务体系，促进残疾人事业全面发展，支持和鼓励残疾人自强不息，正像一位视障运动员在赛场上所说："我看不清世界，但我想让世界看到我。"要在全社会广泛弘扬奉献、友爱、互助、进步的志愿精神，更好发挥志愿服务的积极作用，促进社会文明进步。要弘扬奥林匹克精神，发挥奥林匹克促进人类和平发展的重要作用，为人类文明进步贡献更多中国智慧和中国力量。

成功筹办举办北京冬奥会、冬残奥会，极大激发了亿万人民的体育热情，极大推动了我国体育事业发展。我们要坚持以增强人民体质、提高全民族身体素质和生活质量为目标，高度重视并充分发挥体育在促进人的全面发展中的重要作用，继续推进体育改革创新，加强体育科技研发，完善全民健身体系，增强广大人民群众特别是青少年体育健身意识，增强我国竞技体育的综合实力和国际竞争力，加快建设体育强国步伐。

同志们、朋友们！

圆梦冬奥会，一起向未来。让我们更加紧密地团结在党中央周围，发扬北京冬奥精神，以更加坚定的自信、更加坚决的勇气，向着实现第二个百年奋斗目标奋勇前进，向着实现中华民族伟大复兴的中国梦奋勇前进！

附录 2 北京 2022 年冬奥会和冬残奥会主要场馆

北京 2022 年冬奥会和冬残奥会使用 12 个竞赛场馆、3 个训练场馆和 28 个非竞赛场馆。这些场馆分布在北京、延庆和张家口 3 个赛区。表 1 为比赛场馆情况，表 2 为主要非竞赛场馆情况。

表 1 北京 2022 年冬奥会和冬残奥会比赛场馆情况

赛区	比赛场馆	位置	项目	简介
北京赛区	国家游泳中心	北京市朝阳区天辰东路 11 号，北京奥林匹克公园内	冰壶、轮椅冰壶	又称"水立方"，是北京 2008 年夏季奥运会游泳比赛场馆，2019 年首次通过"水冰转换"制出 4 条冬奥标准的冰壶赛道。"水冰转换"让国家游泳中心可以在"水上功能"和"冰上功能"之间自由切换，可以同时具备开展水上运动、冰上运动，及各类大型活动的能力。总建筑面积约 8 万平方米，看台区设座席 4500 个
	首钢滑雪大跳台	北京市石景山区石景山路 68 号，首钢园区内	自由式滑雪（大跳台）、单板滑雪（大跳台）	又称"雪飞天"，设计理念源自中国敦煌壁画中传统的飞天造型，从侧面看去又犹如一只灵动的"水晶鞋"。其场地设计建设与首钢园区改造计划结合在一起。赛道长 164 米，最高处高 60 米
	国家速滑馆	北京市朝阳区林萃路 2 号，北京奥林匹克森林公园西北侧	速度滑冰	又称"冰丝带"，是本届赛事唯一新建冰上竞赛场馆，与"鸟巢""水立方"共同组成"双奥"之城的标志性建筑群。"冰丝带"是冬奥历史上第一个使用二氧化碳作为制冷剂的速滑场馆。看台区设座席 12 000 个

赛区	比赛场馆	位置	项目	简介
北京赛区	国家体育馆	北京市朝阳区天辰东路9号,国家游泳中心北侧	冰球、残奥冰球	又称"折扇",是北京2008年夏季奥运会比赛场馆之一,曾经举办体操、蹦床等项目。改造后增加冬奥会冰球比赛功能。场馆赛后除开展冰球运动外,还可以开展花样滑冰、短道速滑等项目,还具有开展夏季运动的多功能转换能力。总建筑面积约9.8万平方米,看台区设座席约18 000个
	首都体育馆	北京市海淀区中关村南大街56号	短道速滑、花样滑冰	1968年建成,是中国最早兴建的大型室内综合体育馆,也是国内第一座人工室内冰场,曾举办北京2008年夏季奥运会排球比赛。这是北京冬奥会第一项完工的改扩建竞赛场馆工程:外观"修旧如旧",延续经典;场馆内着力打造"最美的冰",营造更好观赛体验。竞赛馆面积约4.54万平方米,场馆座席容量13 273个
	五棵松体育中心	北京市海淀区复兴路69号,长安街与西四环交汇处	冰球	又称"冰菱花",曾举办北京2008年夏季奥运会篮球比赛,可在6小时内实现冰球、篮球两种比赛模式的转换,是国内首个在一块比赛场地同时举办篮球、冰球两种职业体育赛事的场馆。按超低能耗建筑标准设计建造。总建筑面积约6.3万平方米,看台区设座席9000个
延庆赛区	国家雪车雪橇中心	北京市延庆区张山营镇西大庄科村,延庆小海坨山南麓	雪车、钢架雪车、雪橇	又称"雪游龙",是国内首条、亚洲第3条、世界第17条雪车雪橇赛道。全程长达1975米,垂直落差为121米,共有16个弯道,设席位数约7500个。2020年10月赛道制冰完成后,迎来国家队入驻训练,成为北京冬奥会首个国家队入驻训练的竞赛场馆
	国家高山滑雪中心	北京市延庆区张山营镇小海坨山地区	高山滑雪、残奥高山滑雪	国内最高等级的高山滑雪场地,拥有7条赛道(3条竞赛雪道,4条训练雪道),全长约9.2公里,其中高山滑降赛道全长约3公里,垂直落差约893米,共设席位数约4800个。雪道坡度大、落差大,建设难度极高。国家高山滑雪中心还包括山顶出发区、中间平台、竞技结束区、集散广场、索道等配套设施

赛区	比赛场馆	位置	项目	简介
张家口赛区	云顶滑雪公园	张家口市崇礼区四台嘴乡	自由式滑雪、单板滑雪、残奥单板滑雪	包括U型场地技巧、坡面障碍技巧、雪上技巧、空中技巧、障碍追逐、平行大回转六条赛道。每两条赛道设一个观众区，由西向东组成A—B—C三个场地。每个场地设座席约1800个，站席约1500个。张家口山地媒体中心位于场馆群内，由云顶大酒店改建而成。云顶滑雪公园不仅是自由式滑雪及单板滑雪国家队的训练基地，也为大众冰雪运动提供了优质场地
	国家跳台滑雪中心	张家口市崇礼区古杨树场馆群	跳台滑雪、北欧两项（跳台滑雪）	又称"雪如意"，是我国首座符合国际标准的跳台滑雪场地，也是张家口赛区冬奥会场馆群建设中工程量最大、技术难度最高的竞赛场馆。跳台剖面与中国传统吉祥饰物"如意"的S形曲线契合。看台区设观众席6000个
	国家冬季两项中心	张家口市崇礼区四台嘴乡	冬季两项、残奥冬季两项、残奥越野滑雪	我国设计标准最高的冬季两项比赛场地，依次布置靶场、赛道与起终点区、场馆技术楼等。赛道总长约8.7公里，场馆座席容量6024个，看台区设观众席4840个
	国家越野滑雪中心	张家口市崇礼区四台嘴乡	越野滑雪、北欧两项（越野滑雪）	我国新建的越野滑雪场地。赛道总长约9.7公里，看台区设观众席6023个

表 2 北京 2022 年冬奥会和冬残奥会主要非竞赛场馆情况

赛区	非竞赛场馆	位置	项目	简介
北京赛区	国家体育场	北京市朝阳区国家体育场南路 1 号，北京奥林匹克公园内	开、闭幕式	又称"鸟巢"，2008 年北京奥运会的主体育场，占地 20.4 公顷，建筑面积 25.8 万平方米，可容纳观众 9.1 万人
	主媒体中心	北京市朝阳区，中国国家会议中心（二期）	主新闻中心、国际广播中心	全球注册媒体的赛时总部，为注册媒体提供所需的服务和设施，方便媒体高效开展工作
	北京冬（残）奥村	北京市朝阳区奥体中路南奥体文化商务园内	运动员和随队官员生活之家	2022 年北京冬季奥运会、冬残奥会最大的非竞赛类场馆之一，总建筑面积约 38.66 万平方米
延庆赛区	延庆冬（残）奥村	北京市延庆区小海坨山脚下	运动员和随队官员生活之家	村内建筑依山而建，平均海拔约 940 米，南北高差最多可达 46 米，总建筑面积 11.8 万平方米，共分为居住区、广场区和运行区 3 个区域
张家口赛区	张家口冬（残）奥村	张家口市崇礼区	运动员和随队官员生活之家	地上建筑面积约 13.5 万平方米，地下面积约 10.3 万平方米

附录3　北京2022年冬奥会和冬残奥会项目

经国际奥委会执委会决定,北京冬奥会共设7个大项,15个分项,109个小项,详见表3。新增小项7个,分别是女子单人雪车、短道速滑混合团体接力、跳台滑雪混合团体、自由式滑雪大跳台(男子、女子)、自由式滑雪空中技巧混合团体和单板滑雪障碍追逐混合团体。7大项分别由7个国际冬季单项体育组织管辖,分别是国际滑冰联盟、国际冰球联合会、世界冰壶联合会、国际滑雪联合会、国际雪车联合会、国际雪橇联合会、国际冬季两项联合会。北京冬残奥会共设6个大项,78个小项,详见表4。

表3　北京2022年冬奥会项目

序号	项目			比赛场馆	设金牌数量
1	速度滑冰	男子项目	500米,1000米,1500米,5000米,10000米,团体追逐,集体出发	国家速滑馆	14
		女子项目	500米,1000米,1500米,3000米,5000米,团体追逐,集体出发		
2	短道速滑	男子项目	500米,1000米,1500米,5000米接力	首都体育馆	9
		女子项目	500米,1000米,1500米,3000米接力		
		混合项目	混合团体接力		
3	花样滑冰	男子项目	男子单人滑	首都体育馆	5
		女子项目	女子单人滑		
		混合项目	双人滑,冰上舞蹈,团体赛		

序号	项目			比赛场馆	设金牌数量
4	冰球	男子项目	男子冰球	国家体育馆	2
		女子项目	女子冰球	五棵松体育中心	
5	冰壶	男子项目	男子冰壶	国家游泳中心	3
		女子项目	女子冰壶		
		混合项目	混合双人冰壶		
6	越野滑雪	男子项目	15公里（传统技术），双追逐（15公里传统技术+15公里自由技术），个人短距离（自由技术），团体短距离（传统技术），50公里集体出发（自由技术），4×10公里接力	国家越野滑雪中心	12
		女子项目	10公里（传统技术），双追逐（7.5公里传统技术+7.5公里自由技术），个人短距离（自由技术），团体短距离（传统技术），30公里集体出发（自由技术），4×5公里接力		
7	跳台滑雪	男子项目	个人标准台，个人大跳台，团体	国家跳台滑雪中心	5
		女子项目	个人标准台		
		混合项目	混合团体		
8	北欧两项		个人-跳台滑雪标准台/越野滑雪10公里，个人-跳台滑雪大跳台/越野滑雪10公里，团体-跳台滑雪大跳台/越野滑雪4×5公里接力	国家越野滑雪中心，国家跳台滑雪中心	3
9	高山滑雪	男子项目	滑降，超级大回转，大回转，回转，全能	国家高山滑雪中心	11
		女子项目	滑降，超级大回转，大回转，回转，全能		
		混合项目	混合团体		

续表

序号	项目			比赛场馆	设金牌数量
10	自由式滑雪	男子项目	空中技巧，雪上技巧，障碍追逐，U型场地技巧，坡面障碍技巧，大跳台	云顶滑雪公园，首钢滑雪大跳台	13
		女子项目	空中技巧，雪上技巧，障碍追逐，U型场地技巧，坡面障碍技巧，大跳台		
		混合项目	空中技巧混合团体		
11	单板滑雪	男子项目	平行大回转，障碍追逐，U型场地技巧，坡面障碍技巧，大跳台	首钢滑雪大跳台，云顶滑雪公园	11
		女子项目	平行大回转，障碍追逐，U型场地技巧，坡面障碍技巧，大跳台		
		混合项目	障碍追逐混合团体		
12	冬季两项	男子项目	10公里短距离，20公里个人，12.5公里追逐，15公里集体出发，4×7.5公里接力	国家冬季两项中心	11
		女子项目	7.5公里短距离，15公里个人，10公里追逐，12.5公里集体出发，4×6公里接力		
		混合项目	4×6公里混合接力（女子2×6公里+男子2×7.5公里）		
13	雪车		男子双人雪车，四人雪车，女子单人雪车，女子双人雪车	国家雪车雪橇中心	4
14	钢架雪车	男子项目	男子钢架雪车	国家雪车雪橇中心	2
		女子项目	女子钢架雪车		
15	雪橇		男子单人雪橇，女子单人雪橇，双人雪橇，雪橇团体接力	国家雪车雪橇中心	4

表4　北京2022年冬残奥会项目

序号	项目			比赛场馆	设金牌数量
1	残奥高山滑雪	男子项目	滑降-站姿、坐姿、视障，超级大回转-站姿、坐姿、视障，大回转-站姿、坐姿、视障，回转-站姿、坐姿、视障，全能-站姿、坐姿、视障	国家高山滑雪中心	30
		女子项目	滑降-站姿、坐姿、视障，超级大回转-站姿、坐姿、视障，大回转-站姿、坐姿、视障，回转-站姿、坐姿、视障，全能-站姿、坐姿、视障		
2	残奥越野滑雪	男子项目	短距离-坐姿，短距离（自由技术）-视障、站姿，中距离-坐姿，中距离（自由技术）-视障、站姿，长距离-坐姿，长距离（传统技术）-视障、站姿	国家冬季两项中心	20
		女子项目	短距离-坐姿，短距离（自由技术）-视障、站姿，中距离-坐姿，中距离（自由技术）-视障、站姿，长距离-坐姿，长距离（传统技术）-视障、站姿		
		混合项目	混合接力，公开接力		
3	残奥冬季两项	男子项目	长距离-站姿、坐姿、视障，中距离-站姿、坐姿、视障，短距离-站姿、坐姿、视障	国家冬季两项中心	18
		女子项目	长距离-站姿、坐姿、视障，中距离-站姿、坐姿、视障，短距离-站姿、坐姿、视障		

续表

序号	项目			比赛场馆	设金牌数量
4	残奥单板滑雪	男子项目	障碍追逐-UL级、LL1级、LL2级，坡面回转-UL级、LL1级、LL2级	云顶滑雪公园	8
		女子项目	障碍追逐-LL2级，坡面回转-LL2级		
5	残奥冰球	残奥冰球公开团体		国家体育馆	1
6	轮椅冰壶	轮椅冰壶		国家游泳中心	1

附录4 北京 2022 年冬奥会和冬残奥会赛事文化

一、会徽

北京冬奥会会徽"冬梦",将中国传统文化和奥林匹克元素巧妙结合。她以汉字"冬"为灵感来源,图形上半部分展现滑冰运动员的造型,下半部分表现滑雪运动员的英姿。中间舞动的线条流畅且充满韵律,代表举办地起伏的山峦、赛场、冰雪滑道和节日飘舞的丝带,为会徽增添了节日欢庆的视觉感受,也象征着北京冬奥会将在中国春节期间举行。会徽运用中国书法的艺术形态,将厚重的东方文化底蕴与国际化的现代风格融为一体,呈现出新时代中国的新形象、新梦想。中国为办好北京冬奥会,圆冬奥之梦,圆体育强国之梦,正不懈努力。"BEIJING 2022"印鉴在形态上汲取了中国书法与剪纸的特点,增强了字体的文化内涵和表现力,也体现了与会徽图形的整体感和统一性。

图 1 北京 2022 年冬奥会会徽"冬梦"(左)和冬残奥会会徽"飞跃"(右)

北京冬残奥会会徽"飞跃",设计秉承展现举办地文化、体现以运动员为中心的理念,将中国书法艺术与冬残奥会体育运动特征结合起来。设计展现了汉字"飞"的动感和力度,巧妙地幻化成一个向前滑行、冲向胜利的运动员,同时形象化地表达了轮椅等冬残奥会特殊运动器械形态。上半部分线条刚劲曲折,下半部分柔美圆润，寓意运动员经过顽强拼搏、历经坎坷最终达到目标获得圆满成功。会徽展现了运动员不断飞跃、超越自我、奋力拼搏、激励世界的冬残奥精神。会徽图形整体充满了昂扬向上之激情，奋进飞跃之动感，色彩丰富，构图完美，象征并激发运动员以坚强的意志作为精神的翅膀，在冬残奥赛场上放飞青春梦想。

二、火炬接力景观

火炬接力是奥运会的精髓和象征，火炬接力景观是奥运重要的视觉文化内容，是展示奥林匹克的价值观和愿景、营造奥运氛围的重要手段。

图 2　北京 2022 年冬奥会火炬接力景观一览

2021 年 10 月 20 日，北京冬奥会火炬接力景观火炬标志、火种台、仪式火种台和火炬手服装等首次呈现在国内公众面前，这些重要的形象元素，都是以一条象征奥林匹克火种与激情的丝带为视觉设计核心，并以统一的视觉语言相互贯穿，形成了延绵不绝的奥运火炬接力景观，体现了火炬接力景观视觉系统的一致性，充分彰显了主办国和主办城市丰富的文化内涵和文化自信。

（一）火炬接力标志

北京 2022 年冬奥会火炬接力标志的设计理念主要包含：传播奥林匹克精神，彰显现代奥林匹克运动在价值观念上与人类命运共同体理念高度契合，宣传北京冬奥会"绿色、共享、开放、廉洁"办奥理念，传递梦想与激情，激发广大人民群众对冰雪运动的热情，展示中华优秀传统文化和时代精神，进一步增强民族自豪感和凝聚力。创意来源于中国传统文化中的"金凤凰"与"火纹"。"凤凰"是中国古代传说中的神鸟，常用来象征祥瑞，寓意吉祥和谐、天下太平。凤凰浴火重生，又寓意生生不息，进取复兴。"金色"象征闪耀、光辉、光明，代表着至高无上的荣耀。火纹是中国古代先人在生活中物质与精神相互交融的产物，蕴含着旺盛的生命力。运动员自强不息的精神是克服困难的勇气，是挑战生命的决心，是直面人生的坚强。飘扬的动感丝绸与火种交融呼应，波动起伏又像是中国的万里长城，造型手法融入书法艺术。创作手法延续冬奥会会徽的特点，体现了与会徽图形的统一性。

图 3　北京 2022 年冬奥会火炬接力标志

（二）火炬

北京冬奥会火炬为红色与银色，寓意冰火相约、激情飞扬。红色线条随火炬转动而上下贯通，象征着激情的冰雪赛道，也代表着永恒的火种，光明向上，表达了人类生生不息、向往和平、追求卓越的期望和奥林匹克运动的力量。

北京冬残奥会的火炬为金色与银色，寓意辉煌与梦想。金色线条随火炬转动而上下贯通，象征着激情的冰雪赛道，也代表着永恒的火种，光明向上，表达了人类生生不息、包容融合、向往和平的期望和“勇气、决心、激励、平等”的残奥价值观。

“飞扬”火炬科技亮点之一是采用氢作为燃料。除了环保属性外，还考虑到冬奥会火炬接力需要在低温的环境中运行，氢燃料的特性保证了火炬能在极寒天气中使用。“飞扬”的第二个技术亮点就是火炬外壳采用了重量轻的耐高温碳纤维材料，火炬燃烧罐也以碳纤维材质为主。

从外观来说，“飞扬”整体造型受大自然的启发，自然界的流线力量充满生机；从燃料来说，氢取自水，燃烧后又会变成水，实现零碳排放，践行“绿色冬奥”理念。冰火相约，激情飞扬，展现冰雪运动的活力与梦想，照亮通向北京 2022 的每一天。

国际奥委会执委会对此次火炬的设计给予了高度的肯定，认为这次火炬的设计再次证明了奥运会是体育与文化、艺术和科技的巧妙结合。既有文化传承又有科技创新，中国的文化艺术得到完美展现。不仅体现了“双奥之城”的特点，而且展现了奥林匹克的精神。

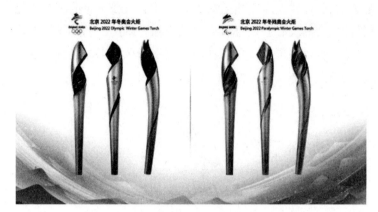

图 4　北京 2022 年冬奥会火炬（左）和冬残奥会火炬（右）

（三）火炬手制服

火炬手制服设计元素包括奥林匹克五环标志、火炬接力标志、火炬接力景观核心图形等。全套制服包括服装、针织帽、头带、手套和运动鞋。颜色选配上，主色取自火焰的红黄两色，并在白色主基调的基础上突出中国红的色彩，并衬以黄色，体现激情、热烈、欢庆的火炬接力特点，从袖口、身侧直达脚底的红线与火炬对接成完整的线条，形成动感，充分展示火炬手追逐前行的昂扬姿态。

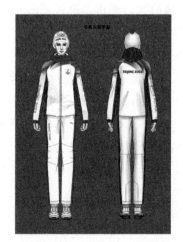

图 5　北京 2022 年冬奥会火炬手制服

（四）火种灯

北京冬奥会火炬接力火种灯的创意源于"中华第一灯"——西汉长信宫灯。

长信宫灯是两千多年前的西汉宫灯，造型轻巧华丽，设计巧妙环保。"长信"，就是永恒的信念，代表人们对光明和希望的追求和向往。飞舞的红色丝带环绕在火种灯顶部，与火炬"飞扬"视觉形象统一，象征着拼搏的奥运激情。方圆嵌套象征天圆地方，银色金属光泽和晶莹剔透的玻璃形成对比，表达了中华民族优秀传统文化与奥林匹克精神的完美契合。

图 6　北京 2022 年冬奥会火炬接力火种灯（左）与长信宫灯（右）

（五）仪式火种台

北京冬奥会仪式火种台以"承天载物"为设计理念，创意灵感来自中国传统青铜礼器——尊，造型风格与火炬、火种灯和谐一致。仪式火种台采用了尊的曲线造型，基座沉稳，象征"地载万物"。顶部舒展开阔，寓意着迎接纯洁的奥林匹克火种。祥云纹路由下而上渐化为雪花，象征了"双奥之城"的精神传承。红色丝带飘逸飞舞、环绕向上，与火炬设计和谐统一。红银交映的色彩，象征了传统与现代、科技与激情的融合。

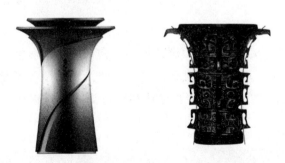

图 7　北京 2022 年冬奥会仪式火种台（左）与中国传统青铜礼器——尊（右）

三、吉祥物

"冰墩墩"形象来源于熊猫,将熊猫形象与富有超能量的冰晶外壳相结合,体现了冬季冰雪运动和现代科技特点,形象友好可爱、憨态可掬。体现了人与自然和谐共生的理念。头部外壳造型取自冰雪运动头盔,装饰彩色光环,其灵感源自北京冬奥会的国家速滑馆——"冰丝带",流动的明亮色彩线条象征着冰雪运动的赛道和5G高科技;左手掌心的心形图案,代表着主办国对全世界朋友的热情欢迎。整体形象酷似航天员,寓意创造非凡、探索未来,体现了追求卓越、引领时代,以及面向未来的无限可能。

"雪容融"形象来源于灯笼,是欢乐喜庆节日气氛的展现。顶部的如意造型,融入了中国传统剪纸艺术,象征吉祥幸福;和平鸽和天坛构成的连续图案,寓意着和平友谊,突出了举办地的特色。整体形象寓意着点亮梦想、温暖世界,代表着友爱、勇气和坚强,体现了冬残奥运动员的拼搏精神和激励世界的冬残奥会理念。

图 8 北京 2022 年冬奥会吉祥物"冰墩墩"(左)和冬残奥会吉祥物"雪容融"(右)

四、奖牌

北京 2022 年冬奥会奖牌,由圆环加圆心构成牌体,形象来源于中国古代同心圆玉璧,共设五环。五环同心,同心归圆,表达了"天地合·人心同"的中华文化内涵,也象征着奥林匹克精神将世界人民聚集在一起,共享冬奥荣光。

图 9 广州南越王墓同心圆纹玉璧（左）和北京 2022 年冬奥会奖牌正面（右）

　　冬奥会奖牌正面中心刻有奥林匹克五环标志，周围刻有北京 2022 年冬奥会英文全称（XXIV Olympic Winter Games BEIJING 2022）字样。圆环做打凹处理，取意传统弦纹玉璧，上面浅刻装饰纹样，均来自中国传统纹样，其中冰雪纹表现了冬奥会的特征，祥云纹传达了吉祥的寓意。冬奥会奖牌背面中心刻有北京冬奥会会徽，周围刻有北京 2022 年冬奥会中文全称（北京 2022 年第 24 届冬季奥林匹克运动会）字样。圆环上刻有 24 个点及运动弧线，取意古代天文图，象征着浩瀚无垠的星空、人与自然的和谐，也象征着第 24 届冬奥会上运动员如群星璀璨、创造佳绩。奖牌背面最外环镌刻获奖运动员的比赛项目名称。

图 10 北京 2022 年冬奥会奖牌正面（左）和北京 2022 年冬奥会奖牌背面（右）

　　冬残奥会奖牌正面中心刻有国际残奥委会标志，周围刻有北京 2022 年冬残奥会英文全称（BEIJING 2022 Paralympic Winter Games）字样及金、银、铜的盲文。奖牌背面中心刻有北京冬残奥会会徽，周围刻有北京 2022 年冬残奥会中文全称（北京 2022 年冬残奥会）字样。奖牌圆环上刻有 13 个点及运动的弧线。

奖牌背面最外环镌刻获奖运动员的比赛项目名称。

图 11　北京 2022 年冬残奥会奖牌

　　奖牌挂带采用传统桑蚕丝织造工艺，冰雪底纹上印有北京冬奥会会徽、核心图形以及"BEIJING 2022"字样等相关信息。挂带选用红色，与中国春节文化特色相契合，表达对运动员的节日祝福。

图 12　北京 2022 年冬奥会奖牌挂带

奖牌盒以大漆和竹子为主要材料制作，既突出中国文化特征，又符合"绿色办奥"和可持续性的理念。

五、体育图标

北京冬奥会和冬残奥会体育图标共 30 个，包括 24 个北京冬奥会体育图标和 6 个北京冬残奥会体育图标。

图标设计，以中国汉字为灵感来源，以篆刻艺术为主要呈现形式，将冬季运动元素与中国传统文化巧妙结合，既展现出冬季运动挑战自我、追求卓越的特点，也凝聚了中国传统文化的厚重与精深，彰显了北京冬奥会和冬残奥会的理念和愿景。

图标以霞光红为底色，寓意着日出东方，代表着热情和希望，也为即将在春节期间举行的北京冬奥会烘托出喜庆气氛。

图 13　北京 2022 年冬奥会和冬残奥会体育图标

六、颁奖托盘

造型似打开的书页，寓意通过北京冬奥会向世界翻开了中国文化和各国友好的新篇。托盘边缘采用蓝白渐变的设计，呈现出"晕染"的东方美学意境，象征着中国文化与世界文化的交融，体现了中国开放、友好、和平、包容的心胸。

图 14　北京 2022 年冬奥会颁奖托盘

七、颁奖花束

绒线花是北京冬奥会颁奖花束。和以往传统的鲜花花束不同，这次冬奥会的颁奖花束采用海派绒线编结技艺钩编而成，是永不凋谢的绒线花。

冬奥会颁奖花束包括玫瑰、月季、铃兰、绣球、月桂和橄榄 6 种寓意美好的花型，分别象征着友爱、坚韧、幸福、团结、胜利与和平，花束丝带为北京冬奥会色彩系统中的蓝色，深浅搭配，突显冰雪运动元素。

冬残奥会颁奖花束中，在冬奥会颁奖花束的基础上增加了一枝蓝色波斯菊，象征坚强，花束丝带为北京冬奥会色彩系统中的黄色，深浅搭配，寓意生生不息与朝气蓬勃。

图 15　北京 2022 年冬奥会颁奖花束（左）和冬残奥会颁奖花束（右）

八、获奖运动员定制版吉祥物纪念品

定制版吉祥物纪念品总体设计以北京 2022 年冬奥会和冬残奥会吉祥物冰墩墩和雪容融为原型，辅以松、竹、梅编织而成的花环造型，形成获奖运动员的专属定制纪念品。

素有"岁寒三友"之称的松竹梅，寓意着坚韧、顽强和旺盛的生命力，表达对获奖运动员的称颂、敬意和美好祝福。

图 16　北京 2022 年冬奥会和冬残奥会获奖运动员定制版吉祥物纪念品

九、制服装备

冬奥制服装备的外观设计，灵感来源于中国传统山水画与冬奥会核心图形的雪山图景。冬奥核心图形的设计展现了中国传统的"道法自然、天人合一"思想，融合了京张赛区山形、长城形态，以及《千里江山图》的青绿山水。

在色彩选择上，沉稳的墨色和跃动的霞光红展现了工作人员的实干和热情，中性的长城灰彰显技术官员的客观公正，明亮的天霁蓝展示志愿者的青春活力，纯洁的瑞雪白作为调和色象征着"瑞雪兆丰年"。

图 17　北京 2022 年冬奥会和冬残奥会制服装备

十、颁奖礼仪服装

颁奖礼仪服装共有三套方案，分别为"瑞雪祥云""鸿运山水"和"唐花飞雪"。

"瑞雪祥云"的设计以"瑞雪""祥云"两个中国传统吉祥符号为主题，色彩运用天霁蓝和霞光红，将中国传统的交领右衽、对襟旋袄与现代服饰相结合，提炼冬奥核心图形元素的同时将中国传统绘画中"金碧山水"的技法转化为刺绣的形式，礼服整体以现代简约的手法展现中国韵味。赛时将出现在所有雪上场馆的颁奖仪式中。

"鸿运山水"的设计，以中国名画《千里江山图》为灵感来源，运用中国画中的山水表现手法，将中国传统山水图像与冬奥核心图形中的山影相结合，使古典与现代交融，青花山水跃然衣间，达到古朴典雅、清新流畅的视觉外观。赛时将出现在所有冰上场馆的颁奖仪式中。

"唐花飞雪"系列设计灵感源自中国传统唐代织物，提炼精简宝相花纹样和雪花图案，结合北京冬奥会核心图形中的光线图案，富有汉唐余韵又包涵时代精神，寓意以开放的胸怀欢迎世界各国共同参与盛会。赛时将出现在颁奖广场的颁奖仪式中。

图 18 北京 2022 年冬奥会颁奖礼仪服装

资料来源：北京 2022 年冬奥会和冬残奥会组织委员会网站；人民资讯–人民网人民科技官方账号。

附录5　北京 2022 年冬奥会奖牌榜

表 5　北京 2022 年冬奥会奖牌榜

顺序	代表团	金牌	银牌	铜牌	合计	总排名
1	挪威	16	8	13	37	1
2	德国	12	10	5	27	3
3	中国	9	4	2	15	11
4	美国	8	10	7	25	5
5	瑞典	8	5	5	18	6
6	荷兰	8	5	4	17	9
7	奥地利	7	7	4	18	6
8	瑞士	7	2	5	14	12
9	ROC	6	12	14	32	2
10	法国	5	7	2	14	12
11	加拿大	4	8	14	26	4
12	日本	3	6	9	18	6
13	意大利	2	7	8	17	9
14	韩国	2	5	2	9	14
15	斯洛文尼亚	2	3	2	7	16
16	芬兰	2	2	4	8	15
17	新西兰	2	1	0	3	18
18	澳大利亚	1	2	1	4	17
19	英国	1	1	0	2	20
20	匈牙利	1	0	2	3	18
21	比利时	1	0	1	2	20
21	捷克	1	0	1	2	20

顺序	代表团	金牌	银牌	铜牌	合计	总排名
21	斯洛伐克	1	0	1	2	20
24	白俄罗斯	0	2	0	2	20
25	西班牙	0	1	0	1	25
25	乌克兰	0	1	0	1	25
27	爱沙尼亚	0	0	1	1	25
27	拉脱维亚	0	0	1	1	25
27	波兰	0	0	1	1	25

注：花样滑冰团体赛和女子单人滑比赛结果为临时的。

附录6 北京 2022 年冬奥会金牌获得者

表6 北京 2022 年冬奥会金牌获得者

金牌枚数	比赛时间	项目	金牌得主	国籍
第1金	2022 年 2 月 5 日	越野滑雪女子双追逐	特蕾丝·约海于格	挪威
第2金		速度滑冰女子3000 米	伊雷妮·斯豪滕	荷兰
第3金		冬季两项混合接力4×6 公里	马特·奥尔斯布·雷塞兰、特丽尔·埃克霍夫、塔尔耶伊·伯厄、约翰内斯·廷内斯·伯厄	挪威
第4金		跳台滑雪女子个人标准台	乌尔萨·博加塔伊	斯洛文尼亚
第5金		自由式滑雪男子雪上技巧	瓦尔特·瓦尔贝里	瑞典
第6金		短道速滑混合接力	曲春雨、范可新、武大靖、任子威、张雨婷（替补）	中国
第7金	2022 年 2 月 6 日	单板滑雪女子坡面障碍技巧	佐伊·萨多夫斯基·辛诺特	新西兰
第8金		越野滑雪男子双追逐（15 公里传统技术+15 公里自由技术）	亚历山大·博利舒诺夫	俄罗斯
第9金		速度滑冰男子5000 米	尼尔斯·范德普尔	瑞典

续表

金牌枚数	比赛时间	项目	金牌得主	国籍
第 10 金	2022 年 2 月 6 日	跳台滑雪男子个人标准台	小林陵侑	日本
第 11 金		自由式滑雪女子雪上技巧	杰卡拉·安东尼	澳大利亚
第 12 金		男子单人雪橇	约翰内斯·路德维希	德国
第 13 金	2022 年 2 月 7 日	团体赛女子单人滑自由滑	卡米拉·瓦利耶娃	俄罗斯
第 14 金		单板滑雪男子坡面障碍技巧	马克斯·帕罗特	加拿大
第 15 金		高山滑雪男子滑降	贝亚特·费乌兹	瑞士
第 16 金		高山滑雪女子大回转	莎拉·赫克托	瑞典
第 17 金		速度滑冰女子1500 米	伊琳·维斯特	荷兰
第 18 金		冬季两项女子 15公里个人	丹尼丝·赫尔曼	德国
第 19 金		短道速滑女子500 米	阿里安娜·方塔纳	意大利
第 20 金		短道速滑男子1000 米	任子威	中国
第 21 金		跳台滑雪混合团体	妮卡·克里兹纳尔、蒂米·扎伊茨、乌尔萨·博加塔伊、彼得·普雷夫茨	斯洛文尼亚
第 22 金	2022 年 2 月 8 日	自由式滑雪女子大跳台	谷爱凌	中国
第 23 金		高山滑雪男子超级大回转	马蒂亚斯·迈尔	奥地利

续表

金牌枚数	比赛时间	项目	金牌得主	国籍
第 24 金		单板滑雪女子平行大回转	埃丝特·莱德茨卡	捷克
第 25 金		单板滑雪男子平行大回转	本亚明·卡尔	奥地利
第 26 金		冬季两项男子 20 公里个人	康坦·菲永·马耶	法国
第 27 金		速度滑冰男子 1500 米	凯尔·内斯	荷兰
第 28 金	2022 年 2 月 8 日	越野滑雪女子个人短距离（自由技术）	约娜·松德林	瑞典
第 29 金		越野滑雪男子个人短距离（自由技术）	约翰内斯·赫斯弗洛特·克莱博	挪威
第 30 金		冰壶混合双人	斯特凡尼娅·康斯坦丁尼、阿莫斯·莫萨纳	意大利
第 31 金		女子单人雪橇	纳塔莉·盖森贝格尔	德国
第 32 金		自由式滑雪男子大跳台	比尔克·鲁德	挪威
第 33 金		高山滑雪女子回转	彼得拉·弗尔霍娃	斯洛伐克
第 34 金	2022 年 2 月 9 日	单板滑雪女子障碍追逐	琳赛·雅各贝利斯	美国
第 35 金		北欧两项个人-跳台滑雪标准台/越野滑雪 10 公里项目	文岑茨·盖格尔	德国

续表

金牌枚数	比赛时间	项目	金牌得主	国籍
第 36 金	2022 年 2 月 9 日	短道速滑男子 1500 米	黄大宪	韩国
第 37 金		双人雪橇	托比亚斯·文德尔、托比亚斯·阿尔特	德国
第 38 金	2022 年 2 月 10 日	单板滑雪女子 U 型场地技巧	克洛伊·金	美国
第 39 金		花样滑冰男子单人滑自由滑	陈巍	美国
第 40 金		高山滑雪男子全能	约翰内斯·施特罗尔茨	奥地利
第 41 金		单板滑雪男子障碍追逐	亚历山德罗·黑默勒	奥地利
第 42 金		越野滑雪女子 10 公里（传统技术）	特蕾丝·约海于格	挪威
第 43 金		自由式滑雪空中技巧混合团体	阿什莉·考德威尔、温特·维内茨基、克里斯托弗·利利斯、贾斯廷·舍尼菲尔德、埃里克·洛伦	美国
第 44 金		速度滑冰女子 5000 米	伊雷妮·斯豪滕	荷兰
第 45 金		雪橇团体接力	纳塔莉·盖森贝格尔、约翰内斯·路德维希、托比亚斯·文德尔、托比亚斯·阿尔特	德国

金牌枚数	比赛时间	项目	金牌得主	国籍
第 46 金		单板滑雪男子 U 型场地技巧	平野步梦	日本
第 47 金		高山滑雪女子超级大回转	拉拉·古特-贝赫拉米	瑞士
第 48 金		越野滑雪男子 15 公里（传统技术）	伊沃·尼斯卡宁	芬兰
第 49 金	2022 年 2 月 11 日	速度滑冰男子 10000 米	尼尔斯·范德普尔	瑞典
第 50 金		冬季两项女子 7.5 公里短距离	马特·奥尔斯布·雷塞兰	挪威
第 51 金		短道速滑女子 1000 米	苏珊娜·舒尔廷	荷兰
第 52 金		男子钢架雪车	克里斯托弗·格罗特赫尔	德国
第 53 金		单板滑雪障碍追逐混合团体	尼克·鲍姆加特纳、琳赛·雅各贝利斯	美国
第 54 金	2022 年 2 月 12 日	越野滑雪女子 4×5 公里接力	尤利娅·斯图帕克、纳塔利娅·涅普里亚耶娃、塔季扬娜·索丽娜、韦罗妮卡·斯捷潘诺娃	俄罗斯
第 55 金		速度滑冰男子 500 米	高亭宇	中国
第 56 金		冬季两项男子 10 公里短距离	约翰内斯·廷内斯·伯厄	挪威
第 57 金		跳台滑雪男子个人大跳台	马里乌斯·林德维克	挪威
第 58 金		女子钢架雪车	汉娜·奈泽	德国

续表

金牌枚数	比赛时间	项目	金牌得主	国籍
第59金	2022年2月13日	高山滑雪男子大回转	马尔科·奥德马特	瑞士
第60金		越野滑雪男子4×10公里接力	俄罗斯奥运队	俄罗斯
第61金		冬季两项女子10公里追逐	马特·奥尔斯布·雷塞兰	挪威
第62金		冬季两项男子12.5公里追逐	康坦·马耶	法国
第63金		短道速滑女子3000米接力	苏珊娜·舒尔廷、塞尔玛·保茨马、桑德拉·贝尔塞伯、娅拉·范凯尔霍夫、里安妮·德弗里斯	荷兰
第64金		短道速滑男子500米	刘少昂	匈牙利
第65金		速度滑冰女子500米	埃琳·杰克逊	美国
第66金	2022年2月14日	雪车女子单人雪车	凯莉·汉弗莱斯	美国
第67金		花样滑冰冰上舞蹈	加布丽埃拉·帕帕达基斯、纪尧姆·西泽龙	法国
第68金		自由式滑雪女子空中技巧	徐梦桃	中国
第69金		跳台滑雪男子团体	斯特凡·克拉夫特、丹尼尔·胡贝尔、扬·赫尔、曼努埃尔·费特纳	奥地利
第70金		单板滑雪女子大跳台	安娜·加塞尔	奥地利

续表

金牌枚数	比赛时间	项目	金牌得主	国籍
第 71 金		自由式滑雪女子坡面障碍技巧	玛蒂尔德·格雷莫德	瑞士
第 72 金		高山滑雪女子滑降	科琳娜·祖特尔	瑞士
第 73 金		单板滑雪男子大跳台	苏翊鸣	中国
第 74 金		冬季两项男子 4×7.5 公里接力	斯图拉·霍尔姆·莱格雷德、塔尔耶伊·伯厄、约翰内斯·廷内斯·伯厄、韦特勒·肖斯塔·克里斯蒂安森	挪威
第 75 金	2022 年 2 月 15 日	速度滑冰女子团体追逐	伊万妮·布隆丁、瓦莱丽·马尔泰、亚历克莎·斯科特、伊莎贝尔·韦德曼	加拿大
第 76 金		速度滑冰男子团体追逐	哈尔盖·恩格布罗滕、阿兰·达尔·约翰松、佩德·孔斯海于格、斯韦勒·伦德·彼得森	挪威
第 77 金		北欧两项个人-跳台滑雪大跳台/越野滑雪10公里	约根·格拉巴克	挪威
第 78 金		男子双人雪车	弗朗西斯科·弗里德里希、托尔斯滕·马吉斯	德国
第 79 金		自由式滑雪男子坡面障碍技巧	亚历山大·霍尔	美国

续表

金牌枚数	比赛时间	项目	金牌得主	国籍
第 80 金		高山滑雪男子回转	克莱芒·诺埃尔	法国
第 81 金		冬季两项女子 4×6 公里接力	琳·佩尔松、莫娜·布罗尔松、汉娜·厄贝里、埃尔薇拉·厄贝里	瑞典
第 82 金		越野滑雪女子团体短距离（传统技术）	卡塔琳娜·亨尼希、维多利亚·卡尔	德国
第 83 金	2022 年 2 月 16 日	越野滑雪男子团体短距离（传统技术）	埃里克·瓦尔内斯、约翰内斯·赫斯弗洛特·克莱博	挪威
第 84 金		自由式滑雪男子空中技巧	齐广璞	中国
第 85 金		短道速滑男子 5000 米接力	查尔斯·哈梅林、马克西姆·劳恩、史蒂文·杜博伊斯、若尔当·皮埃尔-吉勒、帕斯卡尔·戴恩	加拿大
第 86 金		短道速滑女子 1500 米	崔敏静	韩国
第 87 金		冰球女子	加拿大队	加拿大
第 88 金		高山滑雪女子全能	米歇尔·吉辛	瑞士
第 89 金	2022 年 2 月 17 日	自由式滑雪女子障碍追逐	桑德拉·内斯隆德	瑞典
第 90 金		速度滑冰女子 1000 米	高木美帆	日本

金牌枚数	比赛时间	项目	金牌得主	国籍
第 91 金	2022 年 2 月 17 日	北欧两项团体-跳台滑雪大跳台/越野滑雪 4×5 公里接力	约根·格拉巴克、延斯·卢拉斯·奥夫特布罗、埃斯彭·比约恩斯塔、埃斯彭·安德森	挪威
第 92 金		花样滑冰女子单人滑自由滑	安娜·谢尔巴科娃	俄罗斯
第 93 金		自由式滑雪女子 U 型场地技巧	谷爱凌	中国
第 94 金	2022 年 2 月 18 日	自由式滑雪男子障碍追逐	里安·雷格兹	瑞士
第 95 金		冬季两项女子 12.5 公里集体出发	朱斯蒂娜·布雷萨-布歇	法国
第 96 金		冬季两项男子 15 公里集体出发	约翰内斯·廷内斯·伯厄	挪威
第 97 金		速度滑冰男子 1000 米	托马斯·克罗尔	荷兰
第 98 金		自由式滑雪男子 U 型场地技巧	尼科·波蒂奥斯	新西兰
第 99 金	2022 年 2 月 19 日	越野滑雪男子 50 公里集体出发（自由技术）	亚历山大·博利舒诺夫	俄罗斯
第 100 金		速度滑冰男子集体出发	巴尔特·斯温斯	比利时
第 101 金		速度滑冰女子集体出发	伊雷妮·斯豪滕	荷兰
第 102 金		男子冰壶	尼克拉斯·埃丁、奥斯卡·埃里克松、拉斯穆斯·弗拉纳、克里斯托弗·松德格伦、丹尼尔·芒努松	瑞典

续表

金牌枚数	比赛时间	项目	金牌得主	国籍
第103金	2022年2月19日	花样滑冰双人滑自由滑	隋文静、韩聪	中国
第104金		雪车女子双人雪车	劳拉·诺尔特、德博拉·莱维	德国
第105金	2022年2月20日	高山滑雪混合团体	卡塔琳娜·特吕佩、斯特凡·布伦施泰纳、卡塔琳娜·林斯伯格、约翰内斯·施特罗尔茨	奥地利
第106金		女子冰壶	伊芙·缪尔黑德、薇姬·赖特、珍妮弗·多兹、黑莉·达夫、米莉·史密斯	英国
第107金		雪车四人雪车	弗朗西斯科·弗里德里希、托尔斯滕·马吉斯、坎迪·鲍尔、亚历山大·许勒尔	德国
第108金		越野滑雪女子30公里集体出发（自由技术）	特蕾丝·约海于格	挪威
第109金		男子冰球	芬兰队	芬兰

资料来源：北京2022年冬奥会和冬残奥会组织委员会网站、观察者网、百度百科等。经多种途径核实完善。

附录 7　北京 2022 年冬奥会多枚奖牌获得者

表 7　北京 2022 年冬奥会多枚奖牌获得者

顺序	代表队/运动员	项目	比赛	奖牌	合计
1	挪威（NOR）	冬季两项	混合接力 4×6 公里（女子+男子）	金牌	5
			男子 10 公里短距离	金牌	
	约翰内斯·廷内斯·伯厄		男子 15 公里集体出发	金牌	
			男子 4×7.5 公里接力	金牌	
			男子 20 公里个人	铜牌	
2	ROC	越野滑雪	男子 4×10 公里接力	金牌	5
			男子 50 公里集体出发（自由技术）	金牌	
	亚历山大·博利舒诺夫		男子双追逐（15 公里传统技术+15 公里自由技术）	金牌	
			男子 15 公里（传统技术）	银牌	
			男子团体短距离（传统技术）	铜牌	
3	挪威（NOR）	冬季两项	混合接力 4×6 公里（女子+男子）	金牌	5
			女子 10 公里追逐	金牌	
	马特·奥尔斯布·雷塞兰		女子 7.5 公里短距离	金牌	
			女子 12.5 公里集体出发	铜牌	
			女子 15 公里个人	铜牌	
4	荷兰（NED）	速度滑冰	女子 3000 米	金牌	4
			女子 5000 米	金牌	
	伊雷妮·斯豪滕		女子集体出发	金牌	
			女子团体追逐	铜牌	

顺序	代表队/运动员	项目	比赛	奖牌	合计
5	挪威（NOR） 特蕾丝· 约海于格	越野滑雪	女子10公里（传统技术）	金牌	3
			女子30公里集体出发（自由技术）	金牌	
			女子双追逐（7.5公里传统技术+ 7.5公里自由技术）	金牌	
6	法国（FRA） 康坦·菲 永·马耶	冬季两项	男子12.5公里追逐	金牌	5
			男子20公里个人	金牌	
			混合接力4×6公里（女子+男子）	银牌	
			男子10公里短距离	银牌	
			男子4×7.5公里接力	银牌	
7	挪威（NOR） 塔尔耶伊·伯厄	冬季两项	混合接力4×6公里（女子+男子）	金牌	4
			男子4×7.5公里接力	金牌	
			男子12.5公里追逐	银牌	
			男子10公里短距离	铜牌	
7	挪威（NOR） 约翰内斯· 赫斯弗洛特· 克莱博	越野滑雪	男子个人短距离（自由技术）	金牌	4
			男子团体短距离（传统技术）	金牌	
			男子4×10公里接力	银牌	
			男子15公里（传统技术）	铜牌	
7	荷兰（NED） 苏珊娜·舒尔廷	短道速滑	女子1000米	金牌	4
			女子3000米接力	金牌	
			女子500米	银牌	
			女子1500米	铜牌	
10	挪威（NOR） 约根·格拉巴克	北欧两项	个人-跳台滑雪大跳台/越野滑雪 10公里	金牌	3
			团体-跳台滑雪大跳台/越野滑雪 4×5公里接力	金牌	
			个人-跳台滑雪标准台/越野滑雪 10公里	银牌	

续表

顺序	代表队/运动员	项目	比赛	奖牌	合计
10	中国（CHN）	自由式滑雪	自由式滑雪女子U型场地技巧	金牌	3
	谷爱凌		自由式滑雪女子大跳台	金牌	
			自由式滑雪女子坡面障碍技巧	银牌	
10	奥地利（AUT）	高山滑雪	混合团体	金牌	3
	约翰内斯·施特罗尔茨		男子全能	金牌	
			男子回转	银牌	
13	德国（GER）	雪橇	双人雪橇	金牌	2
	托比亚斯·阿尔特		雪橇团体接力	金牌	
13	斯洛文尼亚（SLO）	跳台滑雪	混合团体	金牌	2
	乌尔萨·博加塔伊		女子个人标准台	金牌	
13	德国（GER）	雪车	男子双人雪车	金牌	2
	弗朗西斯科·弗里德里希		四人雪车	金牌	
13	德国（GER）	雪橇	女子单人雪橇	金牌	2
	纳塔莉·盖森贝格尔		雪橇团体接力	金牌	
13	美国（USA）	单板滑雪	单板滑雪女子障碍追逐	金牌	2
	琳赛·雅各贝利斯		单板滑雪障碍追逐混合团体	金牌	
13	德国（GER）	雪橇	男子单人雪橇	金牌	2
	约翰内斯·路德维希		雪橇团体接力	金牌	
13	德国（GER）	雪车	男子双人雪车	金牌	2
	托尔斯滕·马吉斯		四人雪车	金牌	

续表

顺序	代表队/运动员	项目	比赛	奖牌	合计
13	中国（CHN）	短道速滑	混合团体接力	金牌	2
	任子威		男子 1000 米	金牌	
13	瑞典（SWE）	速度滑冰	男子 10000 米	金牌	2
	尼尔斯·范德普尔		男子 5000 米	金牌	
13	德国（GER）	雪橇	双人雪橇	金牌	2
	托比亚斯·文德尔		雪橇团体接力	金牌	
23	日本（JPN）	速度滑冰	女子 1000 米	金牌	4
	高木美帆		女子 1500 米	银牌	
			女子 500 米	银牌	
			女子团体追逐	银牌	
24	韩国（KOR）	短道速滑	女子 1500 米	金牌	3
	崔敏静		女子 1000 米	银牌	
			女子 3000 米接力	银牌	
24	意大利（ITA）	短道速滑	女子 500 米	金牌	3
	阿里安娜·方塔纳		混合团体接力	银牌	
			女子 1500 米	银牌	
24	瑞典（SWE）	冬季两项	女子 4×6 公里接力	金牌	3
	埃尔薇拉·厄贝里		女子 10 公里追逐	银牌	
			女子 7.5 公里短距离	银牌	
27	加拿大（CAN）	短道速滑	男子 5000 米接力	金牌	3
	史蒂文·杜博伊斯		男子 1500 米	银牌	
			男子 500 米	铜牌	
27	挪威（NOR）	冬季两项	混合接力 4×6 公里（女子+男子）	金牌	3
	特丽尔·埃克霍夫		女子 12.5 公里集体出发	银牌	
			女子 10 公里追逐	铜牌	

顺序	代表队/运动员	项目	比赛	奖牌	合计
27	ROC	越野滑雪	女子4×5公里接力	金牌	3
	纳塔利娅·涅普里亚耶娃		女子双追逐（7.5公里传统技术+7.5公里自由技术）	银牌	
			女子团体短距离（传统技术）	铜牌	
27	芬兰（FIN）	越野滑雪	男子15公里（传统技术）	金牌	3
	伊沃·尼斯卡宁		男子团体短距离（传统技术）	银牌	
			男子双追逐（15公里传统技术+15公里自由技术）	铜牌	
27	瑞典（SWE）	越野滑雪	女子个人短距离（自由技术）	金牌	3
	约娜·松德林		女子团体短距离（传统技术）	银牌	
			女子4×5公里接力	铜牌	
27	加拿大（CAN）	速度滑冰	女子团体追逐	金牌	3
	伊莎贝尔·韦德曼		女子5000米	银牌	
			女子3000米	铜牌	
33	加拿大（CAN）	速度滑冰	女子团体追逐	金牌	2
	伊万妮·布隆丁		女子集体出发	银牌	
33	德国（GER）	越野滑雪	女子团体短距离（传统技术）	金牌	2
	维多利亚·卡尔		女子4×5公里接力	银牌	
33	美国（USA）	花样滑冰	男子单人滑	金牌	2
	陈巍		团体赛	银牌	
33	奥地利（AUT）	跳台滑雪	男子团体	金牌	2
	曼努埃尔·费特纳		男子个人标准台	银牌	
33	德国（GER）	北欧两项	个人-跳台滑雪标准台/越野滑雪10公里	金牌	2
	文岑茨·盖格尔		团体-跳台滑雪大跳台/越野滑雪4×5公里接力	银牌	

续表

顺序	代表队/运动员	项目	比赛	奖牌	合计
33	德国（GER） 卡塔琳娜· 亨尼希	越野滑雪	女子团体短距离（传统技术）	金牌	2
			女子4×5公里接力	银牌	
33	韩国（KOR） 黄大宪	短道速滑	男子1500米	金牌	2
			男子5000米接力	银牌	
33	ROC 尼基塔· 卡察拉波夫	花样滑冰	团体赛	金牌	2
			冰上舞蹈	银牌	
33	日本（JPN） 小林陵侑	跳台滑雪	男子个人标准台	金牌	2
			男子个人大跳台	银牌	
33	荷兰（NED） 托马斯·克罗尔	速度滑冰	男子1000米	金牌	2
			男子1500米	银牌	
33	奥地利（AUT） 卡塔琳娜· 林斯伯格	高山滑雪	混合团体	金牌	2
			女子回转	银牌	
33	挪威（NOR） 延斯·卢拉斯· 奥夫特布罗	北欧两项	团体-跳台滑雪大跳台/越野滑雪4×5公里接力	金牌	2
			个人-跳台滑雪大跳台/越野滑雪10公里	银牌	
33	斯洛文尼亚（SLO） 彼得·普雷夫茨	跳台滑雪	混合团体	金牌	2
			男子团体	银牌	
33	中国（CHN） 齐广璞	自由式滑雪	男子空中技巧	金牌	2
			空中技巧混合团体	银牌	
33	新西兰（NZL） 佐伊·萨多夫斯基·辛诺特	单板滑雪	单板滑雪女子坡面障碍技巧	金牌	2
			单板滑雪女子大跳台	银牌	

续表

顺序	代表队/运动员	项目	比赛	奖牌	合计
33	ROC	花样滑冰	团体赛	金牌	2
	维多利亚·西尼齐娜		冰上舞蹈	银牌	
33	ROC	越野滑雪	男子4×10公里接力	金牌	2
	丹尼斯·斯皮佐夫		男子双追逐（15公里传统技术+15公里自由技术）	银牌	
33	中国（CHN）	单板滑雪	单板滑雪男子大跳台	金牌	2
	苏翊鸣		单板滑雪男子坡面障碍技巧	银牌	
33	中国（CHN）	自由式滑雪	女子空中技巧	金牌	2
	徐梦桃		空中技巧混合团体	银牌	
33	斯洛文尼亚（SLO）	跳台滑雪	混合团体	金牌	2
	蒂米·扎伊茨		男子团体	银牌	
53	匈牙利（HUN）	短道速滑	男子500米	金牌	3
	刘少昂		混合团体接力	铜牌	
			男子1000米	铜牌	
54	挪威（NOR）	冬季两项	男子4×7.5公里接力	金牌	2
	韦特勒·肖斯塔·克里斯蒂安森		男子15公里集体出发	铜牌	
54	挪威（NOR）	速度滑冰	男子团体追逐	金牌	2
	哈尔盖·恩格布罗滕		男子5000米	铜牌	
54	瑞典（SWE）	冰壶	男子	金牌	2
	奥斯卡·埃里克松		混合双人	铜牌	
54	中国（CHN）	短道速滑	混合团体接力	金牌	2
	范可新		女子3000米接力	铜牌	

顺序	代表队/运动员	项目	比赛	奖牌	合计
54	ROC	花样滑冰	团体赛	金牌	2
	亚历山大·加利亚莫夫		双人滑	铜牌	
54	瑞士（SUI）	高山滑雪	女子全能	金牌	2
	米歇尔·吉辛		女子超级大回转	铜牌	
54	瑞士（SUI）	自由式滑雪	自由式滑雪女子坡面障碍技巧	金牌	2
	玛蒂尔德·格雷莫德		自由式滑雪女子大跳台	铜牌	
54	瑞士（SUI）	高山滑雪	女子超级大回转	金牌	2
	拉拉·古特-贝赫拉米		女子大回转	铜牌	
54	德国（GER）	冬季两项	女子15公里个人	金牌	2
	丹尼丝·赫尔曼		女子4×6公里接力	铜牌	
54	斯洛文尼亚（SLO）	跳台滑雪	混合团体	金牌	2
	妮卡·克里兹纳尔		女子个人标准台	铜牌	
54	奥地利（AUT）	高山滑雪	男子超级大回转	金牌	2
	马蒂亚斯·迈尔		男子滑降	铜牌	
54	ROC	花样滑冰	团体赛	金牌	2
	阿纳斯塔西娅·米希娜		双人滑	铜牌	
54	加拿大（CAN）	单板滑雪	单板滑雪男子坡面障碍技巧	金牌	2
	马克斯·帕罗特		单板滑雪男子大跳台	铜牌	
54	中国（CHN）	短道速滑	混合团体接力	金牌	2
	曲春雨		女子3000米接力	铜牌	

续表

顺序	代表队/运动员	项目	比赛	奖牌	合计
54	ROC	越野滑雪	女子4×5公里接力	金牌	2
	尤利娅·斯图帕克		女子团体短距离（传统技术）	铜牌	
54	荷兰（NED）	速度滑冰	女子1500米	金牌	2
	伊琳·维斯特		女子团体追逐	铜牌	
54	中国（CHN）	短道速滑	混合团体接力	金牌	2
	张雨婷		女子3000米接力	铜牌	
71	瑞典（SWE）	越野滑雪	女子个人短距离（自由技术）	银牌	3
	马娅·达尔奎斯特		女子团体短距离（传统技术）	银牌	
			女子4×5公里接力	铜牌	
72	德国（GER）	雪车	男子双人雪车	银牌	2
	弗洛里安·鲍尔		四人雪车	银牌	
72	法国（FRA）	冬季两项	混合接力4×6公里（女子+男子）	银牌	2
	阿奈·舍瓦利耶-布歇		女子15公里个人	银牌	
72	法国（FRA）	冬季两项	混合接力4×6公里（女子+男子）	银牌	2
	埃米利安·雅克兰		男子4×7.5公里接力	银牌	
72	奥地利（AUT）	雪橇	男子单人雪橇	银牌	2
	沃尔夫冈·金德尔		雪橇团体接力	银牌	
72	德国（GER）	雪车	男子双人雪车	银牌	2
	约翰内斯·洛赫纳		四人雪车	银牌	
72	荷兰（NED）	速度滑冰	男子10 000米	银牌	2
	帕特里克·鲁斯特		男子5000米	银牌	

顺序	代表队/运动员	项目	比赛	奖牌	合计
78	意大利（ITA） 费代丽卡· 布里尼奥内	高山滑雪	女子大回转	银牌	2
			女子全能	铜牌	
78	意大利（ITA） 安德烈亚· 卡西内利	短道速滑	混合团体接力	银牌	2
			男子5000米接力	铜牌	
78	意大利（ITA） 尤里· 孔福尔托拉	短道速滑	混合团体接力	银牌	2
			男子5000米接力	铜牌	
78	美国（USA） 杰茜卡·迪金斯	越野滑雪	女子30公里集体出发（自由技术）	银牌	2
			女子个人短距离（自由技术）	铜牌	
78	美国（USA） 扎卡里·多诺霍	花样滑冰	团体赛	银牌	2
			冰上舞蹈	铜牌	
78	加拿大（CAN） 埃利奥特· 格伦丁	单板滑雪	单板滑雪男子障碍追逐	银牌	2
			单板滑雪障碍追逐混合团体	铜牌	
78	瑞士（SUI） 温迪·霍尔德纳	高山滑雪	女子全能	银牌	2
			女子回转	铜牌	
78	美国（USA） 麦迪逊·哈贝尔	花样滑冰	团体赛	银牌	2
			冰上舞蹈	铜牌	
78	日本（JPN） 键山优真	花样滑冰	男子单人滑	银牌	2
			团体赛	铜牌	
78	挪威（NOR） 亚历山大·奥莫 特·基尔德	高山滑雪	男子全能	银牌	2
			男子超级大回转	铜牌	
78	奥地利（AUT） 洛伦茨·科勒	雪橇	雪橇团体接力	银牌	2
			双人雪橇	铜牌	

续表

顺序	代表队/运动员	项目	比赛	奖牌	合计
78	意大利（ITA） 弗兰切丝卡·洛洛布里吉达	速度滑冰	女子3000米	银牌	2
			女子集体出发	铜牌	
78	美国（USA） 埃拉娜·迈耶斯·泰勒	雪车	女子单人雪车	银牌	2
			女子双人雪车	铜牌	
78	ROC 乌利亚娜·尼格马图林娜	冬季两项	女子4×6公里接力	银牌	2
			混合接力4×6公里（女子+男子）	铜牌	
78	芬兰（FIN） 凯尔图·尼斯卡宁	越野滑雪	女子10公里（传统技术）	银牌	2
			女子30公里集体出发（自由技术）	铜牌	
78	ROC 克里斯季娜·雷兹佐娃	冬季两项	女子4×6公里接力	银牌	2
			混合接力4×6公里（女子+男子）	铜牌	
78	意大利（ITA） 彼得罗·西盖尔	短道速滑	混合团体接力	银牌	2
			男子5000米接力	铜牌	
78	奥地利（AUT） 托马斯·施托伊	雪橇	雪橇团体接力	银牌	2
			双人雪橇	铜牌	
78	意大利（ITA） 奥马尔·维辛廷	单板滑雪	单板滑雪障碍追逐混合团体	银牌	2
			单板滑雪男子障碍追逐	铜牌	
97	ROC 爱德华·拉特波夫	冬季两项	混合接力4×6公里（女子+男子）	铜牌	3
			男子12.5公里追逐	铜牌	
			男子4×7.5公里接力	铜牌	
98	荷兰（NED） 安托瓦妮特·德容赫	速度滑冰	女子1500米	铜牌	2
			女子团体追逐	铜牌	

续表

顺序	代表队/运动员	项目	比赛	奖牌	合计
98	德国（GER）	跳台滑雪	男子个人大跳台	铜牌	2
	卡尔·盖格尔		男子团体	铜牌	
98	ROC	冬季两项	混合接力 4×6 公里（女子+男子）	铜牌	2
	亚历山大·洛吉诺夫		男子 4×7.5 公里接力	铜牌	
98	加拿大（CAN）	单板滑雪	单板滑雪女子障碍追逐	铜牌	2
	梅尔耶塔·奥丁		单板滑雪障碍追逐混合团体	铜牌	
98	日本（JPN）	花样滑冰	女子单人滑	铜牌	2
	坂本花织		团体赛	铜牌	
98	ROC	越野滑雪	男子个人短距离（自由技术）	铜牌	2
	亚历山大·捷连捷夫		男子团体短距离（传统技术）	铜牌	
98	日本（JPN）	花样滑冰	男子单人滑	铜牌	2
	宇野昌磨		团体赛	铜牌	
98	日本（JPN）	北欧两项	个人-跳台滑雪大跳台/越野滑雪 10 公里	铜牌	2
	渡部晓斗		团体-跳台滑雪大跳台/越野滑雪 4×5 公里接力	铜牌	

　　资料来源：北京 2022 年冬奥会和冬残奥会组织委员会网站、百度百科等。参考国际奥委会官网完善。

附录 **8** 北京 **2022** 年冬残奥会奖牌榜

表 8 北京 2022 年冬残奥会奖牌榜

顺序	代表团	金牌	银牌	铜牌	合计	总排名
1	中国	18	20	23	61	1
2	乌克兰	11	10	8	29	2
3	加拿大	8	6	11	25	3
4	法国	7	3	2	12	7
5	美国	6	11	3	20	4
6	奥地利	5	5	3	13	6
7	德国	4	8	7	19	5
8	挪威	4	2	1	7	8
9	日本	4	1	2	7	8
10	斯洛伐克	3	0	3	6	12
11	意大利	2	3	2	7	8
12	瑞典	2	2	3	7	8
13	芬兰	2	2	0	4	14
14	英国	1	1	4	6	12
15	新西兰	1	1	2	4	14
16	荷兰	0	3	1	4	14
17	澳大利亚	0	0	1	1	17
17	哈萨克斯坦	0	0	1	1	17
17	瑞士	0	0	1	1	17

资料来源：北京 2022 年冬奥会和冬残奥会组织委员会网站。

附录 9 北京 2022 年冬残奥会金牌获得者

表 9 北京 2022 年冬残奥会金牌获得者

金牌枚数	比赛时间	项目	金牌得主	国籍
第 1 金		残奥高山滑雪女子滑降-视障	亨列塔·法尔卡索娃	斯洛伐克
第 2 金		残奥冬季两项女子短距离-坐姿	奥克萨娜·马斯特斯	美国
第 3 金		残奥高山滑雪女子滑降-站姿	莫莉·杰普森	加拿大
第 4 金		残奥冬季两项男子短距离-坐姿	刘子旭	中国
第 5 金		残奥高山滑雪女子滑降-坐姿	村冈桃佳	日本
第 6 金		残奥高山滑雪男子滑降-视障	约翰内斯·艾格纳	奥地利
第 7 金	2022 年 3 月 5 日	残奥高山滑雪男子滑降-站姿	阿蒂尔·博谢	法国
第 8 金		残奥冬季两项女子短距离-站姿	郭雨洁	中国
第 9 金		残奥高山滑雪男子滑降-坐姿	科赖·彼得斯	新西兰
第 10 金		残奥冬季两项男子短距离-站姿	格里戈里·沃夫琴斯基	乌克兰
第 11 金		残奥冬季两项女子短距离-视障	奥克萨娜·希什科娃	乌克兰
第 12 金		残奥冬季两项男子短距离-视障	维塔利·卢基扬年科	乌克兰

续表

金牌枚数	比赛时间	项目	金牌得主	国籍
第13金	2022年3月6日	残奥高山滑雪女子超级大回转–视障	亚历山德拉·雷克索娃	斯洛伐克
第14金		残奥高山滑雪女子超级大回转–站姿	张梦秋	中国
第15金		残奥高山滑雪女子超级大回转–坐姿	村冈桃佳	日本
第16金		残奥高山滑雪男子超级大回转–视障	尼尔·辛普森	英国
第17金		残奥高山滑雪男子超级大回转–站姿	梁景怡	中国
第18金		残奥高山滑雪男子超级大回转–坐姿	耶斯佩尔·彼得森	挪威
第19金		残奥越野滑雪男子长距离–坐姿	郑鹏	中国
第20金		残奥越野滑雪女子长距离–坐姿	杨洪琼	中国
第21金	2022年3月7日	残奥高山滑雪女子全能–视障	亨列塔·法尔卡索娃	斯洛伐克
第22金		残奥高山滑雪女子全能–站姿	埃芭·奥尔舍	瑞典
第23金		残奥高山滑雪女子全能–坐姿	安娜–莱娜·福斯特	德国
第24金		残奥高山滑雪男子全能–视障	贾科莫·贝尔塔尼奥利	意大利
第25金		残奥高山滑雪男子全能–站姿	阿蒂尔·博谢	法国
第26金		残奥越野滑雪男子长距离（传统技术）–站姿	川除大辉	日本
第27金		残奥越野滑雪男子长距离（传统技术）–视障	布赖恩·麦基弗	加拿大

金牌枚数	比赛时间	项目	金牌得主	国籍
第 28 金	2022 年 3 月 7 日	残奥高山滑雪男子全能-坐姿	耶斯佩尔·彼得森	挪威
第 29 金		残奥越野滑雪女子长距离（传统技术）-站姿	纳塔莉·威尔基	加拿大
第 30 金		残奥越野滑雪女子长距离（传统技术）-视障	奥克萨娜·希什科娃	乌克兰
第 31 金		残奥单板滑雪女子障碍追逐-LL2 级	塞茜尔·埃尔南德斯	法国
第 32 金		残奥单板滑雪男子障碍追逐-UL 级	纪立家	中国
第 33 金		残奥单板滑雪男子障碍追逐-LL1 级	泰勒·特纳	加拿大
第 34 金		残奥单板滑雪男子障碍追逐-LL2 级	马蒂·苏尔－哈马里	芬兰
第 35 金	2022 年 3 月 8 日	残奥冬季两项女子中距离-坐姿	肯德尔·格雷奇	美国
第 36 金		残奥冬季两项男子中距离-坐姿	刘梦涛	中国
第 37 金		残奥冬季两项女子中距离-站姿	伊琳娜·布伊	乌克兰
第 38 金		残奥冬季两项男子中距离-站姿	马克·阿伦兹	加拿大
第 39 金		残奥冬季两项女子中距离-视障	莱奥妮·玛丽亚·瓦尔特	德国
第 40 金		残奥冬季两项男子中距离-视障	维塔利·卢基扬年科	乌克兰

续表

金牌枚数	比赛时间	项目	金牌得主	国籍
第41金		残奥越野滑雪男子短距离-坐姿	郑鹏	中国
第42金		残奥越野滑雪女子短距离-坐姿	杨洪琼	中国
第43金		残奥越野滑雪男子短距离（自由技术）-站姿	邦雅曼·达维耶	法国
第44金	2022年3月9日	残奥越野滑雪女子短距离（自由技术）-站姿	纳塔莉·威尔基	加拿大
第45金		残奥越野滑雪男子短距离（自由技术）-视障	布赖恩·麦基弗	加拿大
第46金		残奥越野滑雪女子短距离（自由技术）-视障	卡丽娜·埃德林格	奥地利
第47金		残奥高山滑雪男子大回转-视障	约翰内斯·艾格纳	奥地利
第48金	2022年3月10日	残奥高山滑雪男子大回转-站姿	桑特里·基韦里	芬兰
第49金		残奥高山滑雪男子大回转-坐姿	耶斯佩尔·彼得森	挪威
第50金		残奥冬季两项女子长距离-坐姿	奥克萨娜·马斯特斯	美国
第51金		残奥冬季两项男子长距离-坐姿	刘梦涛	中国
第52金	2022年3月11日	残奥高山滑雪女子大回转-视障	韦罗妮卡·艾格纳	奥地利
第53金		残奥单板滑雪女子坡面回转-LL2级	布伦娜·赫卡比	美国

金牌枚数	比赛时间	项目	金牌得主	国籍
第 54 金		残奥高山滑雪女子大回转-站姿	张梦秋	中国
第 55 金		残奥冬季两项女子长距离-站姿	柳德米拉·利亚申科	乌克兰
第 56 金		残奥单板滑雪男子坡面回转-UL 级	马克西姆·蒙塔吉奥尼	法国
第 57 金		残奥冬季两项男子长距离-站姿	邦雅曼·达维耶	法国
第 58 金	2022 年 3 月 11 日	残奥高山滑雪女子大回转-坐姿	村冈桃佳	日本
第 59 金		残奥单板滑雪男子坡面回转-LL1 级	武中伟	中国
第 60 金		残奥单板滑雪男子坡面回转-LL2 级	孙奇	中国
第 61 金		残奥冬季两项女子长距离-视障	奥克萨娜·希什科娃	乌克兰
第 62 金		残奥冬季两项男子长距离-视障	亚历山大·卡济克	乌克兰
第 63 金		残奥高山滑雪女子回转-坐姿	安娜-莱娜·福斯特	德国
第 64 金		残奥越野滑雪男子中距离-坐姿	毛忠武	中国
第 65 金	2022 年 3 月 12 日	残奥高山滑雪女子回转-视障	韦罗妮卡·艾格纳	奥地利
第 66 金		残奥高山滑雪女子回转-站姿	埃芭·奥尔舍	瑞典
第 67 金		残奥越野滑雪男子中距离（自由技术）-视障	布赖恩·麦基弗	加拿大

续表

金牌枚数	比赛时间	项目	金牌得主	国籍
第68金		残奥越野滑雪男子中距离（自由技术）-站姿	王晨阳	中国
第69金		残奥越野滑雪女子中距离（自由技术）-视障	林·卡茨迈尔	德国
第70金	2022年3月12日	残奥越野滑雪女子中距离（自由技术）-站姿	亚历山德拉·科诺诺娃	乌克兰
第71金		残奥越野滑雪女子中距离-坐姿	杨洪琼	中国
第72金		轮椅冰壶金牌赛	王海涛、陈建新、张明亮、闫卓、孙玉龙	中国
第73金		残奥越野滑雪混合接力4×2.5公里	奥克萨娜·马斯特斯、悉妮·彼得森、丹尼尔·克诺森、杰克·阿迪科夫	美国
第74金	2022年3月13日	残奥越野滑雪公开接力4×2.5公里	德米特罗·苏亚尔科、格里戈里·沃夫琴斯基、瓦西里·克拉夫丘克、阿纳托利·科瓦列夫斯基	乌克兰
第75金		残奥高山滑雪男子回转-视障	贾科莫·贝尔塔尼奥利	意大利
第76金		残奥高山滑雪男子回转-站姿	阿蒂尔·博谢	法国
第77金		残奥冰球金牌赛	美国队	美国
第78金		残奥高山滑雪男子回转-坐姿	耶斯佩尔·彼得森	挪威

资料来源：北京2022年冬奥会和冬残奥会组织委员会网站、百度百科等。经多种途径核实完善。

附录 10　北京 2022 年冬残奥会多枚奖牌获得者

表 10　北京 2022 年冬残奥会多枚奖牌获得者

顺序	代表队/运动员	项目	比赛	奖牌	合计
1	挪威（NOR） 耶斯佩尔·彼得森	残奥高山滑雪	残奥高山滑雪男子超级大回转-坐姿	金牌	5
			残奥高山滑雪男子全能-坐姿	金牌	
			残奥高山滑雪男子大回转-坐姿	金牌	
			残奥高山滑雪男子回转-坐姿	金牌	
			残奥高山滑雪男子滑降-坐姿	银牌	
2	美国（USA） 奥克萨娜·马斯特斯	残奥冬季两项，残奥越野滑雪	残奥冬季两项女子短距离-坐姿	金牌	7
			残奥冬季两项女子长距离-坐姿	金牌	
			残奥越野滑雪混合接力 4×2.5 公里	金牌	
			残奥冬季两项女子中距离-坐姿	银牌	
			残奥越野滑雪女子短距离-坐姿	银牌	
			残奥越野滑雪女子中距离-坐姿	银牌	
			残奥越野滑雪女子长距离-坐姿	银牌	
3	乌克兰（UKR） 奥克萨娜·希什科娃	残奥冬季两项，残奥越野滑雪	残奥冬季两项女子短距离-视障	金牌	5
			残奥越野滑雪女子长距离（传统技术）-视障	金牌	
			残奥冬季两项女子长距离-视障	金牌	
			残奥冬季两项女子中距离-视障	银牌	
			残奥越野滑雪女子短距离（自由技术）-视障	银牌	

顺序	代表队/运动员	项目	比赛	奖牌	合计
4	日本（JPN）	残奥高山滑雪	残奥高山滑雪女子滑降-坐姿	金牌	4
	村冈桃佳		残奥高山滑雪女子超级大回转-坐姿	金牌	
			残奥高山滑雪女子大回转-坐姿	金牌	
			残奥高山滑雪女子全能-坐姿	银牌	
5	法国（FRA）	残奥高山滑雪	残奥高山滑雪男子滑降-站姿	金牌	4
	阿蒂尔·博谢		残奥高山滑雪男子全能-站姿	金牌	
			残奥高山滑雪男子回转-站姿	金牌	
			残奥高山滑雪男子大回转-站姿	铜牌	
6	加拿大（CAN）	残奥越野滑雪	残奥越野滑雪男子长距离（传统技术）-视障	金牌	3
	布赖恩·麦基弗		残奥越野滑雪男子短距离（自由技术）-视障	金牌	
			残奥越野滑雪男子中距离（自由技术）-视障	金牌	
6	中国（CHN）	残奥越野滑雪	残奥越野滑雪女子长距离-坐姿	金牌	3
	杨洪琼		残奥越野滑雪女子短距离-坐姿	金牌	
			残奥越野滑雪女子中距离-坐姿	金牌	
8	中国（CHN）	残奥高山滑雪	残奥高山滑雪女子超级大回转-站姿	金牌	5
	张梦秋		残奥高山滑雪女子大回转-站姿	金牌	
			残奥高山滑雪女子滑降-站姿	银牌	
			残奥高山滑雪女子全能-站姿	银牌	
			残奥高山滑雪女子回转-站姿	银牌	

顺序	代表队/运动员	项目	比赛	奖牌	合计
9	奥地利（AUT） 约翰内斯·艾格纳	残奥高山滑雪	残奥高山滑雪男子滑降-视障	金牌	5
			残奥高山滑雪男子大回转-视障	金牌	
			残奥高山滑雪男子全能-视障	银牌	
			残奥高山滑雪男子回转-视障	银牌	
			残奥高山滑雪男子超级大回转-视障	铜牌	
10	法国（FRA） 邦雅曼·达维耶	残奥冬季两项，残奥越野滑雪	残奥越野滑雪男子短距离（自由技术）-站姿	金牌	4
			残奥冬季两项男子长距离-站姿	金牌	
			残奥越野滑雪男子中距离（自由技术）-站姿	银牌	
			残奥越野滑雪公开接力 4×2.5 公里	银牌	
10	德国（GER） 安娜-莱娜·福斯特	残奥高山滑雪	残奥高山滑雪女子全能-坐姿	金牌	4
			残奥高山滑雪女子回转-坐姿	金牌	
			残奥高山滑雪女子滑降-坐姿	银牌	
			残奥高山滑雪女子超级大回转-坐姿	银牌	
10	意大利（ITA） 贾科莫·贝尔塔尼奥利	残奥高山滑雪	残奥高山滑雪男子全能-视障	金牌	4
			残奥高山滑雪男子回转-视障	金牌	
			残奥高山滑雪男子超级大回转-视障	银牌	
			残奥高山滑雪男子大回转-视障	银牌	
10	中国（CHN） 郑鹏	残奥越野滑雪	残奥越野滑雪男子长距离-坐姿	金牌	4
			残奥越野滑雪男子短距离-坐姿	金牌	
			残奥越野滑雪男子中距离-坐姿	银牌	
			残奥越野滑雪混合接力 4×2.5 公里	银牌	

续表

顺序	代表队/运动员	项目	比赛	奖牌	合计
14	乌克兰（UKR） 格里戈里·沃夫琴斯基	残奥越野滑雪，残奥冬季两项	残奥冬季两项男子短距离-站姿	金牌	5
			残奥越野滑雪公开接力 4×2.5 公里	金牌	
			残奥冬季两项男子中距离-站姿	银牌	
			残奥越野滑雪男子短距离（自由技术）-站姿	铜牌	
			残奥冬季两项男子长距离-站姿	铜牌	
15	加拿大（CAN） 纳塔莉·威尔基	残奥冬季两项，残奥越野滑雪	残奥越野滑雪女子长距离（传统技术）-站姿	金牌	4
			残奥越野滑雪女子短距离（自由技术）-站姿	金牌	
			残奥越野滑雪女子中距离（自由技术）-站姿	银牌	
			残奥越野滑雪混合接力 4×2.5 公里	铜牌	
16	乌克兰（UKR） 维塔利·卢基扬年科	残奥冬季两项	残奥冬季两项男子短距离-视障	金牌	3
			残奥冬季两项男子中距离-视障	金牌	
			残奥冬季两项男子长距离-视障	银牌	
17	中国（CHN） 刘梦涛	残奥越野滑雪，残奥冬季两项	残奥冬季两项男子中距离-坐姿	金牌	3
			残奥冬季两项男子长距离-坐姿	金牌	
			残奥冬季两项男子短距离-坐姿	铜牌	
17	瑞典（SWE） 埃芭·奥尔舍	残奥高山滑雪	残奥高山滑雪女子全能-站姿	金牌	3
			残奥高山滑雪女子回转-站姿	金牌	
			残奥高山滑雪女子滑降-站姿	铜牌	
19	奥地利（AUT） 韦罗妮卡·艾格纳	残奥高山滑雪	残奥高山滑雪女子大回转-视障	金牌	2
			残奥高山滑雪女子回转-视障	金牌	

顺序	代表队/运动员	项目	比赛	奖牌	合计
19	斯洛伐克（SVK）	残奥高山滑雪	残奥高山滑雪女子滑降-视障	金牌	2
	亨列塔·法尔卡索娃		残奥高山滑雪女子全能-视障	金牌	
21	德国（GER）	残奥冬季两项，残奥越野滑雪	残奥越野滑雪女子中距离（自由技术）-视障	金牌	5
	林·卡茨迈尔		残奥冬季两项女子短距离-视障	银牌	
			残奥越野滑雪女子长距离（传统技术）-视障	银牌	
			残奥冬季两项女子长距离-视障	银牌	
			残奥越野滑雪女子短距离（自由技术）-视障	铜牌	
22	中国（CHN）	残奥越野滑雪	残奥越野滑雪男子中距离-坐姿	金牌	3
	毛忠武		残奥越野滑雪男子长距离-坐姿	银牌	
			残奥越野滑雪男子短距离-坐姿	银牌	
22	美国（USA）	残奥越野滑雪	残奥越野滑雪混合接力 4×2.5 公里	金牌	3
	杰克·阿迪科夫		残奥越野滑雪男子长距离（传统技术）-视障	银牌	
			残奥越野滑雪男子短距离（自由技术）-视障	银牌	
24	加拿大（CAN）	残奥越野滑雪，残奥冬季两项	残奥冬季两项男子中距离-站姿	金牌	4
	马克·阿伦兹		残奥冬季两项男子长距离-站姿	银牌	
			残奥冬季两项男子短距离-站姿	铜牌	
			残奥越野滑雪混合接力 4×2.5 公里	铜牌	

续表

顺序	代表队/运动员	项目	比赛	奖牌	合计
25	乌克兰（UKR） 柳德米拉·利亚申科	残奥越野滑雪，残奥冬季两项	残奥冬季两项女子长距离-站姿	金牌	3
			残奥冬季两项女子短距离-站姿	银牌	
			残奥冬季两项女子中距离-站姿	铜牌	
25	美国（USA） 肯德尔·格雷奇	残奥冬季两项，残奥越野滑雪	残奥冬季两项女子中距离-坐姿	金牌	3
			残奥冬季两项女子长距离-坐姿	银牌	
			残奥冬季两项女子短距离-坐姿	铜牌	
25	美国（USA） 悉妮·彼得森	残奥冬季两项，残奥越野滑雪	残奥越野滑雪混合接力 4×2.5 公里	金牌	3
			残奥越野滑雪女子长距离（传统技术）-站姿	银牌	
			残奥越野滑雪女子短距离（自由技术）-站姿	铜牌	
28	加拿大（CAN） 莫莉·杰普森	残奥高山滑雪	残奥高山滑雪女子滑降-站姿	金牌	2
			残奥高山滑雪女子大回转-站姿	银牌	
28	芬兰（FIN） 马蒂·苏尔-哈马里	残奥单板滑雪	残奥单板滑雪男子障碍追逐-LL2级	金牌	2
			残奥单板滑雪男子坡面回转-LL2级	银牌	
28	芬兰（FIN） 桑特里·基韦里	残奥高山滑雪	残奥高山滑雪男子大回转-站姿	金牌	2
			残奥高山滑雪男子全能-站姿	银牌	
28	新西兰（NZL） 科赖·彼得斯	残奥高山滑雪	残奥高山滑雪男子滑降-坐姿	金牌	2
			残奥高山滑雪男子超级大回转-坐姿	银牌	
28	中国（CHN） 王晨阳	残奥越野滑雪	残奥越野滑雪男子中距离（自由技术）-站姿	金牌	2
			残奥越野滑雪混合接力 4×2.5 公里	银牌	

顺序	代表队/运动员	项目	比赛	奖牌	合计
28	中国（CHN）	残奥高山滑雪	残奥高山滑雪男子超级大回转-站姿	金牌	2
	梁景怡		残奥高山滑雪男子回转-站姿	银牌	
28	中国（CHN）	残奥单板滑雪	残奥单板滑雪男子障碍追逐-UL级	金牌	2
	纪立家		残奥单板滑雪男子坡面回转-UL级	银牌	
28	乌克兰（UKR）	残奥冬季两项，残奥越野滑雪	残奥越野滑雪公开接力 4×2.5 公里	金牌	2
	阿纳托利·科瓦列夫斯基		残奥冬季两项男子中距离-视障	银牌	
28	乌克兰（UKR）	残奥冬季两项，残奥越野滑雪	残奥冬季两项男子长距离-视障	金牌	2
	亚历山大·卡济克		残奥冬季两项男子短距离-视障	银牌	
28	乌克兰（UKR）	残奥冬季两项，残奥越野滑雪	残奥越野滑雪女子中距离（自由技术）-站姿	金牌	2
	亚历山德拉·科诺诺娃		残奥冬季两项女子中距离-站姿	银牌	
38	德国（GER）	残奥越野滑雪，残奥冬季两项	残奥冬季两项女子中距离-视障	金牌	4
	莱奥妮·玛丽亚·瓦尔特		残奥冬季两项女子短距离-视障	铜牌	
			残奥越野滑雪女子长距离（传统技术）-视障	铜牌	
			残奥冬季两项女子长距离-视障	铜牌	

顺序	代表队/运动员	项目	比赛	奖牌	合计
38	乌克兰（UKR）	残奥冬季两项，残奥越野滑雪	残奥越野滑雪公开接力 4×2.5 公里	金牌	4
	德米特罗·苏亚尔科		残奥冬季两项男子短距离-视障	铜牌	
			残奥冬季两项男子中距离-视障	铜牌	
			残奥越野滑雪男子中距离（自由技术）-视障	铜牌	
40	奥地利（AUT）	残奥越野滑雪，残奥冬季两项	残奥越野滑雪女子短距离（自由技术）-视障	金牌	2
	卡丽娜·埃德林格		残奥越野滑雪女子中距离（自由技术）-视障	铜牌	
40	加拿大（CAN）	残奥单板滑雪	残奥单板滑雪男子障碍追逐-LL1级	金牌	2
	泰勒·特纳		残奥单板滑雪男子坡面回转-LL1级	铜牌	
40	英国（GBR）	残奥高山滑雪	残奥高山滑雪男子超级大回转-视障	金牌	2
	尼尔·辛普森		残奥高山滑雪男子全能-视障	铜牌	
40	中国（CHN）	残奥单板滑雪	残奥单板滑雪男子坡面回转-LL1级	金牌	2
	武中伟		残奥单板滑雪男子障碍追逐-LL1级	铜牌	
40	中国（CHN）	残奥越野滑雪，残奥冬季两项	残奥冬季两项男子短距离-坐姿	金牌	2
	刘子旭		残奥冬季两项男子长距离-坐姿	铜牌	
40	斯洛伐克（SVK）	残奥高山滑雪	残奥高山滑雪女子超级大回转-视障	金牌	2
	亚历山德拉·雷克索娃		残奥高山滑雪女子回转-视障	铜牌	

顺序	代表队/运动员	项目	比赛	奖牌	合计
40	乌克兰（UKR）	残奥越野滑雪，残奥冬季两项	残奥冬季两项女子中距离-站姿	金牌	2
	伊琳娜·布伊		残奥越野滑雪女子中距离（自由技术）-站姿	铜牌	
40	美国（USA）	残奥单板滑雪	残奥单板滑雪女子坡面回转-LL2级	金牌	2
	布伦娜·赫卡比		残奥单板滑雪女子障碍追逐-LL2级	铜牌	
48	中国（CHN）	残奥高山滑雪	残奥高山滑雪女子滑降-视障	银牌	4
	朱大庆		残奥高山滑雪女子全能-视障	银牌	
			残奥高山滑雪女子大回转-视障	银牌	
			残奥高山滑雪女子超级大回转-视障	铜牌	
49	中国（CHN）	残奥越野滑雪	残奥越野滑雪男子长距离（传统技术）-站姿	银牌	3
	蔡佳云		残奥越野滑雪混合接力 4×2.5 公里	银牌	
			残奥越野滑雪男子中距离（自由技术）-站姿	铜牌	
49	中国（CHN）	残奥冬季两项，残奥越野滑雪	残奥冬季两项女子短距离-坐姿	银牌	3
	单怡霖		残奥越野滑雪混合接力 4×2.5 公里	银牌	
			残奥冬季两项女子长距离-坐姿	铜牌	
49	乌克兰（UKR）	残奥冬季两项，残奥越野滑雪	残奥冬季两项男子短距离-坐姿	银牌	3
	塔拉斯·拉德		残奥冬季两项男子长距离-坐姿	银牌	
			残奥冬季两项男子中距离-坐姿	铜牌	

顺序	代表队/运动员	项目	比赛	奖牌	合计
52	奥地利（AUT） 马库斯·萨尔歇尔	残奥高山滑雪	残奥高山滑雪男子滑降-站姿	银牌	2
			残奥高山滑雪男子超级大回转-站姿	银牌	
52	德国（GER） 马尔科·迈尔	残奥冬季两项，残奥越野滑雪	残奥冬季两项男子短距离-站姿	银牌	2
			残奥越野滑雪男子短距离（自由技术）-站姿	银牌	
54	中国（CHN） 刘思彤	残奥高山滑雪	残奥高山滑雪女子大回转-坐姿	银牌	4
			残奥高山滑雪女子滑降-坐姿	铜牌	
			残奥高山滑雪女子全能-坐姿	铜牌	
			残奥高山滑雪女子回转-坐姿	铜牌	
55	中国（CHN） 张雯静	残奥高山滑雪	残奥高山滑雪女子回转-坐姿	银牌	3
			残奥高山滑雪女子超级大回转-坐姿	铜牌	
			残奥高山滑雪女子大回转-坐姿	铜牌	
55	瑞典（SWE） 塞巴斯蒂安·莫丁	残奥越野滑雪，残奥冬季两项	残奥越野滑雪男子中距离（自由技术）-视障	银牌	3
			残奥越野滑雪男子长距离（传统技术）-视障	铜牌	
			残奥越野滑雪男子短距离（自由技术）-视障	铜牌	
57	奥地利（AUT） 芭芭拉·艾格纳	残奥高山滑雪	残奥高山滑雪女子回转-视障	银牌	2
			残奥高山滑雪女子大回转-视障	铜牌	
57	英国（GBR） 门娜·菲茨帕特里克	残奥高山滑雪	残奥高山滑雪女子超级大回转-视障	银牌	2
			残奥高山滑雪女子全能-视障	铜牌	

顺序	代表队/运动员	项目	比赛	奖牌	合计
57	意大利（ITA） 雷内·德西尔韦斯特罗	残奥高山滑雪	残奥高山滑雪男子大回转-坐姿	银牌	2
			残奥高山滑雪男子回转-坐姿	铜牌	
57	荷兰（NED） 尼尔斯·德兰亨	残奥高山滑雪	残奥高山滑雪男子回转-坐姿	银牌	2
			残奥高山滑雪男子全能-坐姿	铜牌	
57	挪威（NOR） 薇尔德·尼尔森	残奥越野滑雪	残奥越野滑雪女子短距离（自由技术）-站姿	银牌	2
			残奥越野滑雪公开接力 4×2.5 公里	铜牌	
57	中国（CHN） 王跃	残奥越野滑雪，残奥冬季两项	残奥越野滑雪女子中距离（自由技术）-视障	银牌	2
			残奥冬季两项女子中距离-视障	铜牌	
57	中国（CHN） 赵志清	残奥冬季两项，残奥越野滑雪	残奥冬季两项女子长距离-站姿	银牌	2
			残奥冬季两项女子短距离-站姿	铜牌	
64	加拿大（CAN） 科林·卡梅龙	残奥冬季两项，残奥越野滑雪	残奥越野滑雪男子长距离-坐姿	铜牌	3
			残奥越野滑雪男子短距离-坐姿	铜牌	
			残奥越野滑雪混合接力 4×2.5 公里	铜牌	
65	加拿大（CAN） 阿兰娜·拉姆齐	残奥高山滑雪	残奥高山滑雪女子超级大回转-站姿	铜牌	2
			残奥高山滑雪女子全能-站姿	铜牌	
65	加拿大（CAN） 布里塔妮·赫达克	残奥冬季两项，残奥越野滑雪	残奥越野滑雪女子长距离（传统技术）-站姿	铜牌	2
			残奥冬季两项女子长距离-站姿	铜牌	

续表

顺序	代表队/运动员	项目	比赛	奖牌	合计
65	日本（JPN）	残奥高山滑雪	残奥高山滑雪男子滑降-坐姿	铜牌	2
	森井大辉		残奥高山滑雪男子超级大回转-坐姿	铜牌	
65	新西兰（NZL）	残奥高山滑雪	残奥高山滑雪男子全能-站姿	铜牌	2
	亚当·哈尔		残奥高山滑雪男子回转-站姿	铜牌	
65	中国（CHN）	残奥越野滑雪	残奥越野滑雪女子长距离-坐姿	铜牌	2
	李盼盼		残奥越野滑雪女子短距离-坐姿	铜牌	
65	中国（CHN）	残奥单板滑雪	残奥单板滑雪男子障碍追逐-UL级	铜牌	2
	朱永钢		残奥单板滑雪男子坡面回转-UL级	铜牌	
65	斯洛伐克（SVK）	残奥高山滑雪	残奥高山滑雪男子大回转-视障	铜牌	2
	米罗斯拉夫·哈劳斯		残奥高山滑雪男子回转-视障	铜牌	

资料来源：残奥会网站，北京2022年冬奥会和冬残奥会组织委员会网站，部分重要媒体新闻报道。

附录 11　中共中央　国务院关于表彰
北京冬奥会、冬残奥会突出贡献
集体和突出贡献个人的决定
（2022 年 4 月 8 日）

北京冬奥会、冬残奥会是在我国全面建成小康社会、实现第一个百年奋斗目标、向第二个百年奋斗目标迈进的关键时期举办的重大标志性活动，具有里程碑意义。习近平总书记高瞻远瞩、掌舵领航，亲自谋划、亲自部署、亲自推动，作出一系列重要指示批示，为做好冬奥筹办工作提供了根本遵循。中央和国家机关有关部门、各省区市团结协作，筹办和备战单位、主办城市克服新冠肺炎疫情等困难挑战，精心组织、全力投入，全国各族人民和海内外中华儿女全情奉献、热情参与，向世界奉献了一届简约、安全、精彩的奥运盛会，全面兑现了对国际社会的庄严承诺，赢得了全世界的高度赞誉。

在北京冬奥会、冬残奥会筹备举办过程中，涌现出一大批事迹突出的集体和个人。为隆重表彰先进典型，激励全党全国各族人民为全面建设社会主义现代化国家而努力奋斗，党中央、国务院决定，授予国家速滑馆场馆运行团队等148 个集体"北京冬奥会、冬残奥会突出贡献集体"称号；授予苏翊鸣等147 名同志、追授邓小岚同志"北京冬奥会、冬残奥会突出贡献个人"称号。希望受到表彰的集体和个人珍惜荣誉、再接再厉，充分发挥模范带头作用，为党和人民事业作出新的更大贡献。

伟大事业孕育伟大精神。这次受到表彰的集体和个人的事迹，集中体现了胸怀大局、自信开放、迎难而上、追求卓越、共创未来的北京冬奥精神。北京冬奥精神，不仅为成功举办北京冬奥会、冬残奥会提供了重要保障，也为中华民族伟大复兴凝聚起强大力量。

党中央号召，全党全国各族人民要以习近平新时代中国特色社会主义思想为指导，全面贯彻党的十九大和十九届历次全会精神，以受到表彰的突出贡献集体和个人为榜样，深刻认识"两个确立"的决定性意义，增强"四个意识"、坚定"四个自信"、做到"两个维护"，更加紧密地团结在以习近平同志为核心的党中央周围，不忘初心、牢记使命，踔厉奋发、笃行不怠，弘扬北京冬奥精神，以实际行动迎接党的二十大胜利召开，为实现第二个百年奋斗目标、实现中华民族伟大复兴的中国梦而不懈奋斗！

附件 1　北京冬奥会、冬残奥会突出贡献集体名单（共 148 个）

中共北京市委办公厅活动处

中共北京市委宣传部办公室

中共北京市委教育工作委员会宣教处

中共北京市委网络安全和信息化委员会办公室网络安全协调处

北京市人大常委会机关冬奥村保障专班

北京市文化和旅游局市场管理二处

北京市园林绿化局城镇绿化处

北京市疾病预防控制中心

北京广播电视台卫视频道中心

冬奥北京市朝阳区运行保障指挥部

中共北京市朝阳区委统战部

北京市公安局朝阳分局

北京市朝阳区卫生健康委员会

冬奥北京市海淀区运行保障指挥部

冬奥北京市石景山区运行保障指挥部

北京市顺义区卫生健康委员会

冬奥北京市延庆区运行保障指挥部

北京市延庆区消防救援支队

北京首汽（集团）股份有限公司

国家体育场有限责任公司

中共张家口市崇礼区委

北京大学第三医院崇礼院区

张家口市冬奥会城市运行和环境建设管理指挥部

中共张家口市委组织部

张家口市公安局

张家口市卫生健康委员会

张家口市城市管理综合行政执法局

国网冀北电力有限公司张家口供电公司

中共河北省委宣传部

河北省冬奥会工作领导小组办公室

河北省发展和改革委员会

冬奥河北安保指挥中心

河北省交通运输厅

河北省文化和旅游厅

河北省体育局

中共北京市委组织部干部调配处

北京市人民政府办公厅值班室

北京市委外办市政府外办

北京市民族宗教事务委员会

北京市城市管理委员会

北京市卫生健康委员会

北京市商务局

北京市重大项目建设指挥部办公室

共青团北京市委员会

北京市朝阳区纪委区监委

北京市公安局延庆分局

首钢集团有限公司

北京公共交通控股（集团）有限公司

北京控股集团有限公司

北京环境卫生工程集团有限公司

北京歌华文化发展集团有限公司

北京新华联丽景湾酒店有限公司

共青团河北省委员会

张家口兴垣投资发展集团有限公司

北京冬奥会网络安全工作协调小组综合组

北京冬奥会无线电管理协调小组办公室

北京冬奥会教育培训工作协调小组办公室

北京冬奥会和冬残奥会运行指挥部调度中心

奥运村运行保障组延庆村保障专班

北京冬奥组委秘书行政部

北京冬奥组委总体策划部

北京冬奥组委对外联络部

北京冬奥组委体育部

北京冬奥组委规划建设部

北京冬奥组委市场开发部

北京冬奥组委人力资源部（中共北京冬奥组委机关委员会）

北京冬奥组委监察审计部

北京冬奥组委财务部

北京冬奥组委运动会服务部

北京冬奥组委场馆管理部

北京冬奥组委交通部

北京冬奥组委开闭幕式工作部 国家体育场运行团队

国家游泳中心场馆运行团队

国家体育馆场馆运行团队

五棵松体育中心场馆运行团队

国家速滑馆场馆运行团队

首钢滑雪大跳台场馆运行团队

首都体育馆场馆群运行团队

北京冬奥村（冬残奥村）运行团队

主媒体中心运行团队

奥林匹克大家庭酒店（残奥大家庭酒店）运行团队

技术运行中心运行团队

主物流中心运行团队

北京颁奖广场（延庆残奥颁奖广场）运行团队

火炬传递专项团队

制服和注册中心运行团队

北京冬奥会兴奋剂检测中心运行团队

北京奥林匹克公园公共区运行团队

冬奥电力运行中心运行团队

延庆场馆群运行团队

延庆冬奥村（冬残奥村）运行团队

延庆制服和注册分中心运行团队

张家口云顶滑雪公园场馆群运行团队

张家口古杨树场馆群运行团队

张家口冬奥村（冬残奥村）运行团队

张家口颁奖广场运行团队

张家口制服和注册分中心运行团队

北京冬奥会和冬残奥会住宿设施团队

北京大学冬奥志愿服务团队

清华大学冬奥志愿服务团队

北京体育大学冬奥志愿服务团队

河北师范大学冬奥志愿服务团队

中央纪委国家监委党风政风监督室

中共中央组织部干部三局

中共中央宣传部新闻局

中央机构编制委员会办公室四局

外交部国际司

中国 21 世纪议程管理中心

文化和旅游部新闻中心

审计署固定资产投资审计司

北京海关冬奥会、冬残奥会服务保障工作组

北京 2022 年冬奥会和冬残奥会气象中心

中央广播电视总台技术局

中央广播电视总台体育青少节目中心

中国民用航空局运输司

北京大学第三医院

清华大学美术学院

中国运载火箭技术研究院

中国石化上海石油化工股份有限公司

国网北京市电力公司

中国联通冬奥会领导小组办公室

中国铁路北京局集团有限公司

首都机场集团有限公司

中央军委联合作战指挥中心某值勤组

国家自由式滑雪空中技巧队

国家钢架雪车队

国家高山滑雪队

国家体育总局对外联络司

国家体育总局冬季运动管理中心

中国航天科技集团有限公司第一研究院第七〇三研究所

北京兴奋剂检测实验室

北京市石景山区卫生健康委员会

北京德尔康尼骨科医院有限公司

河北省涞源县教育和体育局

沈阳体育学院附属竞技体育学校

吉林省吉林市冰上运动中心（吉林北山四季越野滑雪场）

黑龙江省冬季运动与后备人才管理中心

四川省成都市体育局

新疆维吾尔自治区阿勒泰地区文化体育广播电视和旅游局

国家轮椅冰壶队

国家残奥冰球队

中国残疾人体育运动管理中心

中国残疾人特殊艺术指导中心（中国残疾人艺术团）

北京市残疾人联合会

河北省残疾人联合会

黑龙江省残疾人联合会

哈尔滨体育学院

北京市射击运动技术学校

附件2 北京冬奥会、冬残奥会突出贡献个人名单（共148名）

马 轩 张家口云顶滑雪公园场馆群运行秘书长

马培欣（回族） 张家口市崇礼区人民政府副区长，张家口市公安局崇礼分局党委书记、局长，四级高级警长

王 玄 北京冬奥会冰球项目备战工作领导小组组长，国家体育总局篮球运动管理中心主任

王 宁（女） 国家体育场运行团队副秘书长兼场馆运行中心经理

王 江 北京冬奥组委交通部场站运维和后勤保障处处长

王 军 国家体育场运行团队演出仪式副主任

王 钊（女） 北京冬奥会和冬残奥会运行指挥部竞赛指挥组前方工作组竞赛业务副经理

王 博 北京市市场监督管理局食品药品安全协调处一级主任科员

王　强　国家越野滑雪队运动员

王天满　张家口市疾控中心主任、主任医师

王全意　北京冬奥组委运动会服务部公共卫生处副处长

王劲松　北京冬奥组委技术部信息系统处项目工程师

王泽伟（满族）　北京城市排水集团有限责任公司第三管网运营分公司下水道养护工

王雪娇（女）　北京冬奥组委总体策划部研究室项目助理

王晨阳　国家残奥越野滑雪和冬季两项队运动员

王紫儒（女）　北京冬奥组委注册中心规划运行处干事

王赣生　首都体育馆场馆群运行团队中方浇冰车司机主管

毛忠武　国家残奥越野滑雪和冬季两项队运动员

孔宪菲　火炬传递专项团队传递运行组传递运行经理

邓小丽（女）　北京冬奥组委对外联络部协调处项目专家

邓小岚（女）　马兰花儿童声合唱团领队

史京京　北京市公安局公安交通管理局朝阳交通支队勤务指挥科科长、警务技术一级主管

付雅萍（女）　张家口市第七中学副校长

冯小明　北京市海淀区体育局全民健身科学指导中心副主任

冯益为　燕山大学学生，国家冬季两项中心志愿者

宁晓东　张家口市交通运输局后勤服务中心科员、工程师

司　俊　奥林匹克大家庭酒店（残奥大家庭酒店）场馆运行秘书长

曲春雨（女）　国家短道速滑队运动员

吕　超　北京冬奥组委人力资源部任免处主管

吕立鑫（满族）　国家高山滑雪中心场馆通信分中心经理

吕春凯　公安部特勤局外宾警卫总队一支队三级警长

朱德文　国家残奥越野滑雪和冬季两项队教练

任子威　国家短道速滑队运动员

刘　威　北京冬奥组委票务中心票务运行管理处负责人

刘　辉　国家游泳中心场馆服务副主任兼运行秘书长

刘广彬　国家速度滑冰队教练

刘和庆　北京市热力集团有限责任公司朝阳第一分公司副总经理

刘艳欣（女）　北京冬奥组委张家口运行中心策划和宣传文化处处长

刘海春　张家口市传染病医院副院长、副主任医师

刘梦涛　国家残奥越野滑雪和冬季两项队运动员

刘臻臻　张家口古杨树场馆群安保副经理兼国家跳台滑雪中心安保经理

齐　靓　国家体育馆场馆运行秘书长

齐士明　北京冬奥会和冬残奥会运行指挥部医疗防疫组综合协调组、医疗救治与定点医院保障组经理

齐广璞　国家自由式滑雪空中技巧队运动员

依拉木江·木拉吉（维吾尔族）　国家越野滑雪队教练

闫文港　国家钢架雪车队运动员

闫利艳（女）　张家口市人民政府副市长

许建勋　武警北京总队参谋部作战勤务处处长

许载舟　北京市劳动人民文化宫办公室副主任

许海媚（女）　河北工业大学教师、副教授

纪　冬　国家自由式滑雪空中技巧队教练

纪立家　国家残奥单板滑雪队运动员

芮勇强　张家口市公共交通集团有限公司营运总监

严　晗　延庆冬奥村（冬残奥村）场馆运行秘书长

苏翊鸣　国家单板滑雪大跳台及坡面障碍技巧队运动员

李　刚　北京首钢园区综合服务有限公司冬奥物业事业部副部长

李　进　主物流中心场馆运行秘书长

李　超　北京市怀柔区疾病预防控制中心副主任、主管医师

李　静（女）　北京市延庆区博物馆（北京市延庆区文物管理所）馆长

李广滨　河北建筑工程学院学生，张家口市冬奥指挥部志愿者

李文龙（满族）　国家短道速滑队运动员

李求斌　北京冬奥组委物流部物资处项目专家

李振龙　张家口古杨树场馆群设施副经理兼国家越野滑雪中心设施经理

李晓霖　主媒体中心场馆后勤副主任

李海涛　北京航空航天大学学生，国家高山滑雪中心志愿者

李博雅（女）　国家雪车队领队

杨　松　首都医科大学附属北京地坛医院肝病三科副主任、主任医师

杨　磊　北京市体育局青少年体育处四级调研员

杨金奎　北京冬奥组委残奥会部部长

杨洪琼（女）　国家残奥越野滑雪和冬季两项队运动员

杨洪福　北京奥林匹克中心区管理委员会副主任、政工师

吴　栋　北京冬奥组委奥运村部奥运村餐饮服务处干事

吴　亮　河北省消防救援总队副处长

吴海波（满族）　阪泉综合服务中心运行办公室经理

何　瑜（女）　技术运行中心运行团队成绩值班经理

谷　冉（女）　北京青少年社会工作服务中心干部

谷爱凌（女）　国家自由式滑雪大跳台及坡面障碍技巧队、自由式滑雪 U 型场地队运动员

沈兴华　北京市公路事业发展中心（北京市高速公路联网收费结算中心）养护管理科科长

张　帆（女）　河北医科大学专职辅导员，张家口文创商街志愿者驻地团队志愿者

张　岩（满族）　冬奥电力运行中心运行团队场馆秘书长

张　浩　北京出入境边防检查总站执勤三大队执勤三队副队长

张　新　中国国际航空股份有限公司地面服务部副总经理

张艺谋　北京黎枫文化发展有限公司艺术总监

张雨婷（女）　国家短道速滑队运动员

张国海　北京市公安局治安总队副总队长、一级高级警长

张树峰　张家口市崇礼区委常委、常务副区长，二级调研员

张艳飞　河北省商务厅服务贸易和商务服务业处一级主任科员

张梦秋（女）　国家残奥高山滑雪队运动员

张淑珺（女）　北京冬奥组委财务部收费卡管理处主管

陈志刚　张家口云顶场馆群人事副经理，张家口山地新闻中心场馆运行秘书长兼人事经理

陈荣钦　张家口云顶滑雪公园设施副经理

陈海妮（女）　首都师范大学学生，北京冬奥组委总部志愿者

陈祥荖（女）　北京冬奥会和冬残奥会运行指挥部服务保障组住宿服务主管

武大靖　国家短道速滑队运动员

范可新（女）　国家短道速滑队运动员

林存真（女）　北京冬奥组委文化活动部形象景观处高级专家

周玉龙　张家口山地转播中心场馆运行秘书长

周丽霞（女）　北京冬奥会和冬残奥会运行指挥部服务保障组餐饮供应和食品安全主管

周福全　北京冬奥组委秘书行政部综合处处长

郑　鹏　国家残奥越野滑雪和冬季两项队运动员

郑红莉（女）　北京冬奥组委市场开发部赞助商服务处干事

郑翼程　北京冬奥会和冬残奥会运行指挥部调度中心运行调度组经理

项洁阳　机场运行团队接待台经理

赵　晴（女）　火炬传递专项团队综合保障组对外联络经理

赵卫东　北京冬奥组委新闻宣传部部长、北京冬奥组委新闻发言人

赵江涛　中共中央宣传部新闻局副局长

赵宏博（满族）　国家花样滑冰队教练

赵学学　北京首都国际机场股份有限公司运行控制中心主管、工程师

赵素京（女）　中国残联理事、体育部主任

赵焕刚　北体大二七国家冰雪运动训练科研基地负责人，北体大冰雪运动运营管理有限公司总经理

荣　格（女，回族）　国家单板滑雪大跳台及坡面障碍技巧队运动员

段佳丽（女）　北京冬奥村（冬残奥村）运行团队公共卫生主管

段菊芳（女）　国家体育馆场馆运行团队、五棵松体育中心场馆运行团队冰球项目竞赛主任

娄小晶（女）　五棵松体育中心场馆运行秘书长

姚　磊　北京冬奥会和冬残奥会运行指挥部奥运村运行保障组办公室副主任，北京冬奥村（冬残奥村）运行团队村长办公室副主任

贺　晶　北京冬奥组委场馆管理部总体运行处主管

贺淑芳（女）　北京冬奥组委法律事务部法务审核处处长

秦志伟　国家雪车雪橇中心场馆运行分中心经理

袁宝华　北京冬奥组委安保部场馆安全处干事

袁虹衡　北京日报社体育新闻部主任、高级记者

贾茂亭　张家口奥体建设开发有限公司党委副书记、总经理，高级工程师、一级建造师

徐梦桃（女）　国家自由式滑雪空中技巧队运动员

高　乔　首都精神文明建设委员会办公室首都精神文明促进中心一级主任科员

高　坚（女）　北京市卫生健康委党委委员、副主任，主治医师

高　博　国家体育场运行团队媒体副主任，北京冬奥组委媒体运行部转播协调处处长

高月戎（女）　张家口市商务局财务科科长、一级主任科员

高文彬　北京工业大学学生，北京冬奥村（冬残奥村）志愿者

高亭宇　国家速度滑冰队运动员

郭　帅　北京冬奥组委志愿者部赛事服务处助理

曹建伟　张家口市筹办冬奥会工作领导小组办公室保障部部长，张家口市崇礼区委常委、副区长

崔　龙　国家高山滑雪中心场馆交通经理

康　英　北京冬奥组委监察审计部采购监督处主管

梁　霞（女）　北京颁奖广场（延庆残奥颁奖广场）运行团队副秘书长兼颁奖仪式经理

梁景怡　国家残奥高山滑雪队运动员

隋文静（女）　国家花样滑冰队运动员

董　蕊（女）　张家口古杨树场馆群运行副秘书长

董光磊　制服和注册中心运行团队制服发放经理

蒋　灿　中国残疾人特殊艺术指导中心、中国残疾人艺术团作曲、演员、演奏员

韩　平　延庆冬奥村（冬残奥村）监督组组员

韩　聪　国家花样滑冰队运动员

程征涛（女）　河北省卫生健康委医疗评价指导中心副主任、副主任医师

程淑洁（女）　国家速滑馆场馆运行秘书长

谢向辉　北京市医院管理中心党委常委、副主任，主任医师

蔡永军　国家障碍追逐队领队，江苏省舜禹信息技术有限公司董事长

潘　骏　北京冬奥会和冬残奥会运行指挥部综合办公室秘书组成员

潘晓智　首钢滑雪大跳台场馆运行团队通信中心经理

薛　东　北京市石景山区电厂路小学校长、高级教师

冀雅君（女）　河北北方学院专职辅导员，张家口古杨树场馆群志愿者主管

资料来源：新华网。

附录 12　京张体育文化旅游带建设规划

前　言

2021 年 1 月 20 日，习近平总书记主持召开北京 2022 年冬奥会和冬残奥会筹办工作汇报会，作出"要积极谋划冬奥场馆赛后利用，将举办重大赛事同服务全民健身结合起来，加快建设京张体育文化旅游带"的重要指示，为京张体育文化旅游带建设提供了根本遵循和重要指引。

京张体育文化旅游带是以北京市和张家口市奥运场馆所在区县为核心，以连接两地的高铁、高速沿线两侧区县为重要组成部分的区域。自北京市携手张家口市联合成功获得 2022 年冬奥会和冬残奥会举办权以来，该区域体育文化旅游融合发展取得明显成效，具备在更高起点上推动高质量发展的良好条件。为深入贯彻落实习近平总书记的重要指示，加强统筹协调，加快推进京张体育文化旅游带建设，编制本规划。

规划范围包括北京市东城区、西城区、朝阳区、海淀区、石景山区、昌平区、延庆区 7 个市辖区和张家口市桥东区、桥西区、宣化区、下花园区、万全区、崇礼区、张北县、怀来县、涿鹿县、赤城县 10 个区（县），总面积 2.48 万平方公里，辐射北京市和张家口市全域范围。

本规划是指导当前和今后一个时期京张体育文化旅游带建设的纲领性文件。规划期至 2025 年，展望到 2035 年。

第一章　规划背景

第一节　基础条件

北京市和张家口市历史源远流长、文化一脉相承，具有厚重文化积淀。北京市历史悠久，文化灿烂，是拥有世界文化遗产最多的城市。张家口市是北京市的"北大门"，自古为兵家必争之地，游牧、农耕、商贸、军事等多种文化交融。张家口市与北京市属同一自然生态系统，在保障首都水资源和生态环境安全方面居于特殊的生态区位，发挥着不可替代的作用，是首都的重要水源涵养地。随着 2022 年冬奥会和冬残奥会筹办举办，京津冀协同发展纵深推进，北京市和张家口市联系日益紧密，交通、产业、环境、公共服务等领域合作不断深入。京礼、京藏、京新等高速和京张高铁连通两地，张家口市直通北京市的公交线路达到 4 条，张家口市已融入北京市"1 小时交通圈"。

京张体育文化旅游带区域内拥有 25 个奥运场馆、21 个大众滑雪场、6 项世界文化遗产、136 个全国重点文物保护单位、61 项国家级非物质文化遗产代表性项目、3 个国家公共文化服务体系示范区、56 个高等级旅游景区、2 个国家级滑雪旅游度假地、1 个国家级旅游度假区、2 个国家全域旅游示范区、11 个全国乡村旅游重点村镇，体育文化旅游资源较为富集。

第二节　机遇挑战

北京市和张家口市携手筹办举办 2022 年冬奥会和冬残奥会，为京张体育文化旅游带建设提供了战略机遇。大力发展冰雪经济，扎实推进冰雪产业发展，为京张体育文化旅游带建设注入新动能。深入发展大众旅游，以冰雪运动、文化体验、休闲旅游为核心的体育文化旅游市场需求日益增长，为京张体育文化旅游带建设带来新活力。与此同时，区域内发展不平衡不充分，跨区域共建共享机制尚不健全，基础设施、公共服务均等化水平有待提高，赛后场馆利用和体育文化旅游融合发展模式的探索与创新不足。此外，新冠肺炎疫情也将在一段时期对京张体育文化旅游带建设形成影响。

第三节　重大意义

建设京张体育文化旅游带，是深入贯彻落实习近平总书记重要指示的具体行动，是筑牢首都生态屏障、加快产业绿色转型、推动奥运经济社会和环境的可持续发展，推进京津冀协同发展的重要抓手。有利于推动奥运场馆赛后可持续利用，将举办重大赛事和全民健身结合起来，全面释放冬奥会品牌效应，让发展成果惠及更多人；有利于推动京张地区协同发展，打造体育文化旅游融合发展新名片，培育区域经济社会发展新动能和特色优势支柱产业。

第二章　总体要求

第一节　指导思想

以习近平新时代中国特色社会主义思想为指导，全面贯彻落实党的十九大和十九届历次全会精神，坚持以人民为中心，立足新发展阶段，完整、准确、全面贯彻新发展理念，加快构建新发展格局，牢固树立"绿水青山就是金山银山、冰天雪地也是金山银山"的理念，坚持创新驱动发展，推动高质量发展，坚持以供给侧结构性改革为主线，统筹发展和安全，围绕推动形成优势互补、资源共享、合作共赢的区域协同发展格局，将举办重大赛事同服务全民健身结合起来，统筹推进奥运场馆赛后利用和体育文化旅游融合发展，为建设"文化强国""体育强国""旅游强国"贡献力量。

第二节　基本原则

创新驱动，融合发展。坚持创新驱动发展战略，加快推进体育文化旅游领域深层次改革，促进产品业态和设施服务创新，探索资本、人才、技术等各要素融合互促新路径，形成体育文化旅游融合发展新模式。

生态优先，绿色发展。严守生态保护红线、永久基本农田、城镇开发边界三条控制线及其他空间管控底线要求，正确处理生态保护与开发利用的关系，将绿色生态、低碳环保理念贯穿建设全过程，坚持绿色发展。

开放发展，合作共赢。充分发挥市场在资源配置中的决定性作用，更好发挥政府作用，打造高水平体育文化旅游对外开放平台，培育国际合作和竞争新优势，积极推动更高层次开放，构建互惠互利、合作共赢的开放发展新局面。

以人为本，民生共享。坚持以人民为中心的发展思想，增加优质产品和服务供给，不断保障和改善民生，提高人民群众参与程度，让发展成果更多更公平惠及人民。

科学统筹，协同共建。融入京津冀协同发展战略，坚持"一盘棋"思维，发挥优势、错位发展，区域协同、部门联动，优化要素配置、产品供给和政策环境，做到一体谋划、一体实施，显著提升区域整体竞争力。

第三节　建设定位

奥运场馆赛后利用国际典范。推动奥运场馆综合利用和低碳运行，拓展奥运场馆赛后利用功能，提高赛后利用综合效益，推进后奥运经济可持续发展，打造奥运场馆赛后利用国际典范。

国际冰雪运动与休闲旅游胜地。依托奥运品牌国际影响力，充分利用奥运遗产，整合区域优势资源，大力发展后奥运经济，开发一批具有国际品质的冰雪运动和休闲度假产品，打造具有世界影响力的国际冰雪运动与休闲旅游胜地。

全民健身公共服务体系建设示范区。以奥运场馆赛后利用为重点，大力发展全民健身运动，推动建设多元运动休闲空间，促进大众健身场馆设施建设，举办高质量赛事活动，满足人民群众健身需求，打造全民健身公共服务体系建设示范区。

体育文化旅游融合发展样板。通过资源整合与产业融合，打造一批特色鲜明、影响广泛的体育赛事品牌、旅游品牌和主题文化名片，培育一批产业深度融合、链条相互嵌入、绿色低碳可持续的业态和载体，促进消费升级，打造体育文化旅游融合发展样板。

第四节　建设目标

到 2025 年，区域体育文化旅游产业布局、产品供给及高质量产业发展体系初步形成。奥运场馆赛后综合利用和低碳运行成效明显；建成生态环境优美、公共服务优质、交通便捷智能，与人民美好生活需要相匹配的高质量体育文化旅游服务体系；体育文化旅游产业规模不断壮大，产业综合效应更加凸显。

到 2035 年，区域体育文化旅游产业布局、产品供给及高质量产业发展体系全面形成。区域品牌知名度、影响力和竞争力大幅提升，综合效益显著，成为奥运场馆赛后利用国际典范、国际冰雪运动与休闲旅游胜地、全民健身公共服务体系建设示范区和体育文化旅游融合发展样板。

第三章　空间布局

第一节　一轴串联

以京礼高速、京藏高速、京新高速和京张高铁等主要交通干线为京张体育文化旅游带建设发展主轴，发挥交通大动脉的带动功能，依托沿线体育文化旅游资源，通过多线路整合及廊道建设，优化轴线产业布局，实现两地经济互动，拓展体育文化旅游融合发展空间，构建集交通、生态、体育、文化、旅游、科技等相互协调的联动发展轴。

第二节　三核引领

奥运遗产体育文化旅游发展核。以朝阳区北京奥林匹克公园和石景山区新首钢地区为核心，充分发挥奥运遗产品牌影响力，着力提升国际体育文化旅游交流服务能力，加快建设体育文化旅游融合发展示范区。以北京奥林匹克公园为主要承载区，与北京中轴线联动发展，实施双奥场馆赛后再利用工程，按照"国际交往联络窗口、世界文化交流平台、国家体育休闲中心"三大功能定位，推动体育、文化、旅游、生态、会展、商务、科技等业态融合发展。新首钢地区利用滑雪大跳台等冬奥场馆和会展设施，发展冰雪休闲、竞技表演、大众体育等业态，开展一批世界级滑雪、极限运动等体育赛事，举办中国数字冰雪运动会等活动，打造后工业文化体育创意基地。

延庆体育文化旅游发展核。以延庆奥林匹克园区为核心，提升区域赛事服务整体水平和场馆使用效率，积极推进奥运场馆赛后利用，突出国家高山滑雪中心和国家雪车雪橇中心等场地特色，发挥北京冰上项目训练基地资源优势，整合提升滑雪基础设施，打造国际高水平赛事基地、国家体育训练基地、全教学智能雪场试验基地、国家级滑雪旅游度假地，高水平建设国际滑雪度假旅游胜地。

张家口体育文化旅游发展核。以张家口市中心城区和崇礼区为核心，深入挖掘张家口历史文化，大力推进长城国家文化公园（大境门段）等重点项目建设；增强赛事运动配套服务功能，推动体育文化旅游产业集聚发展。完善崇礼国家级旅游度假区和七大滑雪场建设，科学推动奥运场馆可持续利用，集中发展高端赛事、山地户外运动、康养旅居、休闲度假、演艺文创、主题游乐、会议会展、夜间消费等全时全季多业态产品，打造国内避暑度假胜地和世界知名滑雪旅游胜地。

第三节　六区联动

"双奥"之城展示区。包括朝阳区、东城区和西城区。深入挖掘首都文化内涵，依托北京中轴线中段和北段，充分展示首都文化休闲功能，彰显"双奥"遗产特色，着力提升"双奥之城"整体形象。

城市活力时尚区。包括石景山区、海淀区南部。以首钢赛事场馆和五棵松体育中心为核心，做好工业遗产保护利用和奥运场馆可持续利用，有效推进体育与科技、文化、商务等融合发展，拓展体育健身消费，打造城市活力中心，建设奥林匹克运动推动城市发展的典范。

体育科技创新区。包括海淀区北部、延庆区中部和南部、昌平区中部和南部。以中关村延庆园体育科技创新园为核心，整合海淀科技优势和昌平美丽健康产业优势，加快发展高端服务业，提供体育与旅游、文化、科技、康养相融合的多元化服务，创新体育文化旅游融合发展模式。

生态休闲发展区。包括延庆区东部、西部和北部，宣化区、下花园区、怀来县、涿鹿县、赤城县。依托北京世园公园、延庆世界地质公园、世界葡萄博览园、野鸭湖国家湿地公园、龙庆峡、玉渡山、延怀河谷葡萄康养旅游区、赤城温泉等资源，推动运动拓展、现代园艺、葡萄酒生产等与其它相关产业融合发展，丰富温泉康养度假业态类型，努力建成北方旅居康养目的地、世界葡萄酒品游胜地。

长城文化体验区。包括昌平区北部、延庆区南部、桥东区、桥西区、宣化区、万全区、崇礼区、怀来县、涿鹿县、赤城县等长城沿线地区。依托长城国家文化公园建设，以区域内长城及其所处自然环境为核心，加强整体性、系统性保护展示，全面推进长城文物和文化资源保护传承利用，丰富长城文化旅游产品，传承弘扬长城精神和长城文化。

草原生态运动区。包括张北县，与沽源县、康保县、尚义县、察北管理区、塞北管理区联动发展。充分发挥草原天路品牌影响力，以张北中都草原、沽源湿地草原、康保生态草原、尚义运动草原、河北黄土湾国家草原自然公园、塞北草原公园、白河体育运动休闲区为支撑，大力发展草原运动、自驾车房车旅游、低空旅游、避暑度假等业态。

第四章　加强奥运场馆赛后利用

第一节　打造赛事会展集聚地

打造重要赛事活动集聚地。提升赛事活动举办和服务水平，推动奥运场馆承接国内外各级各类冰雪竞技赛事，着力打造服务全国、辐射世界的顶级赛事集聚地。支持开展单板滑雪、空中技巧等具有较强观赏性的精品冰雪竞演活动，积极引入电子竞技、竞赛展演、时尚运动等特色赛事展会，推动品牌赛事多元化发展。

专栏1　重要赛事活动建设重点

支持承办国际雪联单板及自由式滑雪大跳台世界杯、国际雪联自由式滑雪空中技巧世界杯、国际雪联自由式滑雪U型场地世界杯、国际雪联自由式滑雪雪上技巧世界杯、国际雪联单板滑雪平行项目世界杯、国际雪联单板滑雪U型场地世界杯、国际雪联自由式滑雪空中技巧亚洲杯、国际雪联高山滑雪远东杯、国际雪联高山滑雪积分赛、国际雪联跳台滑雪洲际杯、国际雪联单板滑雪平行项目亚洲杯等国际品牌赛事；全国自由式滑雪U型场地锦标赛、全国单板滑雪U型场地锦标赛、全国自由式滑雪雪上技巧锦标赛、全国单板滑雪平行项目锦标赛、全国单板滑雪平行项目冠军赛、全国自由式滑雪空中技巧锦标赛、全国高山滑雪锦标赛、全国高山滑雪冠军赛等国家品牌赛事；越山向海人车接力赛、崇礼168超级越野赛、崇礼·古长城徒步比赛、"向·山（石景山）礼（崇礼）"自行车挑战赛等特色品牌赛事。

建设冰雪运动训练基地。依托奥运场馆及设施，引进国际一流冰雪人才培训系统，优化冰雪人才队伍，加强与国内外知名体育高校交流合作，加大冰雪运动人才培训力度，加快冰雪运动培训体系建设，打造延庆、崇礼国家综合训

练基地。将北京冰上项目训练基地和国家高山滑雪中心、国家雪车雪橇中心打造成国际训练比赛基地，建设技术领先、设施一流、环境优美的国际化冰雪专业训练基地。

积极举办区域赛事活动。以"赛城融合"为理念，塑造"一县（区）一品"体育赛事活动品牌，开展速度轮滑、越野滑轮、速度滑冰、越野滑雪、高山滑雪、跳台滑雪、雪地足球等冰雪品牌赛事和足球、赛马、赛车、跳台滑草等特色体育赛事活动，构建"专业赛事+原创赛事"的精品赛事体系。

专栏 2　区域品牌赛事活动建设重点

支持举办中国·长城越野英雄暨高原 T3 越野挑战赛、"一县（区）一品"冰雪主题活动、青少年花样滑冰锦标赛、"雪原探险"系列活动、怀来幽州古道超级越野赛等。

打造会展活动新高地。以奥运场馆和设施为依托，完善冬奥村服务配套设施，充分发挥京张两地龙头骨干企业的引领带动作用和重大功能性平台集聚作用，大力发展会展经济，举办一批具有国际影响力的会展活动，促成一批国际知名展会永久落户，积极推动京张地区交流合作，通过体育文化旅游产业链整合、多元化聚合和创新资源优化等方式，推进会展经济产业带建设，打造具有全球影响力的国际交流平台和会展活动新高地。

专栏 3　会展活动建设重点

支持举办国际冬季运动（北京）博览会、国际奥林匹克日、京张体育文化旅游带建设发展论坛、京张全季体育旅游嘉年华、延庆冰雪欢乐节、张家口零度以下经济发展大会、张家口冰雪运动高峰论坛、崇礼国际滑雪季、崇礼论坛等会展活动。

第二节　建设全民健身引领地

推广普及冰雪运动。推动奥运场馆向公众开放，坚持竞技体育和群众体育一体推进，将传播奥运精神、健身知识和发展冰雪运动结合起来，开展公益冰雪运动体验、欢乐冰雪季等群众性冰雪活动，推广普及群众性冰雪运动。建立健全冰雪运动发展政策体系，支持学校、社会俱乐部、社会培训机构与奥运场馆合作，开展冰雪运动进校园，创建冬令营、冰雪运动俱乐部、培训基地和课外活动中心，推广普及青少年冰雪运动项目，建设"带动三亿人参与冰雪运动"

示范区。

拓展全季体育运动。鼓励引入季节性、临时性体育和文化娱乐体验项目，在非雪季组织开展跳台滑草、轮滑、滑轮等与冰雪运动技能相关的赛事活动，实现奥运场馆四季运营。支持现有公园因地制宜增加体育设施，拓展体育功能。鼓励有条件的地方建设辐射面大、设施完善、功能健全的体育公园。

优化全民健身服务供给。积极推动奥运场馆服务提升，拓展体育赛事、群众健身、文化休闲、展览展示、社会公益等功能，改造完善场馆硬件设施，补齐全民健身设施短板。优化全民健身产品和服务供给，支持打造一批特色鲜明、功能完善、效益良好的体育服务综合体，加快建设一批有影响力的国家体育产业示范基地，认定一批国家体育产业示范单位、示范项目和国家体育旅游示范基地。

专栏4　全民健身引领地建设重点

支持举办中国冰雪大会、冰雪嘉年华、欢乐冰雪季、冰雪运动会、冰雪马拉松、红酒马拉松、农民冰雪大会、中国户外运动节、旱地滑轮比赛、张家口城市联赛以及徒步、骑行、马术等全民健身系列活动赛事；开展足球、篮球、气排球、滑冰、滑雪、健身操舞年度常态化群众赛事。

第三节　培育创新发展新场景

建设奥运文化传播窗口。支持符合条件的奥运场馆建设奥运博物馆，打造集文化展示、科技体验、科普研学于一体的奥运主题博物馆。加快推进北京冬季奥林匹克公园、延庆奥林匹克园区建设，强化奥运文化宣传展示功能，拓展群众公共文化活动空间。加快建设北京国际奥林匹克学院，支持创建富有中华体育精神和奥林匹克精神的世界一流体育大学。

提升奥运场馆使用效率。突出科技、智慧、绿色、节俭特色，推动奥运场馆赛后综合利用和低碳运行，支持奥运场馆低碳节能运营，积极打造"低碳场馆"典范。丰富奥运场馆利用方式，将场馆由单一的体育功能拓展至体育、文化、旅游和休闲娱乐的综合活动功能。深化奥运场馆体制机制改革，鼓励创新运营管理机制，探索建立奥运资产运营平台。探索通过委托经营、租赁、合作（资）经营，培训、引进专业人才等多种方式，加强与体育俱乐部、协会、培训机构、专业机构合作，努力实现专业化运营。在奥运场馆运营管理中融入更多中国元素，使之成为展示中国文化独特魅力的重要窗口，成为展示我国冰雪运动发展的亮丽名片。

打造创新创意新场景。依托 5G、8K 超高清视频、VR/AR、大数据、云计算、人工智能等现代科技，推动奥运场馆智慧化建设，提升智能化水平，打造一批数字化博物馆、数字化景区、数字化主题公园等创意化、特色化、沉浸式的消费体验新场景。推动二维码、人脸识别、智能穿戴、智能设备、无人机、机器人等广泛应用，提升服务的智能化、便利化水平。

带动周边区域发展。支持延庆区、崇礼区以奥运场馆为核心，充分利用自然生态优势，合理布局建设户外运动项目，让体育设施同自然景观和谐相融，加快发展区域特色旅游休闲等产业，同时整合各大滑雪场资源，打造休闲娱乐综合服务中心，提高度假服务接待能力，建设集运动、休闲、会议、度假为一体的高品质休闲度假地。

第五章　共筑文化发展高地

第一节　塑造优秀文化品牌

打造国际奥运文化名城。强化北京中轴线北段体育文化旅游功能，充分利用"鸟巢""水立方""冰丝带""奥林匹克塔"等奥运标志性建筑，提升北京奥林匹克公园影响力，打造奥林匹克文化集中展示区域，塑造"双奥之城"特色风貌。实施张家口城市品质提升行动，打造一批奥运城市特色街区，提高城市建设、管理、服务水平；拓展"雪如意"文化和旅游功能，打造集观光休闲、时尚餐饮、购物娱乐、会展演出等功能于一体的城市标志性建筑。深化与历届冬奥会举办城市交流与务实合作，打造具有国际影响力的冬奥城市品牌。

建设长城国家文化公园。利用好"长城脚下的奥运会"品牌，与长城国家文化公园建设保护联动发展。做好长城国家文化公园建设保护规划落地实施，科学构建管控保护、主题展示、文旅融合、传统利用四个功能区，加快实施保护传承、研究发掘、环境配套、文旅融合、数字再现五大工程。深入挖掘长城精神内涵、文化价值和景观价值，加快推动标志性工程项目建设，打造全国长城保护传承利用的示范样板。以八达岭长城为核心，统筹石峡关长城、大庄科长城、柳沟长城、榆林堡、岔道城等保护利用；以大境门和崇礼长城为核心，统筹宣府镇城、万全右卫城、赤城独石口长城、怀来样边长城等保护利用。推进中国长城博物馆改造提升。

专栏5　长城国家文化公园建设重点

保护传承工程。包括中国长城博物馆改造提升、大庄科明长城遗址公园建设、延庆古城遗址公园建设、永宁古城保护及建设、柳沟古城保护提升工程、崇礼长城景观展示及太子城遗址保护利用、大境门长城保护展示、张家口堡保护利用、青边口长城保护展示、怀来横岭城保护展示、万全长城卫所博物馆等。研究发掘工程。包括崇礼长城脚下森林音乐会、长城主题影视剧制作、长城主题纪录片制作等。环境配套工程。包括京畿长城风景道、赤城县长城风景道建设等。文旅融合工程。包括八达岭文化街区建设工程、太子城冬奥文旅融合区、大境门长城—万里茶道文旅融合区等。数字再现工程。包括长城数字云平台等。

培育百年京张文化品牌。深入挖掘京张铁路的重大历史价值，加强对京张铁路沿线站点重要文化遗产资源的保护与创新利用。整合沿线历史遗迹、红色文化、工业遗址、现代农业等资源，推进与京张铁路密切相关的重点项目建设，打造主题展示、文化体验、爱国主义教育等文化休闲新空间。推动开行"百年京张"主题旅游专列。

专栏6　百年京张文化品牌建设重点

加强对京张铁路清华园站、清河站、青龙桥站、康庄站、张家口站、宣化站等科学保护与创新利用，加快京张铁路遗址公园建设和詹天佑纪念馆改造提升。打造融入北京古都文化、红色文化、京味文化、创新文化和张家口民俗文化，集人文、教育、休闲、体验等于一体的主题旅游专列。

第二节　加强文化遗产保护传承利用

加强文物保护利用。将京张地区文物保护与老城保护、城市更新相结合，强化本体保护和风貌管控。加强文物展示利用，活化利用文物资源，推进文物合理利用。加快推进太子城考古遗址公园、元中都国家考古遗址公园等建设，以科技赋能提升展示利用水平，推出一批观光休闲类、研学科考类、文化溯源与体验类文化旅游产品。加大京张地区革命文物保护力度，切实把革命文物保护好、管理好、运用好。依托京张地区革命文物资源，发展红色旅游、研学旅游，推动红色旅游景区提质升级。做好统筹规划，合力推进晋察冀革命文物保护利用片区革命文物连片保护。

提高非物质文化遗产保护传承水平。深入挖掘京张地区非物质文化遗产资源，推进文化生态保护实验区建设。加强新型城镇化建设中的非物质文化遗产保护，开展京张地区"非遗在社区"工作。建设非遗工坊、传统工艺工作站，以及非遗特色村镇、街区。推动建设非物质文化遗产馆、传承体验中心（所、点）等集传承、体验、教育、培训、旅游等功能于一体的传承体验设施体系。

提升工业遗产利用水平。强化工业遗产活化利用，推进旧厂区更新改造，做好历史文化价值评估，完善建筑功能和配套设施，打造特色社区、园区。鼓励利用工业遗产和老旧厂房资源，建设工业遗址公园、工业博物馆，打造工业文化产业园区、特色街区，培育工业旅游、工业设计、文化创意等新业态、新模式。打造以工业遗产为载体的体验式旅游、研学旅游等精品线路，改造利用老厂区、老厂房、老设施发展文化创意园区。

专栏7　工业遗产活化利用建设重点

加快推进新首钢高端产业综合服务区、首创·郎园 Park 文化产业园、石景山热电厂文创园、辽代冶铁遗址公园、龙烟铁矿主题文化公园等建设。

第三节　推进文化创新发展

繁荣文化艺术创作。支持开展以奥林匹克运动会、长城国家文化公园、百年京张铁路等为主题的艺术创作，推出一批富有时代特色的精品力作。持续推动京张体育文化旅游带各艺术门类均衡发展，挖掘整理、复排提升一批传统（保留）剧目，全面提升艺术创作水平。坚持现实题材、革命历史题材、传统题材并重，结合新技术应用，突出沉浸式体验，创新推出一批旅游演艺精品。支持创作一批既体现京张地区历史文化又有时代特色的原创动漫精品。

提升公共文化服务水平。探索创新图书馆、文化馆等运营模式，结合总分馆制建设，推动图书馆、文化馆等公共文化场馆在奥运场馆、酒店、旅游景区、乡村民宿等开设分馆，探索建设一批与体育、旅游空间融合共生的主题性阅读场所。鼓励博物馆、美术馆、文化馆等建立合作联盟，实现公共文化资源共享。健全群众性文化活动机制，围绕奥运文化、长城文化等，创新开展主题文化活动和传统民俗文化活动，形成一批有影响力的城乡群众文化活动品牌。

专栏 8 群众性文化活动建设重点

支持举办京冀奥运文化艺术节、北京长城文化节、北京国际花园节、世园音乐节、龙庆峡冰灯艺术节等群众性文化活动。

提升文化产业发展质量。加快发展数字创意、数字娱乐、网络视听、线上演播、数字艺术展示、沉浸式体验等新业态，丰富个性化、定制化、品质化的数字文化产品供给。合理布局一批特色鲜明、主业突出、集聚度高、带动性强的文化产业园区，形成面向区域和行业的协同创新平台、促进文化企业发展的重要载体。充分发挥市场机制作用，提升文化产业园区服务企业能力和水平，推动园区由要素集聚空间向创新发展平台转变。

专栏 9 文化产业园区建设重点

加强配套设施建设，推动北京朝阳国家文化产业创新实验区、北京东城特色文化创意园区等提档升级。加快推进延庆世园音乐文化产业园建设，形成世园系列音乐节、长城音乐季与张北草原音乐节、怀来天漠音乐节良性互动，带动京张地区音乐产业发展。

提高创意产品开发水平。大力推动奥运、长城、京张铁路等主题文化创意产品开发，加大"京张好礼"研发力度，提升"京张好礼"科技含量。促进创意设计与实体经济、现代生产生活相融合，加快培育具有京张地区特色文化元素的文化创意产品和旅游商品。支持举办文化和旅游创意产品大赛、推进活动等，建设产业信息交流交易平台，推动建立企业、市场与院校协作的产品研发体系，加快实施一批易开发、能转化、有市场的优质项目，促进成果转化利用。

第六章 推动旅游业高质量发展

第一节 实施旅游精品建设工程

加强高等级旅游景区建设。加强景区资源整合、产品培育和开发管理，充分挖掘文化内涵，推动景区与城区、社区、园区一体化发展。实施景区提升工程，支持重点景区丰富产品、创新业态、完善设施、提升服务，创建国家高等级旅游景区，全面提升吸引力和影响力。充分发挥世界文化遗产和国家 5A 级旅游景区带动区域发展的龙头作用，支持建设世界级旅游景区。

专栏 10　高等级旅游景区建设重点

充分发挥八达岭长城旅游区带动作用，联动水关长城和八达岭古长城建设发展。支持野鸭湖国家湿地公园、世界葡萄博览园、龙庆峡景区、大境门景区、密苑云顶乐园、崇礼翠云山景区、元中都国家考古遗址公园、官厅水库国家湿地公园、天保·那苏图景区、檀邑溪谷文化园、宣化古城景区、万全右卫城、鸡鸣驿景区等建设国家高等级旅游景区，根据创建进展情况实施有进有出的动态化调整。

鼓励发展旅游度假区。依托冰雪、温泉、草原、葡萄酒庄等资源，大力发展休闲度假旅游，加强对京张地区建设高品质旅游度假区的指导，鼓励并支持创建更多的省级以上旅游度假区。积极发挥国家级旅游度假区的带动作用，支持打造世界级旅游度假区。提高旅游度假区的主题化、特色化水平，引导休闲度假业态集聚式发展。

专栏 11　旅游度假区建设重点

支持北京世园公园、怀来葡萄温泉康养旅游度假区、赤城温泉旅游度假区等创建省级以上旅游度假区。依托草原天路、大海陀等良好生态资源，积极对接国内外旅游市场需求，推动建设一批主题风格突出、度假设施齐备、配套服务完善、度假活动丰富、具有国际品质的旅游度假区。

加强旅游休闲街区建设。结合各地历史文化街区改造提升、特色商业休闲街区打造，充分发挥自然生态、历史人文等独特资源优势，通过实施文化挖掘、产业发展、业态培育、设施建设、生态保护等项目，积极发展文化体验、购物消费、演艺娱乐、特色美食等产品，推动打造一批文化特色鲜明的旅游休闲街区，满足本地居民和外地游客休闲消费需求。

专栏 12　旅游休闲街区建设重点

支持 751D·PARK 北京时尚设计广场、石景山郎园 park、华熙 LIVE·五棵松、乐多港假日广场、海淀悦界主题街区、张山营冬奥国际特色风情街、永宁古城历史文化街、井庄镇柳沟文化特色美食街、岔道古城美食街和张家口堡子里、崇礼区商贸新区、桥东工业主题美食街区、京张铁路（张家口）文化旅游街区、宣化庙底街和牌楼西街、张北明清一条街、万全右卫作坊美食街创建省级以上旅游休闲街区，根据创建进展情况实施有进有出的动态化调整。

推动乡村旅游提质升级。进一步提升现有全国乡村旅游重点村镇发展质量，充分发挥示范带动作用，引领带动周边村镇发展。丰富乡村旅游文化内涵，推进传统村落保护利用，打造一批生态观光型、休闲度假型、乡村体验型、民俗文化型、产业融合型等特色项目，推出一批全国乡村旅游重点村镇，加强乡村旅游示范引领。优化乡村旅游产品供给，塑造乡景、乡居、乡味、乡礼、乡俗的"畅游京张"乡村旅游品牌，依托"四好农村路"开展乡村旅游，推动乡村旅游高质量发展。

专栏 13　乡村旅游建设重点

支持延庆区八达岭镇、井庄镇柳沟村、刘斌堡乡姚官岭村、刘斌堡乡小观头村、八达岭镇石峡村、旧县镇东龙湾村、张山营镇后黑龙庙村、井庄镇三司村、旧县镇盆窑村，昌平区十三陵镇仙人洞村，张家口市张北县小二台镇德胜村等全国乡村旅游重点村镇提升发展质量，带动周边村镇发展。

推进全域旅游发展。支持延庆区、昌平区进一步完善协调发展机制，按照共建共享发展理念推动全域旅游向纵深发展，提升国家全域旅游示范区发展质量。支持崇礼区、张北县、怀来县、赤城县等旅游资源富集、发展基础较好的区县，按照重点景区引领、体育文化旅游融合发展、特色资源驱动等全域旅游发展模式，对区域内旅游资源、生态环境、公共服务等进行系统性优化提升，促进区域资源有机整合、产业深度融合、社会共建共享，带动全区域、全要素、全产业链发展。

第二节　推进特色旅游发展

大力发展冰雪旅游。突出资源环境和冰雪文化特色，加大冰雪旅游设施建设力度，提升产品服务水平，推动建设健身休闲、竞赛表演、运动培训、文化体验一体化的滑雪旅游度假地。鼓励结合自身冰雪旅游资源，推出一批兼具民俗风情和冰雪文化特色的冰雪旅游主题精品线路，建设一批集滑雪、登山、徒步、自驾、非遗体验、冰雪文化展示等多种体育文化旅游活动为一体的高品质、复合型的冰雪旅游基地。

专栏 14　冰雪旅游建设重点

发挥冰雪赛事带动作用，推动延庆区、崇礼区打造高品质国家级滑雪旅游度假地。支持延庆区以海陀山奥运村为中心，全面整合松山、玉渡山、龙庆峡、阪泉体育公园等优质生态旅游资源和八达岭、石京龙、张山营大众滑雪场等冰雪资源，持续推进国家级滑雪旅游度假地建设。支持崇礼区以太子城奥运村为中心，全面整合太舞、云顶、万龙等滑雪场资源，推动建设质量高、功能全的国家级滑雪旅游度假地。

大力发展自驾旅游。依托长城、草原、山地等资源，充分发挥草原天路品牌影响力，加快推进旅游风景道建设，合理规划建设骑行专线、休闲步道系统、绿道系统、交通驿站等，打造生态、游憩、体验、运动等复合功能的自驾旅游交通路网。重点培育一批自驾游和露营地连锁品牌企业，完善自驾车旅居车营地、驿站等服务网络，构建汽车房车共享租赁体系，优化网上预订、送车、异地还车服务等功能，形成网络化的自驾车旅居车旅游服务体系。

积极发展避暑旅游。依托优越的气候条件和旅游资源，充分发挥现有滑雪场场地和接待设施作用，推出山地自行车、山地越野、露营、徒步、野外拓展、滑草等系列产品，完善配套设施，提升服务水平，加强高品质避暑旅游产品开发和供给。引导以冰雪旅游为主的旅游景区和度假区探索发展夏季服务业态。结合市场需求，大力推进"避暑+研学旅游""避暑+休闲度假"发展。

第三节　加强旅游要素支撑

培育美食产品体系。以京张地区老字号美食为核心，打造老字号品牌集群，加大餐饮老字号品牌的宣传力度，积极培育与体育文化旅游活动相配套的美食街区，开展各类老字号美食节活动。以京张地区特色乡村美食为核心，实施"乡村旅游餐饮提升行动"，挖掘饮食文化、提升烹饪技巧，打造京张地区乡村美食产品体系，向游客提供"舌尖上"的乡土美食。

提升住宿产品品质。充分发挥京张地区高品质酒店和高星级旅游饭店的品牌优势和集聚效应，提升京张地区住宿设施品质，增强文化内涵，提高服务管理水平。办好北方民宿大会，打造"冬奥人家""长城人家""世园人家""山水人家"等一批特色乡村民宿品牌，推动向品牌化集群化方向发展。

完善智慧旅游体系。有效整合现有公共服务平台，拓宽旅游公共服务信息采集渠道，推动体育、文化、旅游、公安、交通、气象等部门数据的开放共享，加强旅游大数据应用，综合运用大数据、云计算等技术，在公共服务平台上及时发布实时游客量、道路出行、气象预警等信息，提供更为智慧便捷的公共服务。提升国家全域旅游示范区、国家5A级旅游景区、国家级旅游度假区等各类旅游重点区域5G网络覆盖水平。

打造精品旅游线路。依托京礼高速、京藏高速、京新高速等国省干线公路和京张高铁，推进跨区域资源要素整合，重点培育打造冬奥冰雪之旅、长城古道之旅、绿色生态之旅、红色研学之旅、京张铁路之旅、万里茶道之旅等一批品牌效应好、辐射范围大、吸引力强的精品旅游线路。

专栏15　精品旅游线路建设重点

冬奥冰雪之旅：石景山区（首钢滑雪大跳台等）—海淀区（五棵松体育中心、首都体育馆等）—朝阳区（国家体育场、国家游泳中心、国家体育馆、国家速滑馆等）—延庆区（国家雪车雪橇中心、国家高山滑雪中心、北京冰上项目训练基地等）—崇礼区（国家越野滑雪中心、国家跳台滑雪中心、国家冬季两项中心等）。

长城古道之旅：昌平区（居庸关长城等）—延庆区（八达岭长城、水关长城、岔道古城等）—怀来县（样边长城等）—赤城县（独石口长城等）—宣化区（宣化古城等）—万全区（万全右卫城等）—桥西区（大境门等）—桥东区（青边口长城等）—崇礼区（崇礼长城等）。

绿色生态之旅：昌平区（十三陵国家森林公园等）—延庆区（北京世园公园、野鸭湖国家湿地公园、八达岭国家森林公园、玉渡山、松山、龙庆峡、阪泉森林公园等）—怀来县（官厅水库等）—赤城县（大海陀自然保护区等）—张北县（草原天路等）。

红色研学之旅：东城区（天安门广场、中国国家博物馆、中国铁道博物馆等）—海淀区（香山双清别墅、京张铁路遗址公园等）—延庆区（平北抗日烈士纪念园等）—桥东区、宣化区（晋察冀军区司令部旧址、察哈尔烈士陵园、察哈尔省民主政府旧址、察哈尔民众抗日同盟军烈士纪念塔等）—张北县（张北国防教育基地等）。

京张铁路之旅：海淀区（京张铁路遗址公园等）—昌平区（黄土店站、南口站等）—延庆区（八达岭站、康庄站、延庆站、青龙桥站、詹天佑纪念馆等）—怀来县（沙城站等）—桥东区（张家口北站等）。

万里茶道之旅：张北县（哈柳图台土城遗址等）—桥西区（张家口堡、大境门、察哈尔都统署旧址等）—崇礼区（古商道遗址、喇南营戏楼、察汗陀罗大店遗址等）—宣化区（宣化古城等）—怀来县（鸡鸣驿等）。

第四节　着力推进融合发展

积极促进业态融合。推动体育、文化、旅游、科技、会展等多业态融合发展，不断培育新业态。开发一批以"冰雪体育休闲+冰雪体育文化"为主题的户外休闲运动产品，丰富冰雪竞赛表演、冰雪休闲度假、冰雪培训、冰雪民俗节庆等业态，举办多元化冰雪体育节事赛事活动，打造自主冰雪体育活动品牌。推动传统技艺、表演艺术等门类非遗项目进体育场馆、进景区度假区。加大体育文化旅游资源普查、梳理、挖掘力度，积极打造体育+旅游、非遗+旅游、研学+旅游等"+旅游"产品。鼓励体育、文化、旅游与数字经济深度融合，发展在线健身、线上演播、沉浸式体验等新业态。

培育消费新热点。支持开发集运动休闲、文化创意、康养度假等主题于一体的体育文化旅游消费新产品，推出更多健身、运动、研学、生态、文化遗产等专题线路和项目，推动都市休闲、节事赛事、温泉养生、工业旅游、乡村旅游等提质升级。丰富夜间经济消费业态，打造夜间文化和旅游消费集聚区。积极引导冰雪、山地户外、水上、足球、汽车摩托车、低空等运动项目产业布局，鼓励开发一批以滑雪、骑行、攀岩、皮划艇、滑翔伞、汽车越野、露营等为代表的户外项目。探索发展保护环境、节约能源、降低污染的绿色旅游，实现生态保护、绿色发展和旅游发展相统一。顺应群众消费升级趋势，积极培育定制消费、体验消费、智能消费、时尚消费等消费新热点，支持建立促进体育文化旅游消费的长效机制。

着力推进市场融合。鼓励体育、文化、旅游机构和企业对接合作，支持跨行业企业做优做强，推动形成一批以体育文化旅游为主业、以融合发展为特色，具有较强竞争力的领军企业和骨干企业。优化营商环境，促进创新创业平台和众创空间服务升级，为体育文化旅游领域中小微企业、民营企业营造良好的发展环境。对新业态新领域实施包容审慎监管，引导建立市场信用体系，实施各类专项整治、专项保障活动。鼓励优质企业和资本按市场化原则投资京张地区体育文化旅游项目。

第七章 深化区域协同发展

第一节 构建快旅慢游交通体系

完善航空运输服务网络。增强北京首都、大兴机场辐射带动功能，完善张家口宁远机场航线网络。发展通用航空，有序推进一批通用机场建设，促进构建"干支通、全网联"的航空运输服务网络。

完善铁路公路运输服务网络。推动利用现有铁路开行城际和市域（郊）列车，加快建设铁路旅游专线。提升高铁站点与城区、奥运场馆以及重点旅游景区度假区的便捷通达能力，打造"高铁+域内旅游公交"的新型旅游交通模式。推动国省干线公路升级改造，提升通行服务保障能力，推进奥运场馆以及重点旅游景区度假区与交通干道的有效串联

专栏16 铁路公路运输服务网络建设重点

提升市郊铁路S2线旅游交通功能，制定更加合理的列车开行方案。加快推进延庆区昌赤路、G6辅路等配套交通基础设施工程。推进国道G335京冀界至G112段改建工程、国道G112四道沟至千松梁段改建工程等项目。加强京张高铁八达岭长城站、延庆站、张家口站、太子城站等交通接驳，优化公交站点和线路，推动开通奥运场馆以及重点旅游景区度假区直通车、公交旅游专线、快速公交。

建立智慧交通系统。运用5G、大数据、人工智能、区块链等新一代信息技术，建设新型智慧交通基础设施，完善交通标识体系，搭建交通能源互联网，提高交通应急处置和调度能力，提升游客出行体验及停车场使用效率。推行移动、无感、智能交通安检技术，建立综合交通调度指挥和应急处置系统。加快停车场数字化改造升级，建立智慧停车平台、汽车房车共享租赁平台。

第二节 共建优美生态环境

优化区域生态空间。在不影响河道行洪安全前提下，在桑干河、洋河、白河两岸和高铁、高速等重要通道沿途重点区域，依法有效扩充森林、草原、湿地生态空间，实现区域生态一体化、城乡绿化一体化，为京张体育文化旅游带建设构建良好的生态空间。支持张家口、延庆纳入国家生态综合补偿试点，建立健全横纵向流域生态补偿机制、多元化生态补偿机制等。

改善提升环境质量。实施重点领域、重点大气污染物治理和管控，加强细

颗粒物和臭氧协同控制，积极稳妥应对不利气象条件，巩固提升区域环境空气质量。实施官厅水库上游永定河流域、密云水库上游白河流域综合治理与生态修复工程，加快推进流域沿线两岸退水还旱及农业面源污染治理，因地制宜推进生态清洁小流域建设，实施农村人居环境改善工程，推动流域质量持续巩固提升。实施沿河沿路重点区域小流域综合治理、矿山修复治理、草原湿地生态治理，提升绿化美化水平。实施土壤污染防治，加强源头管控和质量监测，确保区域土壤环境质量安全。推动噪声污染防治，构建宁静、和谐、宜居环境。加强污染联防联控联治，优化提升生态环境质量，擦亮绿色生态名片。

系统保护自然资源。加强现有国家级自然保护区、国家级风景名胜区和国家森林公园、国家湿地公园等自然公园的保护管理。建立完善自然保护地体系，制定自然保护地分类分级标准，推动各类自然保护地科学管理。探索自然保护与资源利用新模式，提高自然保护地管理效能和生态产品供给能力。

第三节　推动产业分工协作

体育运动装备研发制造。构建"北京研发定制+张家口生产销售"产业链条模式，引进高端冰雪装备和户外运动研发制造企业，建设集装备研发、设计、制造、检测、流通、仓储于一体的国家冰雪装备生产基地，打造冰雪轻装备、重装备以及户外运动产品，形成一批知名户外运动装备品牌。依托张家口高新区冰雪运动装备产业园、宣化冰雪产业园，研发雪服、雪板等轻装备以及索道、造雪机等重装备，推动张家口市"冰天雪地"科技企业孵化器等发展，打造国家冰雪装备生产基地。

大数据及无人机产业发展应用。积极承接北京研发生产应用产业转移，加快发展大数据产业，在共享数据资源、数字化运营、精准营销、智能化管理等方面，强化大数据技术和思维的运用。大力发展无人机产业，加强无人机产品在体育文化旅游领域的应用。

共建产业创新平台。发挥北京市带动作用，推动建立体育科技、文化时尚前沿阵地，共建体育科技和文化创意研发制造高地。加强中关村科技园区、中关村延庆园体育科技创新园、新首钢高端产业综合服务区等创新平台建设，丰富体育科技、文化创意应用场景，培育壮大一批市场主体。

第四节　完善公共服务体系

推进公共服务融合。协同推进体育文化旅游公共服务设施融合，统筹推进公共服务设施建设管理，探索建设、改造一批综合服务设施，构建主客共享的体育文化旅游新空间，更好发挥为居民和游客服务的综合效益。拓展文化广场、博物馆、文化馆、图书馆、纪念馆、青少年活动中心、青少年校外体育活动中心等体育文化公共服务设施旅游功能，提高公共服务设施利用效率。

完善全域旅游服务设施。完善机场、火车站、汽车站、高速公路服务区、休闲街区等重点区域旅游服务功能。健全国省干线公路、通景公路沿线加油站、公路养护站、观景台、旅游厕所等服务设施，优化京张地区旅游线路游览标识系统。依托自然资源富集区、重点旅游景区度假区和重要交通节点，配套建设自驾车旅居车营地。依托旅游集散中心、高速服务区、铁路站点、机场等重要交通枢纽，完善新能源汽车配套服务体系。

构建安全应急服务体系。建立跨区域救援机制和户外运动探险救援救助机制，完善医疗应急救援和疫情防控体系，健全安全监管体系，强化赛事活动安全管理，加强交通、消防、特种设备、地质灾害、气象灾害等重点领域的安全监管。健全安全风险监测、评估和预警制度，提升应急处置能力。

第八章　规划实施保障

第一节　合理保障用地用水需求

优先保障符合国土空间规划且不存在违法用地的重大项目建设用地指标需求，可采取划拨、出让、租赁、作价出资或者入股等灵活多样方式供地。在符合国土空间规划和相关政策前提下，支持滑雪场等重点建设项目选址和办理用地手续，依法优先办理农用地转用、土地征收审批手续。在不破坏生态环境的条件下，现有项目在非生态核心区可适当建设配套设施。鼓励农村符合条件的集体建设用地以出让、租赁、作价出资或者入股等入市方式参与项目建设。支持开展空置率30%以上村、旧厂房、荒地荒滩等改造开发利用试点示范。在不改变用地主体、规划条件的前提下，可探索实行继续按原用途和土地权利类型使用土地的过渡期政策。支持重点企业"腾笼换鸟"，利用存量土地以及空闲厂房、农村空闲住房等存量房产发展体育文化旅游产业。支持滑雪场合理用水需求，鼓励优先使用再生水。

第二节　完善支持扶持机制

通过现有资金渠道，加大对京张体育文化旅游带基础设施和公共服务体系建设的支持力度。按照中央与地方财政事权和支出责任划分改革要求，完善中央和省市支持机制，推动实施京张体育文化旅游带重点项目。鼓励各类金融机构创新产品和服务，按市场化原则为相关项目提供贷款。支持通过政府和社会资本合作、市场化等方式融资，引导社会资本按市场化原则广泛参与体育文化旅游重点项目。支持符合条件的体育、文化、旅游企业上市，鼓励创新型企业利用经营收费权、知识产权等无形资产抵（质）押贷款，通过股权转让等方式融资。探索上市企业和综合实力强的大中型企业跨区域跨行业股权投资、并购和重组。对符合条件的体育文化旅游企业，支持发行公司信用类债券融资。允许景区以门票收费权作抵押为景区开发建设进行贷款。加大对中小微企业和乡村旅游经营主体的信贷支持力度，允许乡村旅游经营主体以农村承包土地经营权作抵押进行贷款。

第三节　强化人才科技支撑

建立京张地区奥运场馆人才联盟，支持京张地区院校、科研机构、企业、产业园区（基地）共建人才培养基地，加大冰雪运动教练员、社会体育指导员培养力度。探索设立院士、博士后工作站，加强与国内外知名研究院所、咨询机构的联系交流，建立京张体育文化旅游发展智库，建设一批高技能人才孵化基地。制定高科技企业培育行动计划，支持一批从事体育文化旅游行业的科技企业打造创新型示范企业，带动引领产业发展。

第四节　加强统一宣传推广

建立联合营销机制，创新宣传营销措施，加强京张体育文化旅游带统一宣传，构建统一品牌形象体系。积极开展宣传推广活动，提升国内外知名度和影响力。加强区域内各类体育文化旅游项目IP研发，实现IP内容与体育文化旅游活动有机结合，打造体育文化旅游融合IP形象和示范品牌。加强与共建"一带一路"国家在体育、文化、旅游领域合作。依托"北京入境旅游全球战略合作伙伴计划"平台，用好144小时过境免签政策，开展整体对外交流和宣传推广。搭建国际交流合作平台，支持举办国际论坛、国际展会、学术研讨会等重大活动。充分利用海外中国文化中心、驻外旅游办事处等驻外机构，加快实现京张体育文化旅游品牌产品"走出去"。

第五节　强化规划组织实施

按照"部门协调、省市负责、区县抓落实"的方式，切实推动规划实施工作。将京张体育文化旅游带建设纳入京津冀协同发展工作内容，加强规划实施的跟踪分析、督促检查和综合协调，全面了解规划实施情况和效果。文化和旅游部、国家发展改革委、国家体育总局会同相关部门，定期对规划实施进展及相关情况进行跟踪和评估，协调解决重大活动举办、区域品牌宣传、跨区域项目建设、交流合作事项等方面的重大问题，确保规划落实落地。

资料来源：文化和旅游部网站。

附录 13　相关文件目录

表 11　相关文件目录

序号	标题	成文日期	发布日期	废止日期	发文机关	发文字号
1	国务院办公厅关于成立北京 2022 年冬奥会和冬残奥会组织委员会的通知	2015 年 12 月 22 日	2015 年 12 月 28 日		国务院办公厅	国办发〔2015〕91 号
2	北京 2022 年冬奥会和冬残奥会组织委员会公告	2016 年 7 月 31 日	2016 年 8 月 11 日		北京冬奥组委	
3	国务院关于河北省张家口赛区冬奥会建设项目投资审批改革试点的批复	2017 年 5 月 4 日	2017 年 5 月 12 日		国务院	国函〔2017〕56 号
4	财政部 税务总局 海关总署关于北京 2022 年冬奥会和冬残奥会税收政策的通知	—	2017 年 7 月 12 日		财政部、税务总局、海关总署	财税〔2017〕60 号

续表

序号	标题	成文日期	发布日期	废止日期	发文机关	发文字号
5	教育部 国家体育总局 北京冬奥组委关于印发《北京2022年冬奥会和冬残奥会中小学生奥林匹克教育计划》的通知	2018年1月30日	—		教育部、国家体育总局、北京冬奥组委	教体艺〔2018〕1号
6	北京市教育委员会 北京市体育局 北京冬奥组委新闻宣传部关于实施北京2022年冬奥会和冬残奥会北京市中小学生奥林匹克教育计划的意见	2018年7月6日	2018年8月20日		北京市教育委员会、北京市体育局、北京冬奥组委新闻宣传部	京教体艺〔2018〕15号
7	国务院关于河北省继续开展张家口赛区冬奥会建设项目投资审批改革试点的批复	2020年4月28日	2020年5月6日		国务院	国函〔2020〕53号
8	河北省人民政府办公厅关于认真贯彻落实《国务院关于河北省继续开展张家口赛区冬奥会建设项目投资审批改革试点的批复》的通知	2020年7月3日	2020年7月3日		河北省人民政府办公厅	冀政办字〔2020〕101号

序号	标题	成文日期	发布日期	废止日期	发文机关	发文字号
9	工业和信息化部 北京冬奥组委联合发布《北京2022年冬奥会和冬残奥会筹备期间及赛时无线电管理规定》	—	2021年5月10日	北京2022年冬残奥会结束后一周	工业和信息化部、北京冬奥组委	
10	北京市人民代表大会常务委员会关于授权市人民政府为保障冬奥会筹备和举办工作规定临时性行政措施的决定	—	2021年7月31日	冬奥会闭幕之日后十五日	北京市人民代表大会常务委员会	
11	河北省人民政府关于在北京2022年冬奥会和冬残奥会期间对相关区域实施无线电管制的通告	2022年1月14日	2022年1月14日		河北省人民政府	
12	北京市人民政府关于北京2022年冬奥会和冬残奥会期间采取临时交通管理措施的通告	2022年1月11日	2022年1月14日	2022年3月16日	北京市人民政府	京政发〔2022〕2号

续表

序号	标题	成文日期	发布日期	废止日期	发文机关	发文字号
13	北京市人民政府关于北京2022年冬奥会和冬残奥会期间对广告设施采取临时管理措施的通告	2022年1月12日	2022年1月14日	2022年3月13日	北京市人民政府	京政发〔2022〕3号
14	北京市人民政府关于在北京2022年冬奥会和冬残奥会期间对本市部分区域实施无线电管制的通告	2022年1月14日	2022年1月14日		北京市人民政府	京政发〔2022〕1号
15	北京市人民政府关于北京2022年冬奥会和冬残奥会开幕式闭幕式及彩排预演期间燃放烟花的公告	2022年1月14日	2022年1月20日		北京市人民政府	京政发〔2022〕4号
16	文化和旅游部 国家发展改革委 国家体育总局关于印发《京张体育文化旅游带建设规划》的通知	2022年1月29日	2022年1月30日		文化和旅游部、国家发展改革委、国家体育总局	
17	中共中央 国务院关于表彰北京冬奥会、冬残奥会突出贡献集体和突出贡献个人的决定	2022年4月8日	2022年4月8日		中共中央、国务院	

续表

序号	标题	成文日期	发布日期	废止日期	发文机关	发文字号
18	中共北京市委 北京市人民政府 北京冬奥组委关于表彰北京 2022 年冬奥会、冬残奥会北京市先进集体和先进个人的决定	2022 年 4 月 19 日	2022 年 4 月 20 日		中共北京市委、北京市人民政府、北京冬奥组委	
19	中共河北省委 河北省人民政府 北京冬奥组委关于表彰 2022 年冬奥会、冬残奥会河北省先进集体和先进个人的决定	2022 年 4 月 19 日	2022 年 4 月 20 日		中共河北省委、河北省人民政府、北京冬奥组委	

资料来源：中央人民政府网、北京市人民政府网、中国教育部网、河北省人民政府网、国家体育总局体育经济司网。

附录 14　历届冬奥会和冬残奥会

表 12　历届冬奥会和冬残奥会

年份	冬奥会			冬残奥会		
	届次	举办地	标志	届次	举办地	标志
1924	第 1 届	法国夏蒙尼				
1928	第 2 届	瑞士圣莫里茨				
1932	第 3 届	美国普莱西德湖				
1936	第 4 届	德国加米施-帕滕基兴				

续表

年份	冬奥会			冬残奥会		
	届次	举办地	标志	届次	举办地	标志
1948	第 5 届	瑞士圣莫里茨				
1952	第 6 届	挪威奥斯陆				
1956	第 7 届	意大利 科蒂纳丹佩佐				
1960	第 8 届	美国斯阔谷				
1964	第 9 届	奥地利 因斯布鲁克				
1968	第 10 届	法国 格勒诺布尔				
1972	第 11 届	日本札幌				

续表

年份	冬奥会			冬残奥会		
	届次	举办地	标志	届次	举办地	标志
1976	第 12 届	奥地利 因斯布鲁克		第 1 届	瑞典 恩舍尔兹维克	
1980	第 13 届	美国 普莱西德湖		第 2 届	挪威耶卢	
1984	第 14 届	南斯拉夫 萨拉热窝 （现属波黑）		第 3 届	奥地利 因斯布鲁克	
1988	第 15 届	加拿大 卡尔加里		第 4 届	奥地利 因斯布鲁克	
1992	第 16 届	法国 阿尔贝维尔		第 5 届	法国 阿尔贝维尔	
1994	第 17 届	挪威 利勒哈默尔		第 6 届	挪威 利勒哈默尔	

年份	冬奥会			冬残奥会		
	届次	举办地	标志	届次	举办地	标志
1998	第18届	日本长野		第7届	日本长野	
2002	第19届	美国盐湖城		第8届	美国盐湖城	
2006	第20届	意大利都灵		第9届	意大利都灵	
2010	第21届	加拿大温哥华		第10届	加拿大温哥华	
2014	第22届	俄罗斯索契		第11届	俄罗斯索契	
2018	第23届	韩国平昌		第12届	韩国平昌	
2022	第24届	中国北京		第13届	中国北京	

后 记

　　本书的编写工作，自 2022 年 5 月启动，到 2023 年 10 月付梓，历时一年有半。从资料收集、事件筛选、图文整理、文稿编撰，到核查统稿、编辑加工、修改完善，全体参编人员付出了大量时间和精力。且大量的工作完成于新冠疫情延宕反复的情况下，实属不易。

　　北京冬奥会大事记编写动议源自我们对北京冬奥会重大意义的认识、研究需求和当前缺少一部系统完整的工具书。我们认为，对北京冬奥会这样一个具有世界意义的体育盛会的大事进行客观辑录，是十分必要，也是十分有意义的工作。大事记能够保存和传承冬奥会的文化和历史、可以向社会公众宣传和推广冬奥会、可以为人们留下美好的回忆和纪念、可以为未来的冬季运动事业提供借鉴和参考，其历史和文化价值不言而喻。本书是集体智慧的结晶。武义青负责这部工具书总体思路的确定、总体设计的把握和全书的最后统稿。李建英、冷宣荣参与总体思路和框架设计并全程负责人员的组织协调及核查统稿工作。参加本书具体编撰工作的人员有（按内容时间顺序）：王晓佳、赵梦丹、王丹辰、曹华青、陈础翔、侯建军、杨栋旭、戚成蹊、韩梦颖、李涛、景义新、钱志影、沈静、刘烨、杜洁、高印宝、王青原、聂秋雨等。大事记综述部分由冷宣荣撰写，附录部分由曹华青整理。

　　在本书付梓之际，我们谨对河北经贸大学、河北省政府参事室、中共河北省委党校（河北行政学院）、北京大学首都发展研究院、张家口市协同办、中国区域科学协会和光明日报出版社等给予我们热情支持和帮助的领导和同志们致以诚挚感谢！

本书编委会

2023 年 10 月